日本史探究

書きこみ教科書
詳説
日本史

塩田一元／猪尾和広／高橋 哲
編

JN107639

　本書は、『詳説日本史』(日探705)の自学自習用テキストです。教科書の叙述に沿って歴史の流れをつかみながら、同時に重要な歴史用語を正しく書けることを目指して編集しました。目で覚え、手で確かめながら、歴史を総合的に理解してほしいと思います。
　学習するみなさんが、ふだんの授業の予習・復習に、また大学受験に備えてみずからの理解度の確認に、本書を十分に活用することを期待しています。

編　　者

山川出版社

本書の構成

❶本文は原則、教科書どおりです。教科書の注は、適宜本文に組み込んでいます。

❷解答欄は解答の書きこみやすい大きさで、字数分の下線を付けています。

❸教科書で太字の用語は白ヌキ丸数字（❶❷❸…）、それ以外の用語は丸数字（①②③…）としました。

第8章　近世の幕開け

世界やアジアの経済・交易が活発になる中、16世紀末には日本列島の権力を1つに統合した天下人が出現した。そのもとで武士・百姓・町人のあり方も大きく変化し、日本列島は近世という新しい時代を迎える。国内外のどのような動きによって、どのような時代に入っていったのだろうか。

1 織豊政権

近世への転換　戦国大名が列島各地に割拠していた16世紀半ば、日本では銀が大増産され、また海上航路でアジア交易に参入してきたヨーロッパ人によって鉄砲やキリスト教が伝えられた。国際的な交易の活性化や外来の技術・思想にどのように対応するかが、為政者たちに問われる時代となった。以後、有力な大名による領国の統合が急速に進み、16世紀末には豊臣秀吉によって全国が1つの政権のもとに統合された。素性の定かでない身分に生まれて関白にまでなった秀吉は、この間の激しい社会の変動を象徴している。

秀吉は家臣・大名を編成する過程で、新しい方法による検地や石高による知行制を採用し、武士・家臣と百姓・町人とを区別して、村と町を基盤とする新しい支配の仕組みを築き上げた。それと同時に中国への侵攻を掲げて朝鮮侵略を強行し、明を中心とする東アジアの国際秩序を大きくゆるがすことになる。

銀の交易と鉄砲伝来　1530年代以降、山陰の石見銀山である❶ 　　　　　などで、朝鮮から伝わった灰吹法という新しい精錬技術が導入され、銀が大幅に増産された。中国の明は16世紀になると税の銀納化を進めていたので、日本産の銀が大量に中国に流入した。その対価として中国産の❷ 　　　　　などが日本にもたらされ、日中間の貿易が活発になった。しかし、中国は民間の貿易を認めない❸ 　　　　　政策をしいていたため、この取締りに対抗して武装した中国人を中心とする密貿易商人（後期倭寇）が活躍した。

一方、ヨーロッパの南西の端に位置するポルトガルは、15世紀になるとアフリ

整理　銀の交易と鉄砲伝来▶ ➡️石見銀山
❷生糸　❸海禁政策

海禁	下海通蕃の禁の略。中国の明・清両朝の政策で、人民海外渡航を禁止するとともに、貿易を、中国を宗主国とする国々との朝貢貿易に限った。

118　第8章　近世の幕開け

カの航路を開拓した。スペインはアメリカ大陸から太平洋を横断してフィリピンに進出した。ローマ教皇が率いるカトリック教会も海外への布教を積極的に後押しした。こうしてヨーロッパを中心に世界の諸地域が広く交流する時代が始まった。

ポルトガルは1510年にインド西部の⑤ 　　　　　を攻略し、翌年にはマラッカ（現、マレーシア）も占領し、1540年代になると九州各地に漂着もしくは来航するようになった。1543（天文12）年、中国人密貿易商人の有力者王直の船に乗ったポルトガル人が大隅の⑥ 　　　　　に来航し、❺ 　　　　　をもたらした。島主の⑥ 　　　　　は家臣にその使用法と製造法を学ばせ、❼ 　　　　　製造の技術は和泉の堺や近江の国友など各地に広まった。戦国大名のあいだに⑦ 　　　　　は急速に普及し、足軽隊の編成など軍隊・戦術のあり方や城の構造にも変化をもたらした。

キリスト教と南蛮貿易　1549（天文18）年、①　　　　　（❶ 　　　　　（耶蘇会）の宣教師）❷ 　　　　　が、やはり中国人商人の船で鹿児島に来航し、❸ 　　　　　を伝えた。彼は山口や豊後府内（大分市）などで布教し、以後、つぎつぎに宣教師が来日した。多くの信者を獲得した。とくに九州の大名の中には貿易の利益を得る目的もあってキリスト教に帰依する者（❹ 　　　　　という）が現れ、家臣や領民の改宗・入信を進めたが、それが家臣団の内部対立や大名相互の戦いのきっかけにもなった。

明は1560年代末には海禁を緩和して中国人商人の東南アジア渡航を許可したが、日本への渡航は認めなかった。そのため中国南部のマカオに進出していたポルトガル人が中国産・日本産の貿易に乗り出し、長崎などに入港するようになった。当時の日本の人々は、ポルトガル人や少し遅れて来航したスペイン人を❺ 　　　　　と呼んだので、この貿易を❻ 　　　　　という。やはり生糸・絹織物などの中国産品と日本の銀とが交易された。こうしてアジアの経済交

整理　❶大航海時代　❻南蛮貿易
❼鉄砲　⑥種子島時堯
キリスト教と南蛮貿易　①イエズス会
❷フランシスコ＝ザビエル　❸キリスト教
❹キリシタン大名　❺南蛮人　❻南

整理　条約改正への歩み

1872	（岩　倉　具　視）	米欧巡回、米で改正交渉に入るが、中途で断念
1878	（寺　島　宗　則）	税権回復を主眼、英・独などの反対で失敗
1882〜87	（①　　　　）	法・税権一部回復を主眼、外国人判事の任用問題や欧化政策（鹿鳴館時代）への批判で失敗
1888〜89	（②　　　　）	国別交渉、外国人判事の大審院任用問題で挫折
1891	（③　　　　）	法権回復を主眼、英は同意したが大津事件で挫折
1894	（④　　　　）	日英通商航海条約締結（法権回復、税権の一部回復）
1899	（青　木　周　蔵）	改正条約発効（有効期限12年）
1911	（⑤　　　　）	税権完全回復の新条約締結

---

❹解答はページの下段にまとめています。すぐに答え合わせができるので、まずは書きこまずに"読む"ことで確認することも可能です。

❺下段のスペースに、関連する事項についての解説を入れています。

❻必要に応じて「整理」欄を設け、地図や写真、文学作品などを確認できるようにしています。

❼鉛筆・ボールペン・マーカーどれでも書きやすくにじまない"書きこみ"に最適な紙を使っています。

本書のオススメの使い方

本書は、重要語句を"書きこむ"ことはもちろん、日常学習から受験対策まで、様々なシーンにあわせて色々な使い方ができます。本書を繰り返し用いることで、着実な学力UPにつながります！

予習 まずは書きこまないで"読む"。空欄に入る語句が「人名」か「地名」か「できごと」かを推測しながら読むとさらに効果的！

復習 つづいて授業で学んだ内容をふまえて、"埋める"。オススメは赤ペンで書きこみ！　ここでは誤字のチェックも念入りにおこなおう！

日常学習 重要箇所にマーカーを引いたり、メモを書きこんだりして、自分だけの"マイ教科書"をつくろう！　ペンやマーカーは色分けのルールを自分で決めると効果的！

1 織豊政権

近世への転換　戦国大名が列島各地に割拠していた16世紀半ば、日本では銀が大増産され、また海上航路でアジア交易に参入してきたヨーロッパ人によって鉄砲やキリスト教が伝えられた。国際的な交易の活性化や外来の技術・思想にどのように対応するかが、為政者たちに問われる時代となった。以後、有力な大名による領国の統合が急速に進み、16世紀末には豊臣秀吉によって全国が1つの政権のもとに統合された。素性の定かでない身分に生まれて関白にまでなった秀吉は、この間の激しい社会の変動を象徴している。
　秀吉は家臣・大名を編成する過程で、新しい方法による検地や石高による知行制を採用し、武士・家臣と百姓・町人とを区別して、村と町を基盤とする新しい支配の仕組みを築き上げた。それと同時に中国への侵攻を掲げて朝鮮侵略を強行し、明を中心とする東アジアの国際秩序を大きくゆるがすことになる。

> 世界史的には銀が重要！

定期テスト対策 受験対策 赤シートなどで語句を隠しながら繰り返し読みこみ、知識の定着を確認！

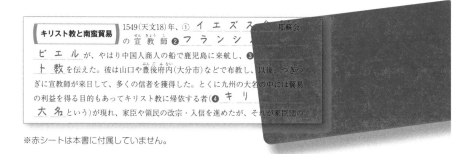

キリスト教と南蛮貿易　1549(天文18)年、① イ エ ズ ス 会（耶蘇会）の宣教師② フ ラ ン シ ス コ ＝ザ ビ エ ル が、やはり中国人商人の船で鹿児島に来航し、③ キ リ ス ト 教 を伝えた。彼は山口や豊後府内(大分市)などで布教し、以後、つぎつぎに宣教師が来日して、多くの信者を獲得した。とくに九州の大名の中には貿易の利益を得る目的もあってキリスト教に帰依する者(④ キ リ シ タ ン 大 名 という)が現れ、家臣や領民の改宗・入信を進めたが、それが家臣団の

※赤シートは本書に付属していません。

目　次

第 1 部

原始・古代

日本文化のあけぼの

大陸から日本列島に渡ってきた人々によって、日本列島の人類史は幕を開けた。旧石器時代から縄文時代、弥生時代と移行していく中で、自然環境に適応しつつ、定住生活や農耕生活が繰り広げられていった。日本列島の自然環境はどのように変化し、人々の生活や文化にどのような影響を与えたのだろうか。

1 文化の始まり

日本列島と日本人 地球上に人類が誕生したのは、今からおよそ700万年前にさかのぼる。人類は化石人骨の研究によって、①＿＿＿＿＿・②＿＿＿＿＿・③＿＿＿＿＿・④＿＿＿＿＿の順に出現したことが知られている。猿人の化石は、アフリカにしか発見されておらず、人類はアフリカで誕生したと考えられている。猿人を代表するのはおよそ420万年前以降にアフリカ大陸の各地で出現したアウストラロピテクスであり、それ以降およそ250万年前に猿人から原人が分岐し、およそ35万年前にネアンデルタール人に代表される旧人が生まれ、30万〜25万年前にアフリカ大陸で新人（⑤＿＿＿＿＿＝＿＿＿＿＿）が現れて、世界各地に広まった。これら各種の人類は、一直線に進化したのではないことに注意をする必要がある。われわれ現代人は新人と同じ種に属する。

人類は地質学でいう新第三紀の中新世の終わり近くから第四紀を通じて発展したが、第四紀はおよそ１万年前を境に⑥＿＿＿＿＿と**完新世**に区分される。更新世は⑦＿＿＿＿＿**時代**とも呼ばれ、寒冷な氷期と比較的温暖な間氷期が交互に繰り返して訪れ、氷期には海面が現在に比べると著しく下降した。この間に少なくとも２回、日本列島はアジア大陸北東部と陸続きになり、およそ60万年前にトウヨウゾウが、40万〜30万年前には⑧＿＿＿＿＿が日本列島にやってきたと推定されている。

人類がアフリカ大陸で石器を使用しはじめたのは、およそ260万年前とされる。更新世の人類が用いた石器はいずれも原石を打ち欠いて刃をつけた⑨

解答 日本列島と日本人▶①猿人 ②原人 ③旧人 ④新人 ⑤ホモ＝サピエンス ❻更新世 ❼氷河 ⑧ナウマンゾウ ❾打製

■地質学と考古学■ 地質学は、地球の表層である地殻の構造や性質などを研究する自然科学の一分野である。考古学は、遺跡や遺物を残した人類の過去の文化を研究する歴史学の一分野である。

石器であり、全体を磨いた⑩＿＿＿＿石器の使用は完新世以降に盛んになった。打製石器だけが使われた時代を⑪＿＿＿＿＿時代、磨製石器が加わった時代を⑫＿＿＿＿＿時代と呼んでいる。世界史では石器時代に続けて青銅器時代・鉄器時代と、用いられた道具（利器）の素材によって時代区分されている。日本列島の場合は、縄文時代までは石器時代であるが、それに続く弥生時代は青銅器や鉄器がほぼ同時に用いられたうえに石器も使われており、この区分をそのまま適用することはできない。また、新石器時代は農耕が開始された時代という定義が現在では一般的であるが、それも縄文文化には当てはまらない。

　アフリカ大陸で生まれた新人が東アジアに到達したのは、およそ5万年前の後期旧石器時代で、日本列島にはおよそ3万8000年前に渡ってきたとされている。現在までに日本列島で発見された旧石器時代の遺跡は1万カ所をこえるが、更新世の化石人骨の発見は、静岡県の⑬＿＿＿＿＿＿や沖縄県の⑭＿＿＿＿・山下町第一洞人・白保竿根田原洞人などごくわずかにすぎず、いずれも新人段階のものである。1931（昭和6）年に兵庫県明石で発見された明石人を原人とする説があったが、新人であることが判明し、さらに完新世の人骨とする意見が強い。5万〜4万年前の最終氷期に海面が現在よりも100mほど低下して大陸とほぼ陸続きになったことが新人渡来のきっかけとなった。

　化石人骨のうち港川人は南方系とされ、日本列島の後期旧石器人やのちの⑮＿＿＿＿＿＿を南アジア系とする説がある。その一方で日本列島の後期旧石器文化や初期の縄文文化には北方系の文化要素も強く認められ、日本の旧石器人や縄文人の系統については今後の研究を待たなければならない。日本人の原型は古くからアジア大陸に住んでいた人々の子孫の縄文人であり、その後、もともとは北アジアに住んでいて弥生時代以降に渡来した人々などと混血を繰り返し、現在の日本人の祖先が形成されたとされる。また、現在の日本人でも北海道に住むアイヌの人々や沖縄など南西諸島の人々は、縄文人の遺伝子をより強く受け継いでいることがDNAの分析から判明している。

解答 ⑩磨製（ませい）　⑪旧石器　⑫新石器　⑬浜北人（はまきたじん）　⑭港川人（みなとがわじん）　⑮縄文人

旧石器人の生活 かつて、日本列島に旧石器時代の遺跡は存在しないと考えられていたが、1946（昭和21）年に①＿＿＿＿＿＿＿＿＿＿＿＿＿＿によって、更新世に堆積した赤土と呼ばれる火山灰の②＿＿＿＿＿＿層の中から石器が発見され、1949（昭和24）年、群馬県の❸＿＿＿＿＿＿**遺跡**での発掘調査により打製石器が確認された。以後、日本列島の各地で縄文時代以前の更新世の地層から石器の発見があいつぎ、旧石器時代の文化の存在が明らかになった。日本列島で発見されている旧石器時代の遺跡の多くは約３万8000年前以降の後期旧石器時代のものである。

　この時代の人々は、**狩猟**と植物性食料を❹＿＿＿＿＿＿する生活を送っていた。狩猟には**ナイフ形石器**や❺＿＿＿＿＿＿＿＿などの石器を木などの棒の先端につけた石槍を用い、ナウマンゾウ・オオツノジカ・ヘラジカなどの大型動物を捕らえた。旧石器時代の終わり頃には、中国東北部からシベリアにかけて著しく発達した❻＿＿＿＿＿＿＿と呼ばれる小型の石器が日本列島にも広まった。細石器は、長さ３〜４cmの小石器（細石刃）を、木や骨などでつくった軸の側縁の溝に何本か並べて埋め込んで用いる、組合せ式の石器である。

　旧石器時代の人々は獲物や植物性の食料を求めて、絶えず小河川の流域など一定の範囲内を移動していた。このため、住まいも簡単なテント式の小屋で、一時的に洞穴を利用することもあった。生活をともにする集団は、10人前後の小規模なものであったらしい。つくりかけの石器や石くずがいくつかまとまって直径50mほどの範囲に環状に分布する遺跡もあり、移動する集団どうしが共同して狩猟をおこなった跡と考えられている。旧石器時代の遺跡からは、動物を捕獲するための落とし穴がみつかることもある。また、集石と呼ばれる焼けた石の集合が発見されるが、肉を蒸し焼きにするような調理の場と考えられている。

縄文文化の成立 今からおよそ１万年前、最後の氷期が過ぎて①＿＿＿＿＿＿＿＿＿＿になると地球の気候も温暖になり、海面が上昇してほぼ現在に近い日本列島が成立した。亜寒帯の針葉樹林にかわって、東日本にはブナやナラなどの落葉広葉樹林が、西日本にはシイなどの照葉樹林が広がった。

解答 旧石器人の生活▶①相沢忠洋　②関東ローム　❸岩宿　❹採集　❺尖頭器　❻細石器
縄文文化の成立▶①完新世

大型動物は絶滅して、動きの速いニホンジカやイノシシなどの中・小の動物が多くなった。

　こうした自然環境の変化に対応して、人々の生活も大きくかわり、日本列島に❷＿＿＿＿＿文化が成立した。この文化は約１万6000年前から、水稲農耕をともなう弥生文化が始まる約2800〜2500年前までの期間にわたるが（縄文時代）、とくに温暖化が顕著になる約１万1700年前以降に発展した。放射性炭素である¹⁴Cの濃度を機械で測定して年代を割り出す③＿＿＿＿＿＿＿＿により、日本列島でもっとも古い土器に付着した炭化物を測定したところ、縄文文化成立の目安となる約１万6500年前の年代が出された。縄文文化を特徴づけるのは、食料を煮るための土器、中・小型動物を射とめる狩猟具の④＿＿＿＿、さらに磨製石斧など全面を磨いてつくった❺＿＿＿＿＿＿の出現といった点である。西アジアや中国などにおける新石器時代の文化は、磨製石器を用いた農耕文化である。縄文文化は、磨製石器を用いてはいるが基本的には採集・狩猟文化であり、ユーラシア大陸各地の新石器文化と性格が異なる。

　縄文時代に用いられた土器は、表面に細い縄を転がしてつけた縄文という文様をもつことが多いので、**縄文土器**と呼ばれている。縄文土器の変化によって、この時代は⑥＿＿＿＿・早期・前期・中期・後期・晩期の６期に区分される。このうちの草創期の土器は、世界でもっとも古い土器の仲間であり、更新世の終末から完新世への移行期における自然環境の変化に応じて、日本列島に住む人々がいち早く新しい文化を生み出していった結果である。

縄文人の生活と信仰　縄文時代の人々は、大きく変化した新しい環境に適応していった。とくに気候の温暖化にともなって植物性食料の重要性が高まり、前期以降はクリ・クルミ・トチノキ・ドングリ類などの木の実が採集された。ヤマノイモなどの根茎類も食料にされたであろう。また、クリ林の管理・増殖、さらにダイズなどマメ類・エゴマ・ヒエ類などの栽培もおこなわれた可能性がある。土掘り用の①＿＿＿＿（＿＿＿＿）、木の実をすりつぶす②＿＿＿＿や磨石なども出土している。

解答　❷縄文　③¹⁴C年代測定　④弓矢　❺磨製石器　⑥草創期
縄文人の生活と信仰▶①打製石斧（石鍬）②石皿

■¹⁴C年代測定　放射性炭素¹⁴Cは大気や生物の中に一定の割合で含まれる。生物の死後は内部の¹⁴Cが放射線を出して減少することから、その濃度を測定することで年代を算出する。

狩猟には石鏃を矢の先につけた弓矢が使用され、落とし穴などもさかんに利用された。狩猟のおもな対象はニホンジカとイノシシである。狩猟にはイヌが使われた。イヌが狩りのパートナーであったことは、イヌの埋葬例が数多くみつかっていることからわかる。また、気候が温暖化して海面が上昇したことによる海進の結果、日本列島は入江の多い島国になり、❸＿＿＿＿＿の発達がうながされた。このことは、貝の殻や獣の骨、魚の骨など人々が捨てたものが堆積して層をなした❹＿＿＿＿＿が今も各地に数多く残ることからわかる。日本の近代科学としての考古学は、1877（明治10）年にアメリカ人の生物学者モースが東京にある⑤＿＿＿＿＿貝塚を発掘調査したことに始まる。また、釣針・銛・ヤスなどの❻＿＿＿＿＿とともに石錘・土錘がみられ、網を使用した漁労もさかんにおこなわれていた。各地で発見される⑦＿＿＿＿＿、伊豆大島や八丈島にまでみられる縄文時代の遺跡は、縄文人の外洋航海術を物語っている。

　縄文時代早期から前期になると気候の温暖化によって食料資源が多様化し、その獲得方法や加工技術が進展することにより人々の生活は安定して定住的な生活が始まった。縄文人は様々な食料を季節に応じてたくみに利用しており、そのための年間の生活スケジュールも定住生活の中で固定されていったと考えられる。

　縄文人は地面を掘りくぼめ、柱を立てて屋根を葺いた❽＿＿＿＿＿に住んだ。住居の中央には炉が設けられ、5人ほどの家族が住み、いくつかの竪穴住居が集まって20〜30人ほどの集落をつくった。縄文時代の集落は水はけのよい台地上に営まれることが多く、縄文時代前期から中期には広場を囲んで数棟の竪穴住居が環状に並ぶ⑨＿＿＿＿＿も増えた。集落には、食料を保存するための貯蔵穴群、さらに青森県❿＿＿＿＿遺跡のように、たくさんの人を収容することのできる大型の竪穴建物をともなう場合もある。環状集落の中央の広場が墓地になっている場合も多く、縄文人は死者を遠ざけることがなかったようである。縄文時代後期以降の東日本の各地には、石を環状に配したストーン＝サークルと呼ばれる⑪＿＿＿＿＿が設けられたが、これは共同墓地と考えられており、祖先祭祀の意識が生まれていたとする意見もある。

解答　❸漁労　❹貝塚　❺大森　❻骨角器　⑦丸木舟　❽竪穴住居　⑨環状集落　❿三内丸山　⑪環状列石

■海進■　陸地の沈降または海面の上昇によって海岸線が陸側へ前進すること。ここでは温暖化で氷河が溶け出して内陸まで海水が入り込んだ縄文海進（完新世海進）のことである。

こうした集落は近隣の集落と通婚し、様々な情報を交換しあった。また⓬＿＿＿＿などの石器の原材料や⓭＿＿＿＿（　　　　　）などの分布状況から、かなり遠方の集団との交易もおこなわれていたことが知られている。縄文時代晩期には漆で飾った土器や櫛などが多くみられるが、これらも交易品になった可能性が高い。仕事は男女で分担されていたようであり、男性は狩猟や石器づくり、女性は木の実の採集や土器づくりにはげんだ。弥生時代の墳丘墓や古墳のような副葬品を大量におさめた高塚がないことなどから、統率者はいても人々の身分の差はそれほど明確ではなかったことがわかる。

縄文人は、あらゆる自然現象や自然物に霊魂がやどると信じていたと考えられている。これを⓮＿＿＿＿＿＿＿というが、呪術によってその災いを避けようとし、また豊かな収穫を祈った。女性をかたどった⓯＿＿＿や男性の生殖器を石で表現した⓰＿＿＿は、そうした呪術と儀礼の発達を物語る。イノシシの土製品や口縁部にイノシシをかたどった土器も多くつくられたが、これはイノシシの強い生命力をたたえたものと考えられている。健康な歯を抜く⓱＿＿＿＿の風習は、縄文時代の中頃からみられ晩期に盛んになった。抜歯は成人になった時などにおこなわれた一種の通過儀礼で、集団の統制のきびしさをうかがわせる。⓲＿＿＿＿という手足を折り曲げた埋葬も、死者の霊が生者に災いをおよぼすことを恐れておこなわれた呪術的な葬送儀礼によるものであろう。

縄文時代後期から晩期の関東地方などでは、直径が100mにおよぶ範囲に環状に土を盛り上げた環状盛土遺構が知られており、集団が力をあわせておこなった祭祀の遺構だと考えられている。縄文時代も後半になると儀礼の道具や祭祀の施設が発達し、大規模化するなど、社会が徐々に複雑化していった。

2 農耕社会の成立

弥生文化の成立 日本列島で1万数千年余りも縄文文化が続いているあいだに、中国大陸では紀元前6500～前5500年頃、東北地方や黄

(解答) ⓬黒曜石　⓭ヒスイ(硬玉)　⓮アニミズム　⓯土偶　⓰石棒　⓱抜歯
⓲屈葬

河中流域でアワやキビなどの農耕がおこり、南の長江(揚子江)中・下流域でも稲作が始まり、農耕社会が成立した。中国における農耕文化の発達は、周辺地域に強い影響をおよぼし、農耕は朝鮮半島を経て日本列島にも波及した。

　縄文文化が終末を迎えた紀元前10〜前8世紀頃、朝鮮半島に近い九州北部で水田による米づくりが開始され、紀

整理 おもな遺跡(弥生時代)

- 弥生時代(前8世紀〜後3世紀)のおもな遺跡
- 弥生時代早期・前期(前8世紀〜前4世紀)の水田跡・水田関連施設発見遺跡

ア
イ
ク
須玖岡本
八日市地方
南小泉
天王山
キ
立屋敷
カ
百間川
服部
日高
朝日
弥生町
大塚
宮ノ前
田村
エ
山賀
土井ケ浜
池上曽根
オ
ケ

元前5〜前4世紀頃に東日本にも広まった。水田は弥生時代前期に東北地方北部におよんだ。北海道と南西諸島を除く日本列島で、**水稲耕作**を基礎とする農耕文化が形成されてから、古墳がつくられるようになる3世紀半ばまでを**弥生時代**と呼び、その文化を❶_____**文化**と呼んでいる。弥生時代は土器の変化にもとづいて、早期・前期・中期・後期の4期に区分されている。福岡県②_____遺跡や佐賀県③_____遺跡が弥生時代早期の代表的な遺跡であるが、早期の遺跡は九州北部に限定されることから、弥生時代早期を縄文時代晩期とみなす意見もある。

　縄文文化が日本列島全域におよんだのに対して、弥生文化は北海道や南西諸島にはおよばず、北海道では「④_____」、南西諸島では「⑤_____」と呼ばれる食料採集文化が続いていた。また、北海道では7世紀以降になると、擦文土器をともなう⑥_____が、5世紀以降のオホーツク海沿岸にオホーツク式土器をともなうオホーツク文化が成立するが、これらの文化も漁労・狩猟に基礎をおく文化である。

　弥生時代には水稲耕作をはじめとして、多くの文化や技術が中国や朝鮮半島か

解答 弥生文化の成立▶❶弥生　②板付　③菜畑　④続縄文文化　⑤貝塚後期文化　⑥擦文文化

整理 おもな遺跡(弥生時代)▶ア砂沢　イ垂柳　ウ登呂　エ唐古・鍵　オ紫雲　出山　カ荒神谷　キ板付　ク菜畑　ケ吉野ヶ里

ら伝わった。弥生時代の水稲耕作の技術が朝鮮半島南部から伝えられたことは、それと共存する各種の遺物が朝鮮半島南部のものと共通することからも確実といえる。イネは中国の長江中・下流域に起源があり、そこで生まれた水稲耕作は山東半島付近を経て朝鮮半島の西岸に至り、さらに日本列島にもたらされたと考えられる。稲の穂摘み用具である⑦＿＿＿＿＿、木製農具をつくるための⑧＿＿＿＿＿類などは、朝鮮半島と共通する大陸系の磨製石器である。機織り技術も大陸から伝わった。銅と錫の合金である⑨＿＿＿＿＿は前期に、鉄器は前期末〜中期初頭に出現するが、これらの❿＿＿＿＿＿は中国や朝鮮半島からもたらされた代表的な道具である。

　弥生土器は、縄文土器に朝鮮半島からの技術が加わって生み出された。弥生土器の名称は、1884（明治17）年、この様式の土器が東京の本郷弥生町の向ヶ岡貝塚で発見され、この地名にちなんでつけられたものである。弥生時代には、矢の先につける⑪＿＿＿＿＿などの打製石器、漆製品の製作技術、竪穴住居など、縄文文化の伝統もいたるところにみることができる。

　九州北部や中国・近畿地方などで発見されている弥生人骨の中には、縄文人骨に比べて背が高く、顔は面長で起伏の少ないものがみられる。そうした人々は大陸からの渡来人あるいはその子孫であり、弥生文化は朝鮮半島から農耕など新しい技術をたずさえて日本列島にやってきた人々が、在来の縄文人とともに生み出したものと考えられる。

弥生人の生活　弥生時代になって食料生産が始まるとともに、人々の生活も大きく変化した。この時代の水田は、三角州などに立地する①＿＿＿＿＿や、扇状地の末端などに立地する半乾田など、土地の条件に応じて多様だった。水田の区画は1辺数m程度の小区画のものが多いが、灌漑・排水用の水路を備えた本格的なものであり、直播だけではなく②＿＿＿＿＿もすでにおこなわれていたとする説もある。地域によってはアワやキビといった雑穀が栽培された。農耕と並行して狩猟や漁労も盛んで、イノシシの飼育がおこなわれたことも知られている。

解答　⑦石包丁　⑧石斧　⑨青銅器
❿金属器　⑪石鏃
弥生人の生活▶①湿田　②田植え

■機織り技術■　機は織物を織るための道具。弥生時代は、紡錘車で紡いだ糸を用いて人力で織る手織り機が用いられた。足と腰の間に経糸を張って織る原始的なものと推測される。

耕作用の農具は木製の鍬や鋤が用いられ、収穫は石包丁による③
がおこなわれた。籾殻を穀粒から取り去る脱穀には木臼と④
が用いられ、収穫物は❺　　　　　　　　　や貯蔵穴におさめられた。木製
農具の製作には、初めは磨製石器が用いられたが、しだいに斧・鉇・刀子な
どの鉄製工具が使用されるようになった。後期には石器の多くが姿を消し、かわ
って鉄器が普及し、刃先に鉄器をつけた鍬や鋤、鉄鎌などによって農業の生産力
を高めた。弥生土器は煮炊き用の⑥　　　、穀物などを貯蔵するための⑦　　形土
器に加えて、食物を盛る鉢や⑧　　　　　からなる。

　人々の住居は縄文時代と同じく竪穴住居が一般的であったが、集落には掘立
柱の高床倉庫や平地式建物もしだいに多くなった。集落を構成する住居の数も
多くなり、西日本を中心として大規模な集落が各地に現れた。

　死者は、集落の近くの共同墓地に葬られた。埋葬方法では、土坑墓・木棺墓・
箱式石棺墓などに❾　　　　　　　　したものが多い。九州北部などでは、地上に
大石を配した❿　　　　　　や、特製の大型の土器に死者を葬った⓫
　　　がみられる。盛り土をした墓が広範囲に出現するのも、弥生時代の特色であ
る。方形の低い墳丘のまわりに溝をめぐらした⓬　　　　　　　　　　　　は、
近畿地方や東海・北陸地方などに多くみられ、また東日本では、方形周溝墓が伝
わる中期の中頃まで死者の骨を土器につめた再葬墓がみられるように、弥生時代
の墓は地域によって違いが著しい。

　九州北部の弥生時代中期の甕棺墓の中には、三十数面もの中国鏡や青銅製の武
器などを副葬したものがみられる。後期になると西日本の各地にかなり大規模な
墳丘をもつ墓が出現した。直径40m余りの円形の墳丘の両端に突出部をもつ岡
山県の⓭　　　　　　　　　、山陰地方の⓮
　　　　はその代表例である。こうした多量の副葬品をもつ墓や大型の墳丘墓
の出現は、集団の中に身分の差が生じ、各地に有力な支配者が出現したことを示
している。

　集落では、豊かな収穫を祈願し、また収穫を感謝する祭りがおこなわれた。土

【解答】　③穂首刈り　④竪杵　❺高床倉庫
⑥甕　⑦壺　⑧高杯　❾伸展葬　❿支石
墓　⓫甕棺墓　⓬方形周溝墓　⓭楯築
墳丘墓　⓮四隅突出型墳丘墓

■湿田と乾田　湿田は一年中水をたたえ
た水田で、低湿地を転用した場合が多い。
乾田は排水により乾燥して畑作が可能な
水田で、生産力が高い。今日の水田は大
半が機械化耕作に向いている乾田である。

器などにシカの絵が描かれ、鳥形の木製品がつくられたが、弥生人は季節ごとに生えかわるシカの角をイネの象徴とし、鳥を現世と死後の世界を往来しイネをもたらす生き物と考えていたのではないかとされている。シカの肩甲骨などに焼け火箸を当てて、割れ目の入り方で占いをおこなった⑮＿＿＿＿＿が各地で出土している。弥生時代の祭りには、**銅鐸・銅剣・銅矛・銅戈**などの青銅製祭器が用いられた。銅剣・銅矛・銅戈は、もとは朝鮮半島から伝えられた実用の青銅製武器で、いずれも日本列島で祭器としてしだいに大型化した。⑯＿＿＿＿は近畿地方、平形⑰＿＿＿＿は瀬戸内中部、⑱＿＿＿＿・＿＿＿＿は九州北部を中心に分布しており、共通の祭器を用いる地域圏がいくつか出現していたことを示している。弥生時代後期には九州北部で大型の銅矛と銅戈を、近畿地方で大型の銅鐸をそれぞれの祭りの道具とする2つの地域圏が形成された。

　銅鐸が副葬品として個人の墓に埋められることはまったくなく、大型化した武器形の青銅製祭器も副葬品としてはまれであり、集落の人々の共同の祭りに用いられた。それらの青銅製祭器は、山腹などにまとめて埋められる場合があった。青銅器による祭りの終結を示す行為であるという説や、地域の境界に埋めて邪悪なものがよりつかないようにしたという説、あるいは日常は土の中に埋納し、祭りの時に掘り出して使用したという説など、いくつかの解釈がある。

小国の分立　世界の各地で農耕社会が成立するとともに、戦いのための武器や防御的施設を備えた集落が出現し、土地や水、蓄積された余剰生産物をめぐって戦いが始まったことが知られている。日本列島でも弥生時代になると、縄文時代にはまったくといってよいほどみられなかった居住域を溝で囲む❶＿＿＿＿や平地との標高の差が40m以上もある②＿＿＿＿が現れ、石製や金属製の武器が出現する。弥生時代中期の奈良県田原本町③＿＿＿・＿＿＿遺跡は直径400〜500mの集落を4重の濠が囲む。同じく弥生時代中期の香川県三豊市④＿＿＿＿遺跡は、付近の海面との差がおよそ350mもあり大型の石鏃が多量に出土した。弥生時代後期の大阪府高槻市古曽部・芝谷遺跡は丘陵の上に環濠をめぐらした高地性集落であり、いず

解答　⑮卜骨　⑯銅鐸　⑰銅剣　⑱銅矛・銅戈
小国の分立▶❶環濠集落　②高地性集落
③唐古・鍵　④紫雲出山

■銅鐸■　銅鐸は朝鮮半島の銅鈴に起源をもつ楽器が祭器に転用された。近畿地方を中心に、島根県の荒神谷遺跡や加茂岩倉遺跡などから複数の埋納品が出土している。

れも弥生時代を代表する防御機能をもった集落である。こうして戦いの時代に入り、強力な集落は周辺のいくつかの集落を統合し、各地に「**クニ**」と呼ばれる政治的なまとまりが分立していった。多量の副葬品をもつ弥生時代中期の甕棺や、後期の大きな墳丘墓の被葬者は、こうした小国の王(首長)であると考えられる。

　この小国の分立状況は、中国の歴史書にも記載されている。1世紀につくられ、漢(前漢)の歴史を述べた❺『＿＿＿＿＿＿』＿＿＿＿＿＿＿＿によると、「倭人」の社会は100余国にわかれ、❻＿＿＿＿＿＿＿＿に定期的に朝貢していた。当時の中国では、日本列島の人々を「倭人」、その国を「倭国」と呼んでいた。楽浪郡は、前漢の武帝が紀元前108年、朝鮮半島においた4郡の1つであり、現在のピョンヤン(平壌)付近を中心とした地域と想定される。また、❼『＿＿＿＿＿＿＿』＿＿＿＿＿＿＿＿によると、紀元57年に倭の⑧＿＿＿＿＿の王の使者が後漢の都洛陽におもむいて⑨＿＿＿＿＿＿から印綬を受けた。綬は印につける組ひもで、印の大きさ・形・材質と綬の色によって格式を表した。江戸時代に福岡県⑩＿＿＿＿＿から発見された**金印**が、印綬の印と考えられている。107年には倭国王帥升等が⑪＿＿＿＿＿160人を安帝に献じたことが記されている。

　これら小国は、銅鏡や鉄器など中国や朝鮮半島の先進的な文物を手に入れるうえで有利な位置にあり、ほかの小国より倭国内での立場を高めようとして、中国にまで使いを送ったと考えられる。

邪馬台国連合

中国大陸では220年に後漢が滅び、かわって魏・呉・蜀が並び立つ三国時代を迎えた。その三国時代の歴史書で晋の陳寿によって編纂された『三国志』のうち❶「＿＿＿＿＿＿」＿＿＿＿＿＿＿＿によると、倭国では2世紀の終わり頃に大きな争乱がおこり、なかなかおさまらなかった。そこで諸国は共同して❷＿＿＿＿＿＿＿の❸＿＿＿＿＿＿＿＿を女王として立てたところ、ようやく争乱はおさまり、ここに邪馬台国を中心とする29国ばかりの小国の連合が生まれた。卑弥呼は239年、魏の皇帝に使いを送り、「④＿＿＿＿＿＿」の称号と金印、さらに多数の銅鏡などを贈られた。卑弥呼は巫女として神の意志を聞くことにたけていたらしく、その呪術的権威を背景に政

解答 ❺『**漢書**』**地理志** ❻**楽浪郡** ❼
『**後漢書**』**東夷伝** ⑧**奴国** ⑨**光武帝**
⑩**志賀島** ⑪**生口**
邪馬台国連合▶❶「**魏志**」**倭人伝** ❷**邪**
馬台国 ❸**卑弥呼** ④**親魏倭王**

■**クニ**■　集落がほかの集落との戦闘を経て拡大した大集落(共同体)を示す考古学の用語。近現代の主権国家と区別するため、カタカナで表記する。

治をおこなったという。

邪馬台国では⑤____と下戸などの身分差があり、ある程度の統治組織や租税・刑罰の制度も整い、市も開かれていた。卑弥呼は晩年、狗奴国と争ったが、247年かその直後に亡くなった。そののち男の王が立ったが国内がおさまらず、卑弥呼の宗女（同族の女性）である❻____（台与か）が王となってようやくおさまったという。しかし、266年、魏にかわった晋の都洛陽に倭の女王（壱与のことか）が使いを送ったのを最後に、以後約150年間、倭国に関する記載は中国の歴史書から姿を消している。

邪馬台国の所在地については、これを近畿地方の大和に求める説と、九州北部に求める説とがある。❼____説をとれば、すでに3世紀前半には近畿中央部から九州北部におよぶ広域の政治連合が成立していたことになり、のちに成立するヤマト政権につながることになる。一方、❽____説をとれば、邪馬台国連合は九州北部を中心とする比較的小範囲のもので、ヤマト政権はそれとは別に東方で形成され、九州の邪馬台国連合を統合したか、あるいは邪馬台国の勢力が東遷してヤマト政権を形成したということになる。両説に関連して、奈良県桜井市の❾____遺跡は1970年代から発掘調査され、3～4世紀の100haにおよぶ大集落であることがわかった。2009（平成21）年に整然と配置された3世紀前半期の大型建物跡が発見され、のちのヤマト政権の王宮につながるものとして注目されている。

解答　⑤大人　❻壱与　❼近畿　❽九州　❾纒向

■朝貢　周辺国の君主が中国の皇帝に貢物を献上し、それに対して皇帝が返礼品を与える外交関係。その背景には、有徳の皇帝が天下に礼法を広めて支配するという中華思想がある。

古墳とヤマト政権

第2章

日本列島では、政治連合が形成されるとともに、古墳がつくられるようになっていった。大和地方を中心としたヤマト政権は、大陸とも関わりながら、大王を中心とする集権的な国家形成を目指すようになる。ヤマト政権と古墳にはどのような関係があるのだろうか。また、ヤマト政権は大陸とどのような交渉をもったのだろうか。

1 古墳文化の展開

【古墳の出現とヤマト政権】

弥生時代の後期には、すでに大きな墳丘をもつ墓が各地で営まれていたが、3世紀中頃から後半になると、より大規模な❶_____をはじめとする古墳が西日本を中心に出現した。古墳時代前期の早い段階を出現期というが、これら出現期の古墳は、多くは前方後円墳もしくは②_____で、長い木棺を❸_____におさめた埋葬施設や、多数の銅鏡をはじめとする呪術的な副葬品をもつなど、画一的な特徴をもっていた。出現期の古墳は、西日本では前方後円墳が多かったのに対し、東日本では前方後方墳が多い。

古墳が営まれた3世紀中頃から7世紀を④_____時代と呼び、これを古墳がもっとも大型化する中期を中心に、前期（3世紀中頃〜4世紀後半）、中期（4世紀末〜5世紀末）、後期（6〜7世紀）に区分している。古墳時代後期のうち、前方後円墳がつくられなくなる7世紀を終末期と呼ぶこともある。古墳時代の終末期は、飛鳥に政治の中心があったことから⑤_____時代とも呼ぶ。

古墳は各地の豪族たちの共通の意識のもとにつくり出された墓制で、その背景には古墳の出現に先だって広域の政治連合が形成されていたことが考えられる。出現期の古墳の中でもっとも規模が大きいものは、奈良県（大和）の❻_____**古墳**である。この時期には大和地方を中心とする近畿中央部の勢力によって政治連合が形成されていた。この大和地方を中心とする政治連合を❼_____という。古墳は遅くとも4世紀の中頃までに東北地方南部にまで波及したが、これも東日本の広大な地域がヤマト政権に組み込まれたことを示している。

解答 古墳の出現とヤマト政権▶❶前方後円墳 ②前方後方墳 ❸竪穴式石室 ④古墳 ⑤飛鳥 ❻箸墓 ❼ヤマト政権

■**ヤマト政権**■ 古墳時代出現期に成立し前期に畿内で形成された、大和地方の豪族を中心とする政治連合。首長の大王がのちの天皇に相当する。律令制の大和国と区別するため、カタカナで表記する。

前期・中期の古墳　古墳には、前方後円墳・前方後方墳・円墳・方墳など様々な墳形がみられる。数が多いのは円墳や方墳であるが、大規模な古墳はいずれも前方後円墳であり、各地の有力な豪族たちが採用した墳形であった。弥生時代後期になると、円形や方形の墳丘墓ではその周溝に陸橋部をもつものが現れるが、その陸橋部が発達して突出部（前方部）となり、前方後円墳や前方後方墳になったと考えられている。古墳の墳丘上には❶＿＿＿＿が並べられ、斜面は葺石でおおわれ、墳丘のまわりに濠をめぐらしたものも少なくない。埴輪は、前期には②＿＿＿＿埴輪や家形埴輪、盾・靫・蓋などの器財埴輪が用いられた。

　埋葬施設には、前期・中期は木棺や石棺を竪穴式石室におさめたものや棺を粘土でおおった**粘土槨**など竪穴系のものが営まれ、後期になると③＿＿＿＿が多くなる。横穴式石室は、死者をおさめる墓室である④＿＿＿＿と、玄室と墳丘外部を結ぶ通路（羨道）をもち、追葬が可能なことが竪穴系の埋葬施設と異なる。中期の初め頃に朝鮮半島の影響を受けて九州北部に出現し、後期には日本の古墳の一般的な埋葬施設となった。副葬品については、前期には鉄製の武器や農工具などとともに、中国の三国時代の魏の鏡と考えられる❺＿＿＿＿をはじめとする多量の銅鏡や腕輪形石製品など呪術的・宗教的色彩の強いものが多く、この時期の古墳の被葬者である各地の豪族たちは⑥＿＿＿＿的な性格をもっていたことをうかがわせる。中期になると、副葬品の中に鉄製の武器・武具が多くなり、馬具なども加わって被葬者の⑦＿＿＿＿的性格が強まったことを示している。

　最大の規模をもつ古墳は、中期に造営された大阪府の❽＿＿＿＿**古墳**（仁徳天皇陵古墳）で、墳丘の長さが486mあり、2～3重の周濠をめぐらしている。さらにそのまわりの従属的な小型の古墳である陪冢が営まれた区域をも含めると、その墓域は80haにもおよぶ。第2位の規模をもつ大阪府の⑨＿＿＿＿古墳（応神天皇陵古墳）などとともに、5世紀のヤマト政権の❿＿＿＿＿の墓と考えられる。

解答　前期・中期の古墳▶❶埴輪　②円筒　③横穴式石室　④玄室　❺三角縁神獣鏡　⑥司祭者　⑦武人　❽大仙陵　⑨誉田御廟山　❿大王

■器財埴輪　盾・靫・鎧など、武具を中心とする器物をかたどった埴輪。このほかに家形埴輪や人物埴輪・動物埴輪をあわせて、形象埴輪という。

中期の巨大な前方後円墳は近畿中央部だけでなく、群馬県(上毛野)・京都府北部(丹後)・岡山県(吉備)・宮崎県(日向)などにもみられる。とくに岡山県の⑪＿＿＿＿古墳は墳丘の長さが360mもあり、日本列島の古墳の中で第4位の規模をもつ。このことは、ヤマト政権と呼ばれる政治的な連合体において、これらの地域の豪族が重要な位置を占めていたことを示している。

東アジア諸国との交渉
　中国では三国時代のあと晋が国内を統一したが、4世紀初めには北方の匈奴をはじめとする諸民族(五胡)の侵入を受けて南に移り、南北分裂の南北朝時代を迎えた。このため、周辺諸民族に対する中国の支配力は弱まり、東アジアの諸地域は国家形成へと進んだ。

　中国東北部からおこった❶＿＿＿＿＿＿は、朝鮮半島北部に領土を広げ、313年には楽浪郡を滅ぼした。一方、朝鮮半島南部では❷＿＿＿＿・❸＿＿＿＿・❹＿＿＿＿というそれぞれ小国の連合が形成されていたが、4世紀には馬韓から❺＿＿＿＿が、辰韓から❻＿＿＿＿がおこり、国家を形成した。馬韓諸国では百済が、辰韓諸国では新羅が台頭したのに対し、弁韓と呼ばれた朝鮮半島南部の地域では4〜6世紀になっても連合的な状態が続いた。

　朝鮮半島南部の鉄資源を確保するために、早くからかつての弁韓の地の❼＿＿＿＿(加羅)諸国と密接な関係をもっていた⑧＿＿＿(ヤマト政権)は、4世紀後半に高句麗が南下策を進めると、百済や加耶とともに高句麗と争うことになった。高句麗の都であった丸都(中国吉林省集安市)にある❾＿＿＿＿＿＿(好太王)碑の碑文には、倭が高句麗と交戦したことが記されている。朝鮮半島から乗馬の風習を学び、5世紀になると日本列島の古墳にも馬具が副葬されるようになった。この間、倭は百済や加耶から様々な技術を学び、また多くの❿＿＿＿＿が海を渡って、多様な技術や文化を日本列島に伝えた。

　さらに、朝鮮半島南部をめぐる外交・軍事上の立場を有利にするため、5世紀初めから約1世紀近くのあいだ、⓫『＿＿＿＿＿』＿＿＿＿＿に讃・珍・済・興・武と記された⓬＿＿＿＿＿＿があいついで中国の南朝に朝貢している。『宋書』倭国伝に記されている倭の五王のうち、済とその子である興と武に

解答 ⑪造山
東アジア諸国との交渉▶❶高句麗 ❷馬韓 ❸弁韓 ❹辰韓 ❺百済 ❻新羅 ❼加耶 ⑧倭 ❾広開土王 ❿渡来人 ⓫『宋書』倭国伝 ⓬倭の五王

■加耶と任那■ 中国史書ではおもに「加羅」、朝鮮側の史料の表記ではおもに「加耶」、日本の『日本書紀』では「任那」と呼ばれていた。三者は厳密には同一ではなく、学説により異なる。

ついては『古事記』『日本書紀』にみられる允恭とその子の安康・⑬_____の各天皇に当てることにほとんど異論はないが、讃には応神・仁徳・履中天皇を当てる諸説があり、珍についても仁徳・反正天皇を当てる2説がある。

大陸文化の受容

このような朝鮮半島や中国との盛んな交渉の中で、より進んだ鉄器・須恵器の生産、機織り・金属工芸・土木などの諸技術が、主として朝鮮半島からやってきた渡来人によって伝えられた。8世紀初めにできた歴史書である『古事記』『日本書紀』には、文筆や諸技術でヤマト政権を支えたのちの①_____・②_____・③_____らの祖先とされる王仁・阿知使主・弓月君らの渡来の説話が記されている。

ヤマト政権は渡来人を④_____（鉄器の生産）・⑤_____（須恵器の生産）・錦織部・鞍作部などと呼ばれる技術者集団に組織し、各地に居住させた。また、❻_____の使用も始まり、埼玉県の稲荷山古墳出土の鉄剣の銘文などにみえるように、漢字の音を借りて倭の人の名や地名などを書き表すようになった。漢字を用いてヤマト政権の様々な記録や出納・外交文書などの作成に当たったのも、⑦_____などと呼ばれる渡来人であった。

6世紀には百済から渡来した⑧_____により儒教が伝えられたほか、医・易・暦などの学術も支配者層に受け入れられ、**仏教**も朝鮮半島から伝えられた。日本にもたらされた仏教は、西域（中国の西方にある地域）・中国・朝鮮半島を経て公式に伝えられた。百済の⑨_____（聖王、明王とも）が⑩_____天皇の時に仏像・経論などを伝えたとされるが、その年代については538年（『⑪_____』）とする説と552年（『日本

整理 4～5世紀の東アジア

―― 南朝への遺使推定路

柔然

広開土王碑
（好太王碑）

丸都

ア（北朝）
386～534

平城

黄河

長安

ウ

平壌

オ

洛陽

建康

エ

長江

大和 倭

カ

イ（南朝）
420～479

会稽

太平洋

解答 ⑬雄略

大陸文化の受容▶①西文氏 ②東漢氏 ③秦氏 ④韓鍛冶部 ⑤陶作部 ❻漢字 ⑦史部 ⑧五経博士 ⑨聖明王 ⑩欽明 ⑪上宮聖徳法王帝説

整理 4～5世紀の東アジア▶ア北魏 イ宋 ウ高句麗 エ百済 オ新羅 カ加耶

書紀』）とする説があり、前者の説が有力である。『古事記』『日本書紀』のもとになった「⑫_____」（大王の系譜を中心とする伝承）や「⑬_____」（朝廷の伝承・説話）も、この頃にまとめられはじめたと考えられている。

後期の古墳 6世紀の古墳時代後期になると、古墳自体にも大きな変化が現れた。従来の竪穴系の埋葬施設にかわって朝鮮半島から伝わった❶_____が一般化し、新しい葬送儀礼にともなう多量の土器の副葬が始まった。また、墓室を丘陵や山の斜面に掘り込んだ横穴が各地に出現した。**埴輪**も人物埴輪・動物埴輪などの②_____埴輪がさかんに用いられるようになる。古墳のまわりや墳丘上に並べられた人物埴輪・動物埴輪の群像は、葬送儀礼ないしは生前の首長が儀礼をとりおこなう様子を再現したものであろう。

そのほか九州北部の古墳には、石の埴輪である石人・石馬も立てられた。さらに九州各地や茨城県・福島県などでは、古墳や横穴の墓室に彩色あるいは線刻による壁画をもつ❸_____**古墳**がつくられるなど、古墳の地域的特色が強くなった。

一方、5世紀後半から6世紀には古墳のあり方にも変化がみられる。近畿中央部では大規模な前方後円墳が依然として営まれたのに対し、それまで近畿についで巨大な前方後円墳を営んだ吉備地方などで、大きな古墳がみられなくなった。これは各地の豪族が連合して政権をつくるかたちから、大王を中心とした近畿地方の勢力に各地の豪族が服属するかたちへと、ヤマト政権の性格が大きく変化したことを示している。

ヤマト政権の変化と関連して、小型古墳の爆発的な増加があり、山間や小島にまで広く❹_____と呼ばれる小型古墳が数多く集まった古墳群が営まれるようになった。これは、古墳の造営など考えられなかった有力農民層までが、古墳をつくるようになったことの現れである。そして、本来は豪族層だけで構成されていたヤマト政権の身分制度に、新たに台頭してきた有力農民層を組み入れて、ヤマト政権が直接支配下におこうとしたものと考えられる。

解答 ⑫帝紀 ⑬旧辞
後期の古墳▶ ❶横穴式石室 ②形象
❸装飾 ❹群集墳

古墳時代の人々の生活

古墳時代は支配者である豪族と被支配者である民衆の生活がはっきり分離した時代でもあった。豪族は民衆の住む集落から離れた場所に、周囲に濠や柵列をめぐらした①＿＿＿＿＿＿を営んだ。この居館は、豪族がまつりごとをとりおこなう場所で、また生活の場でもあった。さらに余剰生産物を蓄える倉庫群もおかれた。

民衆の住む集落には濠などはみられず、複数の竪穴住居と平地建物、さらに高床倉庫などからなる基本単位(屋敷地)がいくつか集まって構成された。5世紀になると朝鮮半島の影響を受け、竪穴住居の壁にカマドが設けられるようになった。

土器は、古墳時代前期から中期の初めまでは弥生土器の系譜を引く赤焼きの❷＿＿＿＿＿＿＿が用いられたが、5世紀には朝鮮半島から硬質で灰色の❸＿＿＿＿＿＿の製作技術が伝えられ、土師器とともに用いられるようになった。衣服は、男性が衣と乗馬ズボン風の袴、女性が衣とスカート風の裳という上下にわかれたものが多かったようで、古墳の人物埴輪に表現されている。

農耕に関する祭祀は、古墳時代の人々にとってもっとも大切なものであり、なかでも豊作を祈る春の❹＿＿＿＿＿＿＿や収穫を感謝する秋の❺＿＿＿＿＿＿は重要なものであった。

弥生時代の青銅製祭器にかわって、古墳の副葬品にもみられる銅鏡や鉄製の武器・農工具が重要な祭器になり、5世紀になると、それらの品々の模造品を石などで大量につくって祭りに用いるようになった。

人々は、円錐形の整った形の山や高い樹木、巨大な岩、絶海の孤島、川の淵などを神のやどる所と考え、祭祀の対象とした。それらの中には、現在も残る神社につながるものもある。三輪山を神体とし、拝殿のみで本殿のない奈良県⑥＿＿＿＿神社や、玄界灘の孤島⑦＿＿＿＿＿＿を神としてまつる福岡県宗像大社の沖津宮などでは、いずれも古墳時代の祭祀遺跡・祭祀遺物が発見されている。

穢れをはらい、災いを免れるための禊や祓、鹿の骨を焼いてその割れ目から吉凶を占う❽＿＿＿＿＿＿＿、さらに裁判に際して、熱湯に手を入れさせ、手がただれるかどうかで真偽を判断する神判の❾＿＿＿＿＿＿などの呪

解答 **古墳時代の人々の生活**▶①居館
❷土師器 ❸須恵器 ❹祈年の祭り ❺新嘗の祭り ⑥大神 ⑦沖ノ島 ❽太占
の法 ❾盟神探湯

術的な風習もおこなわれた。

ヤマト政権と政治制度

5世紀後半から6世紀にかけて、大王を中心としたヤマト政権は、東北地方南部から九州におよぶ地方豪族を含み込んだ支配体制を形成していった。①『＿＿＿＿＿』には、倭の五王が中国の南朝に朝貢して倭王と認められたことや、478年の倭王②＿＿＿の上表文に、倭の王権が勢力を拡大して東・西・海北の地方豪族たちを服属させたという記事がみえる。そのことは、この時代の大規模な前方後円墳が近畿を中心として展開したことにもうかがえる。また、埼玉県の③＿＿＿＿＿＿古墳出土の鉄剣銘と熊本県の④＿＿＿＿＿古墳出土の鉄刀銘には、ともに「獲加多支鹵大王」という大王名が記され、その統治を助けた豪族名がそれぞれみられる。この大王は倭王武であり、⑤＿＿＿＿天皇に当たる。

ヤマト政権は、5世紀から6世紀にかけて❻＿＿＿＿＿＿と呼ばれる支配の仕組みをつくり上げていった。豪族たちは血縁やその他の政治的関係をもとに構成された❼＿＿＿と呼ばれる組織に編成され、氏単位にヤマト政権の職務を分担し、大王は彼らに❽＿＿（カバネ）を与えた。地名を氏の名とした近畿の葛城・平群・蘇我などの有力豪族に❾＿＿、職掌を氏の名とした大伴・物部などの有力豪族に❿＿＿、有力地方豪族に⓫＿＿、地方豪族に直を与えた。カバネの実例としては、6世紀頃の島根県の岡田山1号墳出土大刀の銘文にみられる「各田卩臣」（額田部臣）が古いとされる。

中央の政治は臣姓・連姓の豪族から大臣・大連が任じられてその中枢を担ったとされ、その下の⓬＿＿＿が、職務に奉仕する⓭＿＿やそれを支える部と呼ばれる集団を率いて軍事・財政・祭祀・外交や文書行政などの職掌を分担した。また新しい知識・技術を伝えた渡来人たちも、伴造や伴に編成され、品部の集団がそれを支えた。奈良盆地南部には、大王の住む⓮＿＿＿＿を中心に有力王族の皇子宮やヤマト政権を構成する中央有力豪族の邸宅が集中し、それぞれに中央の中小豪族、地方豪族や伴などが奉仕していた。有力な豪族は、それぞれ私有地である⓯＿＿＿や私有民である⓰＿＿＿を領有して、それらを経

解答　ヤマト政権と政治制度▶『宋書』倭国伝　②武　③稲荷山　④江田船山⑤雄略　❻氏姓制度　❼氏　❽姓　❾臣　❿連　⓫君　⓬伴造　⓭伴　⓮大王宮　⓯田荘　⓰部曲

■品部■ 特定の職能をもってヤマト政権に仕えた人々の集団。伴造に率いられ、鍛冶部や陶作部のように生産物を献上したり労役に従事したりした。名代なども含む総称である。

済的な基盤とした。また氏や氏を構成する家々には、奴隷として所有される**ヤツ
コ**(奴婢)がいた。

　大王権力の拡大に対しては、地方豪族の抵抗もあった。とくに6世紀初めには、
新羅と結んで⑰　　　　　　　　　　　　　が大規模な戦乱をおこした。大王
軍はこの**磐井の乱**を2年がかりで制圧し、九州北部に⑱　　　　　を設けた。ヤ
マト政権はこうした地方豪族の抵抗を排しながら彼らを従属させ、列島各地に
直 轄領としての屯倉や、直轄民としての⑲　　　　　・　　　　　の部を設けて
いった。6世紀には地方豪族は⑳　　　　　に任じられ、その地方の支配権をヤ
マト政権から保障される一方、大王のもとにその子女を舎人・采女として出仕さ
せ、地方の特産物を貢進し、屯倉や名代・子代の部の管理をおこない、軍事行動
にも参加するなどして、ヤマト政権に奉仕するようになった。

古墳の終末　6世紀末から7世紀初めになると、各地の有力な豪族たちが営
んでいた前方後円墳の造営が終わる。各地でその時期がほぼそ
ろっているのは、ヤマト政権による強力な規制の結果であろう。この時期、中国
では隋が南北統一を果たし、朝鮮半島にも進出する姿勢を示していた。こうした
東アジアの国際情勢の大きな変化から、倭も大王を中心とする中央集権的な国家
形成を目指すようになり、古い豪族連合体制やその象徴である前方後円墳の造営
と決別したと思われる。

　前方後円墳の造営が停止されても、古墳の造営は100年間ほど続いた。考古学
ではこの時期を**古墳時代終末期**、この時期の古墳を①　　　　　　　　　　
と呼んでいる。かつて前方後円墳を造営していた豪族層は大型の方墳や円墳を営
むようになるが、地方でも国造に任じられた一部の有力な豪族らが大型の方墳や
円墳を営んだ。終末期古墳としては最大の千葉県 龍 角寺岩屋古墳(方墳)や栃木
県壬生 車 塚古墳(円墳)などは、国造に任じられた東国豪族が営んだものと考え
られている。

　さらに7世紀中頃になると、近畿の大王の墓が❷　　　　　　　になった。こ
れは大王にのみ固有の八角墳を営んで、一般の豪族層を 超 越した存在であるこ

解答　⑰筑紫 国 造　磐井　⑱屯倉　⑲
名代・子代　⑳国 造
古墳の終末▶①終末期古墳　❷八角墳

とを墳墓のうえでも示そうとしたものであろう。その後も有力な豪族層はしばらく古墳の造営を続けるが、7世紀も終わり近くになると、彼らも顕著な古墳を営まなくなり、大王とその一族、さらにその支配を助けたごく一部の有力支配者層だけが、伝統的な墳丘をもつ古墳を営んだらしい。こうした前方後円墳の造営停止、大王墓の八角墳化、さらに有力豪族層の古墳造営の停止などは、まさに統一国家の形成から律令国家への動きに対応するものといえる。

2 飛鳥の朝廷

東アジアの動向とヤマト政権の発展　6世紀の朝鮮半島では、①＿＿＿＿＿の圧迫を受けた百済や新羅が勢力を南に広げ、加耶諸国は562年までにつぎつぎに百済や新羅の支配下に入った。そして、加耶と結びつきのあったヤマト政権の朝鮮半島での影響力は後退した。6世紀初めの政治を主導した大伴氏は、朝鮮半島への政策をめぐり勢力を失った。加耶西部の地域に対する百済の支配権が確立したことが失政とされ、②＿＿＿＿＿は失脚したという。6世紀中頃には、伝統や在来の信仰を重んじる物部氏・中臣氏と、先進文化とともに仏教の受容に積極的な新興の③＿＿＿＿＿とが対立するようになった。蘇我氏は渡来人と結んで朝廷(ヤマト政権の王権組織)の財政権を握り、政治機構の整備や仏教の受容を積極的に進めた。蘇我氏は王権の財物をおさめた斎蔵・内蔵・大蔵の三蔵を管理し、屯倉の経営にも関与したと伝えられる。

　589年に中国で④＿＿＿＿＿が南北朝を統一し、高句麗などの周辺地域に進出しはじめると、東アジアは激動の時代を迎えた。倭では、大臣❺＿＿＿＿＿が587年に大連❻＿＿＿＿＿を滅ぼし、592年には⑦＿＿＿＿＿天皇を暗殺して政治権力を握った。そして、敏達天皇の后であった❽＿＿＿＿＿天皇が新たに即位し、国際的な緊張のもとで蘇我馬子や推古天皇の甥の❾＿＿＿＿＿(聖徳太子)らが協力して国家組織の形成を進めた。603年には❿＿＿＿＿

解答　東アジアの動向とヤマト政権の発展▶①高句麗　②大伴金村　③蘇我氏　④隋　❺蘇我馬子　❻物部守屋　⑦崇峻　❽推古　❾厩戸王　❿冠位十二階

、翌604年には**⓫**

が定められた。冠位十二階は氏族ではなく個人の才能・功績に対して冠位を与えることにより、氏族単位の王権組織を再編成しようとしたものであり、憲法十七条も豪族たちに国家の官僚としての自覚を求めるとともに、仏教を新しい政治理念として重んじるものであった。こうして王権のもとに中央行政機構・地方組織の編成が進められた。中国との外交も**遣隋使**の派遣により再開され、『**⑫**   』にみえる600年の派遣に続けて607年には**⑬**

が遣隋使として中国に渡った。この時の隋への国書は倭の五王時代とは異なり、中国皇帝に臣属しない形式をとり、**⑭**   から無礼とされた。

618年に隋が滅んで**⑮**   がおこり、強大な帝国を築くと、倭は630年の**⑯**

をはじめとして引き続き遣唐使を派遣し、東アジアの新しい動向に応じて中央集権体制の確立を目指した。遣隋使に同行した**⑰**

・南淵請安・**⑱**   らの留学生・学問僧は、長期の滞在ののち中国の制度・思想・文化についての新知識を伝えて7世紀半ば以降の政治に大きな影響を与えた。

飛鳥の朝廷と文化

6世紀末から、奈良盆地南部の**①**   の地に大王の王宮（**②**   ）がつぎつぎに営まれた。有力な王族や中央豪族は大王宮とは別にそれぞれ邸宅をかまえていたが、大王宮が集中し、その近辺に王権の諸施設が整えられると、飛鳥の地はしだいに都としての姿を示すようになり、本格的な宮都が営まれる段階へと進んだ。

7世紀前半に、蘇我氏や王族により広められた仏教中心の文化を**❸**
文化という。飛鳥文化は、渡来人の活躍もあって百済や高句麗、そして中国の南北朝時代の文化の影響を多く受け、当時の西アジア・インド・ギリシアともつながる特徴をもった。百済の僧**④**   が暦法を、高句麗の僧**⑤**   が彩

整理 **6世紀の朝鮮半島**

- ----- 532年頃の国界
- 512・513年百済が支配
- 551年百済の回復地
- 552年頃の新羅領域

平壌　㋐　　～668
漢城　漢江
㋑
4C半～660
白村江　熊津　扶余　4C半～935
金城(斯盧)
大加耶
㋓　金官
安羅
対馬

解答 **⓫**憲法十七条　**⑫**隋書　**⑬**小野妹子　**⑭**煬帝　**⑮**唐　**⑯**犬上御田鍬　**⑰**高向玄理　**⑱**旻

飛鳥の朝廷と文化▶①飛鳥　**②**大王宮
❸飛鳥　**④**観勒　**⑤**曇徴

整理 **6世紀の朝鮮半島▶**㋐高句麗　㋑百済　㋒新羅　㋓加耶

色・紙・墨の技法を伝えたという。蘇我氏による⑥＿＿＿＿＿＿＿（法興寺）や、舒明天皇創建と伝える百済大寺、厩戸王創建といわれる⑦＿＿＿＿・法隆寺（斑鳩寺）などが建立され、寺院は古墳にかわって豪族の権威を示すものとなった。蘇我馬子は、はじめて塔・金堂などの本格的伽藍をもつ飛鳥寺を596年に完成させた。また、『日本書紀』には670年に法隆寺が焼失した記事があり、古い様式を伝える法隆寺の再建・非再建をめぐって論争があった。その後、創建時の法隆寺である若草伽藍跡の発掘によって、現在の金堂・五重塔などは焼失後に再建されたことがわかった。伽藍建築は、礎石・瓦を用いた新技法による大陸風の建物であった。仏像彫刻では、⑧＿＿＿＿＿＿の作といわれる金銅像の法隆寺金堂釈迦三尊像のように、整ったきびしい表情の中国南北朝の北魏様式を受容しているもののほか、やわらかい表情の中宮寺⑨＿＿＿＿・法隆寺百済観音像などの木像がある。また、工芸品では法隆寺⑩＿＿＿＿＿＿や中宮寺⑪＿＿＿＿＿＿＿などが知られる。

---

⑥飛鳥寺　⑦四天王寺　⑧鞍作鳥　⑨
半跏思惟像　⑩玉虫厨子　⑪天寿国繍
帳

整理 おもな建築・美術作品（飛鳥）

ア

イ

ウ

法隆寺夢殿救世観音像

エ

広隆寺弥勒菩薩半跏思惟像　オ

カ

整理 おもな建築・美術作品（飛鳥）▶ア
法隆寺　イ法隆寺金堂釈迦三尊像　ウ法
隆寺百済観音像　エ中宮寺半跏思惟像
オ法隆寺玉虫厨子　カ中宮寺天寿国繡帳

律令国家の形成

律令国家は中国の制度を模倣して国家の枠組みをつくったが、一方で実際に機能させるために前の時代のあり方も受け継いだ。それはどのようなところに現れているだろうか。そして、律令国家は支配を浸透させ、天平文化が生まれるが、どのように中国と交流したのだろうか。また、なぜ日本的な政治のあり方が生まれてくるのだろうか。

1 律令国家への道

大化改新　充実した国家体制を整えた唐が7世紀半ばに高句麗への侵攻を始めると、国際的緊張の中で周辺諸国は中央集権の確立と国内統一の必要にせまられた。倭では、大臣①＿＿＿＿＿＿＿＿＿の子の②＿＿＿＿＿が厩戸王(聖徳太子)の子の③＿＿＿＿＿＿＿＿＿を滅ぼして権力集中をはかったが、中大兄皇子は、蘇我倉山田石川麻呂や中臣鎌足の協力を得て、天皇中心の官僚制による中央集権を目指し、645(大化元)年に蘇我蝦夷・入鹿を滅ぼした(④＿＿＿＿＿＿＿＿＿)。そして皇極天皇の譲位を受けて、王族の軽皇子が即位して⑤＿＿＿＿＿天皇となり、⑥＿＿＿＿＿＿＿＿＿を皇太子、また阿倍内麻呂・⑦＿＿＿＿＿＿＿＿＿を左・右大臣、⑧＿＿＿＿＿を内臣、唐から帰国した旻と高向玄理を⑨＿＿＿＿＿とする新政権が成立し、大王宮を飛鳥から難波に移して政治改革を進めた。646(大化2)年正月には、「⑩＿＿＿＿＿＿＿」が出され、豪族の田荘・部曲を廃止して公地公民制への移行を目指す政策方針が示された。全国的な人民・田地の調査、統一的税制の施行が目指され、地方行政組織の「⑪＿＿＿」が各地に設置されるとともに、中央の官制も整備されて大規模な⑫＿＿＿＿＿＿＿＿＿が営まれた。王権や中大兄皇子の権力が急速に拡大する中で、中央集権化が進められた。こうした孝徳天皇時代の諸改革は、❸＿＿＿＿＿と呼ばれる。なお、『日本書紀』が伝える詔の文にはのちの大宝令などによる潤色が多くみられ、戸籍や班田収授法のように、この時に施行されたことが疑問視される部分もある。一方、7世紀代の藤原宮⑭＿＿＿＿＿などにより大

解答　大化改新▶①蘇我蝦夷　②入鹿
③山背大兄王　❹乙巳の変　⑤孝徳
⑥中大兄皇子　⑦蘇我倉山田石川麻呂
⑧中臣鎌足　⑨国博士　⑩改新の詔
⑪評　⑫難波長柄豊碕宮　❸大化改新
⑭木簡

■難波長柄豊碕宮■　652年に完成し孝徳天皇が遷都した宮殿。744年に聖武天皇が遷都した難波宮と区別するために、前期難波宮と呼ぶこともある。

宝令施行以前には詔にみえる「郡」ではなく「評」が各地に設置されたことがわかる。地方豪族たちの申請により「評」(郡)を設けた経緯が『常陸国風土記』にも記されている。

第3章

天智天皇・天武天皇

唐と新羅が結んで660年に①＿＿＿＿＿を滅ぼすと、百済の遺臣は日本に滞在していた百済王子の送還と援軍を要求した。孝徳天皇の没後、飛鳥で即位した②＿＿＿＿天皇(皇極天皇の重祚)は、百済復興を支援するため大軍を派遣したが、663年に❸＿＿＿＿＿で唐・新羅連合軍に大敗した。668年には、唐と新羅は④＿＿＿＿も滅ぼした。倭では白村江の敗戦を受けて防衛政策が進められ、664年には対馬・壱岐・筑紫に⑤＿＿＿＿と烽がおかれた。また、百済からの亡命貴族の指導下に、九州の要地を守る⑥＿＿＿＿や大野城・基肄城が築かれ、対馬から大和にかけて古代山城(⑦＿＿＿＿＿＿＿＿＿)が築かれた。中大兄皇子は667年に都を近江⑧＿＿＿＿＿に移し、翌年7年間の称制を経て即位して❾＿＿＿＿天皇となった。国内政策でも、664年には氏上を定め、豪族領有民を確認するなど諸豪族と融和をはかり、670年には最初の戸籍である❿＿＿＿＿を作成した。後世、はじめての法典である近江令が定められたといわれるが、編纂された法典ではなく、律令制へつながる個別の法令を指したらしい。

天智天皇が亡くなると、翌672年に、天智天皇の子で近江大津宮の朝廷を率いる⑪＿＿＿＿＿＿と天智天皇の弟⑫＿＿＿＿＿＿とのあいだで皇位継承をめぐる戦い(⑬＿＿＿＿＿＿)がおきた。大海人皇子は東国の美濃に移り、東国豪族たちの軍事動員に成功して大友皇子を倒し、翌年⑭＿＿＿＿＿で即位した(⑮＿＿＿＿天皇)。乱の結果、近江朝廷側についた有力中央豪族が没落し、強大な権力を手にした天武天皇を中心に中央集権国家の形成が進んだ。それまでの⑯＿＿＿＿にかわって「天皇」という称号が用いられるのは、「大君は神にしませば」と柿本人麻呂がうたったように、天皇の神格化が進んだこの頃のこととする説があるが、推古天皇の頃に隋との外交交渉の中でつくられたとの説もある。また、乱の際に勝利を祈願した伊勢の神

解答 **天智天皇・天武天皇**▶①百済 ②斉明 ❸白村江の戦い ④高句麗 ⑤防人 ⑥水城 ⑦朝鮮式山城 ⑧大津宮 ❾天智 ❿庚午年籍 ⑪大友皇子 ⑫大海人皇子 ⑬壬申の乱 ⑭飛鳥浄御原宮 ⑮天武 ⑯大王

■**重祚と称制** 重祚は一度退位した天皇が再び即位すること。称制は天皇の死後、皇太子または皇后が即位せずに政務をおこなうこと。

が、国家的な祭祀の対象となった（⑰＿＿＿＿＿＿＿＿＿＿＿＿＿＿）。

天武天皇は、675年に豪族に与えた部曲（かきべ）を廃止し、官人の位階や昇進の制度を定めて官僚制の形成を進めた。684年には⑱＿＿＿＿＿を定めて豪族たちを天皇を中心とした新しい身分秩序に編成した。地方では国がつくられ、里（り）（50戸）が編成されるなど、国家体制の充実をはかり、さらに律令・国史の編纂（へんさん）、都城（とじょう）の建設、貨幣の鋳造（ちゅうぞう）（⑲＿＿＿＿＿＿）にも着手した。

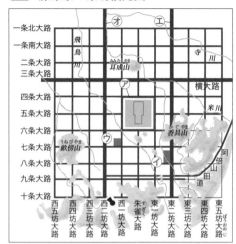

一条北大路
一条南大路
二条大路
三条大路
四条大路
五条大路
六条大路
七条大路
八条大路
九条大路
十条大路

飛鳥川
耳成山（みみなしやま）
香具山（かぐやま）
畝傍山（うねびやま）
横大路
寺川
米川
阿倍山田道（あべやまだみち）

西五坊大路　西四坊大路　西三坊大路　西二坊大路　西一坊大路　朱雀大路　東一坊大路　東二坊大路　東三坊大路　東四坊大路　東五坊大路（ぼうおおじ）

オ　エ　ア　ウ　イ

律令の成立と「日本」

天武天皇のあとを継いだ皇后の①＿＿＿＿＿天皇は、689年に②＿＿＿＿＿＿＿＿＿を施行した。これにもとづいて翌年つくられた③＿＿＿＿＿＿＿は、人民を統一的に支配する基礎となり、以後6年ごとに戸籍をつくる制度が確立した。また、694年に中国の都城を模した④＿＿＿＿＿＿に遷都（せんと）した。天皇の住居や官衙（かんが）、儀式をおこなう空間からなる宮と条坊制（じょうぼうせい）をもつ京の部分からなり、官僚制の成立と都城は不可分であった。

飛鳥浄御原令を基礎に、701（大宝（たいほう）元）年に⑤＿＿＿＿＿や藤原不比等（ふじわらのふひと）らによって⑥＿＿＿＿＿＿＿がつくられ、律令国家の仕組みが整った。さらに藤原不比等が⑦＿＿＿＿＿＿をつくり、藤原仲麻呂（なかまろ）によって757（天平（てんぴょう）宝字（ほうじ）元）年に施行された。

大宝律令は、唐の永徽律令（えいきりつりょう）を手本（てほん）にしたもので、今日の刑法に当たる⑧＿＿は唐律をほぼ写したものであるが、行政法や民衆の統治を定めた⑨＿＿＿は、日本の実情に合うように大幅に改変されている。中央の氏や地方の国造制（こくぞうせい）の影響がみら

解答　⑰伊勢神宮（いせじんぐう）　⑱八色の姓（やくさのかばね）　⑲富（ふ）本銭（ほんせん）
律令の成立と「日本」▶①持統（じとう）　②飛鳥（あすか）浄御原令（きよみはらりょう）　③庚寅年籍（こういんねんじゃく）　④藤原京（ふじわらきょう）
⑤刑部親王（おさかべしんのう）　⑥大宝律令　⑦養老律令（ようろうりつりょう）
⑧律　⑨令
整理　藤原京の条坊復元図▶㋐藤原宮（たいかんだいじ）
㋑大官大寺　㋒本薬師寺（もとやくしじ）　㋓中ツ道
㋔下ツ道（しもつみち）

28　第3章　律令国家の形成

れ、氏族制的な要素も色濃く残っている。

　「日本」という国号が正式に定められたのもこの頃のことで、702（大宝２）年に約30年ぶりに派遣された遣唐使が、唐に対して「日本」国の使者であると答え、倭の国名を改めている。

官僚制　中央行政組織には、神々の祭祀をつかさどる❶＿＿＿＿＿＿と行政全般を管轄する❷＿＿＿＿＿＿の二官があり、太政官のもとで❸＿＿＿＿＿が政務を分担した。行政の運営は、有力氏族から任命された❹＿＿＿＿・左大臣・右大臣・大納言などの太政官の❺＿＿＿＿＿による合議によって進められ、８世紀初めには中央の有力氏族が１人ずつ公卿を出した。

　地方組織としては、全国が❻＿＿＿＿＿（大和・河内・摂津・山背、のちに和泉）・❼＿＿＿＿に行政区分され、国・郡・里（のち郷と改められる）がおかれて、❽＿＿＿＿・❾＿＿＿＿・❿＿＿＿＿が任じられた。国司には中央から貴族が派遣され、一方、郡司にはかつての国 造 など伝統的な地方豪族が任じられた。そのほか、京には左・右⓫＿＿＿＿、難波には⓬＿＿＿＿＿、外交・軍事上の要地である九州北部には西海道を統轄する⓭＿＿＿＿＿がおかれた。これらの諸官庁には、多数の官人が勤務したが、官人には漢字の文筆能力と儒教 の教養とが求められた。

　官人は位階を与えられて位階に対応する官職に任じられ（⓮＿＿＿＿＿＿）、位階・官職に応じて、その戸からの税収が封主に与えられる位封・職封などの⓯＿＿＿＿、位田・職田などの田地、年２回与えられる現物給与の季禄などの給与が与えられた。また官人は 調 ・庸・雑徭などの負担は免除された。とくに五位以上の貴族は手厚く優遇され、五位以上の子（三位以上は孫も）は父（祖父）の位階に応じた位階を与えられて 出 仕できる⓰＿＿＿＿＿により貴族層の維持がはられ、五位以上の位階は一種の身分としての意味をもった。

　司法制度では、刑罰に笞・杖 ・徒・流・死の⓱＿＿＿＿＿があり、地方では郡司が笞罪までの裁判権をもった。位階をもつ官人は位階の剥奪などにより実刑の

解答　官僚制▶❶神祇官　**❷**太政官
❸八省　**❹**太政大臣　**❺**公卿　**❻**畿内
❼七道　**❽**国司　**❾**郡司　**❿**里長　**⓫**京職　**⓬**摂津職　**⓭**大宰府　**⓮**官位相当制　**⓯**封戸　**⓰**蔭位の制　**⓱**五刑

免除が認められたが、国家・天皇・尊属に対する罪は⑱＿＿＿＿＿としてとくに重罪とされ、減免されなかった。

民衆の負担 律令国家では、民衆は戸主を代表者とする戸に所属するかたちで戸籍・❶＿＿＿＿＿に登録され、50戸で1里が構成されるように里が編成された。戸は実際の家族そのままではなく、編成されたもので、郷戸という。この戸を単位として❷＿＿＿＿＿＿＿が班給され、租税が課せられた。田地は③＿＿＿＿＿で区画され、支給された。男性は2段（1段＝360歩＝約11.9ａ）、女性はその3分の2、私有の奴婢は良民男女のそれぞれ3分の1が班給された。戸籍は6年ごとに作成され、それにもとづいて6歳以上の男女に一定額の耕作できる田地（熟田）を実際に支給する❹＿＿＿＿＿＿＿＿＿は、人民の生活を保障する側面が大きかった。口分田は売買できず、死者の口分田は6年ごとの班年に収公された。

民衆には租・調・庸・雑徭などの負担が課せられた。❺＿＿＿＿＿は口分田などの収穫から3％程度の稲をおさめるもので、おもに諸国の各郡におかれた正倉に貯蔵された。このほか、国家が春と夏に稲を貸し付け、秋の収穫時に5割の高い利息とともに徴収する❻＿＿＿＿＿（公出挙）もあった。出挙は、もともと農民の生活維持のために豪族たちがおこなってきたものであったが、律令制下では国家の租税となり（公出挙）、その利息の稲は諸国の重要な財源となった。❼＿＿＿は絹・布や地域の特産品を、❽＿＿＿は歳役にかえて布などをおさめるもので、⑨＿＿＿＿＿（成人男性）中心に課される人頭税で、郡司のもとでまとめられ、それらを都まで運ぶ❿＿＿＿＿の義務もあった。⓫＿＿＿＿＿は、国司の命令によって水利工事や国府の雑用に年間60日を限度に奉仕する労役であった。

兵役は、正丁3〜4人に1人の割で兵士が徴発され、兵士は諸国の⓬＿＿＿＿＿＿で訓練を受けた。一部は宮城の警備に当たる⓭＿＿＿＿となったり、九州の沿岸を守る⓮＿＿＿＿となったりした。防人には東国の兵士が当てられ、3年間大宰府に属した。兵士の武器や食料も自弁が原則であり、家族内の有力な労働力をとられることから、民衆には大きな負担であった。

解答 ⑱八虐
民衆の負担▶❶計帳　❷口分田　③条里制　❹班田収授法　❺租　❻出挙　❼調　❽庸　⑨正丁　❿運脚　⓫雑徭　⓬軍団　⓭衛士　⓮防人

身分制度は、⑮＿＿＿＿＿と⑯＿＿＿＿＿にわけられ、賤民には官有の陵戸・
官戸・⑰＿＿＿＿（官奴婢）と、私有の家人・私奴婢の五種類（⑱
＿＿＿＿）があった。賤民の割合は人口の数％程度と低かったが、大寺院や豪族
の中には、数百人をこえる奴婢を所有した者もいた。

2 平城京の時代

遣唐使　唐は、領域を拡大して周辺諸地域に大きな影響を与えた。西アジア
との交流も盛んになり、都の①＿＿＿＿（西安）は世界的な都市とし
て国際的な文化が花開いた。東アジアの諸国も唐と交流し、漢字・儒教・仏教な
どを共有する東アジア文化圏が形づくられるようになった。

　8世紀に入ると、日本からの②＿＿＿＿＿＿＿はほぼ20年に1度の割合で派遣
され、多い時は約500人もの人々が、4隻の船に乗って渡海した。日本は③＿＿＿
＿＿は受けなかったが、実質的には唐に臣従する朝貢であり、大使以下の使者
は正月朝賀に参列し、皇帝を祝賀した。唐からは高級織物や銀器・楽器などを
賜与されたほか、留学生④＿＿＿＿＿や学問僧⑤＿＿＿＿らが、儒教
や仏教、法律など多くの書物と知識を伝え、日本の律令国家としての発展に大
きく寄与した。遣唐留学生だった⑥＿＿＿＿＿＿は唐の玄宗皇帝に
重用されて高官にのぼり、詩人王維・李白らとも交流したが、帰国の船の遭難で
唐にとどまった。

　⑦＿＿＿＿は676年に唐の勢力を追い出して朝鮮半島を統一すると、唐をけん
制するために日本とのあいだに多くの使節を往来させ、8世紀初めまでは日本に
従うかたちをとった。やがて対等外交を主張したが、日本は新羅を従属国として
扱おうとしたため、ときには緊張が生じた。唐で安史の乱（755〜763年）がおこり
混乱が広がると、⑧＿＿＿＿＿＿＿は新羅攻撃を計画したが、実現し
なかった。8世紀末になると遣新羅使の派遣は少なくなるが、外交とは別に民間
商人たちの往来はますます盛んになった。また、北方の中国東北部などに住む靺

解答　⑮良民　⑯賤民　⑰公奴婢　⑱
五色の賤
遣唐使▶　①長安　②遣唐使　③冊封
④吉備真備　⑤玄昉　⑥阿倍仲麻呂　⑦
新羅　⑧藤原仲麻呂

鞨族や旧高句麗人を中心に建国された **9**＿＿＿＿＿は、唐・新羅との対抗関係から727（神亀4）年に日本に使節を派遣して国交を求め、従属するかたちをとり、日本と友好的に通交した。

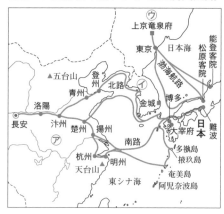

整理 8世紀頃の東アジアと日唐交通路

奈良の都平城京

710（和銅3）年、**①**＿＿＿＿＿天皇は藤原京から奈良盆地北部の **2**＿＿＿＿＿へと遷都した。こののち、山背国の長岡京・平安京に遷都するまでを **3**＿＿＿＿＿時代という。

平城京は唐の都 **4**＿＿＿＿＿にならい、碁盤の目状に東西・南北に走る道路で区画される **5**＿＿＿＿＿をもつ都市であった。都は中央を南北に走る **6**＿＿＿＿＿で東の左京と西の右京とにわけられ、北部中央には **7**＿＿＿＿＿が設けられ、天皇の生活の場である **8**＿＿＿＿＿、政務や儀礼の場である **9**＿＿＿＿＿・朝堂院、各官庁がおかれた。藤原宮よりも宮は広く、官衙も拡大した。平城宮跡は、保存されて計画的に発掘調査がおこなわれ、宮殿・官庁・庭園などの遺構や木簡などの遺物が発見されて、古代の宮廷生活やそれを支えた財政構造などが明らかになっている。

京には貴族・官人・庶民が住み、はじめ大安寺・薬師寺・元興寺・興福寺、のちには東大寺・西大寺などの大寺院が立派な伽藍建築を誇った。人口は約10万人といわれる。五条以北の平城宮近くには長屋王邸など貴族たちの大邸宅が立ち並び、八条・九条などの宮から遠い地区には下級官人たちの小規模な住宅が分布していたことがわかっている。下級官人は、一方では畿内にあるみずからの本籍地で農業経営にも従事していた。

左京・右京には官営の**市**が設けられ、**10**＿＿＿＿＿がこれを監督した。市では、地方から貢納された産物、官人に禄として支給された布などが交換された。708

解答 9 渤海
奈良の都平城京▶ ① 元明 **2** 平城京
3 奈良 **4** 長安 **5** 条坊制 **6** 朱雀大路 **7** 平城宮 **8** 内裏 **9** 大極殿 **10** 市司

整理 8世紀中頃の東アジアと日唐交通路▶ ⑦ 唐 **⑦** 新羅 **⑦** 渤海

（和銅元）年、武蔵国から銅が献上されると、政府は年号を和銅と改め、7世紀の天武天皇時代の⑪＿＿＿＿＿に続けて、唐にならい⑫＿＿＿＿＿を鋳造した。奈良時代初めの和同開珎のあと、国家による銅銭の鋳造は、10世紀半ばの乾元大宝まで12回にわたり続けられて「⑬＿＿＿＿（＿＿＿＿＿）」

整理 **平城京図**

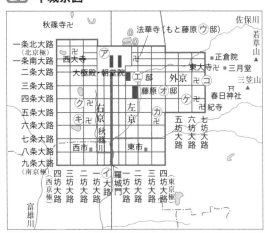

と呼ばれた。銭貨は平城京造営で使役された人々に労働の代金として支給され、政府はさらにその流通を目指して711（和銅4）年に⑭＿＿＿＿＿＿＿＿＿＿を発した。京・畿内では調を銭でおさめさせたが、一般には稲や布などを交換手段とする交易が広くおこなわれていた。

地方の統治と蝦夷・隼人

中央と地方とを結ぶ交通制度としては、都を囲む畿内を中心に東海道など七道の諸国府へのびる官道（駅路）が整備され、約16kmごとに❶＿＿＿＿＿を設ける駅制が敷かれ、官人が公用に利用した。地方では、駅路と離れて郡家などを結ぶ道（伝路）が交通体系の網の目を構成した。

国には、中央から派遣された国司が政治をおこなう拠点として❷＿＿＿＿＿（国衙）が設けられ、国府の中心には政務や儀礼をおこなう❸＿＿＿＿＿があった。国府の近くにはのちに国分寺も建立され、文化的な中心でもあった。一方、郡には❹＿＿＿＿＿（郡衙）が設けられ、租を蓄える❺＿＿＿＿＿がおかれ、近くに郡司の❻＿＿＿＿＿も営まれた。国司には中央の官人が一定の任期で派遣されたが、郡司にはもとの❼＿＿＿＿＿などの在地の豪族が任命され、任期はなく地位は世襲され、多くの田地の保有が認められていた。律令制の民衆支配は、郡司のもつ

解答 ⑪富本銭 ⑫和同開珎 ⑬本朝（皇朝）十二銭 ⑭蓄銭叙位令
地方の統治と蝦夷・隼人▶❶駅家 ❷国府 ❸国庁 ❹郡家 ❺正倉 ❻氏寺 ❼国造

整理 **平城京図▶**㋐平城宮 ㋑朱雀 ㋒不比等 ㋓長屋王 ㋔仲麻呂 ㋕大安寺 ㋖薬師寺 ㋗唐招提寺 ㋘元興寺 ㋙興福寺

伝統的な支配力によって可能になっていた。郡家の遺跡からも木簡・墨書土器などの文字資料が出土し、律令制の文書主義にもとづき漢字文化が地方にも展開した様子が知られる。

　政府は鉄製の農具や進んだ灌漑技術を用いて耕地の拡大にもつとめ、長門の銅、陸奥の金などの鉱物資源の採掘も国家主導でおこなわれた。また養蚕や高級織物の技術者を地方に派遣して、生産をうながした。

　律令国家は、日本を中華とする唐と同じ帝国構造をもち、新羅や渤海を蕃国と位置づけたほか、国内では東北地方に住む人々を❽＿＿＿＿＿＿、九州南部の人々を❾＿＿＿＿＿と呼び、異民族（夷狄）として服従させ、支配地を拡大していった。7世紀半ばに、日本海側に⑩＿＿＿＿＿・⑪＿＿＿＿＿が設けられた。斉明天皇の時代には⑫＿＿＿＿＿＿が遣わされ、秋田地方などさらに北方の蝦夷と関係を結んだ。しかし、政府の支配領域はまだ日本海沿いの拠点にとどまっていた。8世紀になると、蝦夷に対する軍事的な制圧政策も進められ、帰順する蝦夷は優遇する一方、反抗する蝦夷は武力でおさえつけた。また城柵には関東を中心とする農民を柵戸として植民させた。

　日本海側には712（和銅5）年に⑬＿＿＿＿国がおかれ、ついで秋田城が築かれ、太平洋側にも7世紀後期の城柵に続けて陸奥国府となる⓮＿＿＿＿＿が築かれて、それぞれ出羽・陸奥の政治や蝦夷対策の拠点となった。

　一方、南九州の隼人は天武・持統天皇の頃には服属し、8世紀初めには薩摩国ついで⑮＿＿＿＿国がおかれ、反乱をおこしたものの制圧され、政府に朝貢することが課された。種子島・屋久島も行政区画化され、さらに南の島々も赤木などの産物を貢進する関係に入った。

藤原氏の進出と政界の動揺

　8世紀の初めは、皇族や中央の有力貴族間で勢力が比較的均衡に保たれていたが、やがて大伴氏や佐伯氏などの旧来の有力諸氏の勢力をおさえて藤原氏が進出してきた。①＿＿＿＿＿＿は、律令の制定に大きな役割を果たし、娘の②＿＿＿＿を文武天皇に嫁がせ、その子の皇太子（のち聖武天皇）にも娘の❸

解答　❽蝦夷　❾隼人　⑩渟足柵　⑪磐舟柵　⑫阿倍比羅夫　⑬出羽　⓮多賀城　⑮大隅
藤原氏の進出と政界の動揺▶①藤原不比等　②宮子　❸光明子

■**皇后と皇太后**■　皇后は天皇の正室（正妻）で、律令では皇族であることが条件とされた。皇太后は先の天皇の正室（正妻）のこと。

を嫁がせて天皇家と密接な関係を築いた。

　不比等が死去すると、皇族の④＿＿＿＿＿＿＿が右大臣となり政権を握ったが、不比等の子の武智麻呂・⑤＿＿＿＿＿・宇合・麻呂の4兄弟は、729（天平元）年、親王の待遇を受けていた左大臣長屋王とその妻吉備内親王を策謀によって自殺させ（長屋王の変）、光明子を皇后に立てることに成功した。しかし、737（天平9）年に流行した天然痘によって4兄弟はあいついで病死し、かわって皇族出身の⑥＿＿＿＿＿＿＿＿が政権を握ると、唐から帰国した吉備真備や玄昉が聖武天皇に信任されて活躍した。

　740（天平12）年には、⑦＿＿＿＿＿＿＿＿が吉備真備・玄昉らの排除を求めて九州で大規模な反乱をおこしたが、鎮圧された（藤原広嗣の乱）。この乱がおきてから数年のあいだ、聖武天皇は⑧＿＿＿＿＿・難波宮・⑨＿＿＿＿＿などに都を転々と移した。

　こうした政治情勢や飢饉・疫病などの社会的不安のもと、仏教を厚く信仰した聖武天皇は、仏教のもつ鎮護国家の思想によって国家の安定をはかろうとし、741（天平13）年に⑩＿＿＿＿＿＿＿＿＿＿を出して、諸国に国分寺・国分尼寺をつくらせることにした。ついで743（天平15）年には、近江の紫香楽宮で⑪＿＿＿＿＿＿＿を出した。745（天平17）年に平城京に戻ると、大仏造立は奈良で続けられ、752（天平勝宝4）年、大仏の開眼供養の儀式が盛大におこなわれた。この3年前に聖武天皇は在位のまま出家したのち譲位した。

　聖武天皇の娘である⑫＿＿＿＿天皇の時代には、⑬＿＿＿＿＿＿が光明皇太后と結んで政界で勢力をのばした。橘諸兄の子の奈良麻呂は仲麻呂を倒そうとするが、逆に滅ぼされた（橘奈良麻呂の変）。仲麻呂は淳仁天皇を擁立して即位させると⑭＿＿＿＿＿＿の名を賜り、権力を独占し、大師（太政大臣）にまでのぼり、唐を模倣した儒教的政策を進めた。

　恵美押勝は後ろ盾であった光明皇太后が死去すると孤立を深め、孝謙太上天皇は自分の看病に当たった僧⑮＿＿＿＿＿を寵愛して淳仁天皇と対立した。危機

解答　❹長屋王　⑤房前　❻橘諸兄
⑦藤原広嗣　⑧恭仁京　⑨紫香楽宮
❿国分寺建立の詔　⓫大仏造立の詔　⑫孝謙　⓭藤原仲麻呂　⑭恵美押勝
⓯道鏡

■太上天皇　譲位した天皇の称。略して上皇ともいう。奈良時代には、譲位した天皇は自動的に太上天皇と称され、天皇在位時と同じ権力や権威をもった。

感をつのらせた押勝は764(天平宝字8)年に挙兵したが、太上天皇側に先制され滅ぼされた(恵美押勝の乱)。淳仁天皇は廃されて淡路に流され、孝謙太上天皇が重祚して⑯＿＿＿＿＿天皇となった。

道鏡は称徳天皇の支持を得て太政大臣禅師、さらに⑰＿＿＿＿となって権力を握り、西大寺の造営や百万塔の製作など、仏教政治をおこなった。769(神護景雲3)年には、称徳天皇が宇佐神宮の神託によって道鏡に皇位をゆずろうとする事件がおこったが、この動きは⑱＿＿＿＿＿＿＿らの行動で挫折した。称徳天皇が亡くなると、後ろ盾を失った道鏡は退けられた。つぎの皇位には、藤原北家の藤原永手や式家の⑲＿＿＿＿＿＿＿がはかって、長く続いた天武天皇系の皇統にかわって天智天皇の孫である⑳＿＿＿＿天皇を立てて、律令政治と国家財政の再建を目指した。道鏡は下野薬師寺の別当として追放され、そこで死去した。

民衆と土地政策

律令政治が展開した8世紀には、農業にも進歩がみられ、鉄製の農具がいっそう普及した。生活では、竪穴住居にかわって平地式の❶＿＿＿＿＿＿住居が西日本からしだいに普及した。家族のあり方は今日と違い、結婚はまず男性が女性の家に通う❷＿＿＿＿＿に始まり、夫婦としていずれかの父母のもとで生活し、やがてみずからの家をもった。夫婦は結婚しても別姓のままで、また各々自分の財産をもっていた。生業の分担や子どもの養育などの面で、女性の発言力が強かったとみられる。

農民は、班給された口分田を耕作したほか、口分田以外の公の田(乗田)や寺社・貴族の土地を原則として1年のあいだ借り、収穫の5分の1を地子として政府や寺社・貴族におさめた(③＿＿＿＿)。天候不順や虫害などに影響されて飢饉もおこりやすく、国司・郡司らによる勧農政策があっても不安定な生活が続いた。困窮した農民の中には、口分田を捨てて戸籍に登録された地を離れて他国に④＿＿＿＿したり、都の造営工事現場などから⑤＿＿＿＿して、地方豪族などのもとに身を寄せたりする者も増えた。

政府は、人口増加による口分田の不足をおぎない税の増収をはかるため、722

解答 ⑯称徳 ⑰法王 ⑱和気清麻呂
⑲藤原百川 ⑳光仁
民衆と土地政策▶❶掘立柱 ❷妻問婚
③賃租 ④浮浪 ⑤逃亡

（養老6）年には⑥＿＿＿＿＿＿＿＿＿＿＿＿＿＿＿＿＿＿を立て、723（養老7）年には❼＿＿＿＿＿＿＿＿＿＿＿を施行した。この法は、新たに灌漑施設を設けて未開地を開墾した場合は3世にわたり、旧来の灌漑施設を利用して開墾した場合は本人1代のあいだ田地の保有を認めるというもので、民間の開墾による耕地の拡大をはかるものであった。743（天平15）年には政府は❽＿＿＿＿＿＿＿＿＿＿＿＿＿＿＿＿＿を発し、開墾した田地の私有を永年にわたって保障した。墾田の面積は位階に応じて定められ、一品の親王や一位の貴族の500町から初位以下庶民の10町まで差が設けられていた。また墾田は、租をおさめるべき⑨＿＿＿＿＿＿＿であった。この法は、政府の掌握する田地を墾田にまで拡大することにより土地支配の強化をはかる積極的な政策であったが、一方で貴族・寺院や地方豪族らの私有地拡大を進めることになった。のち、765（天平神護元）年に寺院などを除いて開墾は一時禁止されたが、⑩＿＿＿＿＿＿＿が退いたあとの772（宝亀3）年には、再び開墾と墾田の永年私有が認められた。東大寺などの大寺院は、北陸などの広大な原野を独占し、国司や郡司の協力のもとに付近の一般農民や浮浪人らを使用して灌漑施設をつくり、大規模な原野の開墾をおこなった。これを❶＿＿＿＿＿＿＿＿＿＿という。初期荘園は、経営拠点の荘所を中心に、国司・郡司の律令制支配機構に依存して営まれたが、独自の荘民をもたなかったため、郡司の弱体化にともない衰退していった。

　政府は天平年間（729〜749年）には、律令ではとらえられなかった浮浪人に対して、浮浪先で浮浪人帳をつくって把握することを目指した。また各郡の正倉に蓄えられる稲穀が、正税として国司により一元的に管理・運用されるようになる。この結果、郡司の権力の背景が奪われ、国司による支配が強まるなど、氏族制的な社会の中に律令制が本格的に浸透していった。一方で8世紀の末には、それまで郡司の伝統的な支配力を背景に徴収されていた調・庸に品質の悪化や滞納が多くなった。

解答 ⑥百万町歩の開墾計画　❼三世一身法　❽墾田永年私財法　⑨輸租田
⑩道鏡　❶初期荘園

3 律令国家の文化

白鳳文化 　天武・持統天皇の時代を中心とする律令国家の形成期には、飛鳥文化にかわる新たな傾向の文化が生まれた。仏教文化を基調とした生気ある若々しい文化で、7世紀には新羅を経由し、8世紀には遣唐使の往来によって直接伝えられた、唐初期の文化の影響を受けている。この7世紀後半から8世紀初頭にかけての文化を❶_____文化という。

　②_____天皇によって大官大寺・薬師寺がつくりはじめられるなど、仏教興隆は国家的に推進され、地方豪族も競って寺院を建立したので、この時期に仏教文化は急速に発展した。彫刻では③_____などがおおらかな表情を伝え、絵画では④_____壁画(1949年焼損)にインドや西域の影響が、また⑤_____壁画に中国や朝鮮半島の影響が認められている。

　貴族たちは中国的教養を受容して漢詩文をつくるようになり、一方で和歌もこの時期に形式を整えた。また、統一的な国家組織の形成に応じて、中央の官人だけでなく地方豪族にも漢字文化と儒教思想の受容が進んだ。

天平文化と大陸 　中央集権的な国家体制が整った奈良時代には、全国の富が中央に集められ、平城京を中心として高度な貴族文化が花開いた。この時代の文化を、聖武天皇の時代の年号をとって❶_____文化という。当時の貴族は、遣唐使などによってもたらされる唐の進んだ文化を重んじたため、天平文化は、外来文化の影響を強く受けた国際色豊かな文化となった。

国史編纂と『万葉集』 　律令国家の確立にともなう国家意識の高まりを反映して、政府の立場から統治の由来や国家の形成・発展の経緯を示すために、中国にならって国史の編纂がおこなわれた。

　天武天皇の時代に始められた国史編纂事業は、奈良時代に『❶_____』『❷_____』として完成した。712(和銅5)年にできた『古事記』は、宮廷に伝わる「帝紀」「旧辞」にもとづいて天武天皇が③_____に

──────────

解答　**白鳳文化▶**❶白鳳　②天武　③興福寺仏頭　④法隆寺金堂　⑤高松塚古墳　③稗田阿礼

天平文化と大陸▶❶天平

国史編纂と『万葉集』▶❶古事記　❷日本

整理 おもな建築・美術作品（白鳳）

㋐

㋑

㋒

法隆寺金堂壁画（部分）

㋓

よみならわせた内容を、④＿＿＿＿＿＿＿＿＿（安麻呂）が筆録したもので、神話・伝承（でんしょう）（すいこ）や推古天皇に至るまでの歴史を、漢字の音・訓を用いた日本語文で記している。720（養老４（ようろう））年にできた『日本書紀』は、⑤＿＿＿＿＿＿＿＿＿が中心となって編纂したもので、中国の歴史書の体裁をふまえた漢文の⑥＿＿＿＿＿＿＿で書かれている。中国の歴史書は、おもに「本紀（ほんぎ）」や「列伝（れつでん）」などで構成される紀伝体（きでんたい）であるが、このうち「本紀」には皇帝や王朝に関するできごとが年代順に記されている。『日本書紀』は「本紀」の体裁にならい、「帝紀」「旧辞」や各種の記録をもとに、神代（じんだい）から持統天皇に至るまでの神話・伝承・歴史が天皇中心に記された。この『日本書紀』のあと、朝廷による歴史書編纂は平安（へいあん）時代に引

解答 ④太安万侶（おおのやすまろ）　⑤舎人親王（とねりしんのう）　⑥編（へん）年体（ねんたい）

整理 おもな建築・美術作品（白鳳）▶㋐
興福寺仏頭　㋑薬師寺東塔　㋒薬師寺金堂薬師三尊像　㋓高松塚古墳壁画

き継がれ、『⑦＿＿＿＿＿＿＿＿＿＿』『日本後紀』『続日本後紀』『日本文徳天皇実録』『⑧＿＿＿＿＿＿＿＿＿＿＿』が編纂された。これら６つの漢文正史を「⑨＿＿＿＿＿＿＿＿」と総称する。

　歴史書とともに地誌の編纂もおこなわれ、郷土の産物、地名の由来、古老の伝承などを筆録させる713（和銅６）年の命令によって、国ごとに❿＿＿＿＿＿＿がつくられた。常陸・出雲・播磨・豊後・肥前の５カ国の風土記が現在まで伝えられている。このうちほぼ完全に残っているのは、『出雲国風土記』である。

　また、貴族や官人には漢詩文の教養が必要とされ、751（天平勝宝３）年には、大友皇子・大津皇子・長屋王らによる７世紀後半以来の漢詩をまとめて、現存最古の漢詩集『⓫＿＿＿＿＿＿＿＿』が編まれた。８世紀半ばからの漢詩文の文人としては、淡海三船や石上宅嗣らが知られている。⑫＿＿＿＿＿＿＿＿＿は自分の邸宅を寺にして、仏典以外の書物も所蔵する図書館のような施設をおき、そこを芸亭と名づけて、学問する人々に開放したという。

　日本古来の和歌も、天皇から民衆に至るまで、様々な階層の人々によってよまれた。『⓭＿＿＿＿＿＿＿』は759（天平宝字３）年までの歌約4500首を収録した歌集で、宮廷の歌人や貴族の歌だけでなく、東国の民衆たちがよんだ東歌や防人歌などもある。心情を率直に表しており、心に強く訴える歌が多くみられる。歌人としては、第１期（天智天皇時代まで）の有間皇子・額田王、第２期（平城京遷都まで）の⑭＿＿＿＿＿＿＿＿＿＿、第３期（天平年間〈729〜749年〉の初め頃まで）の⑮＿＿＿＿＿＿・山部赤人・大伴旅人、第４期（淳仁天皇時代まで）の⑯＿＿＿＿＿＿・大伴坂上郎女らが名高い。編者は大伴家持ともいわれるが、未詳である。

　教育機関としては、官人養成のために中央に⑰＿＿＿＿＿＿、地方では国ごとに⑱＿＿＿＿＿＿がおかれた。大学には貴族の子弟や朝廷に文筆で仕えてきた氏族の子弟、国学には郡司の子弟らが優先的に入学した。学生は大学を修了し、さらに試験に合格して、はじめて官人になることができた。大学の教科は、五経（易経・尚書・詩経・春秋・礼記）などの儒教の経典を学ぶ明経道、律令な

解答　⑦続日本紀　⑧日本三代実録
❾六国史　❿風土記　⓫懐風藻　⑫石上宅嗣　⓭万葉集　⑭柿本人麻呂　⑮山上憶良　⑯大伴家持　⑰大学　⑱国学

どの法律を学ぶ明法道、音・書・算などの諸道があり、のち9世紀には漢文・歴史を学ぶ紀伝道が生まれた。ほかに、陰陽・暦・天文・医などの諸学が各役所で教授された。

国家仏教の展開 奈良時代には、国家の保護を受けて仏教がさらに発展した。とくに仏教によって国家の安定をはかるという❶_____の思想は、この時代の仏教の性格をよく示している。

奈良の大寺院では、インドや中国で生まれた様々な仏教理論の研究が進められ、三論・成実・法相・倶舎・華厳・律の❷_____と呼ばれる学系が形成された。③_____の義淵は玄昉・**行基**ら多くの弟子を育て、④_____の良弁は唐・新羅の僧から華厳の教えを学び、東大寺の建立に活躍した。また、入唐して三論宗を伝えた道慈も、大安寺建立などの事業に活躍した。

当時の僧侶は宗教者であるばかりでなく、最新の文化を身につけた一流の知識人でもあったから、玄昉のように聖武天皇に信任されて政界で活躍した僧もいた。日本への渡航にたびたび失敗しながら、ついに日本に戒律を伝えた唐の❺_____らの活動も、日本の仏教の発展に大きく寄与した。鑑真は、正式な僧侶となるのに必要な受戒(戒律を授かること)の作法を伝え、のちに⑥_____を開いた。受戒の場である戒壇は初め東大寺におかれたが、761(天平宝字5)年に、九州の⑦_____と東国の⑧_____にも設けられた。

一方で、仏教は政府からきびしく統制を受け、一般に僧侶の活動も寺院内に限られていた。しかし⑨_____のように、民衆への布教とともに用水施設や救済施設をつくる社会事業をおこない、国家から取締りを受けながらも多くの民衆に支持された僧もいた。のちに行基は大僧正に任ぜられ、大仏の造営に協力した。社会事業は善行を積むことにより福徳を生むという仏教の思想にもとづいており、⑩_____皇后が平城京に悲田院を設けて孤児・病人を収容し、施薬院を設けて医療に当たらせたことも仏教信仰と関係している。

鎮護国家の思想を受けて、聖武天皇による国分寺建立や大仏造立などの大事

解答　国家仏教の展開▶❶鎮護国家　❷南都六宗　③法相宗　④華厳宗　❺鑑真　⑥唐招提寺　⑦筑紫観世音寺　⑧下野薬師寺　⑨行基　⑩光明

3. 律令国家の文化　**41**

業が進められたが、仏教保護政策下における大寺院の壮大な伽藍や広大な寺領は、国家財政への大きな負担にもなった。仏教が日本の社会に根づく過程では、**現世利益**を求める手段とされたほか、在来の祖先信仰と結びついて、祖先の霊をともらうための仏像の造立や経典の書写などもおこなわれた。また、仏と神は本来同一であるとする⓫＿＿＿＿＿＿＿＿思想がおこった。さらに仏教の政治化をきらい、大寺院を離れて山林にこもって修行する僧たちが出て、やがて新しい平安仏教の母体となっていった。

天平の美術 奈良時代には、宮廷や貴族の豊かな生活と仏教の発展に支えられ、多くのすぐれた美術作品がつくられた。

建築では、寺院や宮殿に礎石・瓦を用いた壮大な建物が建てられた。もと平城宮の宮殿建築であった①＿＿＿＿＿＿＿＿＿のほか、②＿＿＿＿＿＿＿＿＿・唐招提寺金堂・正倉院宝庫などが代表的で、いずれも均整がとれて堂々としている。

彫刻では、表情豊かで調和のとれた仏像が多く、以前からの金銅像や木像のほかに、木を芯として粘土を塗り固めた❸＿＿＿＿や、原型の上に麻布を幾重にも漆で塗り固め、あとで原型を抜きとる❹＿＿＿＿＿＿＿の技法が発達した。東大寺法華堂には、乾漆像の⑤＿＿＿＿＿＿＿＿を中心に、塑像の日光・月光菩薩像、執金剛神像など、天平仏がまとまって伝わってきた。また興福寺では、乾漆像の八部衆像（⑥＿＿＿＿＿＿＿を含む）などが知られる。

絵画の作例は少ないが、**正倉院**に伝わる⑦＿＿＿＿＿＿＿＿の樹下美人図や、薬師寺に伝わる⑧＿＿＿＿＿＿などが代表的で、唐の影響を受けた豊満で華麗な表現が特徴である。釈迦の前世と半生を描いた過去現在絵因果経にみられる絵画は、のちの絵巻物の源流といわれる。

工芸品としては、⑨＿＿＿＿＿＿＿＿が有名である。聖武太上天皇の死後、光明皇太后が遺愛の品々を東大寺に寄進したものを中心に、服飾・調度品・楽器・武具など多様な品々が含まれる。螺鈿紫檀五絃琵琶・漆胡瓶・白

〔解答〕⓫神仏習合
天平の美術▶①唐招提寺講堂 ②東大寺法華堂 ❸塑像 ❹乾漆像 ⑤不空羂索観音像 ⑥阿修羅像 ⑦鳥毛立女屏風 ⑧吉祥天像 ⑨正倉院宝物

■現世利益 信仰や修行を通じてこの世で受ける利益。念仏や祈禱などで病気がなおったり延命したりすること、天災を防ぎ止めること。

整理 **おもな建築・美術作品（天平）**

唐招提寺金堂

㋐

㋑

㋒

東大寺法華堂執金剛神像

㋓

過去現在絵因果経

螺鈿紫檀五絃琵琶

整理 **おもな建築・美術作品（天平）▶㋐**
正倉院宝庫　㋑興福寺阿修羅像　㋒東大
寺法華堂不空羂索観音像（中央）　㋓薬師
寺吉祥天像

瑠璃碗など、きわめてよく保存された優品が多く、唐ばかりでなく西アジアや南アジアとの交流を示すものがみられ、当時の宮廷生活の文化的水準の高さと国際性がうかがえる。また、称徳天皇が恵美押勝の乱後につくらせた木造小塔の百万塔と、その中におさめられた⑩＿＿＿＿＿＿＿＿＿＿＿＿＿＿＿も、この時代のすぐれた工芸技術を示している。百万塔陀羅尼は、木版か銅版か説がわかれるが、年代の確かな現存最古の印刷物といわれている。

4 律令国家の変容

平安遷都と蝦夷との戦い

光仁天皇は、行財政の簡素化や民衆の負担軽減など、政治再建策の実施につとめた。やがて781（天応元）年に天皇は亡くなるが、渡来系氏族の血を引く高野新笠とのあいだに生まれていた息子の❶＿＿＿＿＿天皇が、その直前に即位した。

光仁天皇の政策を受け継いだ桓武天皇は、仏教政治の弊害を改め、天皇権力を強化するために、784（延暦3）年に平城京から②＿＿＿＿＿国の❸＿＿＿＿＿に遷都した。しかし、天皇の腹心で長岡京造営を主導していた④＿＿＿＿＿が暗殺され、その首謀者とされた皇太子の早良親王（桓武天皇の弟）が地位を追われる事件がおきた。早良親王と関係の深かった大伴氏・佐伯氏など旧豪族の人々も処罰された。親王はみずから食を絶って亡くなるが、その後、桓武天皇の母や皇后があいついで死去するといった不幸があり、親王の怨霊によるものとされた。この怨霊の問題や、長岡京の完成の遅れが、平安京遷都の理由とされている。794（延暦13）年には、❺＿＿＿＿＿に再度都が移され、山背国も山城国と改められた。この平安京への遷都から、源頼朝が鎌倉に幕府を開くまでの約400年間を、**平安時代**という。

東北地方では奈良時代に、律令国家がさらに北に向けて支配を拡大した。陸奥側では⑥＿＿＿＿＿を基点に北上しながら城柵を設けていき、出羽側では秋田城を拠点に日本海沿いに勢力をのばしていった。城柵は、全体を取り囲む

解答 ⑩百万塔陀羅尼
平安遷都と蝦夷との戦い▶❶桓武　②山背　❸長岡京　④藤原種継　❺平安京　⑥多賀城

外郭の中に、政庁を中心として役所群や倉庫群が配置された施設で、行政的な官庁としての性格が強く、そのまわりに関東地方の農民などを柵戸として移住させ、一帯の開発が進められた。一方、服属した蝦夷を、関東以西の各地に俘囚として移住させた。こうして城柵を拠点に、蝦夷地域への支配の浸透がはかられたが、光仁天皇の780（宝亀11）年に、服属していた蝦夷の豪族❼

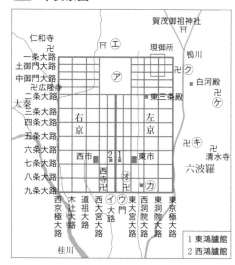

整理 平安京図

1 東鴻臚館
2 西鴻臚館

が反乱をおこし、一時は多賀城をおとしいれて焼き払うという、大規模な戦いへと発展した。この頃から、東北地方では30年以上にわたって戦争があいついだ。

　桓武天皇の789（延暦8）年には、紀古佐美を征東大使として大軍を進め、北上川中流の胆沢地方の蝦夷を制圧しようとしたが、蝦夷の族長❽

の活躍により政府軍が大敗する事件もおこった。その後、征夷大将軍となった❾　　　　　　　　　　は、802（延暦21）年、胆沢の地に❿

を築いて阿弖流為を服属させ、さらに翌年、北上川上流に⓫

を築造し、東北経営の前進拠点とした。これにともない、多賀城におかれていた鎮守府は胆沢城に移された。のち、嵯峨天皇の時に将軍⓬

が派遣され、最後の城柵徳丹城が築かれた。一方、日本海側でも蝦夷の服属が進み、米代川流域まで律令国家の支配がおよぶようになった。

　しかし、東北地方での戦いと平安京の造営という二大政策は、国家財政や民衆にとって大きな負担となったため、805（延暦24）年、桓武天皇は⓭

と呼ばれる議論を裁定して、ついに2つの事業を打ち切ることにした。

解答 ❼伊治呰麻呂　❽阿弖流為　❾坂上田村麻呂　❿胆沢城　⓫志波城　⓬文室綿麻呂　⓭徳政相論　（教王護国寺）　㋕綜芸種智院　㋖六波羅蜜寺　㋗法成寺　㋘法勝寺

整理 平安京図▶ ㋐平安宮　㋑朱雀　㋒羅城門　㋓北野神社（天満宮）　㋔東寺

徳政相論で⑭＿＿＿＿は、天下の民を苦しめているのは軍事と造作であると批判して、二大政策の継続を主張する菅野真道と論争した。桓武天皇は緒嗣の意見を採用し、蝦夷との戦争と平安京の造営をともに停止した。

平安時代初期の政治改革

桓武天皇は、長い在位期間のうちに天皇の権威を確立し、積極的に政治改革を進めた。

整理　東北地方の城柵

凡例
―――　官　道
◎　　　国府
二　　　関
●　　　軍団
凸　　　城柵

津軽海峡
太平洋
陸
奥
北上川
出
羽
日本海
佐渡
越後
信濃川
阿賀野川
武隈川
白河関
菊多関(勿来関)

米代川
雄物川
⑦733
雄勝城 759
最上川
出羽柵 708
⑦648
淳足柵 647
石背 718〜727?
⑦803
徳丹城 813
⑦802
伊治城 767
桃生柵 759
牡鹿柵 737
⑦724
石城 718〜727?

国家財政悪化の原因となった地方政治の緩みをなくそうとし、増えていた定員外の国司や郡司を廃止するとともに、新たに❶＿＿＿＿＿＿を設けて、国司の交替の際の事務引継ぎをきびしく監督させた。令に定められていない新しい官職を②＿＿＿＿といい勘解由使もその1つで、国司在任中の租税徴収や官有物の管理などに問題がない場合に、新任国司から前任国司に与えられる解由状という文書の審査に当たった。軍事面では、唐の衰退などで東アジアの緊張が緩和したことを受けて、792（延暦11）年に東北や九州などの地域を除いて③＿＿＿＿と兵士を廃止し、かわりに郡司の子弟や有力農民の志願による少数精鋭の❹＿＿＿＿を採用することにした。国ごとに人数を定め、60日交替で国府の警備や国内の治安維持に当たらせた。

積極的な政治改革の方針は、⑤＿＿＿＿天皇・⑥＿＿＿＿天皇にも引き継がれた。平城天皇は、官庁の統廃合を大胆に進め、財政負担の軽減をはかった。嵯峨天皇も即位すると改革に着手したが、810（弘仁元）年に、平城京に再遷都しようとする兄の平城太上天皇と対立し、「二所朝廷」と呼ばれる政治的混乱が生

解答　⑭藤原緒嗣
平安時代初期の政治改革▶❶勘解由使
②令外官　③軍団　❹健児　⑤平城
⑥嵯峨
整理　東北地方の城柵▶⑦磐舟柵　⑦秋

田城　⑦多賀城　⑦胆沢城　⑦志波城

46　第3章　律令国家の形成

じた。結局、嵯峨天皇側が迅速に兵を展開して、太上天皇を出家に追い込み、その寵愛を受けていた⑦＿＿＿＿＿＿＿＿は自殺、薬子の兄⑧

＿＿＿は射殺された（平城太上天皇の変、薬子の変ともいう）。この対立の際に、天皇の命令をすみやかに太政官組織に伝えるために、天皇の秘書官長としての❾＿＿＿＿＿＿＿が設けられ、藤原冬嗣らが任命された。その役所が⑩

＿＿＿で、所属する蔵人たちは、やがて天皇の側近として宮廷で重要な役割を果たすようになった。また嵯峨天皇は、平安京内の警察に当たる⓫

＿＿＿を設けたが、この検非違使も、のちには裁判までおこなうようになるなど、京の統治を担う重要な職となっていった。

　嵯峨天皇のもとでは、法制の整備も進められた。律令制定後、社会の変化に応じて出された法令を、律令の補足・修正法である⑫＿＿＿と施行細則である⑬

に分類・編集し、⑭＿＿＿＿格式がつくられた。これは、現実にあわせて官庁の実務の便をはかったもので、このののちさらに⑮＿＿＿＿格式・⑯＿＿＿格式が編纂された。これらをあわせて⑰＿＿＿＿＿＿＿という。格は三代の格を集めた『類聚三代格』が、式は『延喜式』が現在に伝わっている。そのほか、国司交替についての規定として、延暦・貞観・延喜の三代の交替式もつくられた。833（天長10）年には、令の解釈を公式に統一した『⑱＿＿＿＿＿＿＿＿』が清原夏野らによって編まれ、9世紀後半には、令に関する法律家たちの注釈を集めた『⑲＿＿＿＿＿＿』が惟宗直本によって編まれた。

地方の貴族社会の変容　8世紀後半から9世紀になると、農民間に貧富の差が拡大し、有力農民も貧窮農民も浮浪・逃亡など様々な手段で負担を逃れようとした。そして戸籍には、兵役・労役・租税を負担する成人男性を避けて、負担の少ない女性などの登録を増やす、偽りの記載（❶＿＿＿＿）が目立つようになった。こうして政府による農民把握は実態とあわなくなり、手続きの煩雑さもあって、班田収授の実施はしだいに困難になっていった。

　桓武天皇は班田収授を継続させるため、6年ごとの戸籍作成にあわせて6年に

1回であった班田の期間を、12年に1回に改めた（一紀一班）。また、公出挙の利率を5割から3割に下げ、②_____の日数を年間60日から30日に減らすなど、負担を軽減して農民生活の維持を目指した。しかし、効果はないまま、9世紀には班田が何十年もとどこおるようになり、農民間の格差の拡大も止めることができなかった。

　調・庸などの未納によって中央の国家財政の維持が困難になると、政府は租税徴収にたずさわる国司・郡司たちの不正・怠慢の取締りを強化した。また、823（弘仁14）年には大宰府管内に❸_____、879（元慶3）年には畿内に❹_____（元慶官田）を設け、有力農民を使った直営方式で収益をはかるなど、財源の確保につとめた。しかし、官田は諸司田に分割されて各官庁の独自の財源となり、官人たちもみずからの墾田を増やして国家財政に対する依存を弱めた。天皇にも公費で開墾された❺_____、皇族にも天皇から与えられた賜田があり、それぞれ独自の財源とされた。また、天皇と近い関係にあり、⑥_____と呼ばれた少数の皇族や貴族は、私的に多くの土地を集積し、国家財政を圧迫しつつ勢力をふるうようになった。下級官人たちは進んで院宮王臣家の従者（家人）になろうとし、国司に対抗する地方の有力農民たちも、保護を求めてやはり院宮王臣家の勢力下に入っていった。

唐風文化と平安仏教　平安遷都から9世紀末頃までの文化を、嵯峨・清和天皇の時の年号から❶_____・_____**文化**と呼ぶ。この時代には、平安京において貴族を中心とした唐風文化が発展した。文芸を中心として国家の繁栄を目指す❷_____の思想が広まり、宮廷では漢文学が隆盛をきわめた。814（弘仁5）年に『❸_____』、818（弘仁9）年に『文華秀麗集』、827（天長4）年に『経国集』と、3つの勅撰漢詩集があいついで編まれた。仏教では新たに伝えられた天台宗・真言宗が広まり、**密教**が盛んになった。

　嵯峨天皇はとくに唐風を重んじ、平安宮の殿舎に唐風の名称をつけたほか、唐風の儀礼・作法を受け入れて宮廷の儀式を整えた。また、文学・学問に長じた文

解答　②雑徭　❸公営田　❹官田　❺勅旨田　⑥院宮王臣家
唐風文化と平安仏教▶❶弘仁・貞観
❷文章経国　❸凌雲集

人貴族を政治に登用し、国家の経営に参加させる方針をとった。

　教養として漢詩文をつくることが重視されたため、漢文学が盛んになり、漢字文化に習熟した貴族たちは、漢文をみずからのものとして使いこなすようになった。このことは、のちの国風文化の前提となった。著名な文人としては、嵯峨天皇・空海・小野篁・菅原道真らが知られている。空海は、漢詩文作成についての評論『文鏡秘府論』や詩文集『④＿＿＿＿＿＿』（『遍照発揮性霊集』）などにすぐれた文才を示し、菅原道真も詩文集『⑤＿＿＿＿＿＿＿』を著した。

　大学での学問も重んじられ、とくに儒教を学ぶ明経道や、中国の歴史・文学を学ぶ⑥＿＿＿＿＿（文章道）が盛んになった。有力貴族は一族子弟の教育のために、寄宿舎に当たる❼＿＿＿＿＿＿＿を設けた。大学別曹はそれぞれの氏族が運営する大学の付属施設で、学生たちは学費の支給を受け、書籍を利用しながら大学で学んだ。和気氏の弘文院、藤原氏の勧学院、在原氏や皇族の⑧＿＿＿＿＿、橘氏の学館院などが知られる。一方、空海が創設した⑨＿＿＿＿＿＿は、庶民に対しても教育の門戸を開いたことで名高い。

　奈良時代後半には、仏教が政治に深く介入して弊害もあったことから、長岡京・平安京への遷都では南都奈良の大寺院を新京に移転させず、桓武天皇や嵯峨天皇は最澄・空海らの新しい仏教を支持した。

　近江出身の⑩＿＿＿＿＿は、近江国分寺や比叡山で修学したのち、804（延暦23）年の遣唐使に従って入唐し、天台の教えを受けて帰国したあと、**天台宗**を開いた。彼はそれまでの東大寺戒壇における受戒制度にあきたらず、新しく独自の大乗戒壇の創設を目指した。これは南都諸宗の激しい反発を招いたが、最澄は『⑪＿＿＿＿＿』を著して反論し、その死後、ようやく大乗戒壇の設立が公認された。これを受けて、最澄が開いていた比叡山の小堂は⑫＿＿＿＿＿の名を与えられ、平安京鎮護の寺院、さらには仏教教学の中心地として発展していった。浄土教の源信や鎌倉新仏教の開祖たちの多くは、ここで学んでいる。

　讃岐出身の⑬＿＿＿＿＿は、上京して大学などに学ぶが、儒教・道教に対する仏教の優位を論じた『三教指帰』を著して、仏教に身を投じた。804（延暦23）年

解答 ④性霊集 ⑤菅家文草 ⑥紀伝道 ❼大学別曹 ⑧奨学院 ⑨綜芸種智院 ⑩最澄 ⑪顕戒論 ⑫延暦寺 ⑬空海

■大乗戒壇■ 大乗戒（菩薩戒）を授与する戒壇。従来の東大寺戒壇が小乗戒（具足戒、詳細な行動規範となる戒律）を授けたのに対し、最澄は天台宗の僧侶に小乗戒ではなく独自の戒律を授けようとした。

に入唐して 長 安で密教を学び、2 年後に帰国したあと、紀伊の高野山に❶

を建て、**真言宗** を開いた。真言は大日如来の真実の言葉の意で、その秘奥なことを指して密 教 と呼ばれた。釈迦の教えを 経 典から学び、修行して悟りを開こうとする 顕 教 に対して、秘密の呪法の伝授・習得により悟りを開こうとする。また、空海が嵯峨天皇から与えられた平安京の⑮

（東寺）も、都にあって密教の根本道場となった。

密教は、最澄ののちに入唐した後継者の**円仁・円珍**によって、天台 宗 にも本格的に取り入れられた。真言宗の密教を東密と呼び、天台宗の密教を台密と呼んでいる。⑯ が渡唐し密教を学んで帰国するまでの日々の記録が『入唐求法 巡 礼行記』である。10世紀末以降、延暦寺による円仁の門流は山門派、園城寺（三井寺）による⑰ の門流は寺門派と呼ばれ、たがいに対立した。天台・真言の両宗は、ともに国家・社会の安泰を祈ったが、とくに⑱

によって災いを避け、幸福を追求するという現世利益の面から、皇族や貴族たちの支持を集めた。

8 世紀頃から、神社の境内に⑲ を建てたり、寺院の境内に鎮守の神をまつって神前で読 経 したりする神仏習 合の風潮がみられたが、平安時代に入ると、この傾向はさらに広まっていった。天台宗・真言宗は、奈良時代の仏教と違って山岳の地に伽藍を営み、山中を修行の場としたため、在来の山岳信仰とも結びついて⑳ の源流となった。修験道は、山伏にみられるように、山岳修行により呪 力 を体得するという実践的な宗教であり、山岳信仰の対象であった奈良県吉野の大峰山や北陸の白山などの山々が、その舞台となった。

密教美術 天台・真言両宗が盛んになると、神秘的な**密教芸術**が新たに発展した。建築では、それまでの形式にとらわれない伽藍配置で、山間の地に寺院の堂塔がつくられるようになった。① の金堂などが、その代表例である。

彫刻では、密教と関わりのある如意輪観音や不動 明 王などの仏像が多くつくられた。これらの仏像は、1 つの木材から姿を彫り出す❷ で、量

解答 ❶金剛峯寺 ⑮ 教 王護国寺 ⑯円仁 ⑰円珍 ⑱加持祈禱 ⑲神宮寺 ⑳修験道
密教美術▶①室生寺 ❷一木 造

整理 おもな建築・美術作品（弘仁・貞観）

⑦

⑥

⑨

⑤　　　　　薬師寺僧形八幡神像

感あふれる表現のものが多い。また、神仏習合を反映して盛んになった神像彫刻としては、薬師寺の③＿＿＿＿＿＿＿＿＿や神功皇后像などがある。

　絵画では、園城寺の不動明王像（黄不動）のような、峻厳・霊妙な仏画が描かれたほか、神護寺や教王護国寺の両界曼荼羅など、密教の世界観を表した❹＿＿＿＿＿＿＿＿が発達した。密教の中心にある仏は⑤＿＿＿＿＿＿＿＿で、その智徳を表す金剛界、慈悲を表す胎蔵界という2つの仏教世界を、整然とした構成で図化したのが曼荼羅である。

　書道では、唐風の書が広まり、嵯峨天皇・空海・⑥＿＿＿＿＿＿＿らの能書家が出て、のちに❼＿＿＿＿＿と称された。

解答 ③僧形八幡神像　❹曼荼羅　⑤大日如来　⑥橘逸勢　❼三筆

整理 おもな建築・美術作品（弘仁・貞観）▶⑦室生寺金堂　⑥室生寺弥勒堂釈迦如来坐像　⑨観心寺如意輪観音像　⑤

教王護国寺（東寺）両界曼荼羅（胎蔵界）

貴族政治の展開

9世紀後半になると、摂政・関白という新しい地位が生まれ、やがて国風文化が花開いた。こうした状況が生まれた背景には、何があるだろうか。また、課税の対象は人から土地になり、受領たちが強力な支配を展開して、摂関政治を財政的に支えたが、その結果、地方ではどのような変化がおこっただろうか。

1 摂関政治

藤原氏北家の発展　9世紀の半ば以降、**藤原氏**のうちとくに❶＿＿＿＿＿＿が、天皇家との結びつきを強めて、しだいに勢力をのばした。

北家の②＿＿＿＿＿＿は嵯峨天皇の厚い信任を得て蔵人頭になり、天皇家と姻戚関係を結んだ。ついでその子の❸＿＿＿＿＿＿は、842（承和9）年の④＿＿＿＿＿＿で藤原氏の中での北家の優位を確立する一方、伴（大伴）健岑・橘逸勢ら他氏族の勢力を退けた。

摂関・関白の始まり　858（天安2）年に良房は、幼少の外孫を即位させ（①＿＿＿＿＿＿天皇）、みずからは②＿＿＿＿＿＿になって天皇の政務を代行した。866（貞観8）年の③＿＿＿＿＿＿では、大納言の④＿＿＿＿＿＿が応天門に放火し、その罪を左大臣源信に負わせようとしたが発覚して、流罪に処せられた。この事件で源信の無実を明らかにした良房は、結果として伴・紀両氏を没落させた。良房のあとを継いだ❺＿＿＿＿＿＿は、陽成天皇を譲位させて光孝天皇を即位させ、天皇はこれに報いるために、884（元慶8）年に基経をはじめて❻＿＿＿＿＿＿とした。関白とは、天皇と太政官とのあいだの文書などのやりとりすべてに「関り白す」（関与する）という意味で、これが天皇を補佐する地位の呼び名になった。さらに基経は、⑦＿＿＿＿＿＿天皇が即位に当たって出した勅書に抗議して、888（仁和4）年、これを撤回させた（⑧＿＿＿＿＿＿）。宇多天皇が出した勅書は基経を阿衡に任じるとしていたが、中国の古典にみえる阿衡には実職がともなっていないとして、基経は政務をみなくなった。このため、宇多天皇は勅書を撤回して、あらためて基経を関白に

解答 藤原氏北家の発展▶❶北家　②藤原冬嗣　❸藤原良房　④承和の変
摂関・関白の始まり▶①清和　❷摂政　③応天門の変　④伴善男　❺藤原基経　❻関白　⑦宇多　⑧阿衡の紛議

任じ、勅書を起草した文人貴族の代表橘広相は、その責任を問われた。この阿衡の紛議を機に基経は関白の政治的地位を確立した。

　基経の死後、藤原氏を❾＿＿＿＿＿＿（母方の親戚）としない宇多天皇は摂政・関白をおかず、蔵人所を拡充し、その指揮下に宮中の警備に当たる❿＿＿＿＿＿＿＿＿＿＿をおいた。天皇は、文人貴族の⓫＿＿＿＿＿＿＿＿＿＿を重く用いたが、続く⓬＿＿＿＿＿**天皇**の時、⓭＿＿＿＿＿＿＿＿は策謀を用いて道真を政界から追放した。901（延喜元）年、右大臣の道真は⓮＿＿＿＿＿に左遷され、任地で死去した。死後、道真は怨霊として恐れられるようになり、これを鎮めるために、京都には北野天満宮（北野神社）が、道真の墓所には太宰府天満宮がつくられた。

延喜・天暦の治

10世前半の醍醐天皇の時代には、班田を命じ、①＿＿＿＿＿の荘園整理令を出すなど、律令体制の復興が目指され、また六国史の最後である『日本三代実録』のほか、『延喜格』『延喜式』という法典や、『古今和歌集』の編纂がおこなわれた。醍醐天皇の子の②＿＿＿＿＿天皇は、「本朝（皇朝）十二銭」の最後となった③＿＿＿＿＿＿＿＿＿を発行し、その死去の直後には『延喜式』が施行された。両天皇の時代には、摂政・関白がおかれずに親政がおこなわれ、のちに「④＿＿＿＿＿・＿＿＿＿＿」とたたえられるようになった。しかし親政の合間には、⑤＿＿＿＿＿＿＿＿＿が摂政・関白をつとめ、太政官の上に立って実権を握り、平将門の乱や藤原純友の乱などの処理に当たった。村上天皇の死後の969（安和2）年に、醍醐天皇の子で左大臣の⑥＿＿＿＿＿が左遷されると（❼＿＿＿＿＿＿＿＿＿）、藤原氏北家の勢力は不動のものとなり、その後は、天皇が幼少の時は摂政が、成人すると関白がおかれるのが慣例となり、その地位には藤原忠平の子孫がつくようになった。

摂関政治

摂政・関白が引き続いて任命され、政権の最高の座にあった10世紀後半から11世紀頃の政治を**摂関政治**と呼び、摂政・関白を出す家柄を❶＿＿＿＿＿＿という。

解答 ❾外戚　❿滝口の武者　⓫菅原　平　⑥源高明　❼安和の変
道真　⓬醍醐　⓭藤原時平　⓮大宰権　**摂関政治▶**❶摂関家
帥

延喜・天暦の治▶①延喜　②村上　③乾
元大宝　④延喜・天暦の治　⑤藤原忠

当時の貴族社会では、結婚した男女は妻側の両親と同居するか、新居を構えて住むのが一般的であった。夫は妻の父の庇護を受け、また子は母方の手で養育されるなど、母方の縁が非常に重く考えられていた。摂政・関白は、天皇のもっとも身近な外戚として、伝統的な天皇の高い権威を利用し、大きな権力を握ったのである。

　また、摂政・関白は藤原氏の中で最高の地位にある者として、藤原氏の「②＿＿＿＿＿＿＿＿＿＿＿」を兼ね、人事の全体を掌握し、絶大な権力を握った。藤原氏の氏長者は、氏寺の③＿＿＿＿＿＿＿や氏社の春日神社、大学別曹の④＿＿＿＿＿などを管理し、任官や叙位の際には、氏に属する人々の推薦権ももっていた。このため、中・下級の貴族たちは、摂関家を頂点とする上級貴族に取り入って、その家の事務を扱う職員である家司となり、経済的に有利な地位となっていた国司（受領）になることを求めた。やがて貴族たちの昇進の順序や限度は、家柄や外戚関係によってほぼ決まってしまうようになった。

　摂関家の内部では、摂政・関白の地位をめぐって争いが続いた。とくに、藤原兼通・⑤＿＿＿＿＿の兄弟の争い、藤原道長・⑥＿＿＿＿＿の叔父・甥の争いは有名である。しかし、10世紀末に伊周が左遷されて❼＿＿＿＿＿＿＿＿＿＿が左大臣に進むと、摂関家内部の争いはいったんおさまった。道長は4人の娘を⑧＿＿＿（皇后）や皇太子妃とし、30年にわたって朝廷で権勢をふるった。⑨＿＿＿＿＿・後朱雀・後冷泉3代の天皇は道長の外孫であり、道長のあとを継いだ❿＿＿＿＿＿は、3天皇の50年にわたって摂政・関白をつとめ、摂関家の勢力は安定していた。

　政治の運営は、摂関政治のもとでも天皇が⑪＿＿＿＿＿＿＿を通じて中央・地方の官吏を指揮し、全国を統一的に支配するかたちをとった。おもな政務は太政官で公卿によって審議され、多くの場合は天皇（もしくは摂政）の決裁を経て太政官符・宣旨などの文書で政策が命令・伝達された。外交や財政など国政に関わる重要な問題については、内裏の近衛の陣でおこなわれる⑫＿＿＿＿＿という会議で、公卿各自の意見が求められ、天皇の決裁の参考にされた。

| 解答 | ②氏長者　③興福寺　④勧学院 ⑤兼家　⑥伊周　❼藤原道長　⑧中宮 ⑨後一条　❿藤原頼通　⑪太政官　⑫陣定 |

■宣旨　平安時代以降、天皇の命令を下達するのに用いられた文書。蔵人や上卿（担当の公卿）が太政官内の弁官局や外記局に伝えて発行させた。

国際関係の変化 8世紀末に新羅からの使節の来日はなくなるが、9世紀前半には新羅の商人が貿易のために来航するようになった。やがて9世紀の後半には、唐の商人が頻繁に来航するようになり、朝廷では彼らとの貿易の仕組みを整えて、書籍や陶磁器などの工芸品の輸入につとめた。こうした背景があったので、894（寛平6）年に遣唐大使に任じられた①＿＿＿＿＿＿＿は、唐はすでに衰退しており、多くの危険をおかしてまで公的な交渉を続ける必要がないとして、派遣の中止を提案し、結局、遣唐使は派遣されないままとなった。

907（延喜7）年に②＿＿＿が滅ぶと、中国では五代十国の諸王朝が興亡し、このうちの江南の杭州に都をおいた呉越国からは、日本に商人が来航して、江南の文化を伝えた。やがて中国は、❸＿＿＿＿（北宋）によって再統一されたが、日本は東アジアの動乱や中国中心の外交関係（朝貢関係）を避けるために、宋とのあいだに正式な国交を開かなかった。

しかし、九州の④＿＿＿＿に頻繁に来航した宋の商人を通じて、書籍や陶磁器などの工芸品、薬品などが輸入され、かわりに金や水銀・真珠、硫黄などが輸出された。金は奥州の特産であり、南島でとれた硫黄は、火薬の原料として宋で重視された。11世紀に成立した『⑤＿＿＿＿＿＿＿＿＿』には、「商人の主領」として描かれた人物が唐物や日本の多くの品々を取り扱う様子が記されている。日本人の渡航は律によって禁止されていたが、天台山や五台山への巡礼を目的とする僧には許されることがあったので、10世紀末の⑥＿＿＿＿、11世紀半ばの成尋らのように、宋の商人の船を利用して大陸に渡り、宋の文物を日

本にもたらす僧もいた。奝然が持ち帰った釈迦如来像は、京都嵯峨の清涼寺に安置されて厚い信仰を獲得し、経典は摂関家にささげられた。

　中国東北部では、奈良時代以来日本と親交のあった渤海が、10世紀前半に、❼＿＿＿＿＿（遼）に滅ぼされた。朝鮮半島では、10世紀初めに❽＿＿＿＿＿＿がおこり、やがて新羅を滅ぼして半島を統一した。日本は遼や高麗とも国交を開かなかったが、高麗とのあいだには商人などの往来があった。

2 国風文化

国文学の発達　9世紀後半から10世紀になると、貴族社会を中心に、それまでに受け入れられた大陸文化をふまえ、これに日本人の人情・嗜好を加味し、さらに日本の風土にあうように工夫した、優雅で洗練された文化が生まれてきた。このように10〜11世紀の文化は、国風化という点に特色があるので、❶＿＿＿＿＿＿＿と呼ばれる。

　文化の国風化を象徴するのは、**かな文字**の発達である。万葉仮名の草書体を簡略化した❷＿＿＿＿＿＿や、漢字の一部分をとった❸＿＿＿＿＿は、早くから表音文字として用いられていたが、9世紀後半にはそれらの字形が人々に共有されて、広く使われるようになった。その結果、人々の感情や感覚を、日本語でいきいきと伝えることが可能になり、多くの文学作品が生まれた。

　まず、和歌が盛んになり、905（延喜5）年、④＿＿＿＿＿＿らによって最初の勅撰和歌集である『❺＿＿＿＿＿＿＿＿』が編集された。その繊細で技巧的な歌風は、古今調と呼ばれて長く和歌の模範とされた。紀貫之は、最初のかなの日記として知られる『⑥＿＿＿＿＿＿＿』も著した。かなの日記は宮廷に仕える女性によって多く記された。

　かな物語では、伝説を題材にした『竹取物語』や歌物語の『⑦＿＿＿＿＿＿』などに続いて、中宮彰子（藤原道長の娘）に仕えた⑧＿＿＿＿＿＿の『源氏物語』が生まれた。これは宮廷貴族の生活を題材にした大作で、皇后定子（藤

解答　❼契丹　❽高麗
国文学の発達▶❶国風文化　❷平がな
❸片かな　④紀貫之　❺古今和歌集　⑥
土佐日記　⑦伊勢物語　⑧紫式部

原道隆の娘)に仕えた⑨＿＿＿＿＿＿＿＿＿が宮廷生活の体験を随筆風に記した

『⑩＿＿＿＿＿＿＿』とともに、国文学で最高の傑作とされているが、両者とも

『白氏文集』など中国文学への深い理解を背景にもっている。こうしたかな文学

の隆盛は、貴族たちが天皇の後宮に入れた娘たちにつきそわせた、すぐれた才

能をもつ女性たちに負うところが大きい。

浄土の信仰

摂関時代の仏教は、天台・真言の2宗が圧倒的な勢力をもち、祈禱を通じて現世利益を求める貴族と強く結びついた。その一

方で神仏習合も進み、仏と日本固有の神々とを結びつける❶＿＿＿＿＿

＿＿＿＿＿も生まれた。これは神は仏が仮に形をかえてこの世に現れたもの(権

現)とする思想で、のちには天照大神を大日如来の化身と考えるなど、それぞ

れの神について特定の仏をその本地として定めるようになった。

　この時代には怨霊や疫神をまつることで疫病や飢饉などの災厄から逃れよう

とする御霊信仰が広まり、❷＿＿＿＿＿＿＿＿がさかんにもよおされた。御霊会は、

初め早良親王ら政治的敗者の霊をなぐさめる行事として、9世紀半ばに始まった

が、やがて疫病の流行を防ぐ祭礼となった。北野天満宮や祇園社(八坂神社)の祭

りなどは、もとは御霊信仰から生まれたものである。また、貴族たちは運命や吉

凶を気にかけ、祈禱によって災厄を避け福を招くことにつとめた。このことは

中国から伝来した陰陽五行説に由来する③＿＿＿＿＿＿＿の影響が大きく、天

体現象や暦法もすべて吉凶に関連するものとして解釈され、日柄によって行動が

制限された。

　現世利益を求める様々な信仰と並んで、現世の不安から逃れようとする❹＿＿

＿＿＿＿＿＿も流行してきた。浄土教は、阿弥陀仏を信仰し、来世において極楽浄

土に往生し、そこで悟りを得て苦がなくなることを願う教えで、中国から伝わ

ったものである。10世紀半ばに❺＿＿＿＿＿が京の市でこれを説き、ついで❻＿

＿＿＿(恵心僧都)が『⑦＿＿＿＿＿＿＿＿』を著して念仏往生の教えを説くと、

浄土教は貴族をはじめ庶民のあいだにも広まった。

　この信仰は、❽＿＿＿＿＿＿＿＿によっていっそう強められた。釈迦の死後、

解答 ⑨清少納言 ⑩枕草子

浄土の信仰▶❶本地垂迹説 ❷御霊会

③陰陽道 ❹浄土教 ❺空也 ❻源

信 ⑦往生要集 ❽末法思想

正法・像法の世を経て末法の世がくるという説で、当時、1052(永承7)年から末法の世に入るといわれていた。盗賊や乱闘が多くなり、災厄がしきりにおこった世情が、仏教の説く末法の世の姿によく当てはまると考えられ、来世で救われたいという願望をいっそう高めたのである。そして、めでたく往生をとげたと信じられた人々の伝記を集めた⑨＿＿＿＿＿＿＿の『日本往生極楽記』をはじめ、多くの往生伝がつくられた。また、法華経などの経典を書写し、これをのちに伝えるため容器(経筒)におさめて地中に埋める**経塚**も、各地に営まれた。藤原道長が1007(寛弘4)年に法華経を金銅製の経筒におさめて埋納した吉野の金峯山経塚が有名である。

国風美術

美術工芸の面でも、国風化の傾向は著しかった。貴族の住宅は、白木造・檜皮葺で開放的な❶＿＿＿＿＿＿＿と呼ばれる日本風のものになり、板張りの床の上に畳や円座をおいて座る生活になった。屏風など建物内部の仕切りには、中国の故事や風景を描いた②＿＿＿＿＿とともに、日本の風物を題材とし、なだらかな線と上品な彩色とをもつ❸＿＿＿＿＿＿も描かれた。

屋内の調度品にも、日本独自に発達をとげた手法が多く用いられた。❹＿＿＿＿＿は漆で文様を描き、それに金・銀などの金属粉を蒔きつけて模様とする漆器の技法である。❺＿＿＿＿＿は貝殻の真珠光の部分を薄く剝いで磨き、種々の形に切って漆器に埋め込む技法である。これらの手法を用いた調度品は華やかな中にも落ち着いた趣をそえたもので、輸出品としても珍重されるようになった。書道も、前代の唐風の書に対し、優美な線を表した❻＿＿＿＿＿が発達し、小野道風・藤原佐理・藤原行成の❼＿＿＿＿＿と呼ばれる名手が現れた。

浄土教の流行にともない、これに関係した建築・美術作品が数多くつくられた。藤原頼通が建立した❽＿＿＿＿＿＿は、阿弥陀堂の代表的な遺構である。その本尊の阿弥陀如来像をつくった仏師❾＿＿＿＿＿は、従来の一木造にかわる❿＿＿＿＿＿の手法を完成した。寄木造は仏像の身体をいくつかの部分にわけて別々に分担して彫り、これを寄せあわせてつくる効率的な

解答 ⑨慶滋保胤
国風美術▶❶寝殿造 ②唐絵 ❸大和絵 ❹蒔絵 ❺螺鈿 ❻和様 ❼三跡 ❽平等院鳳凰堂 ❾定朝 ❿寄木造

整理 おもな建築・美術作品（国風）

⑦　　　　　　　　　　⑦　　　　　　　　　　⑦

手法で、末法思想を背景とする仏像の大量需要にこたえた。また、往生しよう
とする人を仏が迎えにくる場面を示した❶＿＿＿＿＿＿＿＿もさかんに描かれた。

貴族の生活　貴族性の正装は❶＿＿＿＿＿＿やそれを簡略にした❷＿＿＿＿、女
性の正装は③＿＿＿＿や裳をつけた❹＿＿＿＿＿（十
二単）で、これらは唐風の服装を大幅に日本人向きにつくりかえた優美なもので
ある。男性の通常服は正装を簡略化した直衣・狩衣で、女性の通常服は小袿に
袴を着けた。

　10～15歳くらいで男性は❺＿＿＿＿＿、女性は**裳着**の式をあげて、成人として
扱われ、男性は官職を得て朝廷に仕えた。貴族の多くは左京に住み、とくに摂
関家などは京中に大邸宅をもっていたが、大和の長谷寺など近郊の寺社に参詣す
るほかは、京を離れて旅行することはまれであった。

　9世紀半ば以降、日本古来の風習や中国に起源をもつ行事などは⑥＿＿＿＿＿
＿＿＿＿として編成され、これが宮廷生活の中で洗練されて発展していった。
年中行事には、大祓・賀茂祭のような神事や、灌仏のような仏事、七夕・相撲
などの遊興のほか、叙位・⑦＿＿＿＿＿（官吏の任命）などの政務に関すること
で含まれていた。

　これらの行事に参加した時の経験を先例として子孫に伝えるために、貴族たち

は日記を記した。藤原道長の『⑧　　　　　　　　　　　　』や⑨　　　　　　　　の『小右記』はその代表例である。また先例を分類整理して行事ごとに次第や作法を記した儀式書も編まれた。源　高明の『西宮記』や藤原公任の『北山抄』が有名である。日記や儀式書はほとんど漢字だけで書かれているが、その文章は純粋な漢文とはかなり隔たった和風のものになっていた。

3 地方政治の展開と武士

受領と負名　10世紀の初めは、律令体制の行き詰まりがはっきりしてきた時代であった。政府は、902（延喜2）年に出した法令で、違法な土地所有を禁じたり（❶　　　　　　　　　　　　　）、班田を命じたりして、律令制の再建を目指した。しかし、これまで国司のもとで税の徴収・運搬や文書の作成などの実務を担っていた②　　　　　たちの力が衰え、もはや戸籍・計帳の作成や班田収授も実施できなくなっていたため、租や調・庸を取り立てて、諸国や国家の財政を維持することはできなくなっていた。

　こうした事態に直面した政府は、9世紀末から10世紀前半にかけて国司の交替制度を整備し、任国に赴任する国司の最上席者（ふつうは守）に、大きな権限と責任とを負わせるようにした。この地位は、新たに任じられた者が、交替の際に一国の財産などを前任者から引き継ぐことから、やがて❸　　　　　と呼ばれるようになった。

　受領は、有力農民（❹　　　　　　）に田地の耕作を請け負わせ、税として租・調・庸と公出挙の利稲とをあわせた⑤　　　　　と、雑徭に由来し本来は力役である⑥　　　　　　　　　を課すようになった。課税の対象となる田地は、❼　　　というという徴税単位にわけられ、それぞれの名には、❽　　　　と呼ばれる請負人の名がつけられた。こうして、戸籍に記載された成人男性を中心に課税する律令体制の原則は崩れ、土地を基礎に受領が負名から徴税する体制ができていった。

　受領は、郡司の任免権を握って彼らを駆使するようになり、これに加えてみず

解答　⑧御堂関白記　⑨藤原実資
受領と負名▶❶延喜の荘園整理令　②郡司　❸受領　❹田堵　⑤官物　⑥臨時雑役　❼名　❽負名

■負名■　平安時代以降、田畑の耕作や貢納を請け負う有力農民、転じてその請け負った耕作地のこと。有力農民（田堵）の別の表現で、のちに名主と呼ばれる。

からが率いていった郎等たちを強力に指揮しながら徴税を実現し、みずからの収入を確保するとともに国家の財政を支えた。受領が勤務する国衙や居宅である館は、以前よりも重要な役割をもつようになり、その一方で、これまで地方支配を直接担ってきた郡家（郡衙）の役割は衰えていった。一方で、受領以外の国司は、実務から排除されるようになり、赴任せずに、国司としての収入のみを受け取ること（❾＿＿＿＿＿）も盛んになった。

受領たちの中には、巨利を得ようとする強欲な者もおり、郡司や有力農民からしばしば暴政を訴えられた。988（永延2）年の「❿＿＿＿＿＿＿＿＿＿＿＿＿＿＿」によって訴えられた⑪＿＿＿＿＿＿＿＿＿は、この一例である。

この頃には私財を出して朝廷儀式の運営や寺社の造営などを請け負い、その代償として官職に任じてもらう⓬＿＿＿＿＿や、同様にして収入の多い官職に再任してもらう⓭＿＿＿＿＿がおこなわれるようになった。こうした中で、一種の利権とみなされるようになった受領には、成功や重任で任じられることが多くなった。

やがて11世紀後半になると、受領も交替の時以外は任国におもむかなくなり、かわりに⓮＿＿＿＿＿を留守所に派遣し、その国の有力者が世襲的に任じられる⓯＿＿＿＿＿たちを指揮して政治をおこなわせるようになった。受領が赴任していない時の国衙を、⑯＿＿＿＿＿＿＿と呼ぶ。

荘園の発達 10世紀後半には、任地に土着した国司の子孫たちや地方豪族の中に、国衙から臨時雑役などを免除されて一定の領域を開発する者が現れ、11世紀に彼らは❶＿＿＿＿＿＿＿と呼ばれるようになった。

開発領主の中には、国衙からの干渉を免れるために、所領を含む広大な土地を貴族や大寺社に寄進し、その権威を背景に政府から官物や臨時雑役の免除（❷＿＿＿＿＿）を認めてもらう荘園にして、みずからは預所や下司などの❸＿＿＿＿＿となる者も現れた。政府の出した太政官符や民部省符によって税の免除が認められた荘園を❹＿＿＿＿＿と呼び、地方支配を強化した受領によって独自に免除を認められた荘園を⑤＿＿＿＿＿＿と呼んだ。寄進を受

解答 ❾遙任 ❿尾張国郡司百姓等解 ⑪藤原元命 ⓬成功 ⓭重任 ⓮目代 ⓯在庁官人 ⑯留守所
荘園の発達▶❶開発領主 ❷不輸 ❸荘官 ❹官省符荘 ⑤国免荘

けた荘園の領主は❻＿＿＿＿＿＿と呼ばれ、この荘園がさらに摂関家や天皇家など

に重ねて寄進された時、上級の領主は❼＿＿＿＿＿＿と呼ばれた。領家・本家のうち、

実質的な支配権をもつものを⑧＿＿＿＿＿＿といった。こうしてできた荘園を

❾＿＿＿＿＿＿＿＿＿＿＿と呼ぶ。また畿内およびその近辺では、有力寺

社が農民の寄進を受けて成立させた小さな規模の寺社領荘園がたくさん生まれた。

　やがて、荘園内での開発が進展するにともない、不輸の範囲や対象をめぐる荘

園側と国衙との対立が激しくなると、荘園領主の権威を利用して、官物や臨時雑

役の負担量を定めるために派遣される⑩＿＿＿＿＿＿＿＿＿など国衙の使者の立入り

を認めない⓫＿＿＿＿＿の特権を得る荘園も多くなっていった。受領は荘園を整

理しようとしたが効果はあがらず、その結果、11世紀後半になると、受 領 から

中央に送られる税収が減少し、律 令 制で定められた封戸などの収入が不安定に

なった天皇家や摂関家・大寺社は、積極的に寄進を受け、さらに荘園の拡大をは

かるようになった。

地方の反乱と武士の成長　9世紀末から10世紀にかけて地方政治が大きく変

化していく中で、土着した国司の子孫や地方豪族は、

勢力を維持・拡大するために武装するようになり、各地で紛争が発生した。その

鎮圧のために中・下級貴族は政府から①＿＿＿＿＿＿＿・②＿＿＿＿＿＿＿に任

じられた。両者はともに盗賊の追捕や内乱の鎮圧のために派遣されるもので、い

ずれも初めは臨時に任命されていたが、しだいに諸国に常置されるようになった。

中・下級貴族の中には、そのまま在 庁 官人などになって現地に残り、有力な**武**

士(❸＿＿＿＿)となる者が現れた。武士とは、もともとは朝廷に武芸をもって仕える

武官を指していた。

　彼らは、④＿＿＿＿＿＿などの一族や⑤＿＿＿＿＿＿(郎党・郎 従)などの従者を率

いて、たがいに争いを繰り返し、ときには国司にも反抗した。

　やがてこれらの武士たちは、連合体をつくるようになり、とくに辺境の地方で

は、任期終了後もそのまま任地に残った国司の子孫などを中心に、大きな**武士団**

が成長しはじめた。なかでも東国(関東地方)では、良馬を産したため、機動力の

解答　❻領 家　❼本 家　⑧本所　❾寄

進地系荘園　⑩検田使　⓫不 入

地方の反乱と武士の成長▶①押 領 使

②追捕使　❸兵　④家 子　⑤郎等

ある武士団の成長が著しかった。

　東国に早くから根をおろした**❻**＿＿＿＿＿＿＿＿＿のうち、**❼**＿＿＿＿
は下総を根拠地にして一族と争いを繰り返すうちに、国司とも対立するようにな
り、939（天慶2）年にはついに反乱に発展した（**平将門の乱**）。将門は常陸・下
野・上野の国府を攻め落とし、東国の大半を占領して⑧＿＿＿＿＿と自称したが、
同じ東国の武士で将門の従兄弟の**❾**＿＿＿＿や**❿**＿＿＿＿＿＿らに
よって討たれた。

　同じ頃、もと伊予の国司であった**⓫**＿＿＿＿＿＿＿＿も、瀬戸内海の海賊を
平定した際の恩賞に対する不満から、逆に海賊を率いて反乱をおこし（**藤原純友
の乱**）、伊予の国府や大宰府を攻め落としたが、やがて⑫＿＿＿＿＿＿＿らによ
って討たれた。平将門の乱と藤原純友の乱をまとめて天慶の乱と呼ぶ。

　この乱の平定をきっかけに源経基を祖とする**⓭**＿＿＿＿＿＿＿＿や平貞盛の
子孫のように、代々武名と武芸を継承する**兵の家**（軍事貴族）が成立した。武士
の実力を知った貴族たちは、彼らを**⓮**＿＿として奉仕させ、身辺警護や都の警備
に当たらせたりした。なかでも摂津に土着していた清和源氏の**⓯**＿＿＿＿＿＿
と、その子の頼光・頼信兄弟は、藤原兼家・道長らに仕えて武力で奉仕するとと
もに、諸国の受領を歴任し、摂関家を支えた。また地方でも武士を館侍や国
侍として国司のもとに組織するとともに、追捕使や押領使に任命して、治安
維持を分担させることが盛んになった。館侍とは受領の家子・郎等からなる受
領直属の武士たちで、国侍とは地方の武士を国衙の軍事力として組織したもので
ある。

　11世紀になると、武士たちは私領の拡大と保護を求めて、土着した貴族に従属
してその郎等となったり、在庁官人になったりしてみずからの勢力をのばし、地
方の武士団として成長していった。1019（寛仁3）年、九州北部を襲った刀伊（契
丹の支配下にあった沿海州地方に住む女真人）の来襲の際には、大宰権帥の
⑯＿＿＿＿＿＿＿＿の指揮のもと、九州の武士たちがこれを撃退した。このこ
とは、当時の九州にも武士団がつくられつつあったことを示している。地方の武

解答 **❻**桓武平氏 **❼**平将門 ⑧新皇
❾平貞盛 **❿**藤原秀郷 **⓫**藤原純友 ⑫
源経基 **⓭**清和源氏 **⓮**侍 **⓯**
源満仲 ⑯藤原隆家

士たちはやがて中央貴族の血筋を引く清和源氏や桓武平氏を⓱＿＿＿＿＿＿＿と仰ぐ
ようになり、その結果、源平両氏は地方武士団を広く組織して、大きな勢力をも
つようになった。

　1028（長元元）年、上総で⓲＿＿＿＿＿の乱がおこると、⓳＿＿＿＿＿＿＿＿
は房総半島に広がった乱を鎮圧して、源氏の東国進出のきっかけをつくった。

第2部

中世

院政と武士の躍進

大陸で宋、朝鮮半島に高麗が建てられた頃、日本では地方で武士が成長し、荘園が各地に生まれ、中央で摂関政治が停滞して院政が始まった。院政はどのように成立したのだろうか。またその後、武士が台頭してくるきっかけは何だろうか。

1 院政の始まり

日本列島の大きな変化 11世紀の後半、朝廷では政治の転換期を迎えた。天皇家や摂関家・大寺社は、諸国からの税収が不安定になる中、荘園の拡大をはかった。しかし、荘園の増加により、支配する❶_____（国衙領）を圧迫された国司は、荘園の不入の権利を取り消すなどの荘園整理をおこなったため、対立が深まった。

　地方では豪族や開発領主として力をのばしてきた武士の成長が著しく、貴族や大寺社と結びついて私領の拡大をはかった。なかでも東日本での反乱を機に、源氏の武士が奥州に勢力を広げた。九州では、大陸との交通が盛んになり、②_____貿易の窓口である博多の周辺には、大寺社や上級貴族が進出していった。

延久の荘園整理令と荘園公領制 関白の藤原頼通に皇位継承を抑えられてきた❶_____天皇は、即位すると、ときの摂政・関白を外戚としないこともあって、新たな政治を進めた。天皇は摂関政治の弊害をみて成長してきたため、②_____らの学識にすぐれた人材を登用し、荘園の増加により公領が圧迫されているとして、1069（延久元）年に❸_____を出した。荘園整理令は醍醐天皇の902（延喜2）年が最初で、その後1045（寛徳2）年にも新たに成立した荘園を停止するなどしばしば出されたが、整理令の実施は国司にゆだねられていたので不徹底であった。また、後三条天皇は荘園整理令を出すとともに枡の大きさを一定にした。これは④_____と称され、枡の基準として太閤検地まで用い

解答 **日本列島の大きな変化▶**❶公領
②日宋
延久の荘園整理令と荘園公領制▶❶後三条　②大江匡房　❸延久の荘園整理令
④宣旨枡

られる一方、荘園では様々な枡が用いられた。

　天皇は整理の審査を地方の国司にゆだねず、中央に記録所(❺＿＿＿＿＿＿＿＿＿＿＿＿＿＿＿＿＿＿)を設け、荘園の所有者から提出された証拠書類(券契)と国司の報告とをあわせて審査し、新しく立てられた荘園や書類不備の荘園など、基準にあわない荘園を停止した。石清水八幡宮領では、34カ所の荘園のうち21カ所だけが認められ、残りの13カ所の権利は停止された。摂関家の荘園も例外ではなく、この整理令はかなりの成果を上げた。

　荘園整理によって、貴族や寺社が支配する荘園と、公領との区別が明確になり、貴族や寺社は認められた荘園の整備を進め、国司は公領を❻＿＿＿＿＿・❼＿＿＿＿＿・❽＿＿＿＿＿などの新たな単位に再編成し、支配下にある豪族や開発領主を、郡司・郷司・保司に任命して徴税を請け負わせた。

　また、国司は田所・税所などの国衙の行政機構を整え、代官として派遣した目代の指揮のもとで⑨＿＿＿＿＿＿＿＿＿＿＿＿＿に実務をおこなわせた。

　これに応じて在庁官人や郡司らは、武士として公領をみずからの領地のように管理し、荘園領主に寄進したため、かつての律令制度のもとで国・郡・里(郷)など上下の区分で構成されていたものが、荘園と公領(郡・郷・保)が並立する体制(❿＿＿＿＿＿＿＿＿＿＿＿＿＿)へと変化していった。

　整備された荘園や公領では、耕地の大部分が名に編成されて負名(田堵)などの有力農民に割り当てられ、田堵らは名の請負人としての立場から、しだいに権利を強めて⓫＿＿＿＿＿と呼ばれるようになった。名主は、名を下人などの隷属農民や⓬＿＿＿＿＿と呼ばれる農民などに耕作させながら、米・絹布などでおさめる⓭＿＿＿＿＿のほか、おもに年貢糸・炭・野菜など手工業製品や特産物を納入する⓮＿＿＿＿＿、労役を奉仕する⓯＿＿＿＿＿などを領主におさめた。これは、国司が名を請け負った田堵に課税した官物・臨時雑役の系統を引くものである。

> **院政の開始**　11世紀半ば、陸奥北部では豪族安倍氏が国司と争う中で、①＿＿＿＿＿＿＿＿＿＿＿が子の義家とともに東国の武士を率いて安倍氏と戦い、出羽の豪族清原氏の助けを得て、安倍氏を滅ぼした(❷＿＿＿＿＿＿＿＿＿＿＿＿＿)。

解答　❺記録荘園券契所　❻郡　❼郷　戦
❽保　⑨在庁官人　❿荘園公領制　⓫
名主　⓬作人　⓭年貢　⓮公事　⓯夫
役
院政の開始▶①源頼義　❷前九年合

その後、陸奥・出羽両国で大きな勢力を得た清原氏一族に内紛がおこり、陸奥守であった③＿＿＿＿＿＿＿が介入し、藤原（清原）清衡を助けて内紛を制圧した（④＿＿＿＿＿＿＿＿＿）。

　こうした武士の力に目をつけた⑤＿＿＿＿＿　**天皇**は、成長が著しい武士を登用し、父の後三条天皇にならって親政をおこなった。1086（応徳3）年に幼少の⑥＿＿＿＿＿天皇に位をゆずると、みずから**上皇（院）**として⑦＿＿＿＿＿＿を開き、天皇を後見しながら政治の実権を握る**院政**の道を開いた。院とは、もともと上皇の住居のことで、のちには上皇自身を指すようになった。

　白河上皇は人事権を握って、荘園整理の断行を歓迎する国司（受領）を支持勢力に取り込み、院の御所に⑧＿＿＿＿＿＿＿＿＿を組織し、源平の武士を側近にするなど院の権力を強化した。堀河天皇の死後には、幼い⑨＿＿＿＿＿天皇を位につけて本格的な院政を始めた。これに応じて、摂関家は、院と結びつくことで勢力を盛り返そうとつとめた。

　院政は、自分の子孫に皇位を継承させようとしたところから始まったもので、院庁からくだされる文書である⑩＿＿＿＿＿や、院の命令を伝える⑪＿＿＿＿＿がしだいに国政一般に効力をもつようになった。院は法や慣例にこだわらずに政治の実権を専制的に行使するようになり、院政は白河上皇・鳥羽上皇・後白河上皇と100年余りも続いた。

　上皇は仏教を厚く信仰し、出家して⑫＿＿＿＿＿となり、⑬＿＿＿＿＿など多くの大寺院を造営した。六勝寺は白河天皇が造立した⑭＿＿＿＿＿や堀河天皇が造立した尊勝寺など、院政期に天皇家により造営された「勝」のつく6寺をいう。上皇は堂塔・仏像をつくって盛大な法会をおこない、しばしば紀伊に⑮＿＿＿＿＿や高野詣を繰り返した。また、京都の郊外の白河や鳥羽に離宮を造営し、これらの費用を調達するために成功などの売位・売官の風潮が盛んになり、行政機構は変質していった。

解答　③源義家　④後三年合戦　⑤白河
⑥堀河　⑦院庁　⑧北面の武士　⑨鳥
羽　⑩院庁下文　⑪院宣　⑫法皇　⑬
六勝寺　⑭法勝寺　⑮熊野詣

2 院政と平氏政権

院政期の社会 上皇の周囲には、富裕な受領や后妃・乳母の一族など①＿＿＿＿＿＿＿＿＿＿と呼ばれる一団が形成され、上皇から荘園や収益の豊かな国を与えられた。院庁の職員である②＿＿＿＿＿として上皇に仕えた近臣たちは、初めのうちは朝廷での官職はさほど高くなく、諸国の国司（受領）が多かった。鳥羽上皇の時代になると、院の周辺に荘園の寄進が集中したばかりでなく、有力貴族や大寺院への荘園の寄進も増加した。上皇は、近親の女性を院と同じような待遇（女院）にして大量の荘園を与え、寺院に多くの荘園を寄進した。たとえば、鳥羽上皇が皇女八条院に伝えた荘園群（③＿＿＿＿＿＿＿＿＿＿）は平安時代末に約100カ所、後白河上皇が長講堂に寄進した荘園群（④＿＿＿＿＿＿＿＿）は鎌倉時代初めに約90カ所にのぼった。また、不輸・不入の権をもつ荘園が一般化し、不入の権の内容も警察権の排除にまで拡大されて、荘園の独立性が強まった。

またこの頃には、上級貴族に知行国主として一国の支配権を与え、その国からの収益を取得させる❺＿＿＿＿＿＿の制度や、上皇自身が国の収益を握る❻＿＿＿＿＿の制度が広まった。⑦＿＿＿＿＿＿は子弟や近親者を国司に任じ、現地には目代を派遣して国の支配をおこなった。公領は上皇や知行国主・国司の私領のようになり、院政を支える経済的基盤となった。この知行国の制度は、貴族の俸禄支給が有名無実化したため、その経済的収益を確保する目的で生み出された。

大寺院も多くの荘園を所有し、武装した僧侶を❽＿＿＿＿として組織し、国司と争い、神木や神輿を先頭に立てて朝廷に❾＿＿＿＿して要求を通そうとした。興福寺の僧兵は⑩＿＿＿＿＿の神木の榊をささげて京都に入って強訴し、延暦寺の僧兵は⑪＿＿＿＿＿の神輿をかついで強訴した。興福寺・延暦寺を⑫＿＿＿＿・＿＿＿＿という。神仏の威を恐れた朝廷は、大寺院の圧力に抗することができず、武士を用いて警護や鎮圧に当たらせたため、武

解答 院政期の社会▶ ①院近臣 ②院司 ③八条院領 ④長講堂領 ❺知行国 ❻院分国 ⑦知行国主 ❽僧兵 ❾強訴 ⑩春日神社 ⑪日吉神社 ⑫南都・北嶺

■女院 朝廷からとくに「院」または「門院」の称号を受けた女性。天皇の母・三后（太皇太后、皇太后、皇后）・女御その他の後宮・内親王などで、上皇に準じる待遇を受けた。

士の中央政界への進出をまねくことになった。鎮護国家をとなえていた大寺院の
こうした行動は、法によらずに実力で争う院政期の社会の特色をよく表している。

　このような院政が展開する中、地方では各地の武士が館を築き、一族や地域
の結びつきを強めるようになった。なかでも奥羽地方では、⑬_____
_____が奥六郡（岩手県）の支配権を握り、陸奥の⑭_____を根拠地として支配
を奥羽全域に広げていった。⑮_____は、清衡・基衡・秀衡
の3代100年にわたって、金や馬などの産物の富で京都文化を移入し、中尊寺や
毛越寺などの豪華な寺院を建立した。平泉には京都と北方の文化の影響がみられ、
北方の地との交易によって独自の文化を育て、繁栄を誇った。

　こうして院政期には、私的な土地所有が展開して、院や大寺社・武士が独自の
権力を形成するなど、広く権力が分散していくことになり、社会を実力で動かそ
うとする風潮が強まって、中世社会はここに始まった。

保元・平治の乱

武家の棟梁としての源氏が、東国に勢力を広げると、東国
武士団の中には源義家に土地を寄進して保護を求める者
が増え、朝廷はあわてて寄進を禁止した。義家のあと、一族の内紛により源氏の
勢力がやや衰える中、院と結んで発展したのが、桓武平氏のうち伊勢・伊賀を地
盤とする❶_____である。

　なかでも②_____は、出雲で反乱をおこした源義家の子義親を討ち、
正盛の子の③_____は、瀬戸内海の海賊平定などで鳥羽上皇の信任を得た。
さらに忠盛は殿上人となって貴族の仲間入りをし、武士としても院近臣として
も重く用いられるようになった。その平氏の勢力をさらに飛躍的にのばしたのが、
忠盛の子の❹_____である。

　1156（保元元）年、⑤_____法皇が死去するとまもなく、かねて皇位継承を
めぐり鳥羽法皇と対立していた⑥_____上皇は、摂関家の継承を目指して兄
の関白藤原忠通と争っていた左大臣⑦_____と結んで、⑧_____
_____・平忠正らの武士を集めた。これに対して、鳥羽法皇の立場を引き継いでい
た❾_____天皇は、忠通や院近臣の❿_____（信西）の進言

〔解答〕　⑬藤原清衡　⑭平泉　⑮奥州藤原通憲
原氏
保元・平治の乱▶❶伊勢平氏　②平正
盛　③忠盛　❹平清盛　⑤鳥羽　⑥崇徳
⑦藤原頼長　⑧源為義　❾後白河　❿藤

■殿上人　清涼殿の殿上の間に昇殿す
る資格のある貴族。公卿を除く、四・
五位の一部と六位の蔵人。天皇の側近
として仕える名誉ある資格とされた。

により、平清盛や為義の子⑪　　　　　　　らの武士を動員し、上皇方を攻撃して破った。その結果、崇徳上皇は讃岐(さぬき)に流され、為義らは処刑された(⑫　　　　　　　　　　)。

　つづいて、院政を始めた後白河上皇の近臣間の対立から、1159(平治元)(へいじ)年には、清盛と結ぶ通憲に反感をいだいた近臣の1人⑬　　　　　　　　　が、源義朝と結んで兵をあげ、通憲を自殺に追い込んだ。だが、武力にまさる清盛によって信頼や義朝は滅ぼされ、義朝の子の頼朝(よりとも)は伊豆(いず)に流された(⑭　　　　　　　　　　　　　)。

　この2つの乱に動員された武士はわずかであったが、貴族社会内部の争いも武士の実力で解決されることが明らかとなり、武家の棟梁としての清盛の地位と権力は急速に高まった。

| 平氏政権 | 平治の乱後、清盛は後白河上皇を武力で支えて昇進をとげ、蓮華(れんげ)王院(おういん)を造営するなどの奉仕をした結果、1167(仁安2)(にんあん)年には①　　　　　　　　となった。その子②　　　　　　　ら一族もみな高位高官にのぼり、勢威は並ぶものがなくなった。

　平氏が全盛を迎えるようになった背景には、各地での**武士団**の成長がある。清盛は彼らの一部を荘園(しょうえん)や公領の現地支配者である❸　　　　　　に任命し、畿内(きない)から瀬戸内海を経て九州までの西国一帯の武士を④　　　　とすることに成功した。武士の社会では従者を一般に家人というが、鎌倉幕府の場合は将軍への敬意から御家人(ごけにん)と呼ばれ、その後、御家人は武士の身分を示すものとなった。

　一方で、清盛は娘⑤　　　(建礼門院)(けんれいもんいん)を⑥　　　　　天皇の中宮に入れ、その子の⑦　　　　　　天皇を即位させ**外戚**(がいせき)として威勢をふるうなど、平氏政権は著しく摂関政治に似たもので、武士でありながら貴族的な性格が強かった。平氏はまた、一門を官職につけて支配の拡大をはかったために、排除された貴族や武家から強い反発を受けた。

　平氏の経済的基盤は、全盛期には日本全国の約半分の⑧　　　　　　　や500にのぼる荘園であり、さらに平氏が忠盛以来、力を入れていた❾　　　　　**貿易**もある。11世紀後半以降、日本と高麗(こうらい)・宋とのあいだで商船の往来が活発となり、

──────────────────

解答 ⑪源義朝(よしとも)　⑫保元の乱　⑬藤原信頼(のぶより)　⑭平治の乱
平氏政権▶①太政大臣(だいじょうだいじん)　②平重盛(しげもり)　❸地頭(じとう)　④家人(けにん)　⑤徳子(とくこ)　⑥高倉(たかくら)　⑦安徳(あんとく)　⑧知行国(ちぎょうこく)　❾日宋(にっそう)

2. 院政と平氏政権　**71**

12世紀に宋が北方の女真人の建てた❿＿＿＿に圧迫されて⓫＿＿＿＿となってか
らは、さかんに貿易がおこなわれた。これに応じて清盛は、摂津の⓬
＿＿＿＿＿（神戸市）を修築して、瀬戸内海航路の安全をはかり、宋商人の畿内へ
の招来にもつとめて貿易を推進した。日宋貿易では、日本からは金・水銀・硫
黄・木材・米・刀剣・漆器・扇などを輸出し、大陸からは宋銭をはじめ陶磁
器・香料・薬品・書籍などを輸入したが、そのうちの香料・薬品類は、もとも
とは東南アジア産のものであった。この清盛の積極的な対外政策の結果、宋船の
もたらした多くの珍宝や宋銭・書籍は、以後の日本の文化や経済に大きな影響を
与え、貿易の利潤は平氏政権の重要な経済的基盤となった。

院政期の文化

貴族文化は院政期に入ると、新たに台頭してきた武士や庶民
とその背後にある地方文化を取り入れて、新鮮で豊かなもの
を生み出した。

後白河上皇がみずから民間の流行歌謡である❶＿＿＿＿を学んで『❷
＿＿＿＿』を編んだことは、この時代の貴族と庶民の文化との深い関わり
をよく示している。このほかに古代の歌謡から発達した催馬楽や和漢の名句を吟
じる朗詠も広まった。❸＿＿＿＿や猿楽などの芸能は、庶民のみならず、貴族
のあいだにもおおいに流行し、祇園祭などの御霊会や大寺院の法会などで演じ
られた。

また、インド・中国・日本の1000余りの説話を集めた『❹
＿＿＿＿』には、武士や庶民の活動・生活の様子が描かれた。平将門の乱を描いた
『⑤＿＿＿＿』に続いて、前九年合戦を描いた『⑥＿＿＿＿』な
どの初期の軍記物語が書かれ、後三年合戦を描いた『後三年合戦絵巻』などが制
作されたことも、この時代の貴族が地方の動きや武士・庶民の姿に関心をもって
いたことを示している。

これまでの物語文学とともに、『⑦＿＿＿＿』や『今鏡』などの和文体のす
ぐれた歴史物語が著されたのは、転換期に立って過去の歴史を振り返ろうとする、
この時期の貴族の思想の表れである。

解答 ❿金 ⓫南宋 ⓬大輪田泊
院政期の文化▶❶今様 ❷梁塵秘抄
❸田楽 ❹今昔物語集 ⑤将門記 ⑥
陸奥話記 ⑦大鏡

整理 おもな建築・美術作品（院政期）

㋐

鳥獣人物戯画

㋑

㋒

㋓

整理 おもな建築・美術作品（院政期）▶

㋐信貴山縁起絵巻　㋑扇面古写経　㋒中
尊寺金色堂（内陣）　㋓平家納経

天皇家により大寺院がつくられる一方、寺院に所属しない❽＿＿＿や**上人**などと呼ばれた民間の布教者によって、浄土教の思想が全国に広がった。奥州藤原氏が建てた平泉の❾＿＿＿＿＿＿＿や、陸奥の⑩＿＿＿＿＿＿、豊後の⑪＿＿＿＿＿＿など、地方豪族のつくった阿弥陀堂や浄土教美術の秀作が各地に残されている。平氏に信仰された安芸の⑫＿＿＿＿＿＿には、豪華な『平家納経』が伝わっており、平氏の栄華と貴族性を物語っている。

　絵と詞書を織りまぜて時間の進行を表現する絵巻物は、この時代には大和絵の手法が用いられて発展した。『⑬＿＿＿＿＿＿＿＿』は貴族の需要に応じて描かれ、『⑭＿＿＿＿＿＿＿＿』は応天門の変に取材し、朝廷の年中行事を描いた『年中行事絵巻』とともに、院政の舞台となった京都の姿を描いている。また『⑮＿＿＿＿＿＿＿＿』は聖の生き方や風景・人物をたくみに描き、『⑯＿＿＿＿＿＿＿＿』は、動物を擬人化していきいきと描いている。こうした絵巻物や『⑰＿＿＿＿＿＿＿』の下絵からは、この時代の地方社会や庶民の生活をうかがうことができる。

解答 ❽聖　❾中尊寺金色堂　⑩白水阿弥陀堂　⑪富貴寺大堂　⑫厳島神社
⑬源氏物語絵巻　⑭伴大納言絵巻　⑮信貴山縁起絵巻　⑯鳥獣人物戯画　⑰扇面古写経

武家政権の成立

第6章

12世紀末の内乱の中から、最初の本格的な武家政権である鎌倉幕府が誕生した。鎌倉幕府は承久の乱やモンゴル襲来を経て全国政権に成長するとともに、幕府に集った武士たちも守護や地頭として全国に展開していった。武士の勢力拡大は、鎌倉時代の政治や社会にどのような影響をもたらしたのだろうか。

1 鎌倉幕府の成立

源平の争乱　平氏一門の繁栄は、後白河法皇や院近臣との対立を招き、1177（治承元）年には①＿＿＿＿＿＿＿＿＿＿や僧の俊寛らが、京都郊外の鹿ヶ谷で平氏打倒をはかり、失敗する事件がおこった（**②**＿＿＿＿＿＿＿＿＿＿という）。そこで③＿＿＿＿＿＿＿は1179（治承3）年、武力を背景に後白河法皇を鳥羽殿に幽閉し、関白以下多数の貴族を処罰し、官職を奪う強圧的手段で国家機構のほとんどを手中におさめた。さらに翌年には高倉天皇の中宮である娘徳子（建礼門院）の生んだ子を安徳天皇として即位させ、外戚の地位も手に入れた。

　ここに清盛の権力集中は頂点に達するかにみえたが、かえって中央の貴族・大寺院や地方の武士団のあいだで平氏の専制政治に対する不満が高まった。

　この情勢をみた後白河法皇の皇子④＿＿＿＿＿＿と、畿内に基盤をもつ源氏の⑤＿＿＿＿＿＿は、平氏打倒の兵をあげ、挙兵を呼びかける以仁王の命令（令旨）が諸国の武士に伝えられた。

　これに応じて、園城寺（三井寺）や興福寺などの僧兵が立ち上がり、つづいて伊豆に流されていた**⑥**＿＿＿＿＿＿や信濃の木曽谷にいた⑦＿＿＿＿＿＿をはじめ、各地の武士団が挙兵して、ついに内乱は全国的に広がり、5年にわたって争乱が続いた（**⑧**＿＿＿＿・＿＿＿＿＿＿＿という）。

　平氏は当初、都を⑨＿＿＿＿＿＿（神戸市）に移した。福原は近くに良港大輪田泊があり、瀬戸内海支配のための平氏の拠点であったが、この遷都には大寺院や貴族たちが反対したため、平氏は約半年間で都を京都に戻し、畿内を中心とする支

解答　源平の争乱▶①藤原成親　**②**鹿ヶ谷の陰謀　③平清盛　④以仁王　⑤源頼政　**⑥**源頼朝　⑦源義仲　**⑧**治承・寿永の乱　**⑨**福原

配を固めてこれらの動きに対応した。しかし、清盛の突然の死や、畿内・西国を中心とする飢饉などで平氏の基盤は弱体化し、1183（寿永2）年に北陸で源義仲に敗北すると、平氏は安徳天皇を奉じて西国に都落ちした。その後、都に入った義仲と対立した後白河法皇の要請を受け、源頼朝は弟の源範頼・義経らの軍を上洛させて義仲を滅ぼし、さらに平氏と戦い、摂津の一の谷、讃岐の屋島の戦いを経て、ついに1185（文治元）年に長門の⑩＿＿＿＿＿＿＿＿で平氏を滅亡させた。

　この一連の争乱で大きな活躍をしたのは、地方の武士団であった。彼らは国司や荘園領主に対抗して所領の支配権を強化・拡大しようとつとめ、そのための新たな政治体制を求めていた。

鎌倉幕府　反平氏の諸勢力のうち、東国の武士団の大半が武家の①＿＿＿＿＿（統率者）源氏の嫡流である頼朝のもとに結集したため、頼朝はもっとも有力な勢力に成長した。頼朝は挙兵すると、相模の❷＿＿＿＿＿を根拠地として広く武士たちと主従関係を結び③＿＿＿＿＿として組織し、東国の荘園・公領を支配して彼らの所領支配を保障していった。1183（寿永2）年には、平氏の都落ちのあと、京都の後白河法皇と交渉して、東海・東山両道の東国の支配権の承認を得た（寿永二年十月宣旨）。

　1185（文治元）年、平氏の滅亡後、頼朝は義経と対立するようになった。義経が法皇から頼朝追討令を与えられて挙兵するも失敗すると、頼朝は軍勢を京都に送って法皇にせまり、義経追討を名目として諸国に❹＿＿＿＿＿を、荘園や公領には❺＿＿＿＿＿を任命する権利や1段当たり5升の⑥＿＿＿＿＿を徴収する権利、さらに諸国の国衙の実権を握る⑦＿＿＿＿＿を支配する権利を獲得した。こうして東国を中心にした頼朝の支配権は西国にもおよびはじめ、武家政権としての❽＿＿＿＿＿が確立した。

　その後、頼朝は逃亡した義経をかくまったとして⑨＿＿＿＿＿氏を滅ぼし、陸奥・出羽を支配下においた。1190（建久元）年には上洛して右近衛大将となり、1192（建久3）年、後白河法皇の死後には⑩＿＿＿＿＿に任じられた。こうして❽＿＿＿＿＿が成立してから滅亡するまで

解答 ⑩壇の浦
鎌倉幕府▶ ❶棟梁　❷鎌倉　③御家人　❹守護　❺地頭　⑥兵粮米　⑦在庁官人　❽鎌倉幕府　⑨奥州藤原　⑩征夷大将軍

■幕府　本来は出征中の将軍の陣営のこと。日本では近衛大将や征夷大将軍の呼び方として用いられ、転じて武士の首長が樹立した政権を指す語となった。

の時代を**鎌倉時代**と呼んでいる。

　幕府の支配機構は、簡素で実務的なものであった。鎌倉には中央機関として、御家人を組織し統制する⑪＿＿＿＿＿＿、一般政務や財政事務をつかさどる⑫＿＿＿＿＿（初めは⑬＿＿＿＿＿、裁判事務を担当する⑭＿＿＿＿＿などがおかれ、京都からまねいた下級貴族を中心とする側近たちが将軍頼朝を補佐した。侍所の長官（別当）には東国御家人の⑮＿＿＿＿＿＿＿が任じられたが、公文所（政所）の長官（別当）は⑯＿＿＿＿＿＿、問注所の長官（執事）は⑰＿＿＿＿＿で、ともに貴族出身であった。

　地方には守護と地頭がおかれた。守護は原則として各国に１人ずつ、おもに東国出身の有力御家人が任命された。軍事指揮官として国内の御家人を指揮して、平時は⑱＿＿＿＿＿＿（⑲＿＿＿＿＿＿の催促と、謀叛人・殺害人の逮捕）など治安の維持と警察権の行使に当たった。とくに東国では国衙の在庁官人を支配し、地方行政官としての役割も果たした。地頭は御家人の中から任命され、おもに平家没官領を中心とする謀叛人の所領におかれ、⑳＿＿＿＿＿の徴収・納入と土地の管理および治安の維持を任務とした。

　また、京都には㉑＿＿＿＿＿＿がおかれ、朝廷との交渉や西国の御家人の統轄に当たった。九州におかれた㉒＿＿＿＿＿はこの地域の御家人を統轄するとともに、大宰府の実権も握った。

> **幕府と朝廷** 幕府支配の根幹となったのは、**将軍**と❶＿＿＿＿＿との主従関係である。頼朝は主人として①＿＿＿＿＿に対し、おもに地頭に任命することによって、先祖伝来の所領の支配を保障したり（❷＿＿＿＿＿という）、新たな所領を与えたりした（❸＿＿＿＿＿という。この❹＿＿＿＿に対して御家人は、戦時には軍役を、平時には⑤＿＿＿＿＿や幕府御所を警護する❻＿＿＿＿＿などをつとめて、従者として❼＿＿＿＿した。

　こうして院政期以来、各地で開発領主として下司などの荘官をつとめて勢力を拡大してきた武士団、とくに東国武士団は御家人として幕府のもとに組織され、

解答 ⑪侍所　⑫政所　⑬公文所
⑭問注所　⑮和田義盛　⑯大江広元
⑰三善康信　⑱大犯三カ条　⑲京都大番役　⑳年貢　㉑京都守護　㉒鎮西奉行
幕府と朝廷▶❶御家人　❷本領安堵

❸新恩給与　❹御恩　⑤京都大番役
❻鎌倉番役　❼奉公
■政所■ 最初は財政機関にすぎなかったが、関東知行国の管轄などをおこなうようになる。

地頭に任命されて、所領を支配することを将軍から保障された。

このように土地の給与を通じて、主人と従者が御恩と奉公の関係によって結ばれる制度を❽＿＿＿＿＿というが、鎌倉幕府はこの制度にもとづいて成立した最初の政権であり、守護・地頭の設置によって、はじめて日本の⑧＿＿＿＿＿が国家的制度として成立した。

東国は実質的に幕府の支配地域であり、幕府が行政権や裁判権を握り、東国以外の国々でも国司の支配下にある国衙の任務は守護を通じて幕府に吸収されていった。一国内の荘園・公領ごとの田地の面積や、荘園領主・地頭を調査した❾＿＿＿＿＿は、本来国衙の土地台帳としてつくられたものである。その⑨＿＿＿＿＿を幕府が国衙の在庁官人に命じてつくらせていることは、国衙に対する幕府の支配力を示している。しかし、この時代には、京都の朝廷や貴族・大寺社を中心とする荘園領主の力もまだ強く残っていた。朝廷は国司を任命して全国の一般行政を統轄し、貴族・大寺社は受領や荘園領主として、土地からの収益の多くを握っており、そのもとには幕府に属さない武士たちも多くいた。政治の面でも経済の面でも、公家と武家との二元的な支配がこの時期の特徴であった。

将軍である頼朝自身も多くの知行国（⑩＿＿＿＿＿という）や平家没官領をはじめとする大量の荘園（⑪＿＿＿＿＿という）を所有しており、これが幕府の経済的基盤となっていた。

幕府と朝廷との関係は、⑫＿＿＿＿＿と呼ばれる朝廷の法令や宣旨で定められており、朝廷と幕府は支配者としての共通面をもっていた。幕府は守護・地頭を通じて全国の治安の維持に当たり、また年貢を納入しない地頭を罰するなど、一面では朝廷の支配や荘園・公領の維持を助けた。

しかし幕府は、東国はもちろん、東国以外でも支配の実権を握ろうとしたために、守護・地頭と国司・荘園領主とのあいだでしだいに紛争が多くなっていった。各地で荘官などが地頭へかわっていき、幕府による現地支配力が強まると、対立も深まっていった。

解答　❽封建制度　❾大田文　⑩関東知行国　⑪関東御領　⑫新制

▌関東知行国▌　将軍家の知行国であり、将軍は知行国主として、一族や有力御家人を朝廷に推挙して国司とし、目代を派遣して国衙を支配した。

2 武士の社会

北条氏の台頭 幕府政治はすぐれた指導者である 源 頼朝が 将 軍独裁の体制で運営していたが、頼朝の死後、子の❶＿＿＿＿＿とその弟❷＿＿＿＿＿の時代になると、御家人中心の政治を求める動きが強まった。それとともに有力な御家人のあいだで政治の主導権をめぐる激しい争いが続き、多くの御家人が滅んでいった。その中で勢力をのばしてきたのが、伊豆の在庁官人出身の❸＿＿＿＿氏である。

1203（建仁 3 ）年、頼朝の妻④＿＿＿＿＿＿＿の父である❺＿＿＿は、将軍の頼家を廃し、弟の実朝を立てて幕府の実権を握った。この時政の地位は❻＿＿＿＿と呼ばれて、子の❼＿＿＿に継承されたが、さらに⑦＿＿＿は、侍 所の長官（別当）であった⑧＿＿＿＿＿を滅ぼし（和田合戦）、政所と侍所の別当を兼ねてその地位を固めた。これ以後、❻＿＿＿は北条氏一門のあいだで世 襲されるようになった。

承久の乱 朝廷では、幕府の成立と勢力拡大に直面して、政治の立直しがおこなわれた。その中心にあったのが❶＿＿＿＿＿＿＿である。上皇は、分散していた数多くの皇室領の荘 園を手中におさめるとともに、新たに❷＿＿＿＿＿＿をおいて軍事力の増強をはかるなどして院政を強化し、朝廷の勢力を挽回する動きを強めた。

その中で1219（承久元）年、上皇との連携をはかっていた将軍③＿＿＿が頼家の子公暁に暗殺される事件がおこった。これをきっかけに、朝幕関係が不安定になった。北条義時は実朝の死後、皇族を将軍にまねく交渉をしたが、上皇の拒否により交渉は不調に終わった。そこで幕府は、頼朝の遠縁に当たる摂関家出身の幼い④＿＿＿＿＿＿を後継者に迎えた。以後 2 代続いた摂関家出身の将軍を、藤原将軍または⑤＿＿＿＿＿と呼ぶ。1221（承久 3 ）年、上皇は、畿内・西国の武士や大寺院の僧兵、さらに北条氏の勢力増大に反発する東国武士の一部をも味方に引き入れて、ついに北条義時追討の兵をあげた。

[解答] 北条氏の台頭▶❶頼家 **❷**実朝 **❸**北条 **④**北条政子 **❺**北条時政 **❻**執権 **❼**義時 **⑧**和田義盛
承久の乱▶❶後鳥羽上 皇 **❷**西面の武士 **③**源実朝 **④**藤原頼経 **⑤**摂家将軍

▇新制 新制は10世紀半ば頃までに60回ほど出ていた。後白河天皇が宣旨なき荘園の停止などを定めた保元新制が有名である。

しかし、上皇側の期待に反して、東国武士の大多数は源頼朝の妻であった北条政子の呼びかけに応じて幕府側に結集した。幕府は、義時の子⑥＿＿＿＿＿＿、弟の時房（ときふさ）らが率いる軍を送って京都を攻め、その結果、１カ月ののちには、戦いは幕府の圧倒的な勝利に終わった。これが⑦＿＿＿＿＿＿＿＿である。

　乱後、幕府は後鳥羽上皇ら３上皇を配流（はいる）するとともに、後鳥羽上皇の孫仲恭（ちゅうきょう）天皇を廃し、後堀河（ごほりかわ）天皇を即位させた。また、京都守護（しゅご）にかわり新たに⑧＿＿＿＿＿＿＿＿＿＿をおいて、朝廷を監視し、京都の内外の警備、および西国の統轄に当たらせた。さらに、上皇方についた貴族や武士の所領3000余カ所を没収し、戦功のあった御家人らをその地の地頭（じとう）に任命した。その際に、これまで給与が少なかった土地では、新たに基準（⑨＿＿＿＿＿＿＿＿＿という）を定めて新しい地頭すなわち⑩＿＿＿＿＿＿＿の給与を保障した。その基準とは、(1)田畑11町（ちょう）ごとに１町の土地、(2)田地１段（たん）につき５升（しょう）の米（⑪＿＿＿＿＿＿＿という）、(3)山や川からの収益の半分を、それぞれ地頭に与えるというものであった。

　これによって畿内・西国の荘園・公領にも幕府の力が広くおよぶようになった。朝廷では以後も引き続き院政がおこなわれたが、この乱によって、朝廷と幕府との二元的支配の状況は大きくかわり、幕府が優位に立って、皇位の継承や朝廷の政治にも干渉（かんしょう）するようになった。

執権政治　承久の乱後の幕府は、３代執権①＿＿＿＿＿＿＿＿＿の指導のもとに発展の時期を迎えた。政子の死後、①＿＿＿＿＿＿＿＿＿は、執権を補佐する❷＿＿＿＿をおいて北条氏一門の有力者をこれに当てた。ついで有力な御家人や政務にすぐれた者を❸＿＿＿＿＿＿に選んで、執権・連署が主導するその会議（④＿＿＿＿＿という）で合議制（ごうぎせい）にもとづいて幕府の政治や裁判に当たらせた。

　1232（貞永元（じょうえい））年には、泰時は❺＿＿＿＿＿＿＿＿＿（⑥＿＿＿＿＿＿ともいう）51カ条を制定して、広く御家人たちに示した。この式目は頼朝以来の先例や、⑦＿＿＿＿＿と呼ばれた武士社会での慣習・道徳にもとづいて、守護や地頭の任務と権限を定め、御家人同士や御家人と荘園領主（しょうえんりょうしゅ）とのあいだの紛

---

　⑥泰時（やすとき）　⑦承久の乱　⑧六波羅探（ろくはらたん）　　式目　⑦道理（どうり）
題（だい）　⑨新補率法（しんぽりっぽう）　⑩新補地頭　⑪加徴（かちょう）
米（まい）

執権政治▶①北条泰時　❷連署（れんしょ）　❸評（ひょう）
定衆（じょうしゅう）　④評定　❺御成敗式目（ごせいばいしきもく）　⑥貞永（じょうえい）

争を公平に裁く基準を明らかにしたもので、武家独自の最初の整った法典であった。

　幕府の勢力範囲を対象とする式目と並んで、朝廷の支配下にはなお律令の系統を引く公家法が、また荘園領主のもとでは⑧_____法が、それぞれの効力をもっていた。しかし、幕府の勢力拡大につれて、公平な裁判を重視する武家法は、公家法や⑧_____法の対象となる人々にも影響を与えるようになり、その効力のおよぶ範囲は拡大していった。

　執権政治の隆盛をもたらした泰時の政策は、孫の執権⑨_____に受け継がれた。時頼は、評定のもとに新たに⑩_____をおいて、その構成員たる⑪_____を任命し、御家人たちの所領に関する訴訟を専門に担当させ、迅速で公正な裁判の確立につとめた。一方で時頼は、独自の力をもちはじめた前将軍藤原頼経を京都に送還し、頼経と結んだ有力御家人らを失脚させ、さらに1247（宝治元）年には、三浦泰村一族を滅ぼして（⑫_____という）、北条氏の地位を不動のものとした。また、朝廷に政治の刷新と制度の改革を求めた結果、後嵯峨上皇の院政下で⑬_____がおかれるなど、幕府は朝廷の内部に深く影響力をもつようになった。

　やがて幕府は、藤原将軍にかわる皇族（親王）将軍として、後嵯峨上皇の皇子宗尊親王を迎えた。皇族将軍は以後4代続いたが、いずれも実権はなく名目だけの将軍にすぎなかった。また、時頼は禅宗の本格的寺院である建長寺を造営するなど、鎌倉を武家の都として整えた。こうして執権政治は時頼のもとでさらに強化されたが、同時に北条氏独裁の性格を強めていった。

武士の生活

　この頃までの武士は開発領主の系譜を引き、先祖以来の地に住み着いて、所領を拡大してきた。彼らは、河川の近くの微高地を選んで❶_____をかまえ、周囲には堀・溝や塀をめぐらした。①_____の周辺部には、年貢や公事のかからない直営地を設け、下人と呼ばれる従者や所領内の農民を使って耕作させた。さらに荒野の開発を進め、みずからは地頭など現地の管理者として、農民から年貢を徴収して国衙や荘園領主におさめ、定められた収入

解答　⑧本所　⑨北条時頼　⑩引付　⑪引付衆　⑫宝治合戦　⑬院評定衆
武士の生活▶❶館

■**武士の親権**■　武士の家では、家督（惣領）や財産相続の決定など父祖の権限が強かった。一度子孫に譲与した所領をとり返す悔返し権も認められており、一方尊属を訴えることは禁止されていた。

として②＿＿＿＿＿などを得ていた。

　武士の家では所領を一族の子弟・子女にわけ与える❸＿＿＿＿＿を原則としていたが、一族の同族意識も強かった。宗家（本家）の代表は❹＿＿＿＿（家督ともいう）と呼ばれ、それ以外の⑤＿＿＿＿に対して血縁による統制をおこない、その集団は一門・一家と称された。戦時には、一門は❹＿＿＿＿を指揮官として、団結して戦った。平時でも、先祖や一門の氏神の祭祀をおこなう権利は惣領にあり、それはまた義務でもあった。

　こうした体制を❻＿＿＿＿と呼ぶが、鎌倉幕府の政治・軍事体制はこの⑥＿＿＿＿にもとづいており、幕府への軍事勤務（軍役）も、荘園領主・国衙への年貢や公事の納入も、惣領が責任者となって一門の庶子たちにこれを割り当て、一括して奉仕した。庶子も御家人ではあったが、幕府とは惣領を通じて結ばれていた。

　武士の生活は簡素で、みずからの地位を守るためにも武芸を身につけることが重視され、つねに流鏑馬・笠懸・犬追物や巻狩などの訓練をおこなった。彼らの日常生活の中から生まれた「⑦＿＿＿＿＿」などと呼ばれる道徳は、武勇を重んじ、主人に対する献身や、一門・一家の名誉を尊ぶ精神、恥を知る態度などを特徴としており、後世の⑧＿＿＿＿の起源となった。

武士の土地支配　所領支配を拡大しようとする武士たちは、荘園・公領の領主や、近隣の武士とのあいだで年貢の徴収や境界の問題をめぐって紛争をおこすことが多かった。

　とくに承久の乱後には、畿内・西国地方にも多くの①＿＿＿＿が任命され、東国出身の武士が各地に新たな所領をもつようになって、現地の支配権をめぐる紛争はますます拡大した。幕府が公正な裁判制度の確立につとめたのは、こうした状況に対応するためであった。

　地頭の支配権拡大の動きに直面した荘園・公領の領主たちも、幕府に訴えて地頭の年貢未納などの動きをおさえようとした。しかし、現地に根をおろした地頭の行動をおさえることは難しく、領主たちは紛争解決のために、やむを得ず荘園

■女性の相続　武家社会での女性は、財産相続もできた。しかし鎌倉後期に分割相続から単独相続へかわるにつれ、本人一代限りで死後は所領を惣領へ返す約束つきの一期分となった。

現地の管理いっさいを地頭に任せて、一定の年貢納入だけを請け負わせる❷＿＿＿＿＿＿＿＿＿＿の契約を結んだり、現地を地頭と折半し、相互の支配権を認めあう❸＿＿＿＿＿＿＿＿＿の取決めをおこなったりすることもあった。

❸ モンゴル襲来と幕府の衰退

モンゴル襲来 日宋間の正式な国交は開かれなかったが、平氏政権の積極的な海外通交後、鎌倉幕府のもとでも、民間商人の貿易や僧侶の往来などはさかんにおこなわれ、日本列島は南宋を中心とする東アジア通商圏の中に組み入れられていった。

この間、13世紀初めにモンゴル（蒙古）高原に①＿＿＿＿＿＿＿＿＿＿＝＿＿＿＿＿（成吉思汗）が現れ、モンゴル諸部族を統合して中央アジアから南ロシアまでを征服した。ついでその後継者はヨーロッパ遠征をおこない、また金を滅ぼして広大なユーラシア大陸の東西にまたがる大帝国を建設した。チンギス＝ハンの孫❷＿＿＿＿＿＿＿＿＿＿は、中国を支配するため都を③＿＿＿＿＿（北京）に移し、国号を❹＿＿＿＿と定めた。さらに高麗を全面的に服属させると、日本に対しても強く朝貢を要求してきた。

しかし、時頼の子で幕府の執権となった❺＿＿＿＿＿＿＿＿＿＿＿＿＿がこれを拒否したため、元は高麗の軍勢もあわせた約3万の兵で、1274（文永11）年、対馬・壱岐を攻め、大挙して九州北部の博多湾に上陸した。幕府は九州地方に所領をもつ御家人を動員して迎え撃ったが、元軍の集団戦やすぐれた兵器に対し、一騎打ち戦を主とする幕府軍は苦戦した。しかし元軍も損害が大きく、内部の対立などもあって退いた（❻＿＿＿＿＿＿＿＿＿＿という）。

その後、幕府は再度の襲来に備えて、博多湾岸など九州北部の要地を御家人に警備させる❼＿＿＿＿＿＿＿＿＿＿＿＿＿を強化し、博多湾沿いに石造の防塁（⑧＿＿＿＿＿＿＿＿という）を構築させた。そこに南宋を滅ぼした元が、再び日本の征服を目指し、1281（弘安4）年、約14万の大軍をもって九州北部にせまった。

解答 ❷地頭請所 ❸下地中分
モンゴル襲来 ▶①チンギス＝ハン ❷フビライ（クビライ） ③大都 ❹元 ❺北条時宗 ❻文永の役 ❼異国警固番役 ⑧石築地

▮てつはう▮ 『蒙古襲来絵詞』の絵でわかるように、火薬を包んだ鉄丸が空中で破裂して、音と煙と火炎とで相手にショックを与える兵器であった。のちの火縄銃とはまったく違うものである。

ところが、防塁によって博多湾岸への上陸をはばまれているあいだに暴風雨がおこって元軍は大損害を受け、再び敗退した（❾＿＿＿＿＿＿＿＿という）。この2回にわたる元軍の襲来を❿＿＿＿＿＿＿＿（蒙古襲来、元寇ともいう）という。

　再度にわたる襲来の失敗は、元に征服された高麗や旧南宋の人々の抵抗によるところもあったが、幕府の統制のもとに、おもに九州地方の武士がよく戦ったことが大きな理由であった。

モンゴル襲来後の政治

元はその後も日本征服を計画していたので、幕府も警戒態勢をゆるめず、九州地方の御家人を引き続き異国警固番役に動員した。また、幕府は御家人以外の荘園・公領の武士をも動員する権利を朝廷から獲得するとともに、モンゴル襲来を機会に西国一帯に支配を強めていった。とくに九州の博多には北条氏一門を❶＿＿＿＿＿＿＿として送り、九州地方の政務や裁判、御家人の指揮に当たらせた。

　幕府の支配権が全国的に強化されていく中で、北条氏の権力はさらに拡大し、なかでも宗家の家督を継ぐ❷＿＿＿＿の勢力が強大となった。それとともに得宗の家臣である③＿＿＿＿と御家人との対立が激しくなり、時宗の子の④＿＿＿＿＿＿の代になって、1285（弘安8）年に御内人の中心人物（⑤＿＿＿＿という）の⑥＿＿＿＿が有力御家人の⑦＿＿＿＿を滅ぼした（この出来事を❽＿＿＿＿という）。さらに貞時はその頼綱を滅ぼし、幕府の全権を握った。

　こうして得宗の絶大な権力のもとで、御内人や北条氏一門が幕政を主導するようになった。これを❾＿＿＿＿＿＿＿と呼ぶ。全国の守護の半分以上は北条氏一門が占め、各地の地頭職の多くも北条氏の手に帰した。

琉球とアイヌの動き

モンゴルの動きが東アジアに大きな影響を与える中、日本列島の南の琉球では、各地の首長である❶＿＿＿＿がグスクを拠点として勢力を広げていき、やがて山北（北山）・中山・山南（南山）の3つの勢力に統合されていった。琉球では、それまでの貝塚後期文化を

解答　❾弘安の役　❿モンゴル襲来
モンゴル襲来後の政治▶❶鎮西探題　❷得宗　③御内人　④北条貞時　⑤内管領　⑥平頼綱　⑦安達泰盛　❽霜月騒動　❾得宗専制政治

琉球とアイヌの動き▶❶按司

経て12世紀頃から農耕生活が始まり、②＿＿＿＿＿＿＿が形成されてきた。

②＿＿＿＿＿＿＿は当初は集落や聖地からなっていたが、その指導者である按司の成長とともに、しだいに立派な石垣による城がつくられるようになった。

一方、北の蝦夷ヶ島では、古代には続縄文文化を経て、独特の文様の土器をもつ文化である③＿＿＿＿＿＿＿やオホーツク文化が広がっていたが、13世紀には④＿＿＿＿＿＿＿の文化が生まれ、津軽の十三湊を根拠地として得宗の支配下にあった安藤(安東)氏と交易をおこなっていた。④＿＿＿＿＿＿＿のうちサハリン(樺太)に住んでいた人々は、たびたびモンゴルと交戦していた。

社会の変動 モンゴル襲来の前後から、農業の発展が広くみられ、畿内や西国では麦を裏作とする❶＿＿＿＿＿＿＿が普及していった。肥料には、草を刈って田に敷く❷＿＿＿＿や、草木を焼いて灰にした❸＿＿＿＿＿を利用するなど、山野の草や木が使われ、鉄製の農具や❹＿＿＿＿を利用した農耕も広がっていった。また、荏胡麻(灯油の原料)などが栽培され、絹布や麻布などが織られた。鍛冶・鋳物師・紺屋などの手工業者は、農村内に住んで商品をつくったり、各地をわたり歩いたりして仕事をした。

荘園・公領の中心地や交通の要地、寺社の門前などには、地元の特産品や米などを売買する❺＿＿＿＿＿＿が開かれ、月に3回開かれる❻＿＿＿＿(三斎市)も珍しくなかった。さらに中央から地方の市に織物や工芸品などを運んでくる❼＿＿＿＿＿も現れた。

京都・奈良・鎌倉などには高級品を扱う手工業者や商人が集まり、定期市のほかに常設の小売店(❽＿＿＿＿＿＿という)も出現した。京都や奈良では、すでに平安時代の後期頃から、大寺社に属する神人や天皇家に属する供御人と呼ばれる人々が販売や製造についての特権を認められて商工業に従事していたが、やがて同業者の団体である❾＿＿＿を結成するようになった。

遠隔地を結ぶ商業取引も盛んで、陸上交通の要地には宿が設けられ、各地の湊(港)には、商品の委託販売や中継・運送をおこなう❿＿＿＿(問丸)が活躍した。売買の手段としては、米などの現物にかわって貨幣が多く用いられるようになり、

解答 ②グスク ③擦文文化 ④アイヌ
社会の変動▶❶二毛作 ❷刈敷 ❸草木灰 ❹牛馬 ❺定期市 ❻三度の市 ❼行商人 ❽見世棚 ❾座 ❿問

荘園の一部では年貢の銭納もおこなわれたが、それにはもっぱら中国から輸入された⓫＿＿＿＿＿が利用された。さらに遠隔地間の取引には、金銭の輸送を手形で代用する⓬＿＿＿＿＿が使われ、金融業者の⓭＿＿＿＿＿も多く現れた。様々な人や物が集まる宿や湊は町として発展し、有徳人と呼ばれる富裕な人々が成長していった。

また、荘園領主や地頭の圧迫・非法に対する農民の動きが活発となり、団結して訴訟をおこしたり、集団で逃亡したりする例も多くなった。年貢を農民が定額で請け負うこともおこなわれた。

幕府の衰退

生産や流通経済のめざましい発達と社会の大きな変動の中で、幕府は多くの困難に直面していた。①＿＿＿＿＿は御家人たちに多大な犠牲を払わせたが、幕府は十分な恩賞を与えることができず、御家人たちの信頼を失う結果になった。また、②＿＿＿＿＿相続の繰り返しによって所領が細分化されたうえ、売買や質入れによって所領を失う御家人も少なくなかった。こうした動きにともなって、女性の地位が低下の傾向をみせはじめ、女性に与えられる財産が少なくなり、また本人１代限りでその死後は惣領に返す約束つきの相続（一期分）が多くなった。

幕府は、1297（永仁５）年に❸＿＿＿＿＿＿＿＿＿を発布して、御家人の所領の質入れや売買を禁止し、それまでに質入れ・売却した御家人領を無償で取り戻させ、御家人が関係する金銭の訴訟を受けつけないこととした。しかし、御家人が所領を手放す動きをとめることはできなかった。

中小の御家人の多くが没落していく一方で、経済情勢が転換する機会をうまくつかんで勢力を拡大する武士も生まれた。とくに畿内やその周辺では、地頭や非御家人の新興武士たちが武力に訴えて年貢の納入を拒否するなど、荘園領主に抵抗するようになった。これらの武士は当時❹＿＿＿＿＿と呼ばれ、その動きはやがて各地に広がっていった。

このような動きをしずめるために、北条氏得宗の専制政治は強化されたが、それはますます御家人の不満をつのらせる結果となった。こうして幕府の支配は動

解答　⓫宋銭　⓬為替　⓭借上
幕府の衰退▶①モンゴル襲来　②分割
❸永仁の徳政令　❹悪党

▌徳政▐　債務の破棄・売却地払戻し令のこと。その基本理念は、ものがあるべき状態に戻ることである。永仁の徳政令の御家人の土地無償取戻しは、「御家人の土地は御家人へ」という考えにもとづく。

揺するようになった。

4 鎌倉文化

鎌倉文化
鎌倉時代は、公家が文化の担い手となって伝統文化を受け継ぎながらも、一方では武士や庶民に支持された新しい文化が生み出され、しだいに成長していった時代である。その文化は、公家や武士などの家や集団に継承されていった。

　新しい文化を生み出した背景の1つは、武士の素朴で質実な気風が文学や美術に影響を与えるようになったことで、もう1つは日中間を往来した僧侶・商人らによって、南宋や元の文化がもたらされたことである。

鎌倉仏教
仏教では、それまでの祈禱や学問中心のものから、内面的な深まりをもちつつ、庶民など広い階層を対象とする新しい教えへの変化が始まった。

　その最初に登場したのが、浄土教の流れをくむ❶＿＿＿＿である。天台の教学を学んだ彼は、源平争乱の頃、もっぱら阿弥陀仏の誓いを信じ、❷＿＿＿＿＿＿（南無阿弥陀仏）をとなえれば、死後は平等に極楽浄土に往生できるという❸＿＿＿＿＿＿＿の教えを説いて、のちに❹＿＿＿＿＿＿の開祖と仰がれた。その教えは摂関家の九条兼実をはじめとする公家のほか、武士や庶民にまで広まったが、一方で旧仏教側からの非難が高まり、法然は土佐（実際は讃岐）に流され、弟子たちも迫害された。

　❺＿＿＿＿＿もこの時、法然の弟子の1人として越後に流されたが、のちに関東の常陸に移って師の教えを一歩進め、煩悩の深い人間（悪人）こそが、阿弥陀仏の救いの対象であるという❻＿＿＿＿＿＿＿＿を説いた。その教えは農民や地方武士のあいだに広まり、やがて❼＿＿＿＿＿（一向宗）と呼ばれる教団が形成されていった。

　同じ浄土教の流れの中から、やや遅れて出たのが❽＿＿＿＿＿である。彼は、

解答 **鎌倉仏教▶❶法然　❷念仏　❸専修念仏　❹浄土宗　❺親鸞　❻悪人正機　❼浄土真宗　❽一遍**

善人・悪人や信心の有無を問うことなく、すべての人が救われるという念仏の教えを説き、念仏札を配り、**⑨**＿＿＿＿＿＿＿によって多くの人々に教えを広めながら各地を布教して歩いた。その教えは**⑩**＿＿＿＿＿＿と呼ばれ、地方の武士や庶民に受け入れられた。

　ほぼ同じ頃、従来の法華信仰をもとに、新しい救いの道を開いたのが**⑪**＿＿＿＿＿＿である。初め天台宗を学び、やがて法華経を釈迦の正しい教えとして選んで、**⑫**＿＿＿＿＿＿（南無妙法蓮華経）をとなえることで救われると説いた。鎌倉を中心に、他宗を激しく攻撃しながら国難の到来を予言するなどして布教を進めたため、幕府から迫害を受けたが、**⑬**＿＿＿＿＿＿（法華宗ともいう）は関東の武士層や商工業者を中心に広まっていった。

　関東を中心に武士のあいだに大きな勢力をもつようになったのは、禅宗である。坐禅によってみずからを鍛練し、釈迦の境地に近づくことを主張する禅宗は、12世紀末に、南宋に渡った天台の僧**⑭**＿＿＿＿＿＿によって日本に伝えられた。彼は密教の祈禱にもすぐれ、公家や幕府有力者の帰依を受けて、のちに**⑮**＿＿＿＿＿＿の開祖と仰がれた。幕府は臨済宗を重んじ、栄西の死後、南宋から来日した蘭溪道隆・無学祖元ら多くの禅僧をまねいて、鎌倉に建長寺・円覚寺などの大寺院をつぎつぎと建立していった。それは、禅宗のきびしい修行が武士の気風にあっていたためであるが、海外の新しい文化を吸収する目的もあった。

　禅宗の中で、ただひたすら坐禅に徹せよと説き、**⑯**＿＿＿＿＿＿を広めたのが**⑰**＿＿＿＿＿＿である。栄西の弟子に学んだ彼は、南宋に渡ってさらに禅を学び、坐禅そのものを重視する教えを説いて、越前に永平寺を開いた。その弟子たちは旧来の信仰も取り入れて各地で布教を進めたので、**⑯**＿＿＿＿＿＿は広く地方に広まっていった。

　こうした鎌倉時代に広まった新仏教に共通する特色は、天台・真言をはじめ旧仏教の腐敗を批判し、選びとられたただ1つの道（念仏・題目・禅）によってのみ救いにあずかることができると説き、広く武士や庶民にも門戸を開いたところにあって、のちに教団のかたちをとって継承されていった。

解答　**⑨**踊念仏　**⑩**時宗　**⑪**日蓮　**⑫**題目　**⑬**日蓮宗　**⑭**栄西　**⑮**臨済宗　**⑯**曹洞宗　**⑰**道元

■**禅僧の名**■　僧は俗名を改めて法名をつけるが、禅僧はその前へ号をつけた（蘭溪道隆・無学祖元・明庵栄西ら）。

このような新仏教に刺激されて、旧仏教側も新たな動きをみせた。鎌倉時代の初め頃、法相宗の⑱＿＿＿＿＿（解脱）や華厳宗の⑲＿＿＿＿＿（高弁）は、戒律を尊重して南都仏教の復興に力を注いだ。やや遅れて律宗の⑳＿＿＿＿＿（思円）と㉑＿＿＿＿＿（良観）らは、戒律を重んじるとともに、貧しい人々や病人の救済・治療、湊や橋の修理などの社会事業にも力をつくし、鎌倉幕府に受け入れられ、多くの人々に影響を与えた。

なお、旧仏教各宗のもとでは古くからの山岳宗教と結びついた修験道が広くおこなわれた。また神仏習合の考えが広まるとともに、鎌倉時代末期になると、鎌倉仏教の影響を受けた独自の神道理論が、伊勢外宮の神官㉒＿＿＿＿＿によって形成され、㉓＿＿＿＿＿（度会神道）と呼ばれた。

中世文学のおこり 文学の世界でも、新しい動きが始まった。武士の家に生まれた①＿＿＿＿＿は、出家して平安時代末期の変動する諸国を遍歴しつつ、すがすがしい秀歌をよんで歌集『山家集』を残した。歌人としても知られた②＿＿＿＿＿は、『方丈記』を著して人間も社会も転変してすべてはむなしいと説いた。承久の乱の直前に、『❸＿＿＿＿＿』で歴史を貫く原理を探り、道理による歴史の解釈を試みた慈円も含め、彼らの作品には、浄土への往生を願う当時の仏教思想が表れている。

後鳥羽上皇の命で『❹＿＿＿＿＿』が編纂された影響は大きく、編者の⑤＿＿＿＿＿・藤原家隆らが示した歌風は、平安時代の伝統に学んで、技巧的な表現をこらしながらも、観念的な美の境地を生み出した。こうした作風は後鳥羽上皇を中心とする貴族たちに広く受け入れられて、多くのすぐれた和歌がよまれ、定家らは和歌の家を形成した。上皇の影響を受けて将軍⑥＿＿＿＿＿も歌に励み、万葉調の歌をよんで、『金槐和歌集』を残した。このように、作歌に励む武士も少なくなかった。

この時代の文学の中で、もっとも特色があるのは、戦いを題材に武士の活躍ぶりをいきいきと描き出した軍記物語である。なかでも平氏の興亡を主題とした『❼＿＿＿＿＿』は、❽＿＿＿＿＿によって平曲として語られ

解答 ⑱貞慶 ⑲明恵 ⑳叡尊 ㉑忍性 ㉒度会家行 ㉓伊勢神道
中世文学のおこり▶①西行 ②鴨長明 ❸愚管抄 ❹新古今和歌集 ⑤藤原定家 ⑥源実朝 ❼平家物語 ❽琵琶法師

【**上人号**】禅僧以外では高僧に解脱上人・明恵上人のように上人号をつけ、さらに重視すると親鸞聖人のように「聖」を使う。伝教大師・弘法大師のように大師号を朝廷から賜わることもある。

〔和歌集〕

㋐＿＿＿＿＿＿＿＿＿＿：13C、藤原定家らが撰した勅撰和歌集

㋑＿＿＿＿＿＿＿＿＿＿：12C、西行の歌集。自然と旅の詩集

〔説話集〕

古 今 著 聞 集：13C、橘 成季の説話集。古今の説話を30項目に分類集録

〔随筆・日記・紀行〕

㋒＿＿＿＿＿＿＿＿＿＿：13C、鴨長明の随筆。無常観で転換期の世相をつづる

㋓＿＿＿＿＿＿＿＿＿＿：14C、兼好法師の随筆。深い洞察力で動乱期の社会をつづる

〔軍記物語〕

㋔＿＿＿＿＿＿＿＿＿＿：13C、信濃前司行長？ 平家一門の盛衰を描いた軍記物語

源 平 盛 衰 記：鎌倉中期の軍記物語。『平家物語』の異本的性格をもつ

〔歴史書〕

㋕＿＿＿＿＿＿＿＿＿＿：13C、慈円の歴史書。道理の考え方と末法思想が特色

㋖＿＿＿＿＿＿＿＿＿＿：13C、日記体裁の編年体で記した鎌倉幕府の記録

たことにより、文字を読めない人々にも広く親しまれた。

　説話文学では、承久の乱後に『古今著聞集』など多くの作品が生まれた。その系譜を引く兼好法師の『❾＿＿＿＿＿＿＿＿』は、著者の広い見聞と鋭い観察眼による随筆の名作で、鎌倉文化の特色がよく表されている。

　学問では、公家のあいだで、過ぎ去ったよき時代への懐古と尊重から、朝廷の儀式・先例を研究する❿＿＿＿＿＿＿＿＿＿の学や古典の研究が盛んになった。その一方で、鎌倉の武士たちも執権政治のもとでの合議制や『御成敗式目』をつくるなど、内外の文化や学問への関心をもつようになり、幕府の歴史を編年体で記した史書『⓫＿＿＿＿＿＿＿＿』も編まれた。北条氏一門の⓬＿＿＿＿＿＿とその子孫は、鎌倉の外港として栄えた六浦の金沢に⓭＿＿＿＿＿を設け、和漢の書物を集めて学問に励んだ。

　この時代の末期には、宋の朱熹が打ちたてた儒学の1つである⓮＿＿＿＿（朱子学ともいう）が伝えられた。そのうちの⓯＿＿＿＿＿＿論が与えた影響

解答 ❾徒然草 ❿有職故実 ⓫吾妻鏡 ⓬金沢実時 ⓭金沢文庫 ⓮宋学 ⓯大義名分

整理 おもな著作物（鎌倉）▶㋐新古今和歌集 ㋑山家集 ㋒方丈記 ㋓徒然草

㋔平家物語 ㋕愚管抄 ㋖吾妻鏡

■遁世■ 再出家もしくは正式の手続きを経ずに僧体となることをいい、西行や鴨長明が代表的人物。

は大きく、後醍醐天皇を中心とする討幕運動の理論的なよりどころともなった。

美術の新傾向 美術の諸分野でも新しい傾向がおこっていた。そのきっかけとなったのは、源平の争乱によって焼失した奈良の諸寺の復興である。❶＿＿＿＿＿＿は勧進上人となって復興資金を広く寄付に仰いで各地をまわり、宋人陳和卿の協力を得て東大寺の再建に当たった。その時に採用されたのが、大陸的な雄大さ、豪放な力強さを特徴とする❷＿＿＿＿＿＿＿の建築様式で、東大寺③＿＿＿＿＿＿が代表的遺構である。

　つづいて、❹＿＿＿＿＿＿（唐様）が伝えられた。この様式は細かな部材を組み合わせて、整然とした美しさを表すのが特徴で、円覚寺⑤＿＿＿＿＿＿などの禅寺の建築に用いられた。一方、大陸伝来の新様式の構築法を、平安時代以来の日本的なやわらかな美しさをもつ和様わ　ように取り入れた❻＿＿＿＿＿も盛んになった。

　彫刻の分野では奈良の諸寺の復興とともに、奈良仏師の❼＿＿＿＿＿・湛慶父子や❽＿＿＿＿＿らが、仏像や肖像彫刻をつくり出した。奈良時代以来の彫刻の伝統を受け継ぎつつ、新しい時代の精神を生かした力強い写実性や、豊かな人間味の表れが、彼らの作風の特徴である。鎌倉時代中期になると、大陸から新しい技術が伝えられて鎌倉の大仏がつくられたが、これは幕府の援助を得て、勧進上人が人々の寄付を受けてつくられたものである。

　絵画では、平安時代末期に始まった⑨＿＿＿＿＿＿が全盛期を迎えた。物語絵巻のみならず、この時代には武士の活躍を描いた『蒙古襲来絵詞』などの合戦絵巻が制作され、また『春日権現験記絵』などの寺社の縁起や『一遍上人絵伝』などの高僧の伝記などが、民衆に教えを広めるために制作された。

　個人の肖像を描く写実的な❿＿＿＿＿には、⑪＿＿＿＿＿・信実父子の名手が出た。似絵は肖像彫刻の発達と並んで、この時代に個性に対する関心が高まってきたことをよく示している。禅宗の僧侶が師僧の肖像画（⑫＿＿＿＿という）を崇拝する風習も鎌倉時代の中頃に中国から伝わった。

　書道では、法性寺流の優美な書に加えて、宋・元の書風が伝えられると、平

解答 **美術の新傾向▶**❶重源 ❷大仏様 ③南大門 ❹禅宗様 ⑤舎利殿 ❻折衷様 ❼運慶 ❽快慶 ⑨絵巻物 ❿似絵 ⑪藤原隆信 ⑫頂相

■慶派の仏師■ 藤原時代の仏師定朝の子、覚助一門は興福寺復興を機に奈良に住んだ。この一門は康慶・運慶・湛慶3代に全盛をきわめて慶派と呼ばれた。

㋐

㋑

㋒

㋔

㋕

安時代以来の和様をもとにして、伏見天皇の皇子⑬＿＿＿＿＿＿＿＿＿＿＿＿＿＿が、宋の書風を取り入れて⑭＿＿＿＿＿＿＿＿＿＿＿を創始した。工芸では、武士の成長とともに武具の制作が盛んになり、刀剣では備前の長光、京都の藤四郎吉光、鎌倉の⑮＿＿＿＿＿＿＿らが現れ、名作を残した。

　また、宋・元の強い影響を受けながら、尾張の⑯＿＿＿＿＿＿や常滑焼、備前の備前焼など、各地で陶器生産が発展をとげた。それらの陶器は日本列島に広く流通し、京都・鎌倉をはじめとして、備後の尾道など各地の湊や宿といった町の遺跡から発掘されている。

解答 ⑬尊円入道親王　⑭青蓮院流
⑮正宗　⑯瀬戸焼
整理 おもな建築・美術作品（鎌倉）▶㋐
東大寺南大門　㋑東大寺南大門金剛力士像　㋒円覚寺舎利殿　㋓蒙古襲来絵詞

㋕一遍上人絵伝
■似絵■ 古代の肖像画は崇拝・信仰の対象としての「像」「影」であった。似絵は実際の人物を写生し、世帯・風俗もおりこんで描く大和絵系肖像画である。

武家社会の成長

南北朝の動乱の中で、室町幕府は朝廷の膝元である京都を本拠地に選んだ。幕府のもとでは有力守護が力をもち、武士の家族制度にも大きな変化があった。一方、村落や都市では農民や商工業者が力をつけ、自治的な組織をつくりはじめた。この時期に一揆や下剋上が発生したのはなぜだろうか。

1 室町幕府の成立

鎌倉幕府の滅亡　後嵯峨法皇が亡くなると、天皇家は後深草上皇の流れをくむ❶＿＿＿＿＿＿＿と亀山天皇の流れをくむ❷＿＿＿＿＿＿＿にわかれて、皇位の継承や院政をおこなう権利、天皇家領荘園の相続などをめぐって争い、ともに鎌倉幕府に働きかけて有利な地位を得ようとしていた。そこで幕府はたびたび調停をおこない、その結果、両統が交代で皇位につく方式（❸＿＿＿＿＿＿＿という）がとられるようになった。

このような中で大覚寺統から即位した❹＿＿＿＿＿＿＿は、まもなく親政を開始し、両統迭立の解消と子孫への皇位継承を目指して、積極的に天皇の権限強化を推し進めた。一方、当時の幕府では執権⑤＿＿＿＿＿＿＿のもとで内管領長崎高資が権勢をふるい、得宗専制政治に対する御家人の反発が高まっていた。両統迭立を支持する幕府に不満をいだいていた天皇は、この情勢をみて討幕の計画を進めたが、1324（正中元）年、幕府側にもれて失敗した（⑥＿＿＿＿＿＿＿という）。さらに1331（元弘元）年にも挙兵を企てて失敗したために（元弘の変）、持明院統の光厳天皇が幕府に推されて即位し、後醍醐天皇は翌年隠岐に流された。

しかし、後醍醐天皇の皇子⑦＿＿＿＿＿＿＿や河内の武士⑧＿＿＿＿＿＿＿らは、悪党などの反幕勢力を結集して蜂起し、幕府軍と粘り強く戦った。やがて天皇が隠岐を脱出すると、天皇の呼びかけに応じて討幕に立ちあがる者がしだいに増え、幕府軍の指揮官として畿内に派遣された有力御家人⑨＿＿＿＿＿＿＿（のち尊氏）も幕府に背いて⑩＿＿＿＿＿＿＿を攻め落とした。

解答　鎌倉幕府の滅亡▶❶持明院統 ❷大覚寺統 ❸両統迭立 ❹後醍醐天皇 ⑤北条高時 ⑥正中の変 ⑦護良親王 ⑧楠木正成 ⑨足利高氏 ⑩六波羅探題

■後醍醐天皇■　天皇の諡は没後に定まるが、後醍醐の諡は天皇の遺言による。延喜の治の醍醐天皇を理想としたからである。また「建武」の年号は、後漢の光武帝の年号にならった。

関東で挙兵した⑪＿＿＿＿＿＿＿＿＿もまもなく鎌倉を攻めて得宗の北条高時以下の北条氏一門を滅ぼし、1333（元弘３）年に鎌倉幕府は滅亡した。

建武の新政　後醍醐天皇はただちに京都に帰り、光厳天皇を廃して新しい政治を始めた。翌1334（建武元）年、年号を建武と改めたので、この政治を❶＿＿＿＿＿＿＿＿＿という。天皇は、醍醐・村上天皇の親政を理想とし、摂政・関白をおかず、幕府も院政も否定した。また、すべての土地所有権の確認には天皇の❷＿＿＿＿＿を必要とするという趣旨の法令を打ち出して、天皇への権限集中をはかった。しかし、現実には天皇の力だけではおさめきれず、中央には❸＿＿＿＿＿や幕府の引付を受け継いだ❹＿＿＿＿＿＿＿などを設置し、諸国には国司と守護を併置した。また東北・関東地方には、それぞれ⑤＿＿＿＿＿・⑥＿＿＿＿＿をおいて皇子を派遣したが、それらの実体はむしろ鎌倉小幕府ともいえるような旧幕府系の武士を重用したものであった。

　天皇中心の新政策は、それまで武士の社会につくられていた慣習を無視していたため、多くの武士の不満と抵抗を引きおこした。また、にわかづくりの政治機構と内部の複雑な人間的対立は、政務の停滞や社会の混乱をまねいて、人々の信頼を急速に失っていった。このような形勢をみて、ひそかに幕府の再建を目指していた足利尊氏は、1335（建武２）年、北条高時の子⑦＿＿＿＿＿が反乱をおこして鎌倉を占領した⑧＿＿＿＿＿＿＿＿＿を機に、その討伐のため関東にくだり、新政権に反旗をひるがえした。

南北朝の動乱　1336（建武３）年、京都を制圧した足利尊氏は、持明院統の①＿＿＿＿＿＿＿を立て、幕府を開く目的のもとに当面の政治方針を明らかにした❷＿＿＿＿＿＿＿＿＿を定めた。これに対し後醍醐天皇は京都を逃れ、吉野の山中にこもって、正統の皇位にあることを主張した。ここに吉野の❸＿＿＿＿＿（大覚寺統）と京都の❹＿＿＿＿＿（持明院統）が対立して、以後約60年におよぶ全国的な**南北朝の動乱**が始まった。

　南朝側では動乱の初期に楠木正成・新田義貞が戦死するなど形勢は不利であ

解答　⑪新田義貞
建武の新政▶❶建武の新政　❷綸旨　❸記録所　❹雑訴決断所　⑤陸奥将軍府　⑥鎌倉将軍府　⑦時行　⑧中先代の乱
南北朝の動乱▶①光明天皇　❷建武式目　❸南朝　❹北朝

▐河原▌　中世では河原は禊祓の場・葬地・市場・芸能の催場・刑場などの機能をもち、往来も多かった。

ったが、**❺**＿＿＿＿＿＿＿＿＿＿＿＿らが中心となり、東北・関東・九州などに拠点を
築いて抗戦を続けた。北朝側では1338(暦 応元)年に尊氏が**❻**＿＿＿＿＿＿＿
＿＿＿＿に任じられ、弟の**❼**＿＿＿＿＿＿＿＿＿＿と政務を分担して政治をおこ
なった。しかし、鎌倉幕府以来の法秩序を重んじる直義を支持する勢力と、尊氏
の執事**❽**＿＿＿＿＿＿を中心とする、武力による所領拡大を願う新興勢力との
対立がやがて激しくなり、ここに相続問題もからんで、ついに1350(観応元)年に
両派は武力対決に突入した(**❾**＿＿＿＿＿＿＿＿＿＿＿＿という)。抗争は足利直
義が敗死したあとも続き、尊氏派(幕府)、旧直義派、南朝勢力の3者が、10年余
りもそれぞれ離合 集 散を繰り返した。

　このように動乱が長引いて全国化した背景には、すでに鎌倉時代後期頃から始
まっていた惣 領 制の解体があった。この頃、武家社会では宗家と分家のつなが
りが弱まり、遠方に住む一族との血縁的結合よりも、近隣に住む武士どうしの
❿＿＿＿＿＿＿＿＿＿＿が重視されるようになった。また、それぞれの家の
中では**⓫**＿＿＿＿＿がすべての所領を相続して、庶子は**⓫**＿＿＿＿に従属する
⓬＿＿＿＿＿＿＿＿が一般的になった。こうした変化は各地の武士団の内部に
分裂と対立を引きおこし、一方が北朝につけば反対派は南朝につくというかたち
で、動乱を拡大させることになった。

守護大名と国人一揆　動乱の中で地方武士の力が増大してくると、これらの
武士を各国ごとに統轄する守護が、軍事上、大きな役
割を担うようになった。

　幕府は地方武士を動員するために、守護の権限を大幅に拡大した。鎌倉幕府の
守護の職権であった大犯三カ条に加え、田地をめぐる紛争の際、自分の所有権を
主張して稲を一方的に刈りとる実力行使(**①**＿＿＿＿＿＿＿＿という)を取り締
まる権限や、幕府の裁判の判決を強制執行する権限(**②**＿＿＿＿＿＿＿とい
う)などが新しく守護に与えられた。とくに**❸**＿＿＿＿＿という法令は、軍
費調達のために守護に一国内の荘 園や公領の年貢の半分を徴発する権限を認め
たもので、やがて年貢だけでなく、土地も分割するようになった。守護はこれら

解答　**❺**北 畠 親房　**❻**征夷大 将 軍　**❼**
足利直義　**❽** 高 師直　**❾**観応の 擾 乱
❿地縁的結合　**⓫**嫡 子　**⓬**単独相続
守護大名と国人一揆▶①刈 田狼藉　②使
節遵 行　**❸**半済令

■中先代の乱　武家政治の流れからみる
と、北条執権時代は先代、足利幕府時代
は後代で、その間の時代は中先代(中前
代)ということになる。

1. 室町幕府の成立　　**95**

の権限を利用して国内の荘園や公領を侵略し、これを武士たちにわけ与えて、彼らを統制下に組み入れていった。荘園や公領の領主が年貢徴収を守護に請け負わせる❹＿＿＿＿＿＿＿＿＿＿もさかんにおこなわれた。守護は、基本的には幕府から任命されるものであったが、守護の中には国衙の機能をも吸収して、一国全体におよぶ支配権を確立する者もおり、動乱が終息すると、しだいに任国も世襲されるようになった。鎌倉時代の守護と区別して、この時代の守護を❺＿＿＿＿＿＿と呼ぶこともある。

　しかし守護の力が弱い地域では、地頭などの領主で当時❻＿＿＿＿＿＿と呼ばれた地方在住の武士たちが、自主的に相互間の紛争を解決したり、力をつけてきた農民を支配したりするために契約を結び、地域的な⑦＿＿＿＿＿＿（神仏に誓約して一致団結した状態）を結成することもあった。これを❽＿＿＿＿＿＿＿＿というう。このような国人たちは、一致団結することで自立的な地域権力をつくり上げ、守護の支配にもしばしば抵抗した。

室町幕府　南北朝の動乱も、尊氏の孫❶＿＿＿＿＿＿が３代将軍になる頃にはしだいにおさまり、幕府はようやく安定の時を迎えた。彼は1392（明徳３）年、南朝側と交渉して❷＿＿＿＿＿＿＿＿を実現し、内乱に終止符を打つことに成功した。また、全国の商工業の中心で政権の所在地でもあった京都の市政権や、諸国に課する③＿＿＿＿＿の徴収権など、それまで朝廷が保持していた権限を幕府の管轄下におき、全国的な統一政権としての幕府を確立した。義満は1378（永和４）年、京都の室町に壮麗な邸宅（室町殿・花の御所）をつくり、ここで政治をおこなったので、この幕府を❹＿＿＿＿＿＿と呼ぶようになった。

　義満は、動乱の中で強大となった守護の統制をはかり、土岐氏・山名氏・大内氏などの外様の有力守護を攻めて、その勢力の削減につとめた。義満は朝廷でもめざましい昇進をとげ、将軍を辞するとすぐ太政大臣にのぼった。さらにこれを辞して出家したのちも、京都の北山につくった山荘（北山殿）に移って幕府と朝廷に対して実権をふるい続けた。

解答　❹守護請　❺守護大名　❻国人
⑦一揆　❽国人一揆
室町幕府▶❶足利義満　❷南北朝の合体
③段銭　❹室町幕府

■室町の花の御所■　1378年、足利義満は京都の室町に壮麗な新邸をつくり、庭に四季の花を植えたので、花亭・花営・花の御所と呼ばれた。この室町殿の名称から室町幕府の名がおこった。

幕府の機構も、この時代にはほぼ整った。**❺** ＿＿＿＿＿＿は将軍を補佐する中心的な職で、侍所・政所などの中央諸機関を統轄するとともに、諸国の守護に対して将軍の命令を伝達した。管領には足利氏一門の細川・斯波・畠山の3氏（**❻** ＿＿＿＿＿＿という）が交代で任命された。京都内外の警備や刑事裁判をつかさどる侍所の長官（**⑦** ＿＿＿＿＿＿という）は、赤松・一色・**❽** ＿＿＿＿＿＿・京極の4氏（**❾** ＿＿＿＿＿＿という）から任命されるのが慣例であった。これらの有力守護は在京して幕政の運営に当たった。また一般の守護も領国は**❿** ＿＿＿＿＿＿に統治させ、自身は在京して幕府に出仕するのが原則であった。

　幕府は、将軍権力を支える軍事力の育成につとめ、古くからの足利氏の家臣、守護の一族、有力な地方武士などを集めて**⓫** ＿＿＿＿＿＿と呼ばれる直轄軍を編成した。**⓫** ＿＿＿＿＿＿は平時は京都で将軍の護衛に当たるとともに、諸国に散在する将軍の直轄領である**⓬** ＿＿＿＿＿＿の管理をゆだねられ、守護の動向をけん制する役割も果たした。

　幕府の財政は、御料所からの収入、守護の分担金、地頭・御家人に対する賦課金などでまかなわれた。そのほか、京都で高利貸を営む土倉や酒屋に**⓭** ＿＿＿＿＿＿・**⓮** ＿＿＿＿＿＿を課し、交通の要所に関所を設けて関銭・津料を徴収した。また、幕府の保護下で広く金融活動をおこなっていた京都五山の僧侶にも課税した。さらに日明貿易による利益や、のちには分一銭なども幕府の財源となった。また天皇の即位や内裏の造営など国家的行事の際には、守護を通して全国的に**⓯** ＿＿＿＿＿＿（田畑の段別に徴税）や**⓰** ＿＿＿＿＿＿（戸ごとに徴税）を賦課することもあった。

　幕府の地方機関としては、関東に**⓱** ＿＿＿＿＿＿（関東府）や九州に**⑱** ＿＿＿＿＿＿などをおいた。足利尊氏は鎌倉幕府の基盤であった関東をとくに重視し、その子**⑲** ＿＿＿＿＿＿を**⓴** ＿＿＿＿＿＿（関東公方）として鎌倉府を開かせ、東国の支配を任せた。以後、**⓴** ＿＿＿＿＿＿は基氏の子孫が受け継ぎ、**⓴** ＿＿＿＿＿＿を補佐する**㉑** ＿＿＿＿＿＿は**㉒** ＿＿＿＿＿＿氏が世襲した。鎌倉府の組織は幕府とほぼ同じで、権限も大きかったため、やが

第7章

❺管領　❻三管領　⑦所司　❽山名　❾四職　❿守護代　⓫奉公衆　⓬御料所　⓭土倉役　⓮酒屋役　⓯段銭　⓰棟別銭　⓱鎌倉府　⑱九州探題　⑲基氏　⓴鎌倉公方　㉑関東管領　㉒上杉

▌鎌倉府▐　幕府から関東の政治を任され、具体的には管轄内の治安維持・軍勢催促・訴訟の裁断などをおこなった。

て京都の幕府としばしば衝突するようになった。

東アジアとの交易 室町幕府がその権力を確立していく14世紀後半から15世紀にかけて、東アジア世界の情勢は大きくかわりつつあった。

南北朝の動乱の頃、対馬・壱岐・肥前松浦地方の住民を中心とする海賊集団が、朝鮮半島や中国大陸の沿岸を襲い、❶＿＿＿＿＿＿と呼ばれて恐れられていた。彼らは朝鮮半島沿岸の人々を捕虜にしたり、米や大豆などの食料を奪うなどした。①＿＿＿＿＿＿に悩まされた高麗は日本に使者を送ってその禁止を求めたが、日本が内乱の最中であったため成功しなかった。

中国では、1368年に②＿＿＿＿＿＿（太祖洪武帝）が元の支配を排して、漢民族の王朝である**明**を建国した。明は中国を中心とする伝統的な国際秩序の回復を目指して、近隣の諸国に通交を求めた。モンゴル襲来ののちも元と日本とのあいだに正式な外交関係はなく、私的な商船の往来があるにすぎなかったが、明の呼びかけを知った将軍❸＿＿＿＿＿＿は、1401（応永8）年、明に使者を派遣して国交を開いた。

明を中心とする国際秩序の中でおこなわれた**日明貿易**は、各国の国王が明の皇帝へ朝貢し、その返礼として品物を受けとるという形式をとらなければならなかった（貿易を❹＿＿＿＿＿＿という）。また遣明船は、明から交付された❺＿＿＿＿＿＿と呼ばれる証票を持参することを義務づけられた。このことから、日明貿易を⑤＿＿＿＿＿＿**貿易**ともいう。

日明貿易は、4代将軍⑥＿＿＿＿＿＿が朝貢形式を不服として一時中断し、6代将軍⑦＿＿＿＿＿＿の時に再開された。朝貢形式の貿易は、滞在費・運搬費などすべて明側が負担したため、日本側の利益は大きかった。とくに大量にもたらされた⑧＿＿＿＿＿＿は、日本の貨幣流通に大きな影響を与えた。

15世紀後半、幕府の衰退とともに、貿易の実権はしだいに堺商人と結んだ⑨＿＿＿＿＿＿氏や博多商人と結んだ⑩＿＿＿＿＿＿氏の手に移った。⑨＿＿＿＿＿＿氏と⑩＿＿＿＿＿＿氏は激しく争って、1523（大永3）年には寧波で衝突した（事件を

解答 東アジアとの交易▶❶倭寇 ②朱元璋 ❸足利義満 ❹朝貢貿易 ❺勘合 ⑥足利義持 ⑦足利義教 ⑧銅銭 ⑨細川 ⑩大内

■上杉家■ 上杉家は、扇谷・詫間・犬懸・山内家の四流に分かれていた。禅秀は犬懸家である。

❶＿＿＿＿＿＿＿＿＿　という）。この争いに勝った大内氏は貿易を独占したが、16世紀半ばに大内氏が滅亡すると勘合貿易も断絶した。これとともに、再び倭寇の活動が活発となり、豊臣秀吉が海賊取締令を出すまで続いた。

　朝鮮半島では、1392年、倭寇を撃退して名声を上げた武将の❷＿＿＿＿＿＿が高麗を倒し、❸＿＿＿＿＿＿　を建てた。❸＿＿＿＿＿＿＿＿＿　もまた通交と倭寇の禁止とを日本に求め、足利義満もこれに応じたので、両国のあいだに国交が開かれた。**日朝貿易**は、明との貿易と違って、幕府だけでなく初めから守護・国人・商人なども参加してさかんにおこなわれたので、朝鮮側は対馬の❹＿＿＿氏を通して通交についての制度を定め、貿易を統制した。日朝貿易は、朝鮮軍が倭寇の本拠地と考えていた対馬を襲撃した❺＿＿＿＿＿＿＿＿＿＿＿　により一時中断したが、その後も活発におこなわれた。

　朝鮮からのおもな輸入品は織物類で、とくに❻＿＿＿＿＿＿　は大量に輸入され、衣料など人々の生活様式に大きな影響を与えた。しかし、この日朝貿易も、1510（永正7）年に❼＿＿＿＿＿＿＿　がおこってから、しだいに衰えていった。

琉球と蝦夷ヶ島　琉球では、山北・①＿＿＿＿＿・山南の3地方勢力（三山）が成立して争っていたが、1429年、①＿＿＿＿＿王の②＿＿＿＿＿＿＿　が三山を統一し、❸＿＿＿＿＿王国をつくり上げた。❸＿＿＿＿＿　は明や日本などと国交を結ぶとともに、海外貿易をさかんにおこなった。琉球船は、南方のジャワ島・スマトラ島・インドシナ半島などにまでその行動範囲を広げ、明の海禁政策のもと、東アジア諸国間の中継貿易に活躍したので、王国の都④＿＿＿＿＿の外港である⑤＿＿＿＿＿　は重要な国際貿易港となり、王国は繁栄した。琉球では、貿易を通じて多くの文化を吸収し、調和させながら、独自の文化を形成した。

　一方、すでに14世紀には畿内と津軽の⑥＿＿＿＿＿＿＿とを結ぶ日本海交易がさかんにおこなわれ、サケ・コンブなど北海の産物が京都にもたらされた。やがて人々は本州から、⑦＿＿＿＿＿＿＿と呼ばれた北海道の南部に進出し、各地の海岸に港や館（⑧＿＿＿＿＿＿＿　という）を中心にした居住地をつ

解答　❶寧波の乱　❷李成桂　❸朝鮮　❹宗　❺応永の外寇　❻木綿　❼三浦の乱

琉球と蝦夷ヶ島▶①中山　②尚巴志　❸琉球　④首里　⑤那覇　⑥十三湊

⑦蝦夷ヶ島　⑧道南十二館

■**倭寇の終息**　南北朝合一・李氏朝鮮成立による日明朝3国間の外交関係の成立、通商許可などの懐柔策が倭寇の鎮静化の要因であった。

くった。彼らは⑨ と呼ばれ、津軽の豪族安藤(安東)氏の支配下に属して勢力を拡大した。

古くから北海道に住んでいた⑩ は、固有の言語と宗教をもち、13世紀頃から独自の文化を形成していた。⑩ は、漁労・狩猟や交易を生業として和人とも交易をおこなった。和人の進出はしだいに⑩ を圧迫し、たえかねた⑩ は1457(長禄元)年、大首長⓫ を中心に蜂起し、一時は和人居住地のほとんどを攻め落としたが、まもなく上之国の領主⑫ (武田)氏によって制圧された。それ以後、⑫ 氏は道南地域の和人居住地の支配者に成長し、江戸時代には松前氏と名乗る大名となった。

2 幕府の衰退と庶民の台頭

惣村の形成　鎌倉時代後期、近畿地方やその周辺部では、支配単位である荘園や公領の内部にいくつかの村が自然発生的に生まれ、南北朝の動乱の中でしだいに各地に広がっていった。農民たちがみずからつくり出したこの自立的・自治的な村を❶ または❷ という。

惣村は、古くからの有力農民であった名主層に加え、新しく成長してきた小農民も構成員とし、村の神社の祭礼や農業の共同作業、戦乱に対する自衛などを通して、村民の結束を強めていった。このような惣村を構成する村民を❸ ともいった。

惣村は❹ という村民の会議の決定に従って、❺ (長・乙名)・❻ などと呼ばれる村の指導者によって運営された。また、村民は自分たちが守るべき規約である❼ (村法・村掟)を定めたり、村内の秩序を維持するために村民みずからが警察権を行使すること(❽ ・自検断)もあった。惣村は、農業生産に必要な山や野原などの共同利用地(❾ という)を確保するとともに、灌漑用水の管理もおこなう

解答　⑨和人　⑩アイヌ　⓫コシャマイン　⑫蠣崎
惣村の形成▶❶惣　❷惣村　❸惣百姓　❹寄合　❺おとな　❻沙汰人　❼惣掟　❽地下検断　❾入会地

■おとな・沙汰人■　おとな(乙名)は「かしら・宿老」の意で身分は百姓であるが、一般百姓とは区別されていた。沙汰人は政務執行者の意で、多くは有力名主である。

ようになった。また、領主へおさめる年貢などを惣村がひとまとめにして請け負う⑩＿＿＿＿＿＿＿（村請・百姓請）も、しだいに広がっていった。

　強い連帯意識で結ばれた惣村の農民は、不法を働く代官・荘官の免職や、水害・干害の際の年貢の減免を求めて⑪＿＿＿＿＿を結び、荘園領主のもとに大挙しておしかけたり（⑫＿＿＿＿＿という）、全員が耕作を放棄して他領や山林に逃げ込んだり（⑬＿＿＿＿＿という）する実力行使をしばしばおこなった。

　また惣村の有力者の中には、守護などと主従関係を結んで武士化する者が多く現れたため、荘園領主や地頭の年貢徴収はしだいに困難になっていった。

幕府の動揺と土一揆　義満のあとを継いだ将軍①＿＿＿＿＿＿＿の時代は、将軍と有力守護の勢力均衡が保たれ、比較的安定していた。しかし、6代将軍②＿＿＿＿＿＿＿は、将軍権力の強化をねらって専制的な政治をおこなった。1438（永享10）年、義教は関東へ討伐軍を送り、翌年、幕府に反抗的な鎌倉公方③＿＿＿＿＿＿＿を討ち滅ぼした（事件を④＿＿＿＿＿＿＿という）。義教はその後も有力守護を弾圧したため、1441（嘉吉元）年、有力守護の1人⑤＿＿＿＿＿＿＿が義教を殺害した（事件を⑥＿＿＿＿＿＿＿という）。同年、赤松氏は幕府軍に討伐されたが、これ以降、将軍の権威は大きくゆらいでいった。

　この頃、近畿地方を中心に頻繁に発生するようになったのが⑦＿＿＿＿＿（ほとんどが⑧＿＿＿＿＿を要求したので⑧＿＿＿＿＿一揆ともいう）である。⑦＿＿＿＿＿は、惣村の結合をもとにした農民勢力が、一部の都市民や困窮した武士とともに、⑧＿＿＿＿＿を求めて蜂起したもので、1428（正長元）年の⑨＿＿＿＿＿＿＿は、京都の土倉・酒屋などを襲って、質物や売買・貸借証文を奪い、人々に衝撃を与えた。当時の社会には、都市・農村を問わず、土倉などの高利貸資本が深く浸透していたため、この一揆はたちまち近畿地方やその周辺に広がり、各地で実力による債務破棄・売却地の取戻し（私徳政）が展開された。

　1441（嘉吉元）年に数万人の土一揆が京都を占拠した⑩＿＿＿＿＿＿

解答　⑩地下請　⑪一揆　⑫強訴　⑬　　　⑨正長の徳政一揆　⑩嘉吉の徳政一揆
逃散
幕府の動揺と土一揆▶①足利義持　②足
利義教　③足利持氏　④永享の乱　⑤赤
松満祐　⑥嘉吉の変　⑦土一揆　⑧徳政

では、幕府はついに土一揆の要求を入れて⑪＿＿＿＿＿＿＿＿＿を発布した。そのなかには、債務額・債権額の10分の１ないしは５分の１の手数料（⑫＿＿＿＿＿＿＿という）を幕府に納入することを条件に、債務の破棄または債権の保護を認めた分ものも多かった。この後も土一揆はしばしば徳政の要求を掲げて各地で蜂起し、幕府も徳政令を乱発するようになった。

応仁の乱と国一揆

嘉吉の変後、将軍権力の弱体化にともなって有力守護家や将軍家にあいついで内紛がおこった。まず畠山・斯波の両管領家に家督争いがおこり、ついで将軍家でも８代将軍❶＿＿＿＿＿の弟②＿＿＿＿＿と、子の③＿＿＿＿＿＿＿を推す義政の妻日野富子のあいだに家督争いがおこった。そして当時、幕府の実権を握ろうとして争っていた❹＿＿＿＿＿＿と❺＿＿＿＿＿＿＿＿＿（宗全）が、これらの家督争いに介入したために対立が激化し、1467（応仁元）年、ついに戦国時代の幕開けとなる❻＿＿＿＿＿＿＿が始まった。

守護大名はそれぞれ細川方（東軍）と山名方（西軍）にわかれて戦い、主戦場となった京都は戦火に焼かれて荒廃した。応仁の乱は、1477（文明９）年、戦いに疲れた両軍のあいだに和議が結ばれて終戦を迎え、守護大名の多くも領国にくだったが、争乱はその後も地域的争いとして続けられ、全国に広がっていった。この争乱により、有力守護が在京して幕政に参加する幕府の体制は崩壊し、同時に荘園制の解体も進んだ。

守護大名が京都で戦いを繰り返していた頃、守護大名の領国では、在国して戦っていた⑦＿＿＿＿＿＿や有力国人が力をのばし、領国支配の実権はしだいに彼らに移っていった。また近畿地方やその周辺の国人たちの中には、争乱から地域の秩序を守るために、地域住民を広く組織に組み込んでいた❽＿＿＿を結成する者もあった。1485（文明17）年、南山城地方で両派にわかれて争っていた畠山氏の軍を国外に退去させた❾＿＿＿＿＿＿＿＿＿＿は、山城の住民の支持を得て、８年間にわたり一揆の自治的支配を実現した。このように、下の者の力が上の者の勢力をしのいでいく現象がこの時代の特徴であり、これを

（解答）　⑪徳政令　⑫分一銭
応仁の乱と国一揆▶❶足利義政　②義視
③義尚　❹細川勝元　❺山名持豊　❻応仁の乱　⑦守護代　❽国一揆　❾山城の国一揆

■**下剋上**　下剋上という言葉は南北朝〜戦国時代にかけて用いられたようである。興福寺大乗院門跡の尋尊という僧は、山城の国一揆をさして「下極（剋）上の至」と日記に書いている。

❿ _____といった。

1488（長享2）年におこった⓫_____もその現れであった。この一揆は、本願寺の⓬_____（兼寿）の布教によって近畿・東海・北陸に広まった浄土真宗本願寺派の勢力を背景に、加賀の門徒が国人と手を結び、守護⓭_____を倒したもので、一揆が実質的に支配する本願寺領国が、以後、織田信長に制圧されるまで、1世紀にわたって続いた。

農業の発達 室町時代の農業の特色は、民衆の生活と結びついて土地の生産性を向上させる集約化・多角化が進められたことにあった。水車などによる灌漑や排水施設の整備・改善により、畿内では二毛作に加え、❶_____もおこなわれた。また、水稲の品種改良も進み、②_____・中稲・晩稲の作付けも普及した。

肥料も刈敷・草木灰などとともに❸_____が広く使われるようになって、地味の向上と収穫の安定化が進んだ。また手工業の原料として、苧・桑・楮・漆・藍・茶などの栽培も盛んになり、年貢の銭納の普及と農村加工業の発達により、これらが商品として流通するようになった。このような生産性の向上は農民を豊かにし、物資の需要を高め、農村にも商品経済が深く浸透していった。

商工業の発達 室町時代には、農民の需要にも支えられて地方の産業が発達し、各地の特色を生かして様々な特産品が生産されるようになった。地方特産品としては、加賀・丹後などの絹織物、美濃の美濃紙、播磨の①_____、美濃・尾張の陶器、備前の刀、能登・筑前の釜、河内の鍋などが有名であった。

製塩のための塩田は、ほとんど人の手を加えない自然浜（揚浜）のほか、堤で囲った砂浜に潮の干満を利用して海水を導入する古式入浜（のちの②_____）もつくられるようになった。

特産品の売却や、年貢の銭納に必要な貨幣の獲得のため、地方の市場もその数と市日の回数を増していき、月に3回開く③_____から、応仁の乱後は6回開く❹_____が一般化した。また、連雀商人や⑤_____と

解答 ❿下剋上 ⓫加賀の一向一揆
⓬蓮如 ⓭富樫政親
農業の発達▶❶三毛作 ②早稲 ❸下肥
商工業の発達▶①杉原紙 ②入浜塩田
③三度の市 ❹六斎市 ⑤振売

■六斎市 六斎市の名称は、仏教行事の斎日（忌日）に市が開かれたことによるらしい。仏教では1カ月に6日の特定の日を行為を慎しむ斎日としており、その信仰は民間に浸透していった。

車借

振売　連雀商人

⑦　　　　⑦　　　　⑦

呼ばれる行商人の数も増加していった。これらの行商人には、京都の⑥
・桂女をはじめ女性の活躍が目立った。京都などの大都市では⑦
（店棚）をかまえた常設の小売店が一般化し、京都の⑧　　　　・淀の
魚市などのように、特定の商品だけを扱う市場も生まれた。

　手工業者や商人の座もその種類や数が著しく増えた。なかには大寺社や天皇家
から与えられた神人・供御人の称号を根拠に、関銭の免除や広範囲の独占的販売
権を認められて、全国的な活動をみせる座もあった。しかし15世紀以降になると、
座に加わらない新興商人が出現し、また地方には本所をもたない、新しい性格の
座（仲間）も増えていった。

　貨幣は、従来の宋銭とともに、新たに流入した永楽通宝などの⑨　　　　　が
使用されたが、需要の増大とともに粗悪な⑩　　　　　も流通するようにな
り、取引に当たって悪銭をきらい、良質の銭（精銭）を選ぶ⑪　　　　がおこな
われて、円滑な流通が阻害された。そのため幕府・戦国大名などは悪銭と精銭
の混入比率を決めたり、一定の悪銭の流通を禁止するかわりに、それ以外の銭の
流通を強制する⑫　　　　　をしばしば発布した。

　貨幣経済の発達は、金融業者の活動をうながした。当時、酒屋などの富裕な商
工業者には、⑬　　　　と呼ばれる高利貸業を兼ねていた者が多く、幕府は、
これらの⑬　　　　・酒屋を保護・統制するとともに、営業税（⑬　　　　役・
酒屋役）を徴収した。

　地方産業が発達すると遠隔地取引も活発になり、遠隔地商人のあいだでは為替

解答　⑥大原女　⑦見世棚　⑧米場　⑨
明銭　⑩私鋳銭　⑪撰銭　⑫撰銭令
⑬土倉

整理　室町時代の商人▶⑦大原女　⑦桂
女　⑦馬借

手形の一種である**⑭**＿＿＿＿＿もさかんに利用された。海・川・陸の交通路が発達し、廻船の往来も頻繁になった。京都・奈良などの大都市や、兵庫・大津などの交通の要地には、物資の輸送などをおこなう**⑮**＿＿＿＿＿が成立し、多量の物資が運ばれる京都への輸送路では、**⑯**＿＿＿＿＿・**⑰**＿＿＿＿＿と呼ばれる運送業者も活躍した。

③ 室町文化

文化の融合　室町時代には、幕府が京都に開かれたことによって、武家文化と公家文化の融合が進み、また、東アジアとの活発な交流にともなって、大陸文化と伝統文化の融合も進んだ。こうした文化の融合を主導したのは、幕府の将軍であった。

　一方、惣村や都市の民衆も独自の文化を形成しつつあり、しだいに公家や武家を担い手とする中央の文化に影響を与えるようになっていった。今日、日本の伝統文化の代表とされる能・狂言・茶の湯・生花などの多くは、この時代に中央・地方を問わず、武家・公家・庶民の別なく愛好され、洗練されながら、その基盤を確立していったのである。

動乱期の文化　まず、南北朝時代には、時代の転換期に高まった緊張感を背景に、歴史書や軍記物語などがつくられた。歴史書には、源平争乱以後の歴史を公家の立場から記した『**①**＿＿＿＿＿』、伊勢神道の理論を背景に南朝の立場から皇位継承の道理を説いた北畠親房の『**❷**＿＿＿＿＿』、足利氏の政権獲得までの過程を武家の立場から記した『**③**＿＿＿＿＿』などがある。軍記物語では、南北朝の動乱の全体を描いた大作の『**❹**＿＿＿＿＿』がつくられた。『太平記』は広く普及し、後世まで語り継がれた。

　また、「二条河原落書」にみられるように、武家・公家を問わず広く連歌が流行した。**茶寄合**も各地でおこなわれ、茶の異同を飲みわけて、かけ物を争う勝負

解答　**⑭**割符　**⑮**問屋　**⑯**馬借　**⑰**車借

動乱期の文化▶①増鏡　❷神皇正統記　③梅松論　❹太平記

㋐

㋑

㋒

㋓

㋔

ごとの❺____が流行した。これらの流行を導いたのは、動乱の中で成長してきた新興武士たちであり、彼らの新しもの好きの気質は、派手・ぜいたくを意味する「❻____」の名で呼ばれた。

室町文化の成立

14世紀末に、足利義満は将軍職を子の義持に譲ったのちも政務をとり続け、政務をおこなう場所として壮麗な御所（北山殿）をつくった。そこに建てられた3層の❶____（舎利殿）は、伝統的な寝殿造風と禅宗寺院の禅宗様を折衷したものであり、文化の融合をよく示す建築様式となっていた。

鎌倉時代、武家社会の上層に広まった臨済宗は、❷____が将

解答 ❺闘茶 ❻バサラ
室町文化の成立▶❶金閣 ❷夢窓疎石
整理 おもな建築・美術作品（室町）▶㋐
鹿苑寺金閣 ㋑慈照寺銀閣 ㋒龍安寺庭園（石庭） ㋓大徳寺大仙院庭園（石庭）

㋔四季山水図（山水長巻、雪舟）
■金閣■ 初層は法水院と呼ぶ阿弥陀堂で寝殿造風、中層は潮音洞と呼ぶ観音殿、上層は究竟頂と呼ぶ禅宗様の一室である。

軍足利尊氏の厚い帰依を受けて以来、幕府の保護のもとでおおいに栄えた。南宋の官寺の制にならった❸＿＿＿＿＿・❹＿＿＿＿＿の制も義満の時代にほぼ完成した。南禅寺を五山の上におき、京都五山は天龍・相国・建仁・東福・万寿の5寺、鎌倉五山は建長・円覚・寿福・浄智・浄妙の5寺であった。十刹は五山につぐ官寺をいい、さらに十刹についで諸山があった。五山の禅僧には中国からの渡来僧や中国帰りの留学僧が多く、彼らは禅だけでなく、禅の精神を具体化した❺＿＿＿＿＿や建築・庭園様式などを広く伝えた。彼らのあいだでは、宋学の研究や漢詩文の創作も盛んであり、義満の頃に❻＿＿＿＿＿・義堂周信らが出て、最盛期を迎えた（これらの文学を❼＿＿＿＿＿という）。彼らは、幕府の政治・外交顧問として活躍したり、禅の経典・漢詩文集などを出版（❽＿＿＿＿＿という）するなど、中国文化の普及にも大きな役割を果たした。

能も、室町時代に花開いた芸能である。古く神事芸能として出発した猿楽や田楽は、いろいろな芸能を含んでいたが、その中からしだいに歌舞・演劇のかたちをとる能が発達していった。この頃、寺社の保護を受けて能を演じる専門集団（座）が現れ、能は各地でさかんに興行されるようになった。なかでも興福寺を本所とした金春・金剛・❾＿＿＿＿＿・宝生座の四座を大和猿楽四座といい、❾＿＿＿＿＿座から出た❿＿＿＿＿・⓫＿＿＿＿＿父子は、将軍義満の保護を受け、洗練された芸の美を追求して、芸術性の高い猿楽能を完成した。彼らは、能の脚本である謡曲を数多く著すとともに、世阿弥は、能の真髄を述べた『⓬＿＿＿＿＿』（花伝書）などの理論書も残した。

室町文化の展開 大陸文化の摂取や、公家文化との融合は、将軍足利義持・義教の時代にも進展していった。そして足利義政は、応仁の乱後、京都の東山に山荘をつくり、そこに義満にならって❶＿＿＿＿＿を建てた。①＿＿＿＿は2層からなる仏殿で、その初層は住宅風の様式で、2層目は禅宗様であった。同じ山荘内に建てられた東求堂同仁斎には❷＿＿＿＿＿という建築様式がみられ、近代の和風住宅の原型となった。また、②＿＿＿

解答 ❸五山 ❹十刹 ❺水墨画 ❻絶海中津 ❼五山文学 ❽五山版 ❾観世 ❿観阿弥 ⓫世阿弥 ⓬風姿花伝
室町文化の展開▶❶銀閣 ❷書院造

■阿弥号■ 念仏僧の法名で、鎌倉時代以降は浄土宗・時宗の徒に多い。室町時代、将軍に近侍し某阿弥と名乗った者たちは、すべて時宗の徒だったわけではない。

の住宅や禅宗様の寺院には、禅の精神で統一された庭園がつくられた。その代表的なものが、岩石と砂利を組み合わせて象徴的な自然をつくり出した❸

　　　　　　で、龍安寺・大徳寺④　　　　　　　　　　などの庭園が有名である。義政の時代には、禅の精神にもとづく簡素さと、伝統文化の幽玄・侘を精神的な基調とする新たな文化が芽生えつつあった。この頃の文化を⑤　　　　　　　　　とも呼ぶ。

　新しい住宅様式の成立は、座敷の装飾を盛んにし、掛軸・襖絵などの絵画、床の間を飾る生花・工芸品をいっそう発展させた。

　水墨画では、遣明船で明に渡り、作画技術を学んだ❻　　　　　　が、帰国後、禅画の制約を乗りこえた日本的な水墨画様式を創造した。大和絵では、応仁の乱後、⑦　　　　　　　　　が出て**土佐派**の基礎を固め、また⑧

　　　　・⑨　　　　　　父子は、水墨画に伝統的な大和絵の手法を取り入れ、新しく**狩野派**をおこした。

　彫刻では、能の隆盛につれて⑩　　　　の制作が発達し、工芸では金工の⑪　　　　　　　　　が秀作を残したほか、蒔絵の技術も進んだ。

　日本の伝統文化を代表する⑫　　　　（茶の湯）・花道（生花）の基礎も、この時代につくられた。茶の湯では、⑬　　　　　　　　　が出て、茶と禅の精神の統一を主張し、茶室で心の静けさを求める❹　　　　　　を創出した。生花も、座敷の床の間を飾る⑮　　　　　様式が定まり、床の間を飾る花そのものを鑑賞するかたちがつくられていった。

　一方、政治・経済面で力を失った公家は、おもに伝統的な文化の担い手となって有職故実の学問や古典の研究などに力を入れ、『公事根源』を著した❻

　　　　　　らは多くの研究書や注釈書を残した。また神道思想による『日本書紀』などの研究も進み、⑰　　　　　　は反本地垂迹説（神本仏迹説）にもとづき、神道を中心に儒学・仏教を統合しようとする唯一神道を完成した。

庶民文芸の流行

室町時代には、民衆の地位の向上により、武家や公家だけでなく、民衆が参加して楽しむ文化も生まれた。

解答　❸枯山水　④大仙院　⑤東山文化　❻雪舟　⑦土佐光信　⑧狩野正信　⑨元信　⑩能面　⑪後藤祐乗　⑫茶道　⑬村田珠光　❹侘茶　⑮立花　❻一条兼良　⑰吉田兼倶

■**銀閣**■　銀閣の下層は心空殿と呼ばれる書院造風の坐禅道場、上層は潮音閣と呼ばれる仏間である。銀箔をおす計画があったことからその名がある。

整理　おもな著作物（室町）

〔学問・思想〕

⑦ _____ ：14C、鎌倉時代の編年体歴史書。公家側からの記述

① _____ ：14C、足利尊氏を中心とした軍記物語。尊氏の家臣の作か

⑦ _____ ：14C、鎌倉末～南北朝内乱の軍記物語。南朝側に立つ

④ _____ ：14C、北畠親房の史書。南朝の正統性を主張

⑦ _____ ：15C、世阿弥の能楽論。能楽を芸術に高め、幽玄論を展開

〔文学・その他〕

⑰ _____ ：14C、二条良基撰。初の準勅撰連歌集

④ _____ ：14C、二条良基が制定。連歌の規則を集大成

⑰ _____ ：15C、宗祇・肖柏・宗長、3人の連歌百句

⑰ _____ ：15C、宗祇編の連歌集。正風連歌の集大成

犬　　筑　　波　　集：16C、（山崎）宗鑑編の俳諧連歌集

御　伽　草　子：不詳、室町時代の庶民的短編物語

⑳ _____ ：不詳、南北朝～室町時代の書簡形式の庶民教科書

節　　用　　集：不詳、日常語句を類別した辞書

当時、茶や連歌の寄合は民衆のあいだでも多くもよおされていたが、能も上流社会に愛好されたもののほか、より素朴で娯楽性の強い能が各地の祭礼などでさかんに演じられた。能のあいだに演じられるようになった風刺性の強い喜劇である❶_____ は、その題材を民衆の生活などに求め、台詞も日常の会話が用いられたので、とくに民衆にもてはやされた。

庶民に愛好された芸能として、このほかに幸若舞・古浄瑠璃・❷_____ などがあり、❷_____ の歌集として『閑吟集』が編集された。また、民衆に好まれた物語に、『一寸法師』などをのせた❸_____ があった。❸_____ は絵の余白に当時の話し言葉で文章が書かれている形式のものが多く、読物としてだけでなく絵をみて楽しむことができた。

❹_____ は和歌を上の句と下の句にわけ、一座の人々がつぎつぎに句をよみ継いでいく共同作品である。南北朝時代に出た二条良基は『❺_____

解答　庶民文芸の流行▶❶狂言　❷小歌　❸御伽草子　❹連歌　❺菟玖波集

無瀬三吟百韻　⑰新撰菟玖波集　⑳庭訓往来

整理　おもな著作物（室町）▶⑦増鏡　①梅松論　⑦太平記　④神皇正統記　⑦風姿花伝　⑰菟玖波集　④応安新式　⑰水

　　　　　　　』を撰し、連歌の規則書として『応安新式』を制定したが、『⑤＿＿＿＿＿＿＿＿＿＿＿』が勅撰集と同格とみなされてからは、和歌と対等の地位を築いた。さらに応仁の頃に**宗祇**が出て⑥＿＿＿＿＿＿＿＿＿＿＿を確立し、『新撰菟玖波集』を撰して、弟子たちと『水無瀬三吟百韻』をよんだ。これに対し、宗鑑はより自由な気風をもつ⑦＿＿＿＿＿＿＿＿＿＿＿をつくり出し、『犬筑波集』を編集した。連歌は、これを職業とする❽＿＿＿＿＿＿＿＿＿が各地を遍歴し、普及につとめたので、地方でも大名・武士・民衆のあいだに広く流行した。

　今日なお各地でおこなわれている⑨＿＿＿＿＿＿＿＿＿＿＿（精霊を慰めるための踊り）も、この時代から盛んになった。祭礼や正月・盆などに、都市や農村で種々の意匠をこらした飾り物がつくられ、華やかな姿をした人々が踊る⑩＿＿＿＿＿がおこなわれていたが、この⑩＿＿＿＿＿と念仏踊りが結びついて、しだいに⑨＿＿＿＿＿として定着した。これらの民衆芸能は、多くの人々が共同でおこない、楽しむことが1つの特色であった。

文化の地方普及

応仁の乱により京都が荒廃すると、京都の公家たちが地方の戦国大名を頼り、続々と地方へくだった。地方の武士たちも中央の文化への強い憧れから、積極的にこれを迎えた。とくに日明貿易で繁栄していた大内氏の城下町①＿＿＿＿＿＿＿＿＿には、文化人が多く集まり、儒学や和歌などの古典の講義がおこなわれ、書籍の出版もなされた。肥後の菊池氏や薩摩の島津氏も②＿＿＿＿＿＿＿＿＿をまねいて儒学の講義を聞き、また万里集九のように中部・関東地方などの各地をめぐり、地方の人々と交流してすぐれた漢詩文を残した禅僧もいた。

　関東では、15世紀中頃、関東管領③＿＿＿＿＿＿＿＿＿が❹＿＿＿＿＿＿＿を再興した。ここでは全国から集まった禅僧・武士に対して高度な教育がほどこされ、多数の書籍の収集もおこなわれた。

　この頃、すでに地方でも武士の子弟を寺院に預けて教育を受けさせる習慣ができており、『⑤＿＿＿＿＿＿＿＿＿＿＿』や『御成敗式目』などが教科書として用いられていた。都市の有力な商工業者たちも、読み・書き・計算を必要とし、奈良

[解答] ❻正風連歌　⑦俳諧連歌　❽連歌師　⑨盆踊り　⑩風流
文化の地方普及▶ ①山口　②桂庵玄樹
③上杉憲実　❹足利学校　⑤庭訓往来

の商人の中には『⑥　　　　　　　　』という辞書を刊行する者もあった。さらに村落の指導者層のあいだにも村の運営のため、読み・書き・計算の必要が増して、農村にもしだいに文字の世界が浸透していった。

新仏教の発展　天台・真言などの旧仏教は、朝廷・幕府の没落や荘園の崩壊によって、しだいに勢力が衰えていった。これに対し鎌倉仏教の各宗派は、武士・農民・商工業者などの信仰を得て、都市や農村に広まっていった。

　禅宗の五山派は、その保護者であった幕府の衰退とともに衰えた。これに対し、より自由な活動を求めて地方布教を志した禅宗諸派（❶　　　　　という）は、地方武士・民衆の支持を受けて各地に広がった。

　初め東国を基盤にして発展した日蓮宗（法華宗）は、やがて京都へ進出した。とくに6代将軍足利義教の頃に出た❷　　　　　の布教は戦闘的であり、他宗と激しい論戦をおこなったため、しばしば迫害を受けた。京都で財力を蓄えた商工業者には日蓮宗の信者が多く、彼らは1532（天文元）年、❸　　　　　　　　を結んで、一向一揆と対決し、町政を自治的に運営した。しかし1536（天文5）年、③　　　　　　は延暦寺と衝突し、焼打ちを受けて、一時京都を追われた。この戦いを❹　　　　　　　　　　という。

　浄土真宗（一向宗）は、農民のほか、各地を移動して生活を営む商人や交通・手工業者などにも受け入れられて広まっていった。とくに応仁の乱の頃、本願寺の⑤　　　　　　は、阿弥陀仏の救いを信じれば、だれでも極楽往生ができることを平易な文章（❻　　　　　という）で説き、⑦　　　を組織して惣村に広めていった。蓮如を中心とする精力的な布教活動によって本願寺の勢力は、近畿・東海・北陸地方に広まり、各地域ごとに強く結束し、強大なものとなった。そのため、農村の支配を強めつつあった大名権力と門徒集団が衝突し、各地で⑧　　　　　おこった。その代表的なものが加賀の⑧　　　　　　　　である。

解答　⑥節用集
新仏教の発展 ▶ ❶林下　**❷**日親　**❸**法華一揆　**❹**天文法華の乱　**⑤**蓮如　**❻**御文　**⑦**講　**⑧**一向一揆

■一休宗純■　後小松天皇の子と伝えられ、在野的立場の大徳寺に属し、禅宗の形骸化をきびしく批判した。『狂雲集』は彼の思索を凝集した作品集。なお「一休頓智話」は江戸初期につくられた話である。

4 戦国大名の登場

戦国大名 応仁の乱に始まった戦国の争乱の中から、それぞれの地域に根を
おろした実力のある支配者が台頭してきた。16世紀前半、近畿地
方ではなお室町幕府における主導権をめぐって、細川氏を中心とする内部の権力
争いが続いていたが、他の地方では、みずからの力で❶＿＿＿＿＿（分国ともいう）
をつくり上げ、独自の支配をおこなう地方権力が誕生した。これが❷＿＿＿
＿＿＿である。

　関東では、享徳の乱を機に、鎌倉公方が足利持氏の子成氏の③＿＿＿＿
＿＿＿と将軍義政の兄政知の④＿＿＿＿＿＿＿とに分裂し、関東管領上
杉氏も山内・扇谷の両上杉家にわかれて争っていた。この混乱に乗じて15世
紀末、京都からくだってきた❺＿＿＿＿＿（伊勢宗瑞）は堀越公方を滅ぼ
して伊豆を奪い、ついで相模に進出して小田原を本拠とし、子の北条氏綱・孫の
⑥＿＿＿＿＿の時には、北条氏は関東の大半を支配する大名となった。

　中部地方では、16世紀半ばに越後の守護上杉氏の守護代であった長尾氏に景虎
が出て、関東管領上杉氏を継いで❼＿＿＿＿＿＿＿と名乗り、甲斐から信濃
に領国を拡張した❽＿＿＿＿＿（晴信）と、しばしば北信濃の川中島など
で戦った。中国地方では、守護大名として権勢を誇った大内氏が、16世紀半ばに
重臣の陶晴賢に国を奪われ、さらに安芸の国人からおこった❾＿＿＿＿
＿＿＿がこれにかわり、山陰地方の尼子氏と激しい戦闘を繰り返した。

　九州では、薩摩を中心に九州南部を広く支配していた⑩＿＿＿＿＿氏と、豊後
を中心に九州北部に勢力をのばした⑪＿＿＿＿＿氏がとくに優勢であり、四国で
は、土佐を統一した⑫＿＿＿＿＿＿＿氏が四国北半へも進出しつつあった。
東北地方は比較的小規模な国人がひしめきあう地域であったが、やがてその中か
ら伊達氏が有力大名に成長していった。

　戦国大名の中には、⑬＿＿＿＿＿や国人から身をおこした者が少なくない。
戦国時代には守護職のような古い権威だけでは通用しなくなり、戦国大名として

解答 **戦国大名▶❶** 領国 **❷** 戦国大名
③ 古河公方　④ 堀越公方　❺ 北条早雲
⑥ 氏康　❼ 上杉謙信　❽ 武田信玄　❾ 毛
利元就　⑩ 島津　⑪ 大友　⑫ 長宗我部
⑬ 守護代

権力を維持していくためには、激しい戦乱で領主支配が危機にさらされた家臣や、生活をおびやかされた領国民の支持が必要であった。戦国大名には、新しい軍事指導者・領国支配者としての実力が求められたのである。

　戦国大名は、新しく服属させた国人たちとともに、各地で成長の著しかった⑭＿＿＿＿＿を家臣に組み入れていった。そして、これらの国人や⑭＿＿＿＿らの収入額を、銭に換算した⑮＿＿＿＿＿という基準で統一的に把握し、その地位・収入を保障するかわりに、彼らに⑮＿＿＿＿にみあった一定の⑯＿＿＿＿＿を負担させた。これを⑮＿＿＿＿＿制といい、これによって戦国大名の軍事制度の基礎が確立した。大名は家臣団に組み入れた多数の地侍を有力家臣に預けるかたちで組織化し（この制度を⑰＿＿＿＿＿・＿＿＿＿＿という）、これにより鉄砲や長槍などの新しい武器を使った集団戦も可能になった。

戦国大名の分国支配

戦国大名は、家臣団統制や領国支配のための政策をつぎつぎと打ち出した。なかには領国支配の基本法である❶＿＿＿＿＿（家法ともいう）を制定する者もあったが、これらの法典には、幕府法・守護法を継承した法とともに、国人一揆の規約を吸収した法などがみられ、中世法の集大成的な性格をもっていた。また、家臣相互の紛争を自分たちの実力による私闘（喧嘩）で解決することを禁止した❷＿＿＿＿＿など、戦国大名の新しい権力としての性格を示す法も多くみられた。

　戦国大名は、新たに征服した土地などで❸＿＿＿＿＿をしばしばおこなった。この③＿＿＿＿＿によって農民の耕作する土地面積と年貢量などが❹＿＿＿＿＿に登録され、大名の農民に対する直接支配の方向が強化された。

　戦国大名には、武器など大量の物資の生産や調達が必要とされた。そのため大名は有力な商工業者を取り立てて、領国内の商工業者を統制させた。このように商工業者の力を結集した大名は、大きな城や❺＿＿＿＿＿（城を中心とした都市）の建設、鉱山の開発、大河川の治水・灌漑などの事業をおこなった。

　また戦国大名は、城下町を中心に領国を１つのまとまりをもった経済圏とするため、領国内の宿駅や伝馬の交通制度を整え、関所の廃止や市場の開設をす

解答　⑭地侍　⑮貫高　⑯軍役　⑰寄親・寄子制
戦国大名の分国支配▶❶分国法　❷喧嘩両成敗法　❸検地　❹検地帳　❺城下町

るなど商業取引の円滑化にも努力した。城下には、家臣のおもな者が集められ、商工業者も集住して、しだいに領国の政治・経済・文化の中心としての城下町が形成されていった。

このほか、16世紀半ばにヨーロッパから鉄砲およびキリスト教が伝わると、戦国大名の中には、戦闘の際に鉄砲を用いる者や、キリスト教に改宗してキリシタン大名となる者が現れるようになった。

都市の発展と町衆

戦国時代には、領国経済の振興を目指す戦国大名の政策もあって、農村の市場や町が飛躍的に増加した。また大寺社だけでなく、地方の中小寺院の①＿＿＿＿＿＿＿も繁栄した。例として、伊勢神宮の②＿＿＿＿＿・＿＿＿＿＿（伊勢市）、信濃の善光寺の長野などがあげられる。とくに浄土真宗の勢力の強い地域では、その寺院や道場を中心に❸＿＿＿＿＿が各地に建設され、そこに門徒の商工業者が集住した。③＿＿＿＿＿としては、摂津の④＿＿＿＿＿（大坂）、加賀の金沢などがある。

これらの市場や町は、自由な商業取引を原則とし、販売座席（❺＿＿＿＿＿という）や市場税などを設けない❻＿＿＿＿＿として存在するものが多かった。戦国大名は⑥＿＿＿＿＿令を出してこれらの⑥＿＿＿＿＿を保護したり、商品流通を盛んにするために、みずから⑥＿＿＿＿＿を新設したりした。

戦乱の中でも遠隔地商業はあいかわらず活発であり、⑦＿＿＿＿＿（交通の要地にある港湾都市）や宿場町が繁栄した。これらの都市の中には、富裕な商工業者たちが自治組織をつくって市政を運営し、平和で自由な都市をつくり上げるものもあった。日明貿易の根拠地として栄えた和泉の❽＿＿＿＿＿や筑前の❾＿＿＿＿＿、さらに摂津の平野、伊勢の⑩＿＿＿＿＿や大湊などが代表的であり、とくに⑧＿＿＿＿＿は36人の⑪＿＿＿＿＿、⑨＿＿＿＿＿は12人の⑫＿＿＿＿＿と呼ばれる豪商の合議によって市政が運営され、自治都市の性格を備えていた。

一方、京都のような古くから続く政治都市にも、富裕な商工業者である⑬＿＿＿＿＿を中心とした都市民の自治的団体である⑭＿＿＿＿＿が生まれた。惣村と同じように、町はそれぞれ独自の⑮＿＿＿＿＿を定め、住民の生活や営業活動を守った。

解答 **都市の発展と町衆▶**①門前町　②宇治・山田　❸寺内町　④石山　❺市座　❻楽市　⑦港町　❽堺　❾博多　⑩桑名　⑪会合衆　⑫年行司　⑬町衆　⑭町　⑮町法

■宇治と山田■ ともに伊勢神宮の門前町であるが、宇治は天照大神を祀る内宮の、山田は豊受大神を祀る外宮の門前町であり、伊勢信仰の広まりにつれて発展した。

さらに、町が集まって⑯＿＿＿＿＿＿という組織がつくられ、町や町組は町衆の中から選ばれた⑰＿＿＿＿＿＿の手によって自治的に運営された。応仁の乱で焼かれた京都は、これらの町衆によって復興され、祇園祭も町を母体とした町衆たちの祭りとして再興された。

解答　⑯町組　⑰月行事

第 3 部

近世

近世の幕開け

世界やアジアの経済・交易が活発になる中、16世紀末には日本列島の権力を1つに統合した天下人が出現した。そのもとで武士・百姓・町人のあり方も大きく変化し、日本列島は近世という新しい時代を迎える。国内外のどのような動きによって、どのような時代に入っていったのだろうか。

1 織豊政権

近世への転換　戦国大名が列島各地に割拠していた16世紀半ば、日本では銀が大増産され、また海上航路でアジア交易に参入してきたヨーロッパ人によって鉄砲やキリスト教が伝えられた。国際的な交易の活性化や外来の技術・思想にどのように対応するかが、為政者たちに問われる時代となった。以後、有力な大名による領国の統合が急速に進み、16世紀末には豊臣秀吉によって全国が1つの政権のもとに統合された。素性の定かでない身分に生まれて関白にまでなった秀吉は、この間の激しい社会の変動を象徴している。

秀吉は家臣・大名を編成する過程で、新しい方法による検地や石高による知行制を採用し、武士・家臣と百姓・町人とを区別して、村と町を基盤とする新しい支配の仕組みを築き上げた。それと同時に中国への侵攻を掲げて朝鮮侵略を強行し、明を中心とする東アジアの国際秩序を大きくゆるがすことになる。

銀の交易と鉄砲伝来　1530年代以降、山陰の代表的銀山である❶＿＿＿＿＿＿などで、朝鮮から伝わった灰吹法という新しい精錬技術が導入され、銀が大幅に増産された。中国の明は16世紀になると税の銀納化を進めていたので、**日本産の銀**が大量に中国に流入した。その対価として**中国産の❷＿＿＿＿**などが日本にもたらされ、日中間の貿易が活発になった。しかし、明は民間の貿易を認めない❸＿＿＿＿＿＿＿を続けていたため、その取締りに対抗して武装した中国人を中心とする密貿易商人（後期倭寇）が活躍した。

一方、ヨーロッパの南西の端に位置するポルトガルは、15世紀になるとアフリ

解答　銀の交易と鉄砲伝来▶❶石見銀山
❷生糸　**❸**海禁政策

■海禁■　下海通蕃の禁の略。中国の明・清両朝の政策で、人民の海外渡航を禁止するとともに、貿易を、中国を宗主国とする国々との朝貢貿易に限った。

カへの探検を進め、インド・東南アジアの特産品である香辛料を求めて、15世紀末にはインドへの航路を開拓した。スペインはアメリカ大陸から太平洋を横断してフィリピンへ進出した。ローマ教皇が率いるカトリック教会も海外への布教を積極的に後押しした。こうしてヨーロッパを中心に世界の諸地域が広く交流する❹＿＿＿＿＿＿＿＿＿＿という時代が始まった。

　ポルトガルは1510年にインド西部の⑤＿＿＿＿＿を攻略し、翌年にはマラッカ（現、マレーシア）も占領し、1540年代になると九州各地に漂着もしくは来航するようになった。1543(天文12)年、中国人密貿易商人の有力者王直の船に乗ったポルトガル人が大隅の⑥＿＿＿＿＿＿に来航し、❼＿＿＿＿＿をもたらした。島主の⑧＿＿＿＿＿＿＿は家臣にその使用法と製造法を学ばせ、❼＿＿＿＿製造の技術は和泉の堺や近江の国友など各地に広まった。戦国大名のあいだに❼＿＿＿＿は急速に普及し、足軽隊の編成など軍隊・戦術のあり方や城の構造にも変化をもたらした。

キリスト教と南蛮貿易

1549(天文18)年、①＿＿＿＿＿＿（耶蘇会）の宣教師❷＿＿＿＿＿＝＿＿＿＿＿が、やはり中国人商人の船で鹿児島に来航し、❸＿＿＿＿＿を伝えた。彼は山口や豊後府内(大分市)などで布教し、以後、つぎつぎに宣教師が来日して、多くの信者を獲得した。とくに九州の大名の中には貿易の利益を得る目的もあってキリスト教に帰依する者(❹＿＿＿＿＿という)が現れ、家臣や領民の改宗・入信を進めたが、それが家臣団の内部対立や大名相互の戦いのきっかけにもなった。

　明は1560年代末には海禁を緩和して中国人商人の東南アジア渡航を許可したが、日本への渡航は認めなかった。そのため中国南部のマカオに進出していたポルトガル人が中国・日本間の貿易に乗り出し、長崎などへ入港するようになった。当時の日本の人々は、ポルトガル人や少し遅れて来航したスペイン人を「⑤＿＿＿＿＿＿」と呼んだので、この貿易を❻＿＿＿＿＿＿という。やはり生糸・絹織物などの中国物産と日本の銀とが交易された。こうしてアジアの経済交

解答 ❹大航海時代　⑤ゴア　⑥種子島　　　蛮貿易
❼鉄砲　⑧種子島時堯
キリスト教と南蛮貿易▶①イエズス会
❷フランシスコ＝ザビエル　❸キリスト教　❹キリシタン大名　⑤南蛮人　❻南

流が活発になり、極東にある日本にもヨーロッパの新しい技術や文化、価値観が入ってきた。

織田政権 戦国時代になって衰退しつつも長く命脈を保っていた室町幕府に終止符を打ち、全国統一に乗り出したのが、❶＿＿＿＿＿＿とそれに続いた❷＿＿＿＿＿＿である。この2人の築いた政権をあわせて織豊政権と呼ぶことがある。

①＿＿＿＿＿＿は尾張守護代の重臣の家に出て同国を統一すると、1560（永禄3）年、駿河などの大名③＿＿＿＿＿＿の侵攻を受けたが、これを④＿＿＿＿＿＿の戦いで破り、以後、三河の大名となった松平元康（徳川家康）と同盟を結んだ。その頃、京都では将軍足利義輝が政変で殺害され、その弟❺＿＿＿＿＿＿から幕府再興の働きかけを受けた信長は、1567（永禄10）年に美濃の斎藤氏を追い払って岐阜に本拠を移し、「天下布武」の印章を用いはじめた。翌年、信長は軍勢を率いて⑤＿＿＿＿＿＿とともに京都に上り、室町幕府を再興させた。また分国内の関所で通行料をとることを禁じ、商業・自治都市として繁栄していた堺の支配にも乗り出した。

しかし、畿内周辺にはなお、信長に敵対する勢力が多かった。1571（元亀2）年、信長はその1つで日本仏教の中心として大きな権勢を誇っていた比叡山⑥＿＿＿＿＿＿を焼討ちした。信長はやがて足利義昭と対立して1573（天正元）年に京都から追放すると、1575（天正3）年には三河の⑦＿＿＿＿＿＿の戦いで、徳川家康をたすけ、大量の鉄砲を用いて甲斐の⑧＿＿＿＿＿＿（信玄の子）を破り、また越前の一向一揆を攻撃して壊滅させた。翌年には近江の琵琶湖畔に❾＿＿＿＿＿＿を築きはじめた。その城下町は⑩＿＿＿＿＿＿として、商業税や普請・伝馬の負担を免除して繁栄をはかった。

1580（天正8）年には長らく対立してきた石山（大坂）の⑪＿＿＿＿＿＿を屈服させ、大坂から退去させた。⑪＿＿＿＿＿＿は諸国の門徒・一向一揆を率いて、戦国大名のような大きな勢力を誇っていた。さらに信長が1582（天正10）年に甲斐の武田氏を滅ぼすと、東日本の大名の多くが服属するようになり、天下人として

解答 織田政権▶❶織田信長 ❷豊臣秀吉 ③今川義元 ④桶狭間 ❺足利義昭 ⑥延暦寺 ⑦長篠 ⑧武田勝頼 ❾安土城 ⑩楽市 ⑪本願寺

■印判状■ 武家は文書に花押で署名したが、戦国大名たちは印を押した文書も発給した。印文には今川義元「如律令」・後北条氏「禄寿応穏」・上杉輝虎「地帝妙」・織田信長「天下布武」などがある。

の名声を高めた。九州でも大友氏が服属し、敵対する四国の長宗我部氏と中国の毛利氏を攻める計画を進めていたが、独裁的な政治手法は不満もまねき、重臣の明智光秀に背かれて滅んだ（この出来事を❷　　　　　　　　　　という）。

豊臣秀吉の全国統一

光秀と同じく信長の重臣だった羽柴秀吉は、本能寺の変当時、毛利氏と対戦中であったが、変を知るとすぐさま講和して京都の南の山崎まで引き返し、光秀を破った。その後、信長の最有力家臣だった柴田勝家も破って（①　　　　　　　　の戦い）、1583（天正11）年、本願寺の跡地に壮大な❷　　　　　　を築きはじめた。

秀吉は、信長の次男信雄および徳川家康とも尾張などで対戦したが（③　　　　　・　　　　　　の戦い）、信雄と講和して臣従させた。まもなく朝廷で公卿に列し、1585（天正13）年には紀伊や四国、越中を攻めて支配下におさめ、その頃に生じた摂家間の争いに介入して❹　　　　　の地位についた。摂家以外の者が④　　　　　になるのは前代未聞であった。翌年には新しく即位した後陽成天皇から❺　　　　　の姓を与えられ太政大臣にもなった。以後、秀吉は天皇の権威を利用しつつ諸大名を服属させ、彼らを朝廷の官位につけて、関白であるみずからを最上位とする秩序のもとに位置づけた。

九州では大友氏が、九州平定を目指す島津氏から圧迫を受け、秀吉に助けを求めた。秀吉は島津氏に天皇の意思と称して停戦を命じたが、島津氏は抵抗した。秀吉は越後の上杉氏や徳川家康を臣従させ東方を固めると、1587（天正15）年にはみずから出向いて島津氏を降伏させ、九州を支配下においた。九州から帰ると、本拠を大坂城から京都に築いた❻　　　　　　に移し、翌年には後陽成天皇をまねき、諸大名を集めて政権への忠誠を誓わせた。

関東では小田原の⑦　　　　　氏が領地問題で秀吉の裁定に違反したことを咎め、1590（天正18）年、諸大名を動員して攻め滅ぼした。続けて伊達氏ら奥羽の大名を服属させ、徳川氏を関東へ転封させた。まもなく奥羽でおきた一揆・反乱を鎮圧し、全国の大名を1つの政権のもとに統合した。この政権は秀吉の独裁に近く、その意思を側近や重臣が大名らに伝達し指導することで、政治が遂行された。

解答 ❷本能寺の変
豊臣秀吉の全国統一▶①賤ヶ岳　❷大坂城　③小牧・長久手　❹関白　❺豊臣　❻聚楽第　⑦北条

豊臣秀吉の土地・身分政策

中世後期の近畿地方では、惣村の自治や農業の生産力が発達していた。そこを根拠に台頭した秀吉は、惣村の伝統をふまえ、服属させた地域に、❶_____を単位として新しい方法で検地を施行していった。これを❷_____と呼ぶ。1段(反)を360歩から300歩に狭めて田畑・屋敷の面積を1区画ごとに測り、上・中・下・下々などの等級に応じて❸_____(米の量)での表示を定め、作人(百姓)を記載した検地帳を作成させて村に交付した。地主などが小作料をとる権利を認めず、年貢を負担する百姓1人の土地所持を認めた(❹_____という)。村の自治的な力量と責任で年貢などを一括納入する❺_____も導入されていった。大名にも石高で知行を与え、豊臣政権も近畿地方を中心に220万石をこえる❻_____(直轄地)を確保した。

また豊臣政権は1585(天正13)年、支配下で広く大名の❼_____(転封ともいう)を断行し、翌年には武士とその従者である奉公人、そして百姓のあり方を定めた。百姓が村から引っ越すのを制限し、武士には百姓へ不当な命令をすることを禁じ、収穫高を見積もって、大名・武士が2、百姓が1の割合に配分して年貢をとるよう命じた。1588(天正16)年には、百姓から刀・脇差などの武具を取り上げるよう命じる❽_____を出し、一揆を防止し、百姓を耕作に専念させる意図を示した。

一方、直轄都市である京都・大坂などでは年貢に当たる地子を免除し、町方(町)と在方(村)とを区別した。寺社や公家と結びついた特権的な同業組合である座を解散させ、豪商とも結んで、町方での商工業の振興をはかった。但馬生野銀山などを直轄し、各地の金銀山からも産出額の一部を上納させて、蔵入地につぐ財政の基盤とした。当時、金銀が貨幣として流通するようになっており、豊臣政権は中央政権として金銀貨の公定に乗り出した。

1591(天正19)年には大陸侵攻に向けて、全国の石高を調査し、大名らを戦争に動員する❾_____の基準として掌握した。また奉公人が町人・百姓になることや勝手に奉公をやめること、百姓が耕作を放棄して商売に出ることを禁じた。

豊臣秀吉の土地・身分政策▶❶村
❷太閤検地 ❸石高 ❹一地一作人 ❺村請制 ❻蔵入地 ❼国替 ❽刀狩令 ❾軍役

■秀次の人掃令■ 秀次の人掃令は、とくに15〜60歳の男子で夫役負担能力のあるものを書きあげるためのものである。

翌年にも朝鮮へ従軍した奉公人らの逃亡を摘発する法令（⑩　　　　　　　　とい
う）を出し、町や村の責任で、身分別に家数・人数を調査させた。こうした政策や、
国替・検地・刀狩などによって、武士・奉公人と百姓との身分の分離（⓫　　　　　
　　　　　という）が定まっていった。

対外政策と侵略戦争

秀吉は信長と同じく、当初、宣教師の布教活動に好意
的であった。しかし、1587（天正15）年に九州を平定す
ると、教会がキリシタン大名を通じて力をもち、大村純忠が長崎をイエズス会に
寄付していることなどを知って警戒を深め、宣教師に国外退去を命じ（この法令
を❶　　　　　　　　　　　　　という）、翌年には長崎を直轄した。ま
もなく海賊取締令を出して海上交通の安全を確保し、また生糸を優先的に買い
上げるなど、秀吉は貿易には積極的であったが、ポルトガル人らの貿易は布教と
一体化していたため、宣教師の追放は徹底しなかった。

　武威を誇る秀吉は早くから大陸侵攻の意志を示していたが、九州を平定すると
対馬の宗氏を通して朝鮮国王に服属と来日を求め、ほかの近隣諸国へも同様の要
求をした。朝鮮は1590（天正18）年に日本統一を祝う使節を派遣してきたので、秀
吉は明征服の先導を求めた。宗氏らは明出兵の道を借りるだけだとして交渉した
が、朝鮮はこれを拒否した。秀吉は1591（天正19）年には出兵の根拠地として肥前
に②　　　　　　　　　城を築き、甥の豊臣秀次に聚楽第と関白職を譲った。翌1592
（文禄元）年には九州へ出向き、小西行長・加藤清正らが率いる約16万の兵を朝鮮
に送り込んだ（これを❸　　　　　　　　　　　といい、朝鮮では壬辰倭乱という）。
日本勢はまもなく漢城（ソウル）をおとしいれ、朝鮮全域に侵攻した。

　朝鮮の民衆は義兵を組織して蜂起し日本軍に抵抗した。李舜臣の率いる朝鮮
水軍も日本軍の補給路に打撃を加え、明も軍勢を送って朝鮮をたすけたので、日
本軍の侵攻は行き詰まった。現地の司令官は明とのあいだで休戦して独自に講和
交渉を進めたが、朝鮮南部の割譲を求める秀吉の考えとは食い違いが大きく、
秀吉が激怒して交渉は決裂した。1597（慶長2）年、秀吉は再び朝鮮に軍勢を送
った（これを❹　　　　　　　　　　　といい、朝鮮では丁酉再乱という）が、最初か

解答　⑩人掃令　⓫兵農分離
対外政策と侵略戦争▶❶バテレン追放令
②名護屋　❸文禄の役　❹慶長の役

■李舜臣　秀吉の派遣した日本軍を、亀
甲船と呼ばれる船を用いて破った朝鮮の
海将。韓国釜山の竜頭山公園には、救国
の英雄である彼の像が日本の方向をみす
えて立っている。

ら苦戦を強いられた。翌年に秀吉が死去すると、その直前に定められていた五大老・五奉行が軍勢を撤退させた。

　朝鮮の人々は大きな犠牲を強いられ、日本に対する憎しみを長く抱いた。また多くの朝鮮人が捕虜として日本へ連行された。明は膨大な戦費で財政窮乏を深刻化させ、衰退に拍車をかけた。日本では有力大名どうしの対立が激化し、豊臣政権は動揺した。

2 桃山文化

桃山文化　織豊政権の時代を、政権の所在地にちなんで❶＿＿＿＿＿＿・＿＿＿＿＿＿**時代**と呼ぶことがあり、この時代を中心とする文化を❷＿＿＿＿＿＿と呼ぶ。その特色は、武家の権力を結集した天下人や大名の威勢、あるいは戦争や貿易で大きな富を得た豪商の気風を反映した豪華さや壮大さにある。また室町文化に比べると仏教色が薄れ、世俗的・人間中心的な色彩が強まった。さらに、ヨーロッパとの接触やアジア各地との活発な交流、秀吉の朝鮮侵略の影響などもあって、多彩な性格をおびた。

　桃山文化を象徴するのは❸＿＿＿＿＿＿**建築**である。平野部に石垣と堀をめぐらした平山城や平城が、江戸時代初頭にかけて天下人や大名によってつぎつぎに築かれた。城主の居館・政庁となった城の中心には天守(天主)と呼ばれる高楼建築のほか、大広間をもつ書院造の御殿がつくられ、城主が多くの臣下と対面して主従関係や身分の差を示す場となった。城郭とともに営まれた城下町が巨大化したのもこの時代の特徴で、天守をもつ城はその中心にあって城主の権威を広く示した。

美術と風俗　城や寺院の壁や襖には、花鳥や山水、獅子や竜虎などを題材とし、金箔などの上に青や緑の濃い絵の具で着色した金碧の❶＿＿＿＿＿＿が描かれた。とくに信長と秀吉に仕えた❷＿＿＿＿＿＿は雄大な作風で、安土城・大坂城・聚楽第の障壁画を描き、その門人❸＿＿＿＿＿＿

解答　**桃山文化▶**❶安土・桃山　❷桃山文化　❸城郭
美術と風俗▶❶障壁画　❷狩野永徳
❸狩野山楽

■**桃山文化**■　文化の呼称には地名・年号などに由来するものが多い。織豊政権時代の文化は秀吉の伏見城(のちに城跡に桃を植えたので桃山と呼ぶ)の所在地にちなんでいる。

⑦

④

⑦

④

第8章

────────も秀吉や子の秀頼に仕え、大坂や京都で活躍した。④
────────（『山水図屏風』の作者）や❺────────────（『松林図屏風』
の作者）はそれぞれ近江・能登から京都へ出て、水墨画に秀でたが、金碧画でも
狩野派に並ぶ絵師として知られた。

　また屏風絵として、洛中洛外図、職人尽絵、祭礼図、南蛮屏風など風俗画
が多く描かれた。都市の繁栄、様々な生業、祭礼や参詣する群衆、来航した南蛮
船とその船員、宣教師や修道士など、庶民を中心とする人々の生活そのものを
いきいきと描いている。

　衣服は身分を問わず⑥────────が一般的になり、男性はその上に袴をはき、

解答 ④海北友松 ❺長谷川等伯 ⑥
小袖

整理 おもな建築・美術作品（桃山）▶
⑦妙喜庵茶室（待庵） ④姫路城 ⑦唐
獅子図屏風（狩野永徳） ④南蛮屏風

■天守閣■ 語源は、キリスト教の天主、
主殿の転訛、城を守る殿守など、諸説が
ある。防衛などの軍事機能と、城主の居
館という政治機能をもっていた。

正装の際には肩衣を着けた。また男女ともに結髪するようになった。食事は朝夕2回が3回になり、公家や武士は米を常食としたが、庶民はおもに雑穀を食べた。住居は、村では茅葺屋根の平屋がふつうだったが、京都などの都市では瓦屋根の2階建ても多くなった。

芸能の新展開 　京都や堺などの富裕な①＿＿＿＿＿＿や武将たちのあいだでは、茶の湯が流行した。堺の商人である今井宗久・津田宗及・②＿＿＿＿＿＿は信長や秀吉に重用され、秀吉らが主催した豪華な茶会でも中心的な役割を担った。②＿＿＿＿＿は一方で、簡素な侘茶を追求し、茶道を確立させた。

　能も秀吉が愛好して保護し、狂言とともに武家の儀式で用いられる公式の芸能(式楽)となった。一方で、庶民の娯楽としては、都市で風流踊りが盛んだったが、17世紀初めに京都では出雲お国(阿国)が、異様な風体で目立とうとする「かぶき者」の姿で踊り、評判となった(この踊りを❸＿＿＿＿＿＿またはかぶき踊りという)。その後、それを模倣した女芸人や遊女が演じる女歌舞伎が流行した。また、堺の高三隆達がうたいはじめた隆達節も流行し、中世以来の語り物である浄瑠璃に琉球から伝来した三味線を組み合わせた❹＿＿＿＿＿も生まれた。

国際的な文化の交流 　宣教師ら「南蛮人」によって天文学や医学・地理学、油絵や銅版画、パン・カステラ・カルタ・たばこなどの文物がもたらされた(❶＿＿＿＿＿＿という)。イエズス会のヴァリニャーノは司祭や修道士の養成をはかり、初等教育学校(②＿＿＿＿＿という)を安土と肥前有馬に、高等教育学校(コレジオ)を豊後府内に設けた。1582(天正10)年には、やはり布教上の効果を期待して、キリシタン大名大村純忠・有馬晴信らにゆかりのある少年らをヨーロッパへ送り、ローマ教皇に謁見させた(これを❸＿＿＿＿＿＿という)。さらに金属製の活字による活版印刷術を導入した。以後、キリスト教の教義書や文学が翻訳され、日本の古典や日本語辞書も出版された(キリシタン版)。

解答　芸能の新展開▶①町衆　❷千利休　❸阿国歌舞伎　❹人形浄瑠璃
国際的な文化の交流▶❶南蛮文化　②セミナリオ　❸天正遣欧使節

また、文禄・慶長の役で西日本の諸大名が連行した朝鮮人陶工らが陶磁器の生産を始め、窯業が栄える基盤が形成された。京都相国寺の僧だった藤原惺窩は慶長の役で連行された儒者姜沆とも交流して儒学の理解を深めた。

幕藩体制の成立と展開

徳川政権が江戸に幕府を開いてから260年余り、その体制が整えられると、日本に安定した社会が到来した。これをもたらした国を統治する仕組み（権力機構）や外交秩序はどのように形成されたのだろうか。また、人々の生活や生産・経済活動はどのようにおこなわれていたのであろうか。

1 幕藩体制の成立

江戸幕府の成立　織田信長と同盟し、東海地方に勢力をふるった❶

_____は、豊臣政権下の1590（天正18）年、北条氏滅亡後の関東に移され、約250万石の領地を支配する大名となった。五大老の筆頭の地位にあった家康は、秀吉の死後に権力を強めた。

　五奉行の1人で豊臣政権を存続させようとする❷_____と家康との対立が表面化し、1600（慶長5）年、②_____は五大老の1人毛利輝元を盟主にして兵をあげた（西軍）。対する家康は福島正則・黒田長政らの諸大名（東軍）を従え、両者は❸_____で激突した（これを③_____の戦いという）。

　天下分け目といわれるこの戦いに勝利した家康は、西軍の諸大名を処分し、1603（慶長8）年、全大名に対する指揮権の正統性を得るため④_____の宣下を受け、江戸に幕府を開いた。以後、江戸幕府が続いた260年余りを**江戸時代**と呼ぶ。家康は国内統治者として佐渡をはじめ全国の主要な鉱山を直轄にし、アンナン（ベトナム）・ルソン・カンボジアに修好を求める外交文書を国の代表者として送った。また全国の諸大名に江戸城と市街地造成の普請を、また国単位に国絵図と、一村ごとの石高を郡単位で集計し、さらに一国単位にまとめた帳簿である⑤_____の作成を命じて、全国の支配者であることを明示した。

　しかし、摂津・河内・和泉あわせて60万石の一大名になったとはいえ❻_____がいぜん大坂城におり、名目的に父秀吉以来の地位を継承してい

解答　江戸幕府の成立▶❶徳川家康　❷石田三成　❸関ヶ原　④征夷大将軍　⑤郷帳　❻豊臣秀頼

■江戸城■　江戸の地名は「江（日比谷の入江）の門戸」に由来するらしい。江戸城は1457年に太田道灌が築城し、1590年8月朔日、家康が入城してから発展した。

た。1605(慶長10)年、家康は将軍職が徳川氏の世襲であることを諸大名に示すため、みずから将軍職を辞して子の**❼** _____ に将軍宣下を受けさせた。家康は駿府に移ったが、**❽** _____ (前将軍)として実権は握り続け、豊臣氏が建立した京都方広寺の鐘銘を口実に、1614〜15(慶長19〜元和元)年、**❾** _____ (大坂冬の陣・夏の陣)で豊臣方に戦いをしかけ、攻め滅ぼした。

幕藩体制　幕府は大坂の陣直後の1615(元和元)年に、大名の居城を1つに限り(命令を**❶** _____ という)、さらに**❷** _____ を制定して大名をきびしく統制した。家康の死後、2代将軍徳川秀忠は、1617(元和3)年に大名・公家・寺社に領知(知行)の確認文書(領知宛行状)を発給し、全国の土地領有者としての地位を示した。また1619(元和5)年、福島正則を武家諸法度違反で改易するなど、法度を遵守させるとともに、長く功績のあった外様大名も処分できる将軍の力量を示した。秀忠は1623(元和9)年には、将軍職を**❸** _____ にゆずり、江戸城西の丸で大御所として幕府権力の基礎固めをおこなった。

　1632(寛永9)年、秀忠の死後、3代将軍③ _____ は肥後の外様大名加藤氏を処分し、九州も将軍権力が広くおよぶ地とした。さらに1634(寛永11)年、30万余りの軍勢を率いて上洛した。これは、統一した**❹** _____ を全大名に賦課し、軍事指揮権を示したものである。大名は**❺** _____ に応じて一定数の兵馬を常備し、戦時には将軍の命令で出陣し、平時には江戸城などの修築や河川の工事などの普請役を負担した。

　家光は1635(寛永12)年、新たな武家諸法度(**❻** _____ という)を発布し、諸大名に法度の遵守を厳命した。その中で、大名には国元と江戸とを1年交代で往復する**❼** _____ を義務づけ、大名の妻子には江戸に住むことを強制した。こうして、3代将軍家光の頃までに、将軍と諸大名との主従関係は確立した。軍事力を独占した将軍と大名(**幕府**と**藩**)が、土地と人民を統治する支配体制を**❽** _____ という。

解答　**❼**徳川秀忠　**❽**大御所　**❾**大坂の陣
幕藩体制▶❶一国一城令　**❷**武家諸法度
❸徳川家光　**❹**軍役　**❺**石高　**❻**寛永令
❼参勤交代　**❽**幕藩体制

▪軍役▪　大坂の役以降は参勤交代と手伝普請が軍役の中心となった。

幕府と藩の機構

幕府の財政収入は、400万石(17世紀末)にもおよぶ直轄領（①＿＿＿＿＿＿という）から上がる年貢のほか、佐渡・伊豆・但馬②＿＿＿・石見大森など主要鉱山からの収入であった。また、江戸・京都・大坂・長崎・堺などの重要都市を直轄にして、商工業や貿易を統制し、貨幣の鋳造権も握った。幕府の軍事力は、将軍直属の家臣団である❸＿＿＿＿・❹＿＿＿＿＿＿のほか、諸大名の負担する軍役で構成され、圧倒的な力を保持していた。

幕府の職制は、徳川家康・秀忠時代に側近らが担ってきたものを改め、家光の頃までに整備された。初め⑤＿＿＿＿＿と呼ばれて幕政の中枢にあった重臣が、❻＿＿＿＿＿と呼ばれ政務を統轄するようになった。臨時の最高職である⑦＿＿＿＿は将軍代がわりなど、重要事項決定の時のみおかれた。また老中を補佐し旗本を監督する⑧＿＿＿＿＿、大名を監察する⑨＿＿＿＿＿、旗本・御家人を監察する⑩＿＿＿＿のほかに、寺社領などの行政をおこなう⑪＿＿＿＿＿・江戸の行政などをおこなう⑫＿＿＿＿＿（江戸）・幕領の財政などをおこなう⑬＿＿＿＿＿の三奉行がおかれ、それぞれの職掌が定められた。役職には原則として数名の譜代大名・旗本らがつき、⑭＿＿＿＿＿（1カ月交代の勤務）で政務を扱った。簡略な訴訟はその役職で専決したが、役職をまたがる事案などは⑮＿＿＿＿＿で老中・三奉行らが合議して決裁した。

地方組織では、⓰＿＿＿＿＿＿＿が重要で、西国大名の監視や、京都町奉行とともに朝廷の統制などをおこなった。重要都市の大坂・駿府には⓱＿＿＿＿＿と町奉行が、伏見・長崎・佐渡・日光などには奉行がおかれた(いわゆる⑱＿＿＿＿＿)。また幕府直轄領(幕領)では、関東・飛驒・美濃などには⑲＿＿＿＿が、そのほかには⓴＿＿＿＿＿が旗本の中から選ばれて派遣され、勘定奉行が統轄した。

大名の領地とその支配機構を総称して㉑＿＿＿と呼ぶ。大名は、初期には領内の有力武士に領地を与え、領民の支配を認める㉒＿＿＿＿＿＿＿＿をと

解答 幕府と藩の機構▶ ①幕領 ②生野 ❸旗本 ❹御家人 ⑤年寄 ❻老中 ⑦大老 ⑧若年寄 ⑨大目付 ⑩目付 ⑪寺社奉行 ⑫町奉行 ⑬勘定奉行 ⑭月番交代 ⑮評定所 ⓰京都所司代 ⓱城代 ⑱遠国奉行 ⑲郡代 ⓴代官 ㉑藩 ㉒地方知行制

る場合もあったが、しだいに領内一円支配を進めて、有力武士も家臣団に編成して城下町に集住させ、家老や奉行などの役職につけて藩政を分担させた。17世紀半ばになると、地方知行制は多くの藩でみられなくなり、藩の直轄領（蔵入地）を郡奉行や代官が管理し、徴収した年貢を蔵米として藩士に支給する❷❸

＿＿＿＿＿＿＿がとられるようになった。こうして大名の領地・領民を支配する力は強化され、藩の職制も整備されて藩権力は確立していった。

天皇と朝廷

徳川家康は1611（慶長16）年、後水尾天皇を擁立した際、天皇の譲位・即位まで幕府の意向に従わせるほどの権力の強さを示したが、以後の歴代天皇も同様となった。1613（慶長18）年の公家衆法度に続いて、1615（元和元）年に❶＿＿＿＿＿＿＿＿＿＿＿を制定し、朝廷運営の基準とした。幕府は②＿＿＿＿＿＿＿＿＿らに朝廷を監視させたほか、摂家がなる関白・三大臣に朝廷統制の主導権をもたせ、❸＿＿＿＿＿＿＿＿＿を通じて指示した。こうして幕府は天皇・朝廷がみずから権力をふるったり、ほかの大名に利用されたりすることのないよう、天皇や公家の生活・行動を規制した。また1620（元和6）年には、徳川秀忠の娘和子（東福門院）を後水尾天皇に入内させた。朝廷がもっていた国家祭祀・官位制度・改元・改暦などの権能も、幕府による全国支配に役立てられた。

　1629（寛永6）年、体調を崩していた後水尾天皇は、大徳寺の沢庵らを幕府が処罰した❹＿＿＿＿＿＿＿＿＿をきっかけに、幕府の同意を求めずに突然譲位した。幕府はつぎの天皇が、秀忠の孫である明正天皇となることもあり譲位を追認したが、その際、幕府は摂家と武家伝奏に厳重な朝廷統制を命じた。ここにおいて、家康以来推し進めてきた朝廷統制の基本的な枠組みが確認され、幕末まで維持された。

禁教と寺社

幕府は、初めキリスト教を黙認していた。しかし、キリスト教の布教がスペイン・ポルトガルの侵略をまねく恐れを強く感じ、また信徒が信仰のために団結することも考えられたため、1612（慶長17）年、直轄領に❶＿＿＿＿＿＿＿を出し、翌年これを全国におよぼして信者に改宗を強制し

第9章

解答 ❷❸俸禄制度
天皇と朝廷▶ ❶禁中並公家諸法度
②京都所司代　❸武家伝奏　❹紫衣事件
禁教と寺社▶ ❶禁教令

■紫衣事件■ 紫衣は高徳の僧に天皇があたえた衣。後水尾天皇が無断でおこなった紫衣勅許に対して、幕府はこれを無効として剝奪した。抗議した大徳寺の僧沢庵は出羽に流罪、天皇は退位した。

た。こののち幕府や諸藩は、宣教師やキリスト教信者に対して処刑や国外追放などきびしい迫害を加えた。多くの信者は改宗したが、一部の信者は迫害に屈せず、殉教する者やひそかに信仰を維持する者(潜伏〈隠れ〉キリシタン)もいた。

1637(寛永14)年には、❷＿＿＿＿＿＿＿＿＿＿がおこった。この乱は、飢饉の中で島原城主松倉氏と天草領主寺沢氏とが領民に苛酷な年貢を課し、キリスト教徒を弾圧したことに抵抗した土豪や百姓の一揆である。島原半島と天草諸島は、かつてキリシタン大名の有馬晴信と小西行長の領地で、一揆勢の中には有馬・小西氏の旧家臣の牢人やキリスト教徒が多かった。益田(天草四郎)時貞を首領にして原城跡に立てこもった3万人余りの一揆勢に対し、幕府は九州の諸大名ら約12万人の兵力を動員し、翌1638(寛永15)年、ようやくこの一揆を鎮圧した。

幕府は島原の乱後、キリスト教徒を根絶するため、とくに信者の多い九州北部などで島原の乱以前から実施されていた絵踏を強化し、また寺院が檀家であることを証明する❸＿＿＿＿＿＿＿＿＿＿を設けて❹＿＿＿＿＿＿＿＿＿＿(禁教目的の信仰調査)を実施した。仏教への改宗を強制するなど、キリスト教に対してきびしい監視を続けていった。

幕府の禁じたキリスト教や日蓮宗不受不施派を信仰させないために、武士も神職もだれもが檀那寺の檀家になって、寺請証明を受けた。しかし、仏教以外の宗教がすべて禁圧されたわけではなく、神道・修験道・陰陽道なども仏教に準じて幕府によって容認されていた。

仏教諸宗の本山となる門跡寺院に皇子や宮家・摂家の子弟が入寺したことから、幕府は門跡を朝廷の一員とみなして統制した。また、**寺院法度**を出し、宗派ごとに本山・本寺の地位を保障して末寺を組織させ(❺＿＿＿＿＿＿＿＿＿＿という)、1665(寛文5)年には宗派をこえて仏教寺院の僧侶全体を共通に統制するために❻＿＿＿＿＿＿＿＿＿＿を出した。さらに同年、神社・神職に対しても❼＿＿＿＿＿＿＿＿＿＿を制定し、公家の吉田家を本所として統制させた。

修験道は、天台系(本山派)は聖護院門跡が、真言系(当山派)は醍醐寺三宝院

解答 ❷島原の乱 ❸寺請制度 ❹宗門改め ❺本末制度 ❻諸宗寺院法度
❼諸社禰宜神主法度

■不受不施派 他宗の者から布施供養を受けない(不受)、信者でない者に布施供養を施さない(不施)、国土は仏国土であり、王法より仏法を本とする、などの理念にもとづいていて、幕府に禁じられた。

門跡が本山として末端の修験者を支配した。また陰陽道は、公家の土御門家が全国の陰陽師を配下においた。

1600(慶長 5)年、オランダ船①＿＿＿＿＿＿＿＿＿＿号が豊後に漂着した。当時、ヨーロッパでは16世紀後半にスペインから独立したオランダと毛織物工業の発達したイギリスとが台頭し、両国は②＿＿＿＿＿＿＿＿＿＿を設立してアジアへの進出をはかっていた。徳川家康は、①＿＿＿＿＿＿＿＿号の航海士③＿＿＿＿＝（耶揚子）と水先案内人のイギリス人④＿＿＿＿＿＿＿＝（三浦按針）とを江戸にまねいて外交・貿易の顧問とした。その後、オランダは1609(慶長14)年に、イギリスは1613(慶長18)年に幕府から貿易の許可を受け、肥前の❺＿＿＿＿＿に商館を開いた。また、家康は朝鮮や琉球王国を介して明との国交回復を交渉したが、明からは拒否された。

家康はスペインとの貿易にも積極的で、スペイン領のメキシコ(⑥＿＿＿＿＿＿と呼ばれた)との通商を求め、京都の商人田中勝介を派遣した。また1613(慶長18)年、仙台藩主⑦＿＿＿＿＿＿は家臣の⑧＿＿＿＿＿＿をスペインに派遣してメキシコと直接貿易関係を結ぼうとしたが、その目的は果たせなかった(**慶長遣欧使節**)。

当時、ポルトガル商人は、⑨＿＿＿＿＿＿を根拠地に中国産の❿＿＿（白糸）を長崎に運んで日本の銀と交換し巨利を得ていたが、幕府は1604(慶長 9)年に⓫＿＿＿＿**制度**を設けて、⑫＿＿＿＿＿＿＿と呼ばれる特定の商人らに輸入生糸を一括購入させ、ポルトガル商人らの利益独占を排除した。

日本人の海外進出も豊臣政権期に引き続き盛んで、マニラ・トンキン・ホイアン・プノンペン・アユタヤなどに渡航する商人たちの船も多かった。幕府は彼らに海外渡航を許可する⑬＿＿＿＿＿を与え、⑬＿＿＿＿＿をたずさえた貿易船を⑭＿＿＿＿＿と呼んだ。⑭＿＿＿＿＿貿易が盛んになると、海外に移住する日本人も増え、東南アジアの各地に自治的な⑮＿＿＿＿＿がつくられた。渡航した日本人の中には⑯＿＿＿＿＿のようにアユタヤ朝の

第9章

解答 江戸時代初期の外交▶①リーフデ
②東インド会社 ③ヤン＝ヨーステン
④ウィリアム＝アダムズ ❺平戸 ⑥ノビスパン ⑦伊達政宗 ⑧支倉常長 ⑨マカオ ❿生糸 ⓫糸割符 ⑫糸割符仲間 ⑬朱印状 ⑭朱印船 ⑮日本町
⑯山田長政

王室に重く用いられた者もいる。

鎖国政策 幕藩体制が固まるにつれて、活発であった日本人の海外渡航や貿易に制限が加えられるようになった。その理由の１つ目は、キリスト教の禁教政策にある。

理由の２つ目は、幕府が貿易の利益を独占するためで、西国の大名が貿易により富強になることを恐れて、貿易を幕府の統制下におこうとした。そのため、1616（元和２）年には中国船を除く外国船の寄港地を平戸と❶ に制限し、1624（寛永元）年にはスペイン船の来航を禁じた。1633（寛永10）年に❷ 以外の日本船の海外渡航を禁止し、1635（寛永12）年に日本人の海外渡航と在外日本人の帰国を禁止し、九州各地に来航していた中国船の寄港地を長崎に限った。

島原の乱を鎮圧後、幕府は1639（寛永16）年に③ 船の来航を禁止し、1641（寛永18）年には平戸のオランダ商館を長崎の❹ に移し、オランダ人と日本人との自由な交流も禁じて、長崎奉行がきびしく監視することになった。こうして日本はいわゆる❺ の状態となり、以後、200年余りのあいだ、長崎のオランダ商館・中国の民間商船や朝鮮・琉球王国・アイヌ民族以外との交渉を閉ざすことになった。幕府が対外関係を統制できたのは、当時の日本の経済が海外との結びつきがなくとも成り立ったためである。

こうして、鎖国によって幕府は貿易を独占することになり、産業や文化に与える海外からの影響は制限され、キリスト教の禁圧が徹底し、幕府の統制力がいっそう強化された。

長崎貿易 日本に来航する貿易船はオランダ船と中国船だけになり、貿易港は長崎１港に限られた。オランダは、① （ジャカルタ）においた東インド会社の支店として長崎の出島に商館をおき、貿易の利益のみを求めた。幕府は長崎を窓口としてヨーロッパの文物を輸入し、オランダ船の来航のたびにオランダ商館長が提出する❷ によって、海外の事情を知ることができた。

解答 **鎖国政策▶**❶長崎 ❷奉書船 ③ポルトガル ❹出島 ❺鎖国
長崎貿易▶①バタヴィア ❷オランダ風説書

■**鎖国** 志筑忠雄がケンペルの『日本誌』を翻訳した際、「現在のように日本帝国を鎖して国民にいっさい外国貿易に関係させぬことの可否についての探究」という一章を「鎖国論」と題したのが初め。

中国では漢民族の建てた明が17世紀半ばに滅び、中国東北部からおこった満洲民族の❸＿＿＿＿＿が成立した。明清交替の動乱がおさまると、日清間の長崎での貿易額は年々増加した。幕府は輸入の増加による銀の流出をおさえるため、1685（貞享2）年にオランダ船・清船からの輸入額を制限し、1688（元禄元）年には清船の来航を年間70隻に限った。また翌年、長崎の町に雑居していた清国人の居住地を限定するため、❹＿＿＿＿＿＿＿＿＿を設けた。

朝鮮と琉球・蝦夷地

徳川家康は、豊臣政権がおこなった朝鮮侵略とは異なり、対馬藩主の❶＿＿＿氏を通して朝鮮との講和を実現させ、1609（慶長14）年に①＿＿＿氏と朝鮮とのあいだで❷＿＿＿＿＿＿＿＿＿が結ばれた。この条約は以後の日朝関係の基本となり、釜山に❸＿＿＿＿が設置され、①＿＿＿氏は朝鮮外交上の特権的な地位を認められた。朝鮮からは1607（慶長12）年以降、江戸時代を通じて計12回の使節が来日し、4回目からは❹＿＿＿＿＿＿＿＿＿と呼ばれた。来日の名目は新将軍就任の慶賀が過半であった。

　　⑤＿＿＿＿＿＿＿王国は、1609（慶長14）年に家康の許可を得た薩摩の島津家久の軍に征服され、薩摩藩の支配下に入った。薩摩藩は、検地をおこなって石高制による農村支配を確立したうえ、通商交易権も掌握した。さらに、この王国の尚氏を石高8万9000石余りの王位につかせ、独立した王国として中国との朝貢貿易を継続させた。朝貢のための琉球使節は、福建の港に渡り陸路北京に向かった。また琉球王国は、国王の代がわりごとにその就任を感謝する❻＿＿＿＿＿を、将軍の代がわりごとに奉祝する❼＿＿＿＿＿＿を幕府に派遣した。このように琉球王国は、幕府と中国との二重の外交体制を保つことになった。

　　蝦夷ヶ島の和人地（渡島半島）に勢力をもっていた蠣崎氏は、近世になると❽＿＿＿＿＿氏と改称して、1604（慶長9）年、家康からアイヌとの交易独占権を保障され、藩制を敷いた。和人地以外の広大な蝦夷地の河川流域などに居住するアイヌ集団との交易対象地域は、❾＿＿＿＿＿あるいは場所と呼ばれ、そこでの交易収入が家臣に与えられた。1669（寛文9）年、アイヌ集団は❿＿＿＿＿＿＿＿＿を中心に松前藩と対立して戦ったが、松前藩は津軽藩の協力

解答　❸清　❹唐人屋敷
朝鮮と琉球・蝦夷地▶❶宗　❷己酉約条　❸倭館　❹朝鮮通信使　⑤琉球　❻謝恩使　❼慶賀使　❽松前　❾商場　❿シャクシャイン

■薩摩と琉球■ 島津家久による琉球征服以来、中国にはそれを隠しながらも、在番奉行と呼ばれる役人に監視をさせたり、資金を与えて生糸などを買わせたりと、薩摩藩は様々な介入をおこなった。

を得て勝利した。この⑩ ＿＿＿＿＿＿＿＿＿＿の戦いでアイヌは全面的に松前藩に服従させられ、さらに18世紀前半頃までには、多くの商場が和人商人の請負となった(この制度を⑪ ＿＿＿＿＿＿＿＿＿＿という)。

こうして幕府は「四つの窓口」(長崎・対馬・薩摩・松前)を通して異国・異民族との交流をもった。明清交替を契機に、東アジアにおいては、伝統的な中国を中心にした外交体制と、日本を中心にした「四つの窓口」を通した外交秩序とが、共存する状態となった。

寛永期の文化

江戸時代初期の文化は、桃山文化を受け継いだが、幕藩体制が安定するにつれて、寛永期(1624～44年)前後に新しい傾向を示しはじめた。

学問では、室町時代に五山の禅僧が学んでいた❶ ＿＿＿＿＿＿＿＿を中心に、儒学が盛んになった。①＿＿＿＿＿＿＿＿は君臣・父子の別をわきまえ、上下の秩序を重んじる学問であったため、幕府や藩に受け入れられた。京都相国寺の禅僧であった❷ ＿＿＿＿＿＿＿＿は、還俗して朱子学などの啓蒙につとめた。門人の❸ ＿＿＿＿＿＿＿(道春)は家康に用いられ、彼の子孫(❹ ＿＿＿＿＿という)は代々儒者として幕府に仕えて、学問と教育を担った。

建築では家康をまつる❺ ＿＿＿＿＿＿＿＿＿＿をはじめ霊廟建築が流行し、神社建築には❻ ＿＿＿造が広く用いられた。これらの建築物には、桃山文化の影響を受けた豪華な装飾彫刻がほどこされた。また書院造に草庵風の茶室を取り入れた❼ ＿＿＿＿＿造が工夫され、京都の❽ ＿＿＿＿＿＿＿の書院はその代表である。

絵画では狩野派から❾ ＿＿＿＿＿＿＿＿が出て、幕府の御用絵師となったが、その子孫は様式の踏襲にとどまった。また京都では俵屋宗達が現れ、土佐派の画法をもとに、装飾画に新様式を生み出し、元禄期の琳派の先駆となった。京都の上層町衆であった⑩ ＿＿＿＿＿＿＿は、多才な文化人として知られ、書や蒔絵ですぐれた作品を生み出し、陶芸でも⑪ ＿＿＿焼の茶碗に秀作を残した。

また、文禄・慶長の役の際に、諸大名がつれ帰った朝鮮人陶工の手で登窯や

解答 ⑪場所請負制度
寛永期の文化▶❶朱子学 ❷藤原惺窩
❸林羅山 ❹林家 ❺日光東照宮 ❻権現 ❼数寄屋 ❽桂離宮 ❾狩野探幽 ⑩本阿弥光悦 ⑪楽

■アイヌ交易 松前藩は、アイヌへは、米・酒・刀剣などをもたらし、逆にアイヌから獣皮・魚類を供給されていた。津軽領から運んだものが多かった。

㋐＿＿＿＿＿　　㋑＿＿＿＿＿　　㋒＿＿＿＿＿

絵付の技術が伝えられ、九州・中国地方の各地で陶磁器生産が始められた。

⑫＿＿＿＿＿焼（鍋島氏）・⑬＿＿＿＿＿焼（島津氏）・⑭＿＿＿＿焼（毛利氏）・平戸焼（松浦氏）・高取焼（黒田氏）などが有名である。とくに有田では**磁器**がつくられ、⑮＿＿＿＿＿＿＿＿＿＿は様々な色彩をほどこす**上絵付**の技法で⑯＿＿＿＿＿を完成させた。

　文芸面では、教訓・道徳を主とした仮名草子が現れ、また連歌から俳諧が独立して、京都の松永貞徳の貞門俳諧が流行するなど、新たな民衆文化の基盤がつくられた。

2 幕藩社会の構造

身分と社会　近世社会の当初、武士は、政治や軍事、さらには学問・知識を独占しようとし、❶＿＿＿＿＿・❷＿＿＿＿＿のほか様々な特権をもつ支配身分となった。武士は将軍を頂点に、大名・旗本・御家人などいくつもの階層から構成され、主人への忠誠や上下の別をきびしく強制された。天皇家や公家、上層の僧侶・神職らも武士と並ぶ支配身分であった。

　武士の家で、女性は家事に専念することを強いられた。これらの武士は主人の

解答　⑫有田　⑬薩摩　⑭萩　⑮酒井田　　図屛風（俵屋宗達）
柿右衛門　⑯赤絵
身分と社会▶❶苗字　❷帯刀
整理　**おもな建築・美術作品（江戸初期）**
▶㋐桂離宮　㋑日光東照宮　㋒風神雷神

家を中心に結集し、村や町、あるいは仲間・組合などの様々な集団によって構成される社会を、身分と法の秩序にもとづいて支配した。

　一方、社会の大半を占める被支配身分は、農業を中心に林業・漁業など小規模な経営（小経営）に従事する❸＿＿＿＿＿＿、多様な種類の手工業に従事する❹＿＿＿＿＿＿、商業や金融、さらには流通・運輸を担う商人を中心とする都市の❺＿＿＿＿＿の３つがおもなものであった。以上のような社会の秩序を「士農工商」と呼ぶこともある。

　近世の村や都市社会の周縁部分には、一般の僧侶や神職をはじめ修験者・陰陽師などの宗教者、儒者・医者などの知識人、人形遣い・役者・講釈師などの芸能者、日用と呼ばれる肉体労働者など、小さな身分集団が無数に存在した。そうした中で、下位の身分とされたのが、かわた（長吏）や非人などである。

　かわたは城下町のすぐ近くに集められ、百姓や町人とは別に村や集落をつくり、農業や、皮革の製造・わら細工などの手工業に従事した。なかには、遠隔地と皮革を取引し、皮革加工を差配する問屋を経営するものもいた。しかし、幕府や大名の支配のもとで、死牛馬の処理や行刑役などを強いられ、「えた」などの蔑称で呼ばれた。

　非人は、村や町から排除され集団化をとげた乞食を指す。飢饉・貧困や刑罰により新たに非人となる者も多く、村や町で番人をつとめたり、芸能・掃除・物乞いなどにたずさわった。かわた・非人は、居住地や衣服・髪型などの点でほかの身分と区別され、賤視の対象とされた。

　これらの諸身分は、武士の家、百姓の村、町人の町、職人や日用・芸能者・宗教者の仲間など、団体や集団ごとに組織された。そして１人ひとりの個人は家に所属し、家や家が所属する集団を通じて、それぞれの身分に位置づけられた。武士や一部の有力な百姓・町人の家では家長の権限が強く、家督や財産・家業は、長子を通して子孫に相続されることが基本とされ、家長以外の家族は軽んじられた。またこうした家では、女性は家督から排除された。

解答　❸百姓　❹職人　❺町人

村と百姓 近世の社会を構成した最大の要素は**村**と**百姓**であった。中世の長い歴史を経て、村は百姓の家屋敷から構成される集落を中心に、田畑の耕地や野・山・浜を含む広い領域をもつ小社会（共同体）として成熟した。そこには、百姓の小経営と暮らしを支える自治的な組織が生み出され、農業生産のうえに成り立つ幕藩体制にとって、もっとも重要な基盤となった。豊臣政権の兵農分離政策と検地によって、村ははじめて全国規模で直接把握された。そして惣村が村の境界を画定する❶＿＿＿＿＿＿などで分割されたり、中世末以来急速に進んだ耕地の開発によって新しい村が生まれたりして、17世紀末には全国で6万3000余りもの村を数えるに至った。

　村は農業を主とする農村が大半であるが、漁村や山村（山里）、また在郷町などのような小都市もみられた。村高・家数の大小や地域差も大きく、村は1つひとつ個性的であったが、つぎのような点でほぼ共通する特徴をもった。

　村は、❷＿＿＿＿＿（庄屋・肝煎）や❸＿＿＿＿・❹＿＿＿＿＿＿＿からなる村役人（❺＿＿＿＿＿＿＿という）を中心とする本百姓によって運営され、農業労働、入会地の利用、水路・溜池などの用水や山野の管理、道の整備、治安や防災などの仕事を共同で自治的に担った。これらの経費は村入用と呼ばれ、村民が共同で負担しあった。村の運営は❻＿＿＿＿＿（村掟ともいう）にもとづいておこなわれ、これに背くと⑦＿＿＿＿＿などの制裁が加えられた。幕府や諸大名・旗本などは、このような村の自治に依存して、はじめて年貢・諸役を割り当てて収納し、また村民を掌握することができた。このような仕組みを❽＿＿＿＿と呼ぶ。また村民は数戸ずつ❾＿＿＿＿＿に編成され、年貢の納入や犯罪の防止に連帯責任を負わされた。

　村内には、いくつかの階層があった。1つひとつの村には石高が決められ、検地帳に登録された高請地としての田・畑や家屋敷をもち、年貢・諸役をつとめ、村政に参加する❿＿＿＿＿＿（石高持の戸主で男性）が村の正規の構成員とされた。村内には田・畑をもたず、地主のもとで小作を営んだり、日用（日雇）仕事に従事したりする⓫＿＿＿＿（無高ともいう）や、有力な本百姓と主従制のよう

解答　村と百姓▶❶村切　❷名主　❸組頭　❹百姓代　❺村方三役　❻村法　⑦村八分　❽村請制　❾五人組　❿本百姓　⓫水呑

■村八分 村人の絶交処分のこと。俗説では10の交際のうち、葬式と火事を除く8つを絶つという。はじくの意をもつ「はっちる」が語源という説もあり、「村はじき」「村はぶき」ともいう。

な隷属関係のもとにある⑫＿＿＿＿＿・被官・譜代なども存在した。また、本家と分家のような血縁による序列や、漁村における網元と網子のように経営をめぐる階層区分もあった。村には寺院や神社(鎮守)がつくられ、僧侶や神職をまねいて、村の人々の相互の結びつきや信仰を支える場となった。

　本百姓の負担は、田・畑・家屋敷の高請地を基準にかけられる年貢(⑬＿＿＿＿＿＿＿＿＿という)が中心で、石高の40〜50％を米穀や貨幣で領主におさめることが標準とされた(四公六民・五公五民)。年貢のほか、山野河海の利用や農業以外の副業などにかかる⑭＿＿＿＿＿、村高を基準に賦課される⑮＿＿＿＿＿、一国単位でかけられる河川など土木工事での夫役労働などの⑯＿＿＿＿＿、公用交通に人足や馬を差し出す⑰＿＿＿＿＿などが課せられた。これらは多数を占める零細な百姓にとって重い負担となった。

　幕府は百姓の小経営をできるだけ安定させ、一方で貨幣経済にあまり巻き込まれないようにし、年貢・諸役を確実に徴収しようとした。このため、1643(寛永20)年に⑱＿＿＿＿＿＿＿＿＿＿＿＿＿という法令、1673(延宝元)年には分割相続による田畑の細分化を防ぐために⑲＿＿＿＿＿＿という法令を出した。また、たばこ・木綿・菜種などの商品作物を自由に栽培することを禁じた。そして、1641〜43(寛永18〜20)年の寛永の飢饉の時に村々へ出された法令にみられるように、日常の労働や暮らしに至るまで細ごまと指示を与えている。

　一部の有力な百姓は、村で武士と似た家を営んだが、多くの百姓は、衣服は麻(布)や木綿の筒袖、日常の主食は麦・粟・稗などの雑穀が中心で米はまれであり、住居は茅やわら葺の粗末な家屋であるなど、衣食住のすべてにわたって質素な生活を強いられた。

町と町人

　近世になると、中世とは比較にならないほど多数の都市が生まれた。その中心は❶＿＿＿＿＿である。それまで在地領主として農村部に居住していた武士は、豊臣政権の兵農分離政策によって①＿＿＿＿＿への移住を強制され、また商人や手工業者(諸職人)の多くも、そこでの営業の自由

解答　⑫名子　⑬本途物成　⑭小物成
⑮高掛物　⑯国役　⑰伝馬役　⑱田畑永代売買の禁止令　⑲分地制限令
町と町人▶❶城下町

を認められ、屋敷地にかけられる年貢である地子を免除される特権を得るなどして、定着した。

　城下町は、将軍や大名の屋敷(御殿)が含まれる城郭を核とし、❷＿＿＿＿＿・寺社地・町人地・かわた町村など、身分ごとに居住する区域がはっきりと分けられた。このうち、城郭と②＿＿＿＿＿は城下町の面積の大半を占め、政治・軍事の諸施設や家臣団・足軽らの屋敷がおかれた。また寺社地には多くの寺院や神社が集められ、領内での宗教統制の役割を担った。

　町人地は③＿＿＿＿＿とも呼ばれ、商人・手工業者などが居住し、経営や生産をおこないつつ生活する場であり、城下町に占める面積は小さいが、大名の領地を全国と結ぶ流通や経済の中枢として重要な位置を占めた。町人地には、❹＿＿＿＿＿という小社会(共同体)が多数存在した。④＿＿＿＿＿には村と類似の自治組織があり、商人や手工業者である住民の営業や生産・暮らしを支えた。町内に町屋敷をもつ家持の住民は、❺＿＿＿＿＿と呼ばれる。町は町人の代表である❻＿＿＿＿＿(年寄ともいう)・月行事などを中心に、❼＿＿＿＿＿(町掟ともいう)にもとづいて運営された。町には田・畑がなく、町人は百姓のような重い年貢負担を免れたが、城下町の上下水道や道・橋の整備、城郭や堀の清掃、防火・防災・治安など、都市機能を支えるための役割を、町人足役と呼ばれる夫役でつとめ、あるいはかわりに貨幣で支払った。

　町にはこのほか、宅地の一部や全体を借り自分で家屋を建てて住む❽＿＿＿＿＿、家屋の全体や、長屋の一部を借りて暮らす借家・❾＿＿＿＿＿、また商家に住み込む奉公人など、多様な階層の人々が居住した。⑧＿＿＿＿＿や借家・⑨＿＿＿＿＿は、地主の町人に地代や店賃を支払うほかに多くの負担はないが、町の運営には参加できなかった。都市には城下町のほかに、港町・門前町・宿場町・鉱山町などがあるが、どの場合も社会の基礎には町が存在した。

　こうした多様な職業に従事し、異なる利害関係をもつ商人・諸職人は、それぞれの職種ごとに仲間・組合・講と呼ばれる集団をつくり、町人地の社会は複雑な構造をもった。幕府や藩は町奉行をおくなど城下町の支配に力を入れ、また町

【解答】❷武家地　③町方　❹町　❺町人　❻名主　❼町法　❽地借　❾店借

■江戸の町年寄■　江戸では、樽屋・奈良屋・喜多村の三家が町年寄を世襲した。三家とも役宅以外に江戸市中に数カ所町屋敷・蔵屋敷などを拝領しており、その土地を貸し付けて収入を得ていた。

人地全体をまとめるために、有力な町人に町年寄・問屋などをつとめさせ、町奉行による行政を補佐させた。

農業 近世の農業は、1組の夫婦を中心とする小規模な家族が、狭い耕地に細やかな労働を集中的に投下し、面積当たりの収穫量を多くするという、零細ではあるが高度な技術を駆使する小経営をおこなう点に特徴がある。幕府や大名は、こうした高い生産力をもつ小経営とこれを支える村を、社会の富を生み出す基礎とした。このために、検地などにより小経営の実態や耕地の増加を細かく調べた。

17世紀初めから幕府や大名は大規模な治水・灌漑工事を各地でおこない、用水の体系を整備した。また商人の資力も利用して、海浜の浅瀬・湖沼・荒蕪地などを耕地として開発させ(**新田開発**)、新たに百姓を移住させて村をつくらせた。その結果、18世紀初めまでに全国の耕地は2倍近くに拡大し、年貢米の増収をもたらした。

農具は、人が用いる鋤・鍬・鎌などをはじめ、牛・馬など畜力による小規模な耕起用の犂など、耕耘・除草・収穫に応じて多様に発達した。こうした農具には鉄が用いられ、これを生産・修理する城下町などの鍛冶職人が村々をまわった。

肥料は①＿＿＿＿＿と厩肥が基本であった。①＿＿＿＿＿は、村内や近くの入会地から得られる雑木や草である。作物は、その多くを年貢に当てる米がもっとも主要なものであったが、小麦や粟・稗・蕎麦など自給用の雑穀、麻・②＿＿＿＿＿など衣料の原料、近くの城下町向けの野菜(青物・土物)や果物(水菓子)、江戸・上方など遠隔地に向けた蜜柑・茶・たばこなどの商品作物、養蚕のための桑など、地域の条件にもとづいて多様に生産された。

林業・漁業 国土の大半が山でおおわれる日本では、村や城下町の多くが山と深い関わりをもった。山は、建築や土木工事に不可欠な材木を豊富にもたらした。なかでも良質な大木を多く抱える山地は、幕府や藩の直轄支配とされ、伐り出された材木は、城郭や武家屋敷の建築や土木工事に用いられ、民間にも払い下げられた。また尾張藩や秋田藩などでは、藩が直轄する山林から

解答 農業▶ ①刈敷 ②木綿

伐り出された材木が商品化し、❶＿＿＿＿＿＿＿（尾張藩の材木）や❷＿＿＿＿＿（秋田藩の材木）として有名になった。材木の産地である山を抱える村（山里）には、杣と呼ばれる伐木の職人や、材木の運送などにたずさわる労働者（日用）が、山里の百姓として多数居住した。

　山の一部は、村の共有地、あるいはいくつかの村々が共同で利用する入会地とされた。これらの入会地では、肥料とされる刈敷や、牛馬の餌である秣、百姓の衣食住を支える様々な草木などが採集された。また山は、化石燃料が普及する以前、ほぼ唯一の燃料エネルギー源である③＿＿＿や炭の供給源となった。③や炭は、山里で生産・加工され、近隣の城下町などで大量に販売された。

　漁業は、重要な蛋白源であり、田畑の肥料（魚肥）でもある魚介類を獲得する営みとして多様に発達した。沿海部や内海での沿岸漁業、また河川・湖沼など内水面での淡水漁業で、様々な漁法が、漁船や漁具とともに発達した。

　先進的な漁法である④＿＿＿＿＿＿は、摂津・和泉・紀伊など上方の漁師によって全国に普及した。しかし、沖合や遠洋での漁業はまだみられなかった。

　沿岸部には、漁師が集まる村や町（浜方・猟師町）が各地にみられた。そこでは、有力な網元を中心に漁業の特権をもつ漁師が百姓として村や町の運営を担った。

　漁獲物は、生鮮品のまま近隣の都市や地域に販売されたが、塩や乾燥によって保存措置を講じた塩干物は遠隔地でも販売され、鰹節・昆布などは全国規模で流通した。また、干し鮑・いりこ・ふかひれは、俵物として、長崎から中国（清）へ輸出された。こうした漁業では、都市の魚問屋が資金を前貸し、生産地や漁獲物の流通を支配した。

手工業・鉱山業　近世は、職人の時代でもあった。職人は、生産のための道具や仕事場を所有し、弟子を抱える、小規模ではあるが独立した手工業者である。近世の手工業は、農業と同じように、細やかな労働を集中して、多様に分化した道具を駆使する高度な技術をともなって発達した。

　近世の初めに職人とされたのは、幕府や藩に把握され、城郭や武家屋敷・寺社などの建築、都市の建設、鉱山の経営、武器の生産などを担う大工・木挽や鉄砲

解答　林業・漁業▶❶木曽檜　❷秋田杉　③薪　④網漁

鍛冶などであった。これらの職人は、幕府や藩に無償で技術労働を奉仕し（国役と呼ぶ）、百姓や町人の役負担を免除された。

17世紀の中頃になると、民間の様々な需要に応じて、多様な手工業生産が都市を中心に急速に発達した。これらの生産に従事する職人たちは、業種ごとに仲間や組合をつくり、都市部では17世紀末頃までに借家人などとして定着した。

一方、村々にも大工などの職人がいた。また、零細な家内手工業が早くからみられた。その代表は麻・木綿などの織物、紙漉・酒造などである。戦国時代末期に綿作が朝鮮から日本に伝わると、木綿は従来の麻とともに庶民の衣料としてまたたく間に普及した。木綿の生産は、村々の女性労働による伝統的な地機を用いたものが中心であった。また紙漉による①＿＿＿＿＿の生産は、楮をおもな原料とし、全国に広まった。①＿＿＿＿＿は大量に生産され、行政や経営、情報の伝達や記録の手段として必需品となり、学問・文化の発達にも大きく貢献した。こうした村々における手工業は、百姓が農業の合間におこなう仕事（農間渡世）として把握された。

鉱山業では、16世紀半ばから17世紀初めに、精錬の新しい技術が朝鮮から伝えられ、各地で金・銀・銅・鉛の鉱山が開発され、多くの鉱山町が生まれた。なかでも②＿＿＿は、灰吹法という精錬技術により産出量が著しく増大し、17世紀の初めに日本は世界有数の産出国となり、日本の②＿＿＿は東アジアでのおもな貿易品となった。

17世紀後半になると金・銀の産出量は急減し、かわって銅の産出量が増加した。銅は、拡大する貨幣の需要に応じるとともに、長崎貿易における最大の輸出品となった。鉄は、砂鉄の採集による❸＿＿＿＿＿＿＿＿＿が、中国地方や東北地方を中心におこなわれた。そこでつくられた玉鋼などは商品として全国に普及し、刀剣などの武具や多様な道具に加工された。

鉱山で使われた鉄製のたがね・のみ・槌などの道具や、掘削・測量・排水などの技術は、治水や溜池・用水路の開削技術にそのまま転用された。その結果、各地で河川敷や海岸部の大規模な耕地の開発が可能となり、農業・手工業生産の発

解答　**手工業・鉱山業▶**①和紙　②銀
❸たたら製鉄

■**たたら製鉄**■　近世までの製鉄はほとんどが砂鉄を原料とする「たたら」の技法によった。「たたら」は製鉄のための大きなふいご・炉、炉をもつ建物（高殿）や製鉄地を意味する。

展に大きく貢献した。

商業 商人は本来、自分の資金で仕入れた商品を、みずから買い手に売る小
経営をいう。こうした小経営の商人は、中世以来、広く存在した。近
世の初期に平和が実現し、交通や流通が安全におこなわれるようになると、まず
豊富な資金や船・馬など商品の輸送手段、蔵などの貯蔵施設を所有する角倉了
以などの❶＿＿＿＿が活躍した。彼らは、堺・京都・博多・長崎・敦賀などを
根拠地とし、朱印船貿易や、交通体系がまだ整備されていないこの時期に地域間
の大きな価格差を利用して、巨大な富を得た。しかし、鎖国により海外との交易
が制限され、一方で国内において陸上・水上交通が整備されていくと、これらの
豪商は急速に衰えた。

　17世紀後半になると、全国の商品流通は三都や城下町などの都市を根拠地と
する❷＿＿＿＿が支配するようになった。②＿＿＿＿は、生産地の❸＿＿＿
から商品を受託し、これを都市の仲買に手数料（口銭）をとって卸売りした。生
産地の仲買は、仕入れた商品を遠隔地の問屋に販売を委託し、また都市部の仲買
は、都市内の問屋や市場から仕入れた商品を武家や**小売商人**などに売り、利益を
得た。また小売は、仲買などから購入した商品を消費者に売る商人で、常設の店
舗、路上の店、もち歩いて販売する零細な❹＿＿＿＿など、様々なかたちで商
売を営んだ。問屋や仲買は、都市や生産地で業種ごとに仲間・組合と呼ばれる同
業者団体をつくり、独自の法（❺＿＿＿＿という）を定めて、営業権を独占
しようとした。

3 幕政の安定

平和と秩序の確立 1651（慶安4）年4月に3代将軍徳川家光が死去し、子の
❶＿＿＿＿が8月に11歳で4代将軍となった。1662（寛文
2）年、**清**が明を完全に滅亡させて、半世紀近い動乱の続いた中国において新し
い秩序が生まれ、その結果、東アジア全体に平和が訪れた。日本国内でも、すで

解答 **商業▶**❶豪商　❷問屋　❸仲買
❹振売　❺仲間掟
平和と秩序の確立▶❶家綱

▌牢人▐ 浪人の語は律令時代の流浪の農
民を意味する。主君の下を離れ禄を失っ
た武士は牢籠人といい、略して牢人と呼
んだ。江戸後期にはこの牢人も浪人とい
われ、幕末には浪士の語も発生した。

に島原の乱を最後に戦乱は終止していた。

　幕府機構は整備され、幼少の将軍家綱を会津藩主で叔父の❷
　　　　　　や譜代大名が支えたことで、社会秩序が安定しつつあった。平和が続く中で重要な政治課題となったのは、戦乱を待望する牢人や、秩序におさまらない「かぶき者」への対策であった。まず1651(慶安4)年7月に兵学者由井(比)正雪の乱(❸　　　　　　　　　　　という)がおこると、幕府は、跡継ぎのいない大名が死にのぞんで急に相続人を願い出る❹　　　　　　　　　の禁止を緩和し、牢人の増加を防ぐ一方、江戸に住む牢人とともにかぶき者の取締りを強化した。

❺　　　　　　　　と呼ばれた火災(1657年)による甚大な被害から復興を果たした1663(寛文3)年、成人した家綱は代がわりの武家諸法度(寛文令)を発布し、あわせて❻　　　　　　の禁止を命じ、主人の死後は❻　　　　　　することなく、跡継ぎの新しい主人に奉公することを義務づけた。翌年には、すべての大名に領知宛行状を発給して将軍の権威を確認し、またいっせいに幕領の検地をおこなって幕府の財政収入の安定もはかった。

　一方、諸藩においても、安定した平和が続いて軍役の負担が軽減されたことや、❼　　　　　　　の飢饉が転機となって、藩政の安定と領内経済の発展がはかられるようになった。藩主は有能な家臣を補佐役にして領内の支配機構を整備し、その権力を強化した。また治水工事・新田開発によって農業生産を高めて財政の安定をはかったが、参勤交代・手伝普請などの支出から、必ずしも藩財政にゆとりは生じなかった。いくつかの藩では藩主が、儒者を顧問にして藩政の刷新をはかった。❽　　　　　　　(岡山)は郷校❾　　　　　　　　　を設けたほか、熊沢蕃山をまねいて重く用い、蕃山は❿　　　　　　　　　を設けた。その他、山崎闇斎に朱子学を学んで多くの書物を著した保科正之(会津)、江戸に彰考館を設け『大日本史』の編纂をおこなった⓫　　　　　　　　(水戸)、朱子学者木下順庵らをまねいて学問の振興をはかった⓬　　　　　　　　(加賀)らがいる。

■明暦の大火■　明暦の大火(1657年)は、お七火事(1682年)・目黒行人坂の大火(1772年)とあわせ三大大火と称され、江戸全市の55%が焼失した。

元禄時代　17世紀後半には、政治の安定と経済の発展とを背景に、❶＿＿＿＿＿＿が５代将軍となった。元禄年間（1688〜1704年）を中心とする綱吉の治世を**元禄時代**とも呼ぶ。綱吉の政治は、大老の堀田正俊が補佐しておこなわれたが、正俊が暗殺されたのちは側用人の❷＿＿＿＿＿＿がこれにかわった。

　1683（天和３）年に綱吉の代がわりの武家諸法度（天和令）が出され、第１条の部分は元和令以来の「文武弓馬の道、専ら相嗜むべき事」から「文武忠孝を励し、礼儀を正すべき事」に改められた。これは武士に、主君に対する❸＿＿＿と父祖に対する❹＿＿＿、それに**礼儀**による秩序をまず第一に要求したものであった。このいわゆる文治主義の考えは、儒教に裏づけられたもので、綱吉は木下順庵に学び、❺＿＿＿＿＿＿＿を建てるとともに❻＿＿＿＿＿（信篤）を大学頭に任じて、儒教を重視した。また礼儀によって秩序を維持するうえからも、それまでの天皇・朝廷に対する政策を改めて、霊元天皇の悲願であった大嘗会の再興など朝廷儀式のうちいくつかを復興させたり、禁裏御料を増やしたりして、朝幕の協調関係を築いた。

　綱吉は仏教にも帰依し、1685（貞享２）年から20年余りにわたり❼＿＿＿＿＿＿＿という法令を出して、生類すべての殺生を禁じ、捨子の保護なども命じた。この法によって庶民は迷惑をこうむったが、とくに犬を大切に扱ったことから、野犬が減少した。また、神道の影響から、近親者に死者があった時に喪に服したり忌引をする日数を定めた❽＿＿＿＿＿と呼ばれる法令を出し、死や血を忌みきらう風潮をつくり出した。こうして、武力によって相手を殺傷することで地位の上昇をはかる戦国時代以来の価値観は、かぶき者ともども完全に否定された。武力にかわって重視されたのが、身分・格式であり、儀礼の知識であり、役人としての事務能力であった。

　綱吉の時代は、幕府財政も転換期を迎えた。比較的豊かだった佐渡金山などの鉱山での金・銀産出量が減少し、財政は収入減となった。そのうえ前代の明暦の大火後の江戸城と市街の再建費用、引き続く元禄期の寺社造営費用は大きな支出

解答　元禄時代▶❶徳川綱吉　❷柳沢吉保　❸忠　❹孝　❺湯島聖堂　❻林鳳岡　❼生類憐みの令　❽服忌令

■服忌令　綱吉が制定した、親族の死に際しての服喪期間を定めた法令。最終的には吉宗による改訂で確定したが、それによると、父母は50日、夫は30日などとなっている。

増となり、幕府財政の悪化をまねいた。

　そこで勘定吟味役（のちに勘定奉行）の❾＿＿＿＿＿＿＿＿＿＿＿＿は、収入増の方策として貨幣の改鋳を上申し、綱吉はこれを採用した。改鋳で金の含有率を減らして質の劣った元禄小判を発行し、幕府は多大な収益を上げたが、貨幣価値の下落は物価の騰貴を引きおこし、人々の生活を圧迫した。さらに1707（宝永4）年には富士山が大噴火し、駿河・相模などの国々に降砂による大被害をもたらした。

正徳の政治　綱吉の死後、6代将軍①＿＿＿＿＿＿＿＿＿＿＿は生類憐みの令を廃止し、柳沢吉保を退け、朱子学者の②＿＿＿＿＿＿＿＿と側用人の③＿＿＿＿＿＿＿＿＿＿＿＿を信任して、政治の刷新をはかろうとした（これを❹＿＿＿＿＿＿＿＿＿＿という）。しかし、家宣は在職わずか3年余りで死去し、そのあとを継いだ7代将軍家継はまだ満3歳であったため、引き続き②＿＿＿＿＿＿＿＿＿＿らが幕府政治を担うことになった。

　短命・幼児の将軍が続く中、白石は将軍個人の人格よりも将軍職の地位とその権威を高めるために、新たな宮家の❺＿＿＿＿＿＿＿＿＿＿＿を創設したり、将軍家継と2歳の皇女との婚約をまとめたりして、天皇家との結びつきを強めた。また一目で序列がわかるように衣服の制度を整えるなど、家格や身分の秩序を重視した。

　朝鮮通信使が家宣の将軍就任の慶賀を目的に派遣されてきた際には、これまで使節への待遇が丁重にすぎたとして簡素化し、さらに朝鮮から日本宛の国書にそれまで将軍のことを「日本国⑥＿＿＿＿＿＿殿下」と記していたのを「日本国王」と改めさせ、日本を代表する権力者としての将軍の地位を明確にした。

　白石は、財政問題では金の含有率を下げた元禄小判を改め、以前の慶長小判と同率の❼＿＿＿＿＿**小判**を鋳造させて、物価の騰貴をおさえようとした。しかし、再度の貨幣交換はかえって社会に混乱を引きおこした。また長崎貿易では、多くの金・銀が流出したので、これを防ぐために1715（正徳5）年、❽＿＿＿＿＿＿＿＿＿＿＿（長崎新令・正徳新令）を出して貿易額を制限した。

解答　❾荻原重秀
正徳の政治▶①徳川家宣　②新井白石
③間部詮房　❹正徳の政治　❺閑院宮家　⑥大君　❼正徳　❽海舶互市新例

4 経済の発展

農業生産の進展　17世紀後半以降の1世紀のあいだに、小規模な経営を基礎とする農業や手工業を中心に、生産力は著しく発展し、三都（さんと）を中心に全国を結ぶ陸上・水上の交通網が整えられ、これらを基盤として、近世の社会や経済・文化は成熟をとげた。

　農業技術についてみると、鉄製の農具である深耕（しんこう）用の❶_____、脱穀（だっこく）用の❷_____が工夫され、選別用の❸_____や**千石簁**（せんごくどおし）、灌漑（かんがい）用の❹_____などが考案されて、村々に広く普及した。しかし、大型の農具などを用いる大規模な農法は発達しなかった。肥料では、耕地の開発が進み刈敷（かりしき）が不足する中で、都市周辺部では⑤_____が、また綿などの❻_____生産が発達したところでは、遠隔地（えんかくち）からの干鰯（ほしか）・〆粕（しめかす）・油粕（あぶらかす）・糠（ぬか）などが、❼_____として普及した。

　農業技術を教える農書（のうしょ）も普及した。早くも17世紀前半に、新しい栽培技術や農業知識を説く『清良記』（せいりょうき）が記され、17世紀末には日本における最初の体系的農書として宮崎安貞（みやざきやすさだ）の『❽_____』が著された。また19世紀に入ると、大蔵永常（おおくらながつね）の『農具便利論』『⑨_____』が刊行されるなど、地域の実情に応じて農書が多数つくられ、広く読まれた。

　新田（しんでん）開発や技術の革新により農業の生産高は大幅に増大し、田畑面積は江戸（えど）時代初めの164万町歩（ちょうぶ）から、18世紀初めには297万町歩へと激増し（1町歩は約1ha）、幕府（ばくふ）や藩の年貢（ねんぐ）収入も大きく増えた。

　幕府や藩は、年貢米を都市で販売し貨幣収入を得ることにつとめ、また⑥_____生産を奨励して税収入の増大をはかった。17世紀末に全国市場（しじょう）が確立し、三都や城下町（じょうかまち）などの都市が発達すると、都市の住民を中心に武士以外でも消費需要が多様化し、これに応じて商品生産が各地で活発化した。こうした商品の取引は、城下町や在郷町（ざいごうちょう）の問屋（といや）や市場を通じておこなわれ、村々はしだいに遠隔地との商品流通に巻き込まれるようになった。

第9章

解答　農業生産の進展▶❶備中鍬（びっちゅうぐわ）　❷千歯扱（せんばこき）　❸唐箕（とうみ）　❹踏車（ふみぐるま）　⑤下肥（しもごえ）　❻商品作物　❼金肥（きんぴ）　❽農業全書（ぜんしょ）　⑨広益（こうえき）国産考（こくさんこう）

村々では、地主たちが余剰米を商品として販売し、一般の百姓たちも桑・麻・綿・油菜・楮・野菜・たばこ・茶・果物などを⑥＿＿＿＿＿として生産し、貨幣を得る機会が増大した。また、出羽村山(最上)地方の⑩＿＿＿＿＿、駿河・山城宇治の⑪＿＿＿、備後の藺草、阿波の⑫＿＿＿＿＿、薩摩(琉球)の黒砂糖、越前の奉書紙、甲斐の葡萄、紀伊の蜜柑など、それぞれの風土に適した特産品が、藩などの奨励のもとで全国各地に生まれた。

諸産業の発展

農業以外の諸産業も著しく発達した。林業では、17世紀末に飛騨や紀伊の材木商人の中から、陸奥・出羽や蝦夷地で山林の伐採を請け負うものが出て、木材を江戸や京都で販売し巨額の利益を上げた。また、紀伊熊野や伊豆・下総などでは高級な炭がつくられ、三都や城下町向けの商品として大量に販売された。木工道具の進歩や漆塗り技術の普及によって、木製の器や日用品も多くつくられた。

漁業は漁法の改良と、沿岸部の漁場の開発が進んだ。鰯や鰊は干鰯・〆粕などに加工され、綿作などの商品作物生産に欠かせない肥料として上方をはじめ各地に出荷された。このほか、瀬戸内海の鯛や土佐の鰹などの釣漁、網や銛を駆使する紀伊・土佐・肥前・長門などの①＿＿＿＿＿などもみられた。17世紀末以降、銅にかわる中国(清)向けの主要な輸出品として②＿＿＿＿＿(干し鮑・いりこ・ふかひれなど)や昆布の需要が高まると、その獲得を目指して、蝦夷地や陸奥で漁業が盛んになった。

製塩業では高度な土木技術を要する❸＿＿＿＿＿＿が発達し、瀬戸内海の沿岸部をはじめとして各地で塩の生産がおこなわれた。

織物では、河内の④＿＿＿＿、近江の麻、奈良の⑤＿＿＿などの名産が各地に生まれた。絹や紬は農村でも多く生産されたが、高度な技術を要する金襴・緞子などの高級品は京都❻＿＿＿で高機を用いて独占的に織られた。しかし、18世紀中頃には、上野の⑦＿＿＿＿をはじめ、各地で高級な絹織物が生産されるようになった。

陶磁器は、秀吉による朝鮮侵略の中で、朝鮮からつれてこられた陶工とともに

解答 ⑩紅花 ⑪茶 ⑫藍玉
諸産業の発展▶①捕鯨 ②俵物 ❸入浜塩田 ④木綿 ⑤晒 ❻西陣 ⑦桐生

伝わった技術の普及によって、まず九州・中国地方で盛んになった。肥前⑧＿＿＿＿では佐賀藩の保護のもとで17世紀前半から磁器が生産され、長崎貿易の主要な輸出品となった。その後、尾張の⑨＿＿＿＿や美濃の多治見などで生産が活発になり、各地で陶磁器が量産された。また城下町の近郊では、安価な素焼や瓦が大量に生産された。

醸造業では、伏見や⑩＿＿＿で銘酒が生まれ、各地に造り酒屋が発達した。また、西日本で早くからつくられた醤油は、その後、関東の⑪＿＿＿＿や銚子をはじめ全国で大量に生産されはじめ、鰹節などとともに日本の食文化の形成に大きな役割を果たした。

交通の整備と発達

陸上交通の整備は、豊臣政権による全国統一の過程で始まり、これを引き継いだ江戸幕府によって、江戸・大坂・京都の①＿＿＿＿を中心に、各地の城下町をつなぐ全国的な街道の網の目が完成した。とくに、①＿＿＿＿を結ぶ②＿＿＿＿をはじめ、中山道・甲州道中・日光道中・奥州道中の❸＿＿＿＿は、江戸（日本橋）を起点とする幹線道路として幕府の直轄下におかれ、17世紀半ばからは❹＿＿＿＿によって管理された。また、❺＿＿＿＿（脇往還）と呼ばれる主要な道路が全国で整備された。これらの街道には多くの宿駅がおかれ、おもな街道に約4kmごとに築かれた❻＿＿＿＿や橋・渡船場・関所などの施設も整えられた。宿駅は、街道が通る城下町中心部の町におかれ、それ以外の宿駅は小都市（❼＿＿＿＿という）として、周辺地域の流通の中心となった。

陸上交通においては、幕府の役人や大名・旗本などの御用通行が最優先とされ、使用される人足と馬は、無料あるいは一般の半額程度の賃銭で徴発された。これを❽＿＿＿＿と呼び、おもに宿駅の町人・百姓や近隣の村々の百姓が負担させられた。宿駅には❾＿＿＿＿がおかれ、問屋や年寄・帳付などの宿役人が、伝馬役の差配や公用の書状・荷物の継ぎ送り（⑩＿＿＿＿という）に当たった。宿駅には大名らが利用する⑪＿＿＿＿・脇本陣、また旅行者のための⑫＿＿＿＿が設けられ、食売女などと呼ばれる事実上の遊女も

解答 ⑧有田 ⑨瀬戸 ⑩灘 ⑪野田
交通の整備と発達▶ ①三都 ②東海道
❸五街道 ❹道中奉行 ❺脇街道 ❻一里塚 ❼宿場町 ❽伝馬役 ❾問屋場 ⑩継飛脚 ⑪本陣 ⑫旅籠屋

■入鉄砲に出女■ 関所改めの重点は入鉄砲（江戸に入る鉄砲）と出女（江戸から出る女、とくに大名の妻女）であった。治安確保と大名統制を重視したためである。江戸の大名の菩提寺には女性の墓が多い。

おかれた。

　近世中期になると、参勤交代や幕府・大名の物資だけではなく、陸路によって商人の荷物がいちだんと活発に運送された。一般の庶民の寺社詣などの旅が盛んになり、各地で宿駅が発達した。また、飛脚による通信制度が整備され、全国の情報が早く正確に伝えられるようになった。陸上交通には、駕籠や牛馬・大八車などが用いられ、中部地方では馬や牛を用いて商品を長距離運送する中馬が発達した。しかし、遠隔地を結ぶ馬車は発達しなかった。

　大量の物資を安価に運ぶためには、陸路よりは海や河川・湖沼の水上交通が適していた。まず、17世紀の初めから内水面の舟運が整備された。京都の豪商**⑬**＿＿＿＿＿＿＿＿＿＿は鴨川・富士川を整備し、また高瀬川などを開削して水路を開いた。大きな河川では、山里で伐り出された木材が筏に組まれて送り出された。筏には荷が積まれるなど運搬にも用いられた。淀川・利根川・信濃川などの河川や、琵琶湖・霞ヶ浦などの湖では、高瀬舟などの中型船や小舟を用いた舟運が発展した。また河岸と呼ばれる港町が、陸上交通と舟運との結節点として各地につくられた。

　海上交通では、17世紀前半に大型の帆船を用いた**⑭**＿＿＿＿＿＿＿＿＿＿などが、大坂から江戸へ多様な商品を運送しはじめた。17世紀後半になると、江戸の商人**⑮**＿＿＿＿＿＿＿＿が、出羽酒田を起点とし江戸に至る**東廻り海運・西廻り海運**のルートを整備し、江戸と大坂を中心とする全国規模の海上交通網を完成させた。これら海運ルートの途中には、港町が発達した。18世紀前半になると、大坂・江戸間では酒荷専用の**⑯**＿＿＿＿＿＿＿が新たに運航を始めた。**⑯**＿＿＿＿＿＿＿は荷積みの期間が短く、酒以外の商品を上積み荷物として安価で運送し、**⑭**＿＿＿＿＿＿＿＿＿＿とのあいだで競争を繰り返した。これらは定期的に運航され、大坂から木綿・油・酒などの下り荷を江戸へ大量に運んだ。その後、**⑭**＿＿＿＿＿＿＿＿は衰退し、近世後期になると**⑯**＿＿＿＿＿＿＿が圧倒的な優位に立った。一方、18世紀末頃から、日本海の**⑰**＿＿＿＿＿＿＿や尾張の内海船など、遠隔地を結ぶ廻船が各地で発達した。

■札差■ 蔵米受取人の名を書いた手形を割竹にはさんで藁苞にさしたところからこの名がある。浅草のお蔵の前に店をかまえたので蔵宿ともいわれた。

貨幣と金融 全国に通用する貨幣を安定して供給することは、幕府の重要な役割であった。同じ規格・品質の金・銀の貨幣は、徳川家康が1600(慶長 5)年頃から❶＿＿＿＿＿（金貨をつくる）・❷＿＿＿＿＿（銀貨をつくる）で大量につくらせた慶長金銀が日本で最初とされる。①＿＿＿＿＿は江戸と京都におかれ、後藤庄三郎のもとで③＿＿＿＿＿・一分金などの計数貨幣が鋳造された。また②＿＿＿＿＿はまず伏見・駿府におかれ、のちに京都・江戸に移されて、丁銀や豆板銀などの❹＿＿＿＿＿＿＿＿が鋳造された。銭貨は近世の初めに輸入貨幣や悪質なものが混用されるなど不安定であったが、寛永期に、江戸と近江坂本をはじめ全国に10カ所前後の❺＿＿＿＿＿を開設させ、銀座の役人や有力商人に請け負わせて**寛永通宝**を大量に鋳造した。こうして17世紀中頃までに、金・銀・銭の❻＿＿＿＿＿は全国にいきわたり、商品流通の飛躍的な発展を支えた。

しかし、東日本ではおもに金貨が(**金遣い**)、西日本ではおもに銀貨が(**銀遣い**)、それぞれ取引や貨幣計算の中心とされ、また三貨の交換比率は相場によって変動するなど、貨幣制度は1871(明治 4)年の新貨条例に至るまで統一されなかった。また17世紀後半から、各藩は❼＿＿＿＿＿を発行しはじめ、領内で流通させ、三貨の不足をおぎなった。

貨幣の流通は、三都や各城下町の❽＿＿＿＿＿＿により促進された。⑧＿＿＿＿＿は三貨間の両替や秤量を商売とした。なかでも大坂や江戸の❾＿＿＿＿＿など有力な両替商は、公金の出納や為替・貸付などの業務をおこない、幕府や藩の財政を支えた。

三都の発展 農業や諸産業の発達により、各地の城下町・港町を中心に全国を結ぶ商品流通の市場が形成された。これを全国市場と呼ぶ。その要である江戸・大坂・京都の❶＿＿＿＿＿は、17世紀後半までに世界でも有数の大規模な都市に成長した。

「将軍のお膝元」である**江戸**には、幕府の諸施設や全国の大名屋敷(藩邸)をはじめ、旗本・御家人の屋敷が集中し、家臣やその家族、また武家奉公人など多数

解答 **貨幣と金融**▶❶金座 ❷銀座 ③小判 ❹秤量貨幣 ❺銭座 ❻三貨 ❼藩札 ❽両替商 ❾本両替
三都の発展▶❶三都

■三都■ 「京都八百八寺、大坂八百八橋、江戸八百八町」といわれていたように、京都は寺が多く、大坂は橋が多く、江戸は町が多かった。

が居住した。また町人地には多くの町（ちょう）が密集し、様々な種類の商人・職人や日用（日雇（ひやとい））らが集まり、江戸は日本最大の消費都市となった。

「②＿＿＿＿＿＿＿＿＿＿＿＿＿＿＿＿」ともいわれる**大坂**は、西日本を中心に全国の物資の集散地として栄えた大商業都市であった。西日本や日本海側の諸藩は❸＿＿＿＿＿＿＿＿＿＿＿＿を大坂において、領内の年貢米や特産物である❹＿＿＿＿＿＿を**蔵元**（くらもと）・**掛**（かけ）**屋**（や）と呼ばれる商人を通じて販売し、貨幣の獲得につとめた。また、各地の産地から送られる民間の商品（❺＿＿＿＿＿＿＿という）も活発に取引され、江戸をはじめ全国に出荷された。幕府は大坂城代（じょうだい）や大坂町奉行（まちぶぎょう）をおいて、大坂や西日本を支配する要とした。

古代以来、**京都**には天皇家や公家の居住地があり、市中や近隣には寺院の本山（ほん）・本寺（ほんじ）や本社（ほんしゃ）が数多く存在した。幕府は朝廷の権威を利用し、全国の寺社や宗教を統制するために、京都の支配を重視した。また、京都には呉服屋・両替商（ごふくや）など大商人の本拠が多く存在し、絹織物の❻＿＿＿＿＿や**京染**（きょうぞめ）・**京焼**（きょうやき）などを代表とする高い技術を用いた手工業生産も発達した。幕府は京都所司代（しょしだい）や京都町奉行により、朝廷・公家・寺社の統制や畿内（きない）と周辺諸国の支配に当たった。

商業の展開 17世紀末に全国市場が確立し、海運が活発になると、江戸の❶＿＿＿＿＿や大坂の❷＿＿＿＿＿のように、江戸・大坂間の荷物運送の安全、海損（かいそん）の共同保障、流通の独占を目指して、多様な職種からなる問屋仲間の連合組織がつくられた。また、問屋の活動範囲は全国におよび、なかでも近江・伊勢・京都の出身で呉服・木綿（もめん）・畳表（たたみおもて）などを扱う一群の大商人たちは、三井家（みつい）のように両替商を兼ね、三都や各地の城下町（かまち）などに出店（でみせ）をもつものも現れた。そして、都市の問屋の中には豪農（ごうのう）と連携して農村部の商品生産や流通を主導し、産地の百姓（ひゃくしょう）らに資金や原料を貸与（たいよ）することで、農村部の織物業などで家内工業を❸＿＿＿＿＿＿＿＿＿へと組織する動きも現れた。

18世紀前半になると、都市部では、問屋や仲買（なかがい）以外の商人や職人らの仲間や組合が広く公認され、商人や職人の経済活動が幕府や諸藩の力では左右できないほ

■西陣 応仁の乱に際して西軍（山名宗全軍）（やまなそうぜん）が陣をしいたことからこの地名が生じたといわれている。江戸時代は織物で有名で、ケンペルは「金銀の模様ある豊麗なる織物」としるしている。

ど、自律的で強固なものへと成長した。

　また、生産地と都市の問屋・仲買との売買の場である❹＿＿＿＿＿＿＿＿＿が三都や城下町に発達し、都市と農村を結ぶ経済の心臓部としての役割を果たした。大坂では❺＿＿＿＿＿＿の米市場、❻＿＿＿＿＿＿の魚市場、❼＿＿＿＿＿の青物市場、江戸では❽＿＿＿＿＿＿＿＿の魚市場、❾＿＿＿＿＿＿の青物市場などがよく知られる。

5 元禄文化

元禄文化　元禄時代に東アジアの秩序と幕政が安定して経済がめざましく発展すると、前代までの公家・僧侶・武士や特権的な町人などの富裕層のみならず、一般の町人や地方の商人、また有力百姓に至るまで多彩な文化の担い手が生まれた。この時期の文化を**元禄文化**と呼ぶ。

　その特色は、1つには、鎖国が確立したことで外国の影響が少なくなり、日本独自の文化が成熟したことである。2つには、平和と安定の中で、儒学のみならず天文学など科学的な分野も含めて学問が重視されたことである。3つには、文学・美術工芸・演劇などが広範な層に受容された背景に、紙の生産や出版・印刷の技術、流通の発展があったことである。

元禄期の文学　朝幕協調の影響から、諸大名が公家から和歌の指導を受けるようになり、和歌は武士のあいだでも盛んになった。元禄期では、和歌以外の文学は上方の町人文芸が中心で、❶＿＿＿＿＿＿＿（『好色一代男』の作者）・❷＿＿＿＿＿＿＿（『笈の小文』の作者）・❸＿＿＿＿＿＿（『曽根崎心中』の作者)がその代表であった。

　西鶴は大坂の町人で、初め西山宗因に学んで談林俳諧で注目を集め、やがて❹＿＿＿＿＿＿と呼ばれる小説に転じ、現実の世相や風俗を背景に、人々が愛欲や金銭に執着しながら、みずからの才覚で生き抜く姿を描き、文学に新しい世界を開いた。

解答　❹卸売市場　❺堂島　❻雑喉場　❼天満　❽日本橋　❾神田
元禄期の文学▶❶井原西鶴　❷松尾芭蕉　❸近松門左衛門　❹浮世草子

■浮き世■　本来は仏教用語の「憂き世」。江戸時代には浮き浮きした現世という享楽的意味が濃くなり、狭くは歌舞伎と遊里の世界、広くは当世風の意味に用いられた。浮世絵なども生まれてくる。

〔小説〕

⑦＿＿＿＿＿＿＿＿＿＿＿＿：17C、井原西鶴の好色物。主人公世之介の好色生活を描く

日本永代蔵：17C、井原西鶴の町人物。富を蓄えた町人の勤倹生活を描く

〔俳諧〕

笈　の　小　文：17C、松尾芭蕉の関西俳諧紀行

⑦＿＿＿＿＿＿＿＿＿＿＿＿：17C、松尾芭蕉の俳諧紀行。東北・北陸の吟行録

〔脚本〕

⑦＿＿＿＿＿＿＿＿＿＿＿＿：18C、近松門左衛門の世話物第一作。徳兵衛・お初の心中話

⑨＿＿＿＿＿＿＿＿＿＿＿＿：18C、近松門左衛門の時代物。成功の史実を脚色

　芭蕉は伊賀の出身で、奇抜な趣向をねらう談林俳諧に対し、さび・かるみで示される幽玄閑寂の❺＿＿＿＿＿＿＿（**正風**）俳諧を確立し、自然と人間を鋭くみつめて、『奥の細道』などの紀行文を著した。地方の農村部にも、旅をする芭蕉一行を待ち受け、支えた人々がいた。

　武士の出身であった近松は、現実の社会や歴史に題材を求め、義理と人情の板挟みに悩む人々の姿を、❻＿＿＿＿＿＿＿＿＿や歌舞伎の脚本に描いた。近松の作品は人形遣い辰松八郎兵衛らが演じ、❼＿＿＿＿＿＿＿＿＿らによって語られて民衆の共感を呼んだ。その語りは、❽＿＿＿＿＿＿＿という独立した音曲に成長していった。

　この頃、歌舞伎も民衆の演劇として発達した。能や狂言が武士たちのあいだにとどまったのに対し、歌舞伎は江戸・上方に常設の❾＿＿＿＿＿＿＿＿＿がおかれ、町人らも楽しんだ。江戸に勇壮な演技（❿＿＿＿＿＿という）で好評を得た初代⓫＿＿＿＿＿＿＿＿＿、上方に恋愛劇（⓬＿＿＿＿＿という）を得意とする⓭＿＿＿＿＿＿＿、女形の代表とされる⓮＿＿＿＿＿＿＿らの名優が出た。

儒学の興隆　幕藩体制の安定とともに、儒学のもつ意義は増大した。それは、武士の生き方（武士道）に、戦闘員としての弓馬の道だけではな

解答 ❺蕉風　❻人形浄瑠璃　❼竹本義太夫　❽義太夫節　❾芝居小屋　❿荒事　⓫市川団十郎　⓬和事　⓭坂田藤十郎　⓮芳沢あやめ

整理 おもな著作物（元禄）

大 学 或 問	：17C、熊沢蕃山の政策論。農兵主義を主張し幕政を批判	
㋐	：17C、山鹿素行の朱子学批判。古学の立場を主張	
中 朝 事 実	：17C、山鹿素行の歴史書。日本を中華とする立場で書く	
㋑	：18C、新井白石の史論。独自の時代区分で武家政権の発展を論評	
㋒	：18C、荻生徂徠の経世論。武士の土着などを主張	
㋓	：18C、太宰春台の経世論。商業藩営論を主張	
㋔	：17C、契沖の『万葉集』全巻の考証・注釈	
㋕	：17C、宮崎安貞の農書。農業・農法を詳述	
㋖	：18C、貝原益軒の博物誌。内外の動植鉱物の図解・解説	
発 微 算 法	：17C、関孝和の和算書。筆算代数学を創始	
貞 享 暦	：17C、渋川春海。中国の授時暦を修正した日本初の暦	

く、為政者としての徳性が求められるようになったからである。儒学は、社会における人々の役割（職分）を説き、上下の身分秩序を重んじ、「忠孝・礼儀」を尊ぶ考え方に有用な学問であった。とくに①＿＿＿＿＿の思想は大義名分論を基礎に、封建社会を維持するための教学として幕府や藩に重んじられた。

　戦国時代に土佐で開かれたとされ、谷時中に受け継がれた②＿＿＿＿＿（海南学派）も朱子学の一派で、その系統から❸＿＿＿＿＿・**野中兼山**らが出た。とくに③＿＿＿＿＿は神道を儒教流に解釈して❹＿＿＿＿＿を説いた。

　朱子学に対し**中江藤樹**や門人の❺＿＿＿＿＿らは、明の王陽明が始めた❻＿＿＿＿＿を学んだが、知行合一の立場で現実を批判してその矛盾を改めようとするなど革新性をもっていたために、幕府から警戒された。

　一方、外来の儒学にあきたらず、孔子・孟子の古典に直接立ち返ろうとする❼＿＿＿＿＿派が、『聖教要録』を刊行した❽＿＿＿＿＿や京都堀川で私塾古義堂を開いた❾＿＿＿＿＿らによって始められた。彼らの古学を受け継いだ❿＿＿＿＿は政治・経済にも関心を示し、『政談』で、都市の膨張をおさえることや武士の土着が必要であると説いて、統治の具体策を

解答 儒学の興隆▶①朱子学　②南学
❸山崎闇斎　❹垂加神道　❺熊沢蕃山
❻陽明学　❼古学　❽山鹿素行　❾伊藤仁斎　❿荻生徂徠

整理 おもな著作物（元禄）▶㋐聖教要録
㋑読史余論　㋒政談　㋓経済録　㋔万葉代匠記　㋕農業全書　㋖大和本草

説く⑪＿＿＿＿＿＿に道を開いた。徂徠は柳沢吉保や将軍⑫
＿＿＿＿＿＿に用いられ、享保の改革では政治顧問の役割を果たした。またその弟子
⑬＿＿＿＿＿＿＿＿は、経世論を発展させて『経済録』を著し、武士も商業を
おこない、専売制度によって利益を上げるべきだと主張した。

諸学問の発達 　儒学の発達は、合理的で現実的な考え方という点で、ほかの
学問にも大きな影響を与えた。新井白石は『❶＿＿＿＿
＿＿＿＿』を著し、朝廷や武家政権の推移を段階的に時代区分して独自の歴史の見方
を展開した。

　自然科学では、❷＿＿＿＿＿＿＿（博物学）や農学・医学など実用的な学問が発
達し、❸＿＿＿＿＿＿＿の『大和本草』、❹＿＿＿＿＿＿＿の『農業全書』
などが広く利用された。また、測量や商売取引などの必要から❺＿＿＿＿（日本
で独自に発達した数学）が発達し、❻＿＿＿＿＿＿＿は筆算代数式とその計算法
や円周率計算などですぐれた研究をおこなって『発微算法』を著した。天文・暦
学では、❼＿＿＿＿＿＿＿（安井算哲）が京都の土御門家に入門のうえ、暦の
誤差を修正して日本独自の暦をつくった（この暦を❽＿＿＿＿＿＿＿という）。こ
の功績により、幕府は天文方を設け、渋川をこれに任じた。

　国文学の研究もこの時代から始まった。まず、❾＿＿＿＿＿＿＿は和歌に
使えない言葉（制の詞）が定められてきたことの無意味さと、俗語を用いること
の正当さを説いた。『万葉集』を研究した❿＿＿＿＿は、多くの実例によって
茂睡の説の正しさを説明し、『万葉代匠記』を著した。また⓫＿＿＿＿＿＿
＿＿＿は『源氏物語』や『枕草子』を研究して、作者本来の意図を知ろうとした。
これらの古典研究は古代精神の探究に進み、のちの国学へと発展した。

元禄美術 　美術では、上方の有力町人を中心に、寛永期の文化を受け継いで、
いちだんと洗練された作品が生み出された。

　絵画では幕府や大名に抱えられていた狩野派のほかに、大和絵系統の土佐派か
ら出た❶＿＿＿＿＿＿＿が朝廷に抱えられ、土佐派からわかれた❷
＿＿＿＿・❸＿＿＿＿＿＿父子は、幕府の御用絵師となって狩野派とともに活

㋐　　　　　　　　　　　　　　　㋑

躍した（住吉派）。京都では、**④**＿＿＿＿＿＿＿＿＿＿が俵屋宗達の装飾的な画法を取り入れて**⑤**＿＿＿＿＿をおこした。光琳はすぐれた意匠の蒔絵でも知られる。また江戸では、安房出身の**⑥**＿＿＿＿＿＿＿＿が**⑦**＿＿＿＿＿の版画を始め、美人・役者などに画題を求めて都市の風俗を描き、安価に入手できることもあって、大きな人気を得た。

　陶器では京都の**⑧**＿＿＿＿＿＿＿＿が上絵付法をもとに**⑨**＿＿＿＿＿を完成して**京焼**の祖となり、光琳の弟の**⑩**＿＿＿＿＿＿はこの流れをくんで装飾的で高雅な作品を残した。染物では、**⑪**＿＿＿＿＿＿＿＿が**友禅染**を始め、綸子や縮緬の生地に華やかな模様を表した。

　庭園の分野では、将軍が大名屋敷を訪れる御成の回数が増え、大名は屋敷に趣向をこらした廻遊式庭園を設けるようになった。朱舜水の影響がみられる小石川の水戸藩邸の後楽園や、柳沢吉保の屋敷である六義園などは、現存するみごとな庭園である。

解答 **④**尾形光琳 **⑤**琳派 **⑥**菱川師宣　　川師宣）
⑦浮世絵 **⑧**野々村仁清 **⑨**色絵 **⑩**尾
形乾山 **⑪**宮崎友禅
整理 **おもな美術作品（元禄）**▶㋐紅白梅
図屏風（尾形光琳） ㋑見返り美人図（菱

幕藩体制の動揺

幕藩体制は、100年余りを経過すると動揺しはじめ、社会のひずみや矛盾がみられるようになる。幕府は体制を維持するための諸改革を試みるが、人々の生存のための要求は、訴訟や一揆・打ちこわし(内憂)となり、新たな外国勢力の圧力(外患)も加わり、やがて幕藩体制の崩壊に至る。そこにはどのような背景や原因があったのだろうか。

1 幕政の改革

享保の改革 1716(享保元)年に7代将軍徳川家継が8歳で死去し、家康以来の宗家(本家)がとだえると、三家の紀伊藩主であった① _____ が8代将軍になった。吉宗は29年間の将軍在職のあいだ、諸政策を実行して幕政の改革に取り組んだ。これを❷ _____ と呼ぶ。

　吉宗は徳川綱吉以来の側用人による側近政治をやめ、新設の御用取次を介して将軍の意思を幕政に反映させた。政策の実行のために旗本の大岡忠相や宿駅の名主であった田中丘隅ら、有能な人材を多く登用し、また荻生徂徠や室鳩巣らの儒学者を用いて、将軍みずから先頭に立って改革に取り組んだ。

　改革の中心は、まず財政の再建にあった。1719(享保4)年、続発する金銀貸借についての争い(金公事)を幕府に訴えさせず、当事者間で解決させるために❸ _____ を出した。また倹約令によって支出をおさえる一方、大名から石高1万石について100石を臨時に上納させる❹ _____ を実施し、そのかわりに参勤交代の負担をゆるめた。ついで、幕領の代官らの不正を徹底的に摘発する一方、検見法を改めて❺ _____ を広く取り入れ、年貢率の引上げをはかり、年貢の増徴を目指した。また、西日本の幕領で盛んになった綿作などの商品作物の生産に目をつけ、畑地からの年貢増収を目指した。さらに、商人資本の力を借りて❻ _____ を進め、米の増産を奨励した。

　これらの施策によって、幕領の石高は1割以上増加し、年貢収納高も増大した。「米公方」と呼ばれた吉宗は、さらに米価を安定させて武家の財政を保とうと、米価の平準化を目指して大坂の堂島米市場を公認した。また、青木昆陽が普及さ

解答 **享保の改革**▶①徳川吉宗　❷享保の改革　❸相対済し令　❹上げ米　❺定免法　❻新田開発

■田中丘隅■ 川崎宿本陣の養子であった田中丘隅は、川崎宿の復興を手がけ、のち荻生徂徠などから学問の手ほどきを受け、相模の酒匂川の治水工事もおこなった。

せた⑦＿＿＿＿＿をはじめ、さとうきび・櫨・朝鮮人参の栽培など、新しい産業を奨励し、⑧＿＿＿＿＿＿＿＿の輸入制限をゆるめるなどした。

　こうして財政再建の見通しを立てた吉宗は、1728(享保13)年4月に65年ぶりの日光社参(軍役)を命じ、東照権現(家康)の御定めの通りを主張して強い将軍像を誇示した。そのうえで、将軍側には「恥辱」と認識された上げ米を廃止し、参勤交代をもとに戻した。

　改革の第2の柱は江戸の都市政策で、町奉行⑨＿＿＿＿＿＿＿によって進められた。明暦の大火以後も繰り返し大火に見舞われた江戸に、広小路・火除地などの防火施設を設け、定火消を中心としてきた消火制度を強化するために、町方独自の⑩＿＿＿＿＿を組織させた。また、評定所に⑪＿＿を設けて庶民の意見を聞き、それによって貧民を対象とする医療施設として⑫＿＿＿＿＿＿＿を設けた。

　吉宗政権の末期には、種々の国家制度を充実させていった。⑬＿＿＿＿＿＿＿を制定して、判例にもとづく合理的な司法判断を進めた。また、1615(元和元)年以降の触れを類別に編纂して『御触書寛保集成』をつくり、同時に以後の幕府の記録保存を命じた。御触書集成の編纂は、以後も幕府事業として引き継がれた。また吉宗は、次男宗武と四男宗尹にそれぞれ田安家・一橋家をおこさせ、朝廷との協調関係も維持して徳川将軍家の安定をはかった。

社会の変容　享保の改革のあと、18世紀後半は幕藩体制にとって大きな曲り角となった。

　村々では、零細農民を年季奉公人などとして使役しておこなう地主経営すなわち❶＿＿＿＿＿＿をおこなう一部の有力な百姓が、名主・庄屋などをつとめ、手持ちの資金を困窮した百姓に利貸し、村やその周辺から質にとった田畑を集めて**地主**に成長し、これら田畑を小作人に貸して小作料を取り立てた。彼らは村々において商品作物生産や流通・金融の中心となり、地域社会を運営する担い手となった。こうした有力百姓を❷＿＿＿＿＿と呼ぶ。一方、田畑を失った小百姓は❸＿＿＿＿＿となるか、年季奉公や日用稼ぎに従事し、近隣の

解答　⑦甘藷　⑧漢訳洋書　⑨大岡忠相
⑩町火消　⑪目安箱　⑫小石川養生所
⑬公事方御定書
社会の変容▶❶地主手作　❷豪農　❸
小作人

都市や江戸・大坂に流出するなど、いっそう貨幣経済に巻き込まれていった。こうして多くの村々では、自給自足的な社会のあり方が大きくかわり、村役人を兼ねる②＿＿＿＿＿＿と、小百姓らとのあいだの対立が深まった。そして村役人の不正を追及し、民主的で公正な村の運営を求める小百姓らの運動（❹＿＿＿＿＿＿＿という）が各地で頻発した。

　都市社会の基礎である町もその性格を大きくかえた。とくに三都や城下町の町人地中心部では、町内の家持町人が減少し、住民の多くは地借や店借、また商家の奉公人らによって占められた。そして町内の裏長屋や城下町の場末には、出稼ぎなどで農村部から流入してきた人々や、棒手振・日用稼ぎや賃仕事などの雑業に従事するその日稼ぎの貧しい民衆が多数居住した。これらの都市民衆は、零細な棟割長屋に住み、わずかな貨幣収入で暮らしを支え、物価の上昇や飢饉・災害の時には、たちまち生活を破壊された。

　三都や長崎では、17世紀前半に幕府公認の遊廓がつくられた。そこで働かされた多数の遊女たちは、貧しい百姓や都市下層民の出身者であった。また、多くの城下町や門前町・宿場町・港町などで、料理茶屋や旅籠屋の中に類似の営業をおこなう者も多くいた。

一揆と打ちこわし

　百姓は、村請制のもとで年貢や諸役など重い負担を課せられたが、幕府や藩の支配が原因で、百姓の暮らしや生産活動が大きくそこなわれた時には、村を単位に領主に対して広い範囲で結集し、要求を掲げてしばしば直接行動をおこした。これを❶＿＿＿＿＿＿＿＿と呼ぶ。

　17世紀後半からは、村々の代表者が百姓全体の要求をまとめて領主に直訴する一揆（❷＿＿＿＿＿＿＿＿＿という）が増え、17世紀末になると、広い地域にわたる大規模な❸＿＿＿＿＿＿＿＿＿も各地でみられるようになった。一揆に参加した百姓らは、年貢の増徴や新税の停止、藩による専売制の撤廃などを要求し、藩の政策に協力する御用商人や村役人の家を打ちこわすなどの実力行使にも出た。

　幕府や諸藩は一揆の要求を一部認めることもあったが、多くは武力で鎮圧し、

【解答】 ❹村方騒動
一揆と打ちこわし▶❶百姓一揆　❷代
表 越訴型一揆　❸惣百姓一揆

■義民■ 江戸時代、百姓一揆の中心となり人々の犠牲となった人物が義民として語り継がれていった。佐倉惣五郎はその典型であり、その活躍は芝居にもなった。

一揆の指導者を処刑するなどした。しかし、きびしい弾圧にもかかわらず、百姓一揆は増加し続け、凶作や飢饉の時には、各地で同時に多発した。そして、1732(享保17)年には、天候不順の西日本一帯でいなごやうんかが大量に発生し、稲を食いつくして大凶作となり、全国におよぶ飢饉となった（**❹**＿＿＿＿＿＿＿という）。このため民衆の暮らしは大きな打撃を受け、江戸町人地の中心部では翌1733(享保18)年に、有力な米問屋が米価急騰の原因をつくったとして**❺**＿＿＿＿＿＿＿にあった。

1782(天明2)年の冷害から始まった飢饉は、翌年の浅間山大噴火を経て数年におよぶ大飢饉となり、東北地方を中心に多数の餓死者を出した（**❻**＿＿＿＿＿＿＿という）。こうした中で全国で数多くの百姓一揆がおこり、江戸や大坂をはじめ各地の都市では激しい打ちこわしが発生した。

田沼時代　将軍徳川吉宗のあと、9代将軍家重を経て10代将軍①＿＿＿＿＿＿＿の時代になると、1772(安永元)年に側用人から老中となった**❷**＿＿＿＿＿＿＿が十数年間にわたり実権を握った。この時代を田沼時代という。意次は再び行き詰まりだした幕府財政を再建するために、年貢増徴だけに頼らず民間の経済活動を活発にし、そこで生まれた富の一部を財源に取り込もうとした。そのために、都市や農村の商人・職人の仲間を**❸**＿＿＿＿＿＿＿として広く公認し、運上や冥加などの営業税の増収を目指した。この一環として幕府の専売のもとに、④＿＿＿座・真鍮座・朝鮮人参座などが設けられた。また、はじめて、**❺**＿＿＿＿＿＿＿に代表される定額の計数銀貨を鋳造させ、金を中心とする貨幣制度への一本化を試みた。

さらに意次は、江戸や大坂の商人の力を借りて⑥＿＿＿＿＿＿＿・手賀沼の大規模な干拓工事を始めるなど、**新田開発**を積極的に試みた。また仙台藩の医師**❼**＿＿＿＿＿＿＿の意見書『赤蝦夷風説考』を取り入れ、**最上徳内**らを⑧＿＿＿＿＿＿＿(北海道)に派遣して、その開発やロシア人との交易の可能性を調査させた。意次の政策は、商人の力を利用しながら、幕府財政を改善しようとするものであり、これに刺激を受けて、民間の学問・文化・芸術が多様な発展をとげた。

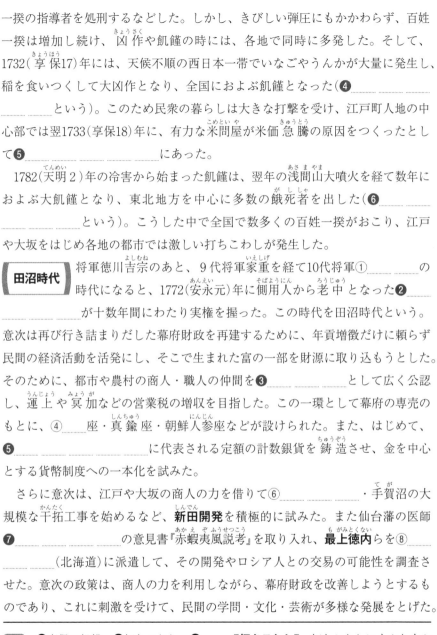

[解答] **❹**享保の飢饉 **❺**打ちこわし **❻**天明の飢饉
田沼時代▶①家治 **❷**田沼意次 **❸**株仲間 ④銅 **❺**南鐐二朱銀 **❻**印旛沼 **❼**工藤平助 ⑧蝦夷地

■打ちこわし■ 打ちこわしにもやり方やルールがあった。衣類などを奪って身につけたり、酒・飯を取って飲食をしたりするが、金銭を強奪したり、人を傷つけたりはしなかったようである。

一方で、幕府役人のあいだで賄賂や縁故による人事が横行するなど、武士の気風を退廃させたとする批判が強まった。

　朝廷では、1758（宝暦8）年に復古派の公家たちと⑨＿＿＿＿＿＿＿＿＿が、関白・武家伝奏らを軽んじたとして処分される❿＿＿＿＿＿＿＿＿＿＿＿がおこった。また1779（安永8）年、後桃園天皇の急死後、閑院宮家から迎えられた光格天皇が即位した。

　天明の飢饉が始まり、百姓一揆や打ちこわしが全国で頻発する中、1784（天明4）年に意次の子で若年寄の⑪＿＿＿＿＿＿＿＿＿＿＿が江戸城内で刺殺されると、意次の勢力は急速に衰え、1786（天明6）年、将軍家治が死去するとすぐに老中を罷免されて、多くの政策も中止となった。

2　宝暦・天明期の文化

宝暦・天明期の文化　18世紀半ば、商品経済の発展により、富を蓄えた裕福な百姓や都市の町人、都市生活者となった武家の中から、学問や思想、芸術など、幅広い分野で文化の担い手が数多く現れた。また、寺子屋などが各地につくられ、民衆の中にも識字層が大幅に増加し、読書をする人々が全国に広がり、書籍や印刷物が多様に制作・出版され、ものや人々の移動とともに、様々な情報や文化が流通した。こうして、幕藩体制の矛盾が深まる中で、幕府政治のあり方を批判する思想や、近代的な合理主義が生まれた。

洋学の始まり　学問・思想の分野では、18世紀になると、幕藩体制の動揺という現実を直視してこれを批判し、古い体制から脱しようとする動きがいくつも生まれた。いわゆる鎖国のもとにおかれたことから、西洋の学術・知識の吸収や研究は困難であったが、18世紀の初めに天文学者である①＿＿＿＿＿＿＿＿＿＿や新井白石が世界の地理・物産・民俗などを説いて、先駆けとなった。また将軍徳川吉宗が、漢訳洋書の輸入制限をゆるめ、**青木昆陽**・❷＿＿＿＿＿＿＿＿＿＿らにオランダ語を学ばせたこともあって、洋学はまず

解答 ⑨竹内式部　❿宝暦事件　⑪田沼意知
洋学の始まり▶①西川如見　❷野呂元丈

■運上・冥加■ ともに営業税。運上（運送し上すの意）は税率を定めて納付させる税、冥加（仏教用語で感謝報恩の意）は官の保護へのお礼として上納する献金。田沼時代の頃には、両者は混用された。

③＿＿＿＿＿として発達した。

　洋学をいち早く取り入れたのは、実学(実用の学問)としての医学である。1774
(安永３)年、豊前中津藩医④＿＿＿＿＿＿＿＿や若狭小浜藩医⑤＿＿＿＿＿
＿＿＿＿らが西洋医学の解剖書を訳述した『⑥＿＿＿＿＿＿＿＿＿＿』は、その
大きな画期となった。ついで大槻玄沢や宇田川玄随が出て、洋学は各分野でいっ
そう盛んとなり、玄沢の門人⑦＿＿＿＿＿＿＿＿＿は蘭日辞書である『⑧＿＿＿
＿＿＿＿＿＿＿』をつくった。また⑨＿＿＿＿＿＿＿は、長崎で学んだ
科学の知識をもとに物理学の研究を進めた。

　また、ロシアの南下をきっかけとして、世界や日本の地理や地図を学び研究す
ることが本格的に始まった。こうして洋学は、多くの分野にわたり、実証的で科
学的な研究や学問の発達を大きくうながした。

国学の発達と尊王論

日本の古典をめぐる実証研究は、元禄時代に契沖らに
よって始められ、18世紀に入ると『古事記』や『日本書
紀』などの研究に進み、日本古来の道(古道)を説く❶＿＿＿＿＿として発達した。
荷田春満や門人の❷＿＿＿＿＿＿＿は日本の古代思想を追究し、洋学はも
とより、儒教・仏教も外来思想として排した。伊勢商人の家に生まれた❸＿＿＿
＿＿＿は、真淵に学びながら国学を思想的にも高めて『古事記』の注釈
書『④＿＿＿＿＿＿＿＿』を著し、日本古来の精神に返ることを主張して、
「漢意」を激しく攻撃した。古い教理から抜け出ることができなかった儒学に対
し、国学では、政治や社会への批判精神が強かった。また盲目の国学者⑤＿＿＿
＿＿＿は、古典の収集・保存につとめ、のちの国史学・国文学の基礎を
築いた。

　尊王論は儒学と結びつき、幕藩体制の中の天皇を王者として尊ぶ思想として、
水戸藩の『大日本史』の編纂事業を中心にしておこった学派である❻＿＿＿＿
＿＿＿＿などで主張された。そして18世紀半ばに竹内式部は京都で公家たちに尊王
論を説いて追放刑となり(宝暦事件)、また兵学者の山県大弐は、江戸で幕政の腐
敗を攻撃したため、謀反を企てたとして死刑に処せられた(❼＿＿＿＿＿

　　　　　　　整理　おもな著作物（宝暦・天明）

〔国学〕

⑦＿＿＿＿＿＿：18C、本居宣長の『古事記』注釈の最高峰

⑦＿＿＿＿＿＿：18～19C、塙保己一編の大叢書。日本の古書の分類編纂

〔洋学・その他〕

蔵　　　　志：17C、山脇東洋著。日本最初の解剖図録

⑦＿＿＿＿＿＿：18C、杉田玄白・前野良沢らの西洋解剖書の翻訳

赤蝦夷風説考：18C、工藤平助著。ロシア人と蝦夷地の情勢を記述

三国通覧図説：18C、林子平の地誌。朝鮮・琉球・蝦夷地の地誌を解説

㋓＿＿＿＿＿＿：18C、林子平の海防論。対外兵備の急を主張

㋔＿＿＿＿＿＿：18C、大槻玄沢の蘭学入門書。蘭学史と文法などを収録

西説内科撰要：18C、宇田川玄随による初の西洋内科書の翻訳

㋕＿＿＿＿＿＿：18C、稲村三伯著。初の蘭日辞書

㋖＿＿＿＿＿＿：18C、安藤昌益著。身分制を否定した自然世を主張

＿＿＿＿＿＿という）。しかし尊王論自体は、将軍が天皇の委任によって政権を預かるというとらえ方で、朝廷を尊ぶことにより幕府の権威を守ろうとするものが多かった。

生活から生まれた思想　18世紀の初め、京都の町人❶＿＿＿＿＿＿＿＿は心学をおこし、儒教道徳に仏教や神道の教えを加味して、町人を中心とする庶民の生活倫理をやさしく説いた（石門心学）。社会の中での町人や百姓の役割を強調し、その人間としての価値を説く教えは、弟子の②＿＿＿＿＿＿＿＿・中沢道二らによって全国に広められた。

　18世紀半ばになると身分社会を根本から改めようとする思想が現れた。とくに、陸奥八戸の医者❸＿＿＿＿＿＿＿＿は『自然真営道』を著して、万人がみずから耕作して生活する自然の世を理想とし、武士が百姓から搾取する社会の仕組みや身分制度を鋭く批判した。また工藤平助の娘只野真葛は、国学の儒学批判にも学びながら、男女の才知の平等を主張した。

解答　**生活から生まれた思想**▶❶石田梅岩　②手島堵庵　❸安藤昌益

整理　**おもな著作物（宝暦・天明）**▶⑦古事記伝　⑦群書類従　⑦解体新書　㋓海国兵談　㋔蘭学階梯　㋕ハルマ和解　㋖自然真営道

儒学教育と学校　学問・思想におけるこうした新たな動きに対し、幕府は儒学による武士の教育を強く奨励した。そして、寛政の改革で幕府は朱子学を正学とし、林家の家塾を幕府直営の①＿＿＿＿＿＿とし、人材を整えて、幕府による支配の正統性を支える学問とした。また18世紀後半には諸学派の折衷を試みる②＿＿＿＿＿＿、さらには実証的な研究を重視する③＿＿＿＿＿＿が盛んになった。

　全国の藩は、藩士や子弟の教育のために④＿＿＿＿＿＿（藩学）を設立した。藩校は、初め朱子学を主とする儒学や武術を学ばせるものがほとんどであったが、のちに蘭学や国学も取り入れ、年齢や学力に応じた学級制もみられた。また藩の援助を受けて、藩士や庶民の教育を目指す⑤＿＿＿＿＿＿（郷学）がつくられることもあった。17世紀後半、岡山藩主池田光政が閑谷村に建てた⑥＿＿＿＿＿＿は、その早い例である。また大坂の⑦＿＿＿＿＿＿は、18世紀前半に大坂町人の出資を得て設立され、寛政の改革の頃には中井竹山を学主として朱子学や陽明学を町人に教え、『出定後語』を著した⑧＿＿＿＿＿＿や『夢の代』を著した⑨＿＿＿＿＿＿ら多くの町人学者を生んだ。

　民間でも、武士・学者・町人により各地で私塾が開かれ、儒学や国学・蘭学などが講義された。儒学では、17世紀後半の伊藤仁斎による⑩＿＿＿＿＿＿（京都）や18世紀前半に荻生徂徠が始めた蘐園塾（江戸）、また18世紀後半には国学の本居宣長による鈴屋（伊勢松阪）、さらに蘭学では大槻玄沢の芝蘭堂（江戸）などが開かれた。

　一般庶民の初等教育では、都市や村々を問わずおびただしい数の⑪＿＿＿＿＿＿がつくられた。⑪＿＿＿＿＿＿は、村役人・僧侶・神職・富裕な町人などによって運営され、師匠（教師）が、出版された教科書を用いて、読み・書き・そろばんなどの日常生活に役立つことや、幕府の法、道徳などを教えた。寺子屋の師匠には浪人の武士や女性もいた。貝原益軒の著作をもとにつくられた、女性の心得を説く『女大学』などを教科書として、女子教育も進められた。これらの庶民教育は、近世後期における民衆文化の発展にも大きく寄与した。

解答　儒学教育と学校▶①昌平坂学問所　❷折衷学派　❸考証学派　❹藩校　❺郷校　⑥閑谷学校　❼懐徳堂　❽富永仲基　❾山片蟠桃　⑩古義堂　⑪寺子屋

■藩学と郷学■　藩学は藩士子弟の教育機関で多くは武芸道場を併置し、郷学は藩士や庶民の教育機関。岡山藩では郷学に閑谷学校を設けた。

江戸時代中期の文学は、身近な政治や社会のできごとを題材とし、出版物や貸本屋の普及もあって、広く民衆に受け入れられた。

　小説では、浮世草子が衰えたあと、挿絵で読者を引きつける草双紙や、江戸の遊里を描く❶＿＿＿＿＿＿＿が流行した。また、❷＿＿＿＿＿＿と呼ばれる風刺のきいた絵入りの小説もさかんに売り出された。洒落本や黄表紙は寛政の改革できびしく取り締まられ、代表的作家である❸＿＿＿＿＿＿＿が処罰された。一方、大坂の上田秋成の『雨月物語』のように、文を主とする❹＿＿＿＿＿＿も現れた。俳諧では文人画家でもある与謝蕪村が絵と一体になる句をよんだ。また柄井川柳は、俳句の形式を借りて世相や風俗を風刺する❺＿＿＿＿＿を文学の一分野として定着させた。一方、大田南畝（蜀山人）・石川雅望（宿屋飯盛）を代表的作者とする❻＿＿＿＿＿もさかんにつくられ、その中には為政者を鋭く風刺したり、世相を皮肉るものもみられた。

　浄瑠璃では、18世紀前半に⑦＿＿＿＿＿＿＿＿（2世）が、また天明期（1781〜89年）の頃に近松半二が出て、すぐれた作品を残した。歌舞伎は、18世紀後半から江戸を中心に隆盛を誇り、寛政期（1789〜1801年）には中村・市村・森田（守田）の江戸三座が栄えた。浄瑠璃は徐々に歌舞伎に圧倒され、人形操りから離れて、座敷での唄浄瑠璃（座敷浄瑠璃）へと移り、一中節・常磐津節・清元節などが生み出された。

17世紀末に菱川師宣によって創始された浮世絵は、絵本や挿絵として描かれたが、18世紀半ばに❶＿＿＿＿＿＿が1枚刷りの多色刷浮世絵版画（❷＿＿＿＿＿という）として完成させた。そして、版画の製作技術や出版業の発達とともに、浮世絵の黄金時代へと向かった。寛政期に、多くの美人画を描いた❸＿＿＿＿＿＿や、個性豊かに役者絵・相撲絵を描いた❹＿＿＿＿＿＿らが、大首絵の手法を駆使してすぐれた作品をつぎつぎに生み出した。

　伝統的な絵画では、❺＿＿＿＿＿＿に始まる円山派が写生を重んじ、遠近法を取り入れた立体感のある作品を描いた。また明や清の影響を受けた画風も

解答 **文学と芸能▶**❶洒落本　❷黄表紙　❸山東京伝　❹読本　❺川柳　❻狂歌　⑦竹田出雲
絵画▶❶鈴木春信　❷錦絵　❸喜多川歌麿　❹東洲斎写楽　❺円山応挙

おこり、⑥＿＿＿＿＿＿＿＿＿＿とも呼ばれて一部の知識人に好まれた。18世紀後半の
❼＿＿＿＿＿＿＿や与謝蕪村がこの画風を大成した。

　西洋画は、近世の初めに南蛮人によってもたらされたのち途絶えていたが、蘭
学の隆盛につれて油絵の具などとともに絵画の技法が長崎を通して伝えられた。
18世紀後半、平賀源内の影響を受け、西洋画が広がった。江戸で銅版画を始めた
❽＿＿＿＿＿＿＿＿＿＿＿＿、銅版画や油絵を描いた陸奥須賀川の❾＿＿＿＿＿＿
＿＿＿＿＿＿、秋田で独自の洋風画(秋田蘭画)を創始した小田野直武らが知られる。

3　幕府の衰退と近代への道

寛政の改革　欧米では17世紀中頃にイギリス革命が、18世紀後半にはアメリ
カ独立革命、つづいてフランス革命がおこった。また、ロシア
はシベリア開発に意欲をもちはじめ、19世紀になるとアメリカも西部開拓を進め
て太平洋に進出するなど、世界情勢は大きく近代に向けて動きだしていた。この
ような情勢の中でロシア船やイギリス船・アメリカ船が日本近海に現れるように
なり、幕府は外交政策を見直す必要にせまられた。

　田沼意次が退いた翌1787(天明7)年5月、江戸・大坂など全国30余りの主要都
市で打ちこわしがあいついでおこった(❶＿＿＿＿＿＿＿＿＿＿＿＿
＿＿＿＿という)。なかでも江戸の打ちこわしは激しいもので、市中の米屋などが多
数襲われ、幕府に強い衝撃を与えた。こうした中で、11代将軍②＿＿＿＿＿＿
＿＿＿＿＿の補佐として老中に就任したのが、白河藩主❸＿＿＿＿＿＿＿　である。

　彼は国内外の危機がせまるのを感じて田沼時代の政策を改め、幕政の改革に着
手した。飢饉で危機におちいった農村を復興することによって幕府の財政基盤を
復旧し、打ちこわしを受けた江戸の治安問題を解決し、ロシアを中心とする外国
勢力に対応するための諸政策を実行していった。これらの改革政治を❹＿＿＿＿
＿＿＿＿＿＿と呼ぶ。

　まず荒廃した村々を復興させようと、人口減少の著しい陸奥や北関東などで

解答　⑥文人画　❼池大雅　❽司馬江
漢　❾亜欧堂田善
寛政の改革▶❶天明の打ちこわし　②徳
川家斉　❸松平定信　❹寛政の改革

百姓の他国への出稼ぎを制限し、荒れた耕地を復旧させるため、全国で公金の貸付をおこなった。また飢饉に備えて、各地に社倉・⑤＿＿＿＿＿をつくらせて米穀を蓄えさせた（⑥＿＿＿＿＿という）。

打ちこわしに見舞われた江戸では、両替商を中心とする豪商が幕府に登用され、その力を利用して都市政策が進められた。まず米をはじめ物価の調節をはかってその引下げを命じ、ついで正業をもたない者に資金を与えて農村に帰ることを奨励した（⑦＿＿＿＿＿＿＿＿＿＿という）。さらに治安対策として住民の把握（人別改め）を強めるとともに石川島に⑧＿＿＿＿＿＿＿＿＿を設け、無宿人を強制的に収容し、技術を身につけさせて職業をもたせようと試みた。また町々に町費節約を命じ、節約分の7割を積み立てさせ（⑨＿＿＿＿＿＿＿＿＿という）、新たに設けた江戸町会所によってこれを運用させて、米・金を蓄え、飢饉・災害時に困窮した貧民を救済する体制を整えた。

一方、改革を進める幕府役人や幕領代官などを担う旗本・御家人たちの生活安定のために、定信は⑩＿＿＿＿＿＿を出して札差に貸金を放棄させた。そのうえで旗本に武芸奨励を命じ、ついで朱子学を正学とし、1790（寛政2）年には湯島聖堂の学問所で朱子学以外（異学）の講義や研究を禁じる⑪＿＿＿＿＿＿を発し、学術試験をおこなって人材登用につなげた。林家当主に人材が得られなかったことから、儒者に柴野栗山・尾藤二洲・岡田寒泉を任じた。

民間に対してはきびしい⑫＿＿＿＿＿＿を出して、政治への風刺や批判をおさえ、風俗の刷新もはかった。⑬＿＿＿＿＿＿が『三国通覧図説』や『⑭＿＿＿＿＿＿』で海岸防備を説いたことを幕政への批判とみて弾圧し、洒落本や黄表紙が風俗を乱すとして出版を禁じ、その出版元を処罰した。農村でも芝居を禁じるなど風俗取締りが命じられた。

寛政の改革は、一時的に幕政を引き締め、幕府の権威を高めるかにみえたが、きびしい統制や倹約令は民衆の反発をまねいた。さらに、朝廷との問題が発生した。1789（寛政元）年、朝廷は光格天皇の実父である閑院宮典仁親王に、太上天皇（上皇）の尊号を宣下したいと幕府に同意を求めたが、定信はこれを拒否した。

解答 ⑤義倉 ⑥囲米 ⑦旧里帰農令 ⑧人足寄場 ⑨七分積金 ⑩棄捐令 ⑪寛政異学の禁 ⑫出版統制令 ⑬林子平 ⑭海国兵談

■正学と異学 大学頭林信敬への通達によると、異学の禁は朱子学再興のための政策であり、古学・折衷学などの儒学の諸派は異学とされた。異学の概念には洋学・国学などはふくまない。

武家伝奏ら公家は再び尊号宣下を求めたが、定信は本来武家伝奏は幕府側に立つべきとして、1793（寛政 5 ）年に武家伝奏らを処分した。この一連の事件を「⑮＿＿＿＿＿＿＿」と呼ぶ。この事件の対処をめぐる将軍徳川家斉との対立もあって、定信は老中在職 6 年余りで退陣に追い込まれた。幕府による朝廷統制機構は幕末まで維持されるものの、この事件を契機にして、幕府と朝廷の協調関係は崩れ、天皇の権威は幕末に向かって浮上しはじめた。

　幕府と同様に諸藩でも、田畑の荒廃や年貢収入の減少により、財政危機が生じていた。このため寛政年間（1789〜1801年）を中心に、藩主みずから指揮して綱紀を引き締め、領内での統制や倹約を強め、財政難を克服して藩権力の復興を目指す⑯＿＿＿＿＿＿＿が広くおこなわれた。そこでは、農村の復興がはかられ、特産物生産が奨励されて藩の⑰＿＿＿＿＿＿＿が進められた。また、藩校を設立して人材の登用に力が注がれた。改革に成果を上げた熊本藩の⑱＿＿＿＿＿＿＿、米沢藩の⑲＿＿＿＿＿＿＿、秋田藩の⑳＿＿＿＿＿＿＿らは名君とされた。

鎖国の動揺　松平定信の解決すべきもう 1 つの課題として、ロシアを中心とする外国からの危機への対応があった。1789（寛政元）年、国後島のアイヌが蜂起して松前藩に鎮圧されたが、幕府はアイヌとロシアの連携の可能性を危惧した。このようにロシアに警戒心を抱いていたところに、1792（寛政 4 ）年、ロシア使節❶＿＿＿＿＿＿＿が根室に来航し、日本人漂流民を届けるとともに通商を求めた。その際、江戸湾来航を要求されたことが契機となって、幕府は江戸湾と蝦夷地の海防の強化を諸藩に命じた。

　この頃、ロシア人は択捉島に上陸して現地のアイヌと交易をおこなっていた。そこで1798（寛政10）年、幕府は❷＿＿＿＿＿＿＿・**最上徳内**らに択捉島を探査させて「大日本恵登呂府」の標柱を立てさせた。その外側に異国ロシアとの境界線を引く発想であった。こうして1800（寛政12）年に幕府は、八王子千人同心100人を蝦夷地に入植させたうえ、1802（享和 2 ）年には、東蝦夷地を永久の直轄地とし、居住しているアイヌを和人とした。

解答 ⑮尊号一件　⑯藩政改革　⑰専売制　⑱細川重賢　⑲上杉治憲　⑳佐竹義和

鎖国の動揺▶❶ラクスマン　❷近藤重蔵

1804（文化元）年にはロシア使節❸_____が、ラクスマンのもち帰った入港許可証をもって長崎に来航したが、幕府はこの正式使節に冷淡な対応をして追い返したため、のちにロシア軍艦が樺太や択捉島を攻撃した。異国との銃撃戦は未曽有のことで、幕府の衝撃は大きかった。この間、幕府の対外防備は増強され、1807（文化４）年には、幕府は松前藩と蝦夷地をすべて直轄にして❹_____の支配のもとにおき、東北諸藩をその警護に当たらせた。さらに翌1808（文化５）年には❺_____に樺太とその対岸を探査させた。そののち、ロシアとの関係は、国後島に上陸したロシア軍艦の艦長を監禁したことに対してロシア側が択捉航路を開拓した淡路の商人高田屋嘉兵衛を抑留した❻_____を機に改善されたため、幕府は1821（文政４）年に蝦夷地を松前藩に還付した。

　北方での対外的な緊張に加えて、さらに幕府を驚かせたのは、1808（文化５）年のイギリス軍艦⑦_____の長崎湾侵入であった。⑦_____は、当時敵国になったオランダ船のだ捕をねらって長崎湾に入り、オランダ商館員を人質にし、薪水・食料を強要してやがて退去した（これを⑦_____**事件**という）。そこで、幕府は1810（文化７）年、白河・会津両藩に江戸湾の防備を命じた。

　その後もイギリス船・アメリカ船が日本近海に出没したため、諸藩に命じて全国各地の海岸に台場を設け大砲を備えさせた。幕府は、船員と住民との衝突などを回避するため、異国船に薪水・食料を与えて帰国させる方針をとっていたが、1825（文政８）年、❽_____（**無二念打払令**ともいう）を出し、外国船を撃退するよう命じた。従来の「四つの窓口」で結ばれた外交秩序（鎖国）の外側のロシア・イギリスのような武力をともなう列強に対して、幕府は強い警戒心を抱き、新たな外敵として想定したのである。

文化・文政時代　1786（天明６）年に11代将軍となった①_____は、松平定信が老中を辞任したのち、文化・文政期を中心に在職し、1837（天保８）年に将軍職を徳川家慶にゆずったあとも、❷_____

解答　❸レザノフ　❹松前奉行　❺間宮林蔵　❻ゴローウニン事件　⑦フェートン号　❽異国船打払令
文化・文政時代▶①徳川家斉　❷大御所

■**樺太と千島**　樺太は古くは「唐太」と書き「唐人」から転じた語らしい。現地語のサハリンは黒竜江口の峰の意。千島はクリルと呼ばれるアイヌがいたので、千島列島をクリル諸島ともいう。

（前将軍）として実権を握り続けた（②　　　　　　　　　　**政治**という）。約50年間の家斉の治世のうち、文化年間（1804〜18年）までは寛政の改革の質素倹約が受け継がれた。しかし文政年間（1818〜30年）になると、品位の劣る貨幣を大量に流通させたことで、幕府財政は潤い、将軍や大奥の生活は華美になった。これにより物価は上昇したが、商人の経済活動も活発になり、都市を中心に庶民文化の花が開くことにもなった。

　18世紀後半から、関東の在郷町で酒・味噌・醬油などが生産されて江戸に売り出される状況（江戸地廻り経済圏）がみられ、豪農や地主が力をつける一方で、土地を失う百姓も多く発生して、荒廃地域が生じた。江戸を取り巻く関東の農村では博打が蔓延し、無宿人や博徒らによる治安の乱れも生じたため、幕府は1805（文化2）年、❸　　　　　　　　　　　　　　　　を設けて犯罪者の取締りをおこなった。さらに1827（文政10）年には、幕領・私領・寺社領の領主の違いをこえて、近隣の村々を組み合わせた❹　　　　　　　　　　　　をつくらせ、協同して地域の治安や風俗の取締りに当たらせて、農村秩序の維持などをはかった。

【大塩の乱】　天明の飢饉後、寛政・文化・文政期は比較的天候にめぐまれ、農業生産はほぼ順調であった。しかし、天保年間の1832〜33（天保3〜4）年には収穫が例年の半分以下の凶作となり、全国的な米不足をまねき、以後1838（天保9）年にかけてきびしい飢饉となった（❶　　　　　　　　　　　　　　というという）。農村や都市には困窮した人々が満ちあふれ、百姓一揆・打ちこわしが続発したが、幕府・諸藩は有効な対策を立てることができなかった。

　1836（天保7）年の飢饉はとくにきびしく、そのため、もともと米が不足していた甲斐国郡内地方や三河国加茂郡で大規模な一揆がおこった。

　大坂でも飢饉の影響は大きく、餓死者があいついだ。しかし、富裕な商人らは米を買い占めて暴利を得る一方、大坂町奉行は窮民の救済策をとることもなく、米不足にもかかわらず大坂から江戸へ米を大量に回送していた。これをみた大坂町奉行所の元与力で陽明学者の❷　　　　　　　　　は、1837（天保8）年に、貧民救済のために門弟や民衆を動員して武装蜂起した（❸　　　　　　　　　と

【解答】　❸関東取締出役　❹寄場組合
大塩の乱▶❶天保の飢饉　❷大塩平八郎
❸大塩の乱

■**関東取締出役**■　公事方の勘定奉行の支配下で幕領・私領をとわず警察権を行使し、関東一帯の治安維持を任とした。八州廻りとも呼ばれる。

いう）。この乱はわずか半日で鎮圧されたが、大坂という重要な直轄都市で、幕府の元役人であった武士が主導して、公然と武力で反抗したことは、幕府や諸藩に大きな衝撃を与えた。

　その波紋は全国に広がり、国学者❹＿＿＿＿＿＿＿＿が大塩門弟と称して越後柏崎で陣屋を襲撃したり（④＿＿＿＿＿＿＿＿の乱）、各地に大塩に共鳴する百姓一揆がおきたりするなど、不穏な動きが続いた。

　国内問題（内憂）に加えて、対外問題（外患）も続いていた。1837（天保8）年、アメリカ商船の❺＿＿＿＿＿＿＿＿＿＿が浦賀沖に接近し、日本人漂流民7人を送還して日本に通交を求めようとしたが、幕府は異国船打払令にもとづいてこれを撃退させた（⑤＿＿＿＿＿＿＿＿事件という）。

　この事件について、翌1838（天保9）年、❻＿＿＿＿＿＿＿は『慎機論』を、❼＿＿＿＿＿＿は『戊戌夢物語』を書いて、幕府の対外政策を批判した。翌年、幕府は彼らをきびしく処罰した（❽＿＿＿＿＿＿＿という）。

　さらに、アヘン戦争の情勢も幕府に伝えられた。

天保の改革　このような内憂外患に対応するため、幕府は、1841（天保12）年、大御所家斉の死後、12代将軍家慶のもとで老中❶＿＿＿＿＿＿＿を中心に幕府権力の強化を目指した政治すなわち❷＿＿＿＿＿＿＿をおこなった。

　忠邦は享保・寛政の改革にならい、まず将軍・大奥も含めた断固たる③＿＿＿＿＿＿＿を出して、ぜいたく品や華美な衣服を禁じ、庶民の風俗もまたきびしく取り締まった。ついで江戸の人別改めを強化し、百姓の出稼ぎを禁じて、江戸に流入した貧民を帰郷させる❹＿＿＿＿＿＿＿を出し、天保の飢饉で荒廃した農村の再建をはかった。印旛沼の掘割工事による干拓にも、再度、取り組んだ。

　また物価騰貴の原因は、十組問屋などが上方市場からの商品流通を独占しているためと判断して、❺＿＿＿＿＿＿の解散を命じた。これにより江戸の⑤＿＿＿＿＿＿外の商人や、江戸地廻りの在郷商人らの自由な取引による物価

解答　❹生田万　❺モリソン号　❻渡辺華山　❼高野長英　❽蛮社の獄
天保の改革▶❶水野忠邦　❷天保の改革　③倹約令　❹人返しの法　❺株仲間

■蛮社の獄　高野・渡辺らの洋学者グループは、蛮学（南蛮学）研究集団の意で「蛮学社中」と称したので、その弾圧事件を蛮社の獄という。

引下げを期待したのである。しかし、物価騰貴の実際の原因は生産地から上方市場への商品流通量の減少であったため、⑤＿＿＿＿＿＿＿の解散はかえって江戸への商品輸送量を乏しくすることになり、逆効果となった。物価騰貴は、旗本や御家人の生活も圧迫したので、幕府は⑥＿＿＿＿＿も出し、あわせて札差などに低利の貸出しを命じた。このような生活と風俗へのきびしい統制と不景気とが重なり、人々の不満は高まっていった。

　一方、幕府は、相模の海岸防備を担わせていた川越藩の財政を援助する目的から、1840（天保11）年に川越・庄内・長岡3藩の領知をたがいに入れかえること（❼＿＿＿＿＿＿＿＿＿＿＿＿という）を命じたが、領民の反対もあって翌年に撤回された。幕府が転封を決定しながらその命令が徹底できなかったことは、幕府に対する藩権力の自立を示す結果となった。

　1843（天保14）年には、将軍家慶が67年ぶりに日光社参を実行して幕府権力の起死回生をはかろうとしたが、多大な出費による財政悪化と、夫役に動員された農民たちの不満をもたらしただけであった。

　さらに水野忠邦は、1843（天保14）年に❽＿＿＿＿＿＿＿を出し、江戸・大坂周辺のあわせて約50万石の地を直轄地にして、財政の安定や対外防備の強化をはかろうとした。しかし、代替地を用意したものの、⑧＿＿＿＿＿も譜代大名や旗本に反対されて実施できず、忠邦は老中を退き、印旛沼工事も中止された。改革の失敗は改めて幕府権力の衰退を示した。

経済の変化　農業生産から米で年貢を取り立てることを基礎とする幕藩体制は、とくに天保の飢饉の前後に各地で行き詰まりが顕著になった。北関東の常陸・下野両国の人口は、享保年間（1716～36年）に比べ、19世紀半ばには約30％減少し、田畑の荒廃もみられた。逆に生産力の高まった周防や薩摩では、人口が約60％も増加する地域があり、地域間の格差が広がった。

　また畿内を中心に、菜種・綿・金肥などをめぐり、生産地の百姓や在郷商人が、自由な流通を求めて大坂の株仲間などによる流通支配に反対し、国や郡全体の広い範囲を巻き込む大規模な訴訟闘争（①＿＿＿＿＿）をおこした。

解答　⑥棄捐令　❼三方領知替え　❽上知令

経済の変化▶①国訴

このような社会や経済構造の変化は、村と百姓に支えられていた幕藩体制をおびやかす危機となるため、対応策が求められた。二宮尊徳(金次郎)の❷＿＿＿＿＿や❸＿＿＿＿＿の性学のように、荒廃田を回復させて農村を復興させる試みもみられたが、村々では、すでに都市商人の資金を背景に、特産物である商品作物の生産や加工・運輸が広く組織されていた。また賃金で雇われる日雇労働で生計を立てる貧しい百姓も増大しており、農業の復興策だけでは幕藩体制の危機を防ぐことはできなかった。

　19世紀に入ると、問屋制家内工業がさかんにおこなわれる一方、一部の地域では地主や問屋(商人)が工場を設け、農業から離れた奉公人(労働者)を集めて、分業と協業による手工業生産を営んだ。これを❹＿＿＿＿＿(マニュファクチュア)と呼び、天保年間(1830〜44年)頃には大坂周辺や尾張の綿織物業、桐生・足利など北関東の絹織物業などでおこなわれた。

　これに対し諸藩は、藩政改革を進める中で、新しい経済活動が生み出す利益を積極的に取り込む方法として、以前から一部でみられた**藩専売制**や**藩営工業**などに取り組んでいった。

朝廷と雄藩の浮上

　「内憂外患」といわれる国内外の危機的状況に対し、幕府権力が弱体化して威信を発揮できなくなると、これにかわる上位の権威として天皇・朝廷が求められはじめた。

　朝廷の側からも、光格天皇のような朝廷復古を求める考え方が強く打ち出された。公家たちも財政に苦しむ中で、神職・陰陽師など宗教者や職人たちへの免許状や、蹴鞠・書道などの免許状を発行して収入を得ようと活動し、社会の側にも朝廷の権威を求める動きが広がった。

　諸藩も、外様を中心に幕府権力からの自立の道を求めるようになり、中・下級武士の有能な人材を登用して、財政の再建と藩権力の強化を目指す藩政改革がおこなわれていった。鹿児島(薩摩)藩では下級武士から登用された❶＿＿＿＿＿が1827(文政10)年から改革に着手し、三都の商人からの莫大な借財を事実上棚上げにし、また奄美三島(大島・徳之島・喜界島)特産の黒砂糖の専売を

■藩債の処理■ 薩摩藩では500万両にものぼる藩債を、元金1000両につき無利息で年4両ずつの250年分割払いで、長州藩では元金の3％ずつを37カ年にわたって支払う方法で藩債の処理にあたった。

強化し、琉球王国との貿易を増やすなどして、藩財政を立て直した。さらに藩主❷_____は鹿児島に**反射炉**を築造し、造船所やガラス製造所を建設した。ついで島津忠義はイギリス人技師の指導で紡績工場を建設し、この間、長崎の外国人商人グラヴァーらから洋式武器を購入して、軍事力の強化もはかった。

　萩（長州）藩では、❸_____が多額の借財を整理し、紙・蠟の専売制を改革した。さらに❹_____をおいて、下関に入港する北前船などの廻船を相手に、本来上方に運ばれるべき商品（越荷）を購入し、委託販売することなどで収益を上げ、財政の再建に成功した。

　佐賀（肥前）藩でも藩主❺_____が❻_____を実施し、直轄地の小作料の納入を猶予したり、町人地主の所有地の一部を藩に返させるなどして、本百姓体制の再建をはかった。また有田焼など陶磁器の専売を進めて藩財政に余裕を生み出し、反射炉を備えた❼_____を設けて洋式軍事工業の導入をはかるなど、藩権力を強化した。

　高知（土佐）藩でも「おこぜ組」と呼ばれる改革派が支出の緊縮をおこなって財政の再建につとめた。一方、水戸藩のように、藩主❽_____の努力にもかかわらず、藩内の保守派との抗争で改革が成功しなかった例もある。

　改革に成功した**薩長土肥**などの大藩のほか、伊達宗城の宇和島藩、松平慶永（春嶽）の福井（越前）藩などでも有能な中・下級武士を藩政の中枢に参加させ、また三都の商人や領内の地主・商人との結びつきを深めて、藩権力の強化や財政再建に成功した。これらの諸藩は社会の変化に即応した新しい動きをとることで、西国の❾_____として幕末の政局に強い発言力をもって登場するようになる。

　幕府も、代官❿_____（坦庵）に命じて伊豆韮山に反射炉を築かせた。これらの幕府や雄藩の洋式工業は、明治維新後に官営工業の模範となった。

第
10
章

■反射炉　熔鉱炉の一種。炉内に空気を送り火炎を天井・側壁に反射させ、輻射熱によって炉床上の鉱石や金属をとかし、海防用大砲の鋳造のため強い鉄を大量につくる目的で建設された。

4 化政文化

化政文化　宝暦・天明期に多様に発展しはじめた文化は、寛政の改革によりいったん停滞するが、19世紀に入ると再び息を吹き返した。11代将軍①＿＿＿＿＿＿の半世紀におよぶ長い治世のもと、文化・文政期を中心に、天保の改革の頃までの時期の文化を❷＿＿＿＿＿＿と呼ぶ。

　化政文化では、江戸をはじめとする三都の繁栄を背景として、民衆を基盤とする町人文化が最盛期を迎えた。化政文化は、都市の繁栄、商人や身分をこえた文人らの全国的な交流、出版・教育の普及、交通網の発達などによって、様々な情報とともに全国各地に伝えられた。また都市生活が成熟する中で、文化の内容も多種多様なものとなった。

学問・思想の動き　学問・思想の分野では、18世紀末から表面化した幕藩体制の動揺という現実を直視し、政治や社会を批判的にみて、古い体制を変革する方法を模索する動きが現れた。

　都市や村々の実情に接する人々の中から、封建制度の維持や改良を説く経世家の活動が活発になった。❶＿＿＿＿＿＿は『稽古談』で商売をいやしいものとする武士の見方を批判して、藩財政の再建は商品経済の発展をもたらす殖産興業によるべきと主張し、❷＿＿＿＿＿＿は『経世秘策』で西洋諸国との交易や蝦夷地開発による富国策を説いた。また、❸＿＿＿＿＿＿は『経済要録』で産業の国営化と貿易による重商主義をとなえた。

　水戸学では、19世紀の前半になると、藩主徳川斉昭を中心に藤田幽谷とその子の東湖、会沢安らの学者が出て尊王攘夷論を説き、幕末の思想や倒幕運動に大きな影響を与えた（後期水戸学）。

　国学では、本居宣長の死後、❹＿＿＿＿＿＿による復古神道が盛んになった。篤胤の死後も、弟子たちの手で、とくに中部地方や関東で武士や豪農・神職に広く浸透して多くの門人が生まれ、幕末期の内外の危機的状況の中で、現実の政治を動かす思想となった。

解答　**化政文化▶**①徳川家斉　❷化政文化

学問・思想の動き▶❶海保青陵　❷本多利明　❸佐藤信淵　❹平田篤胤

■尊王論■　本来、尊王論は反幕論ではない。水戸学では秩序再建のために幕府を敬い、皇室を尊ぶという尊王敬幕論が説かれ、国学では神国思想から発して尊王を説き、反幕は主張されていない。

⑦	＿＿＿＿＿＿	：19C、志筑忠雄記述の天文学書。ニュートン力学などを紹介
⑦	＿＿＿＿＿＿	：19C、伊能忠敬作成の沿海実測地図（日本最初）
⑦	＿＿＿＿＿＿	：19C、高野長英著。夢に託して外国船打払令を批判
⑦	＿＿＿＿＿＿	：19C、渡辺崋山著。外国船打払令を批判
稽　古　談		：19C、海保青陵の経済論。積極的興利政策
経　世　秘　策		：18C、本多利明の富国策。国内開発・商業貿易など4政策
経　済　要　録		：19C、佐藤信淵の経世論

　19世紀初めから幕末期にかけて、いくつもの民衆宗教が生まれ、多くの信者を得た。その中には女性の教祖や指導者も含まれ、不二道では男女の平等を説く教えもみられた。

　また、この時期以降、全国各地の豪農・豪商の中から多くの知識人・文化人が輩出した。彼らは、自分の家や地域の歴史を実証的に研究し、また漢詩・和歌・俳諧などの同好の会をつくって武士身分の者を含む都市の文化人と交流したり、平田派国学の門人となって活動するなど、近世後期の文化活動において重要な役割を果たした。なかでも下総佐原の商人で天文方に学んだ**⑤**＿＿＿＿＿は、幕府の命を受けて全国の沿岸を実測し、「大日本沿海輿地全図」の完成に道を開いた。

　洋学では、幕府が天文方の⑥＿＿＿＿＿＿に西洋暦を取り入れた寛政暦をつくらせた。また天文方に**⑦**＿＿＿＿＿＿を設け、（のちの蕃書調所）⑥＿＿＿＿＿＿の子高橋景保を中心に洋書の翻訳に当たらせた。元オランダ通詞の⑧＿＿＿＿＿は『暦象新書』を著し、ニュートンの万有引力説やコペルニクスの地動説を紹介した。

　洋学の研究は、1828（文政11）年の持ち出し禁止の日本地図を帰国時にもっていたため国外追放の処分を受けた人物の事件である⑨＿＿＿＿＿や、天保期の蛮社の獄など、幕府の弾圧を受けたこともあり、幕府を批判する思想や政治運動には結びつかず、医学・兵学・地理学などの科学技術に

解答　**⑤**伊能忠敬　⑥高橋至時　**⑦**蕃書和解御用　⑧志筑忠雄　⑨シーボルト事件

整理　**おもな著作物（化政）** ▶⑦暦象新書　⑦大日本沿海輿地全図　⑦戊戌夢物語

⑦慎機論

■国学の四大人■　荷田春満（もしくは契沖）・賀茂真淵・本居宣長・平田篤胤の4人をいう。大人は師匠・先人の尊称で、彼らが国学を大成したと考えられたため。

限る実学としての性格を強めていった。

教育 文化・文政期から天保期に、学者たちにより私塾が各地でつくられた。儒学者広瀬淡窓が豊後日田で開いた①＿＿＿＿＿や、蘭学者②＿＿＿＿＿が大坂で始めた③＿＿＿＿＿（適塾ともいう）、**吉田松陰**の叔父が長門萩に設立した④＿＿＿＿＿などが有名である。また洋学研究への関心が高まる中で、オランダ商館医であったドイツ人⑤＿＿＿＿＿が、文政期に診療所と⑥＿＿＿＿＿を長崎郊外に開き、高野長英らの人材を育てた。これらの私塾は、全国から多くの塾生を集め、幕末から明治初めに活躍する人材を育てた。

文学 文化・文政期には、滑稽さや笑いとともに、庶民の生活をいきいきと描いた絵入りの❶＿＿＿＿＿が盛んになり、『浮世風呂』を著した❷＿＿＿＿＿や『東海道中膝栗毛』を著した❸＿＿＿＿＿が現れた。また、恋愛ものを扱った❹＿＿＿＿＿も庶民に受け入れられたが、代表的作家である❺＿＿＿＿＿は、天保の改革で処罰された。これらに対し、文章を主とする小説で歴史や伝説を題材にした❻＿＿＿＿＿は、江戸の❼＿＿＿＿＿が勧善懲悪・因果応報を盛り込む『南総里見八犬伝』などの作品を描いて評判を得た。

俳諧は民間にも広くいきわたり、各地で俳人を生んだ。その中で、信濃の百姓❽＿＿＿＿＿は村々に生きる民衆の生活をよみ、おびただしい作品を残した。和歌では、香川景樹らの桂園派が新たに平明な歌風を始め、大きな影響を与えた。また越後の禅僧良寛は、暮らしに素材を求める独自の作品をつくった。

このほか、越後の鈴木牧之は山東京伝・曲亭馬琴ら江戸の文化人とまじわり、『北越雪譜』を出して、雪国の自然や生活を紹介した。

美術 全国各地に名所が生まれ、民衆の旅も一般化する中で、錦絵の風景画が流行し、『富嶽三十六景』を描いた❶＿＿＿＿＿や『東海道五十三次』を描いた❷＿＿＿＿＿らの絵は安価で広く普及した。また幕

解答 **教育**▶①咸宜園 ❷緒方洪庵 ❸適々斎塾 ④松下村塾 ⑤シーボルト ❻鳴滝塾
文学▶❶滑稽本 ❷式亭三馬 ❸十返舎一九 ❹人情本 ❺為永春水 ❻読本 ❼曲亭馬琴 ❽小林一茶
美術▶❶葛飾北斎 ❷歌川広重

末期にかけて、歌川国芳らは世相や政治を批判する錦絵を制作した。これらの錦絵は開国後、海外に多く紹介され、ヨーロッパの印象派画家たちにも大きな影響を与えた。

　従来からの絵画では、円山派からわかれ、❸＿＿＿＿＿＿（松村月溪）が始めた四条派が、温雅な筆致で風景を描き、上方の豪商らに歓迎された。また文人画は、豊後の④＿＿＿＿＿＿、江戸の⑤＿＿＿＿＿＿とその門人渡辺崋山らの出現で全盛期を迎えた。

民衆文化の成熟

文化・文政期には、三都をはじめ、多くの都市で常設の❶＿＿＿＿＿＿がにぎわい、また盛場では見世物・曲芸・講談などの小屋、さらに町人地でも多数の**寄席**が開かれるなど、都市の民衆を基盤とする芸能が盛んになった。歌舞伎では、7代目市川団十郎や尾上・沢村・中村らの人気役者とともに、鶴屋南北らすぐれた狂言作者が出て人気を得た。これらは、錦絵や出版物、また三都の役者による地方興行などによって、全国に伝えられ、各地で役者集団が生まれた。こうした中で、村々の若者が中心となって、歌舞伎をまねた❷＿＿＿＿＿＿（地芝居）や人形芝居が各地で取り組まれ、祭礼や花火などとともに村人の大切な娯楽となった。そして、歌舞伎の衣服・化粧・小道具・言葉遣いなどは、芝居を通じて民衆文化に大きな影響を与えた。

　有力な寺社では、修繕費や経営費を得るために、境内で**縁日**や寺の秘仏などを人々に公開する❸＿＿＿＿＿・❹＿＿＿＿＿（富くじ）などをもよおし、多くの人々を集めた。また湯治や物見遊山など、庶民の旅も広くおこなわれ、伊勢神宮・善光寺・讃岐金毘羅宮などへの**寺社参詣**や、聖地・霊場への❺＿＿＿＿＿＿がさかんにおこなわれた。また五節句や彼岸会・盂蘭盆会などの行事、日待・月待や庚申の日の夜に徹夜で過ごす❻＿＿＿＿＿＿などの集まりのほか、町や村々を訪れる猿廻しや万歳、盲人の瞽女・座頭などによる芸能が、人々を楽しませた。

民衆文化の成熟▶❶芝居小屋　❷村芝居　❸開帳　❹富突　❺巡礼　❻庚申講

▌**庚申講**▌　庚申の日、人体からぬけだした虫が天帝に人間の悪行を報告すると命が縮まるというので、それを防ぐために徹夜するならわしが広まった。

第 4 部

近代・現代

近世から近代へ

欧米列強によるアジア進出の最中、幕府・朝廷・諸藩は対外的危機にこたえる新たな政治体制を模索した。それまで政治決定に関わらなかった者たちも政治参加や変革を求めて動きだした。幕末の動乱を通じて、彼らはどのような政治体制を求めたのだろうか。そして、なぜ幕府を滅亡させて新たな政府をつくる必要があったのだろうか。

1 開国と幕末の動乱

内憂外患への対応　18世紀後半、イギリスで最初の❶＿＿＿＿＿＿＿＿＿が始まり、工業化の波はさらにヨーロッパ各国やアメリカにおよんだ。巨大な工業生産力と軍事力を備えた欧米諸国は、国外市場や原料供給地を求めて、競って植民地獲得に乗り出し、とくにアジアへの進出を本格化させた。

　それまで、幕府は鎖国・攘夷を有力な対外方針として、海岸防備の強化もはかってきた。しかし、幕末の深刻な対外的危機により、開国・和親を含めた幅広い議論が生じた。このことは、幕府自体に政治改革をうながすとともに、幕政に関わることがなかった大名や藩士たちが政治参加を要求し、朝廷の政治的影響力も増大するなど、従来の政治体制を変革、解体する契機となった。また、開国にともない国内の経済に大きな影響が生じ、政治体制も不安定化したことにより、民衆の生活苦や社会不安が増大し、内憂への対処もより深刻な問題となった。幕末の動乱は、国内の諸勢力がこうした内憂外患の解決をはかろうとした模索の動きといえる。

ペリー来航と対外方針の模索　清は❶＿＿＿＿＿＿＿＿＿でイギリスに敗れて❷＿＿＿＿＿＿条約を結び、上海など5港の開港、香港島の割譲、貿易の自由化を認めさせられた。清の劣勢が日本に伝わると、幕府は1842（天保13）年、異国船打払令を緩和していわゆる❸＿＿＿＿＿＿＿＿＿＿＿を出し、漂着した外国船には燃料である薪や水・食料を与えることにした。それでも、幕府は従来の鎖国の方針を捨てたわけでは

解答　**内憂外患への対応▶**❶産業革命
ペリー来航と対外方針の模索▶❶アヘン戦争　❷南京条約　❸天保の薪水給与令

なかった。1844(弘化元)年、④＿＿＿＿＿＿＿＿＿＿＿＿国王が幕府に親書を送り、平和維持のため諸外国との通商関係を築くように勧告した。翌年、幕府はこれを拒絶してあくまでも鎖国体制を守ると返書したが、その一方で、今後の対応を模索した。こうした中、1846(弘化3)年にアメリカ東インド艦隊司令長官⑤＿＿＿＿＿＿＿＿＿＿が浦賀に来航して開国を要求したが、やはり幕府は拒絶した。アメリカは、北太平洋を航海する清との貿易船や⑥＿＿＿＿＿＿＿＿＿＿の寄港地として日本の開国を強く望んでいた。

1853(嘉永6)年4月に琉球王国の那覇に寄港したアメリカ東インド艦隊司令長官⑦＿＿＿＿＿は、軍艦(「黒船」)4隻を率いて6月に浦賀沖に現れ、⑧＿＿＿＿＿＿＿＿＿＿＿＿＿大統領の国書を提出して日本に開国を求めた。幕府は、紛争を避けるために国書を受理し、回答を翌年に約してひとまず日本を去らせた。ついで7月には、ロシアの使節⑨＿＿＿＿＿＿＿＿＿＿＿＿も長崎に来航して、開国と国境の画定を要求した。

ペリーは翌1854(安政元)年1月、7隻の艦隊を率いて再び浦賀に来航し、条約の締結を強硬にせまった。幕府はその威力に屈して3月に⑩＿＿＿＿＿＿＿＿＿を結び、(1)アメリカ船が必要とする燃料や食料などを供給すること、(2)難破船やその乗組員を救助すること、(3)下田・⑪＿＿＿＿＿の2港を開いて領事の駐在を認めること、(4)アメリカに一方的な⑫＿＿＿＿＿＿＿＿＿を与えることなどを取り決めた。幕府はロシアと下田で⑬＿＿＿＿＿を結んだ。この条約で、下田・箱館のほか長崎を加えた3港を開き、国境については⑭＿＿＿＿＿以南の島々は日本領、得撫島以北の⑮＿＿＿＿＿をロシア領とし、⑯＿＿＿＿＿は従来通り境界を定めないことなどが約定された。幕府はイギリス・オランダともアメリカと類似の内容の和親条約を結んだ。これを「開国」というが、通商を認めなかったことから、薪水給与令と大差ないというとらえ方もあり、当時の人々がみな、鎖国を放棄したと考えたわけではない。

ペリー来航後、老中首座⑰＿＿＿＿＿＿＿＿＿は、それまでの方針をかえて

解答　④オランダ　⑤ビッドル　⑥捕鯨船　⑦ペリー　⑧フィルモア　⑨プチャーチン　⑩日米和親条約　⑪箱館　⑫最恵国待遇　⑬日露和親条約　⑭択捉島　⑮千島列島　⑯樺太　⑰阿部正弘

■ペリーとペルリ■ 「ペリー」(Matthew Calbraith Perry)は英米式発音であり、当時はふつうオランダ通詞の発音によって「ペルリ」と呼んだ。漢字では「伯理」などとあてる。

⑱＿＿＿＿＿への報告をおこない、諸大名や幕臣にも意見を述べさせて、挙国的に対策を立てようとした。しかし、この措置は⑱＿＿＿＿＿の権威を高め、諸大名の発言力も強めて、従来の幕政を転換させる契機となった。また幕府においても、人材を登用するとともに、前水戸藩主⑲＿＿＿＿＿を幕政に参画させた。さらに国防を充実する必要から江戸湾に⑳＿＿＿＿＿（砲台）を築き、大船建造の禁を解き、貿易容認に向けて蘭学に通ずる㉑＿＿＿＿＿を老中首座にすえた（**安政の改革**）。

開港とその影響 日米和親条約にもとづき1856（安政3）年に来日した初代アメリカ総領事❶＿＿＿＿＿は、下田に駐在して通商条約の締結を強く求めた。ハリスとの交渉に当たった老中首座❷＿＿＿＿＿は、条約調印の勅許を求めたが、朝廷では攘夷の考えが強く、❸＿＿＿＿＿の勅許は得られなかった。

ところが1858（安政5）年、清が第2次アヘン戦争の結果として、イギリス・フランスと天津条約を結ぶと、ハリスはイギリス・フランスの脅威を説いて通商条約の調印を強くせまった。大老❹＿＿＿＿＿は勅許を得られないまま、同年6月に❺＿＿＿＿＿の調印を断行した。

この条約には、(1)❻＿＿＿＿＿・長崎・箱館・新潟・❼＿＿＿＿＿の開港と江戸・大坂の開市、(2)通商は❽＿＿＿＿＿とすること、(3)開港場に❾＿＿＿＿＿を設け、一般外国人の国内旅行を禁じることなどが定められた。さらに、(4)アメリカに日本に滞在する自国民への❿＿＿＿＿（⓫＿＿＿＿＿ともいう）を認め、(5)日本の関税については日本に税率の決定権がなく、相互で協議して協定関税を定め（これを⓬＿＿＿＿＿の欠如という）、いわゆる不平等条約であった。幕府はついで、オランダ・⓭＿＿＿＿＿・イギリス・⓮＿＿＿＿＿とも類似の条約を結んだ（これらをまとめて⓯＿＿＿＿＿という）。

貿易は1859（安政6）年から⓰＿＿＿＿＿・長崎・箱館で始まった。輸出入品の取引は、居留地において外国商人と日本商人（売込商・引取商）とのあいだで、

⑱朝廷 ⑲徳川斉昭 ⑳台場 ㉑堀田正睦
開港とその影響▶❶ハリス ❷堀田正睦 ❸孝明天皇 ❹井伊直弼 ❺日米修好通商条約 ❻神奈川 ❼兵庫 ❽自由貿易 ❾居留地 ❿領事裁判権 ⓫治外法権 ⓬関税自主権 ⓭ロシア ⓮フランス ⓯安政の五カ国条約 ⓰横浜

⑰＿＿＿＿＿を用いておこなわれた。輸出入額は横浜が圧倒的に多く、アメリカで南北戦争がおきたこともあり、⑱＿＿＿＿＿との取引が一番多くなった。

　日本からは、⑲＿＿＿＿＿・⑳＿＿＿＿＿・蚕卵紙・海産物などの農水産物やその加工品が多く輸出され、㉑＿＿＿＿＿・綿織物などの繊維工業製品や㉒＿＿＿＿＿・艦船などの軍需品が輸入された。貿易は大幅な輸出超過となり、それに刺激されて物価が上昇するとともに、国内産業に大きな変化が現れた。輸出品の中心となった生糸の生産は拡大したが、一方では機械で生産された安価な㉓＿＿＿＿＿の大量輸入が、農村で発達していた手紡や㉓＿＿＿＿＿業を圧迫していった。

　幕府は、物価高の抑制を理由に貿易の統制をはかり、1860（万延元）年、㉔＿＿＿＿＿・呉服・雑穀・蠟・水油の5品は、横浜直送を禁じて必ず江戸の問屋を経由して輸出するように命じた（これを㉕＿＿＿＿＿という）。しかし、輸出向け商品を取り扱った㉖＿＿＿＿＿や商取引の自由を主張する列国の反対で効果は上がらなかった。また、金・銀の交換比率は、外国では1：15、日本では1：5であり、日本と外国との金銀比価が違ったため、多量の㉗＿＿＿＿＿が海外に流出した。幕府は金貨の品質を大幅に引き下げる改鋳（㉘＿＿＿＿＿という）をおこなって流出を防いだが、貨幣の実質的な価値が下がったことで物価上昇に拍車をかけることになり、庶民の生活は圧迫された。貿易に対する反感が高まり、西洋諸国を打ち払うという激しい㉙＿＿＿＿＿運動がおこる一因となった。

公武合体と尊攘運動 ハリスから通商条約の締結をせまられていた頃、幕府では13代将軍❶＿＿＿＿＿に子がなかったため、**将軍継嗣問題**がおこった。幕政参画を目指す親藩の越前藩主②＿＿＿＿＿（春嶽）や、有力外様大名の薩摩藩主③＿＿＿＿＿らは、水戸藩主徳川斉昭の子で一橋家を継いだ❹＿＿＿＿＿を推し（一橋派）、血統の近い幼年の紀伊藩主⑤＿＿＿＿＿を推して現体制を維持しようとす

解答 ⑰銀貨 ⑱イギリス ⑲生糸 ⑳茶 ㉑毛織物 ㉒鉄砲 ㉓綿織物 ㉔生糸 ㉕五品江戸廻送令 ㉖在郷商人 ㉗金貨 ㉘万延貨幣改鋳 ㉙攘夷
公武合体と尊攘運動▶❶徳川家定 ②松平慶永 ③島津斉彬 ❹徳川慶喜 ⑤徳川慶福

第11章

る譜代大名ら（南紀派）と対立した。1858（安政5）年、南紀派の彦根藩主⑥＿＿＿＿＿が大老に就任すると、通商条約の調印を強行し、慶福を将軍の跡継ぎに決定した（14代将軍⑦＿＿＿＿＿＿＿＿＿＿）。

条約の違勅調印は孝明天皇の怒りと、一橋派の大名や⑧＿＿＿＿＿＿と攘夷をとなえる志士たちの強い反発をまねいた。これに対して直弼は強硬な態度で反対派の公家・大名をおさえ、その家臣ら多数を処罰した（これを⑨＿＿＿＿＿＿＿＿という）。このきびしい弾圧に憤激した水戸脱藩の志士らは、1860（万延元）年、直弼を江戸城桜田門外で暗殺した（これを⑩＿＿＿＿＿＿という）。

⑩＿＿＿＿＿＿＿＿＿＿のちのち、幕政の中心となった老中⑪＿＿＿＿＿＿＿＿は、朝廷（公）と幕府（武）の融和をはかる⑫＿＿＿＿＿＿＿＿＿＿の政策をとり、孝明天皇の妹⑬＿＿＿＿＿＿を将軍家茂の妻に迎えた。この政略結婚は、天皇を尊崇し西洋諸国を打ち払うという⑭＿＿＿＿＿＿＿＿＿＿の論者から批判され、信正は1862（文久2）年、江戸城坂下門外で水戸脱藩士らに傷つけられて老中を退いた（これを⑮＿＿＿＿＿＿＿＿＿＿という）。こうした事態の中で、朝廷と幕府の双方につながりの深い薩摩藩では、藩主島津忠義の父⑯＿＿＿＿＿＿＿が1862（文久2）年、藩兵約1000人を引き連れて上洛し、朝廷に幕政改革を訴え、朝廷から過激派藩士の掃討を命じられた。久光はさらに勅使を奉じて江戸にくだり、幕府に幕政改革をせまった。幕府は勅使の伝えた朝廷の意向に即して、松平慶永を⑰＿＿＿＿＿＿＿＿＿＿に、徳川慶喜を⑱＿＿＿＿＿＿に任命し、また⑲＿＿＿＿＿＿＿＿＿＿＿をおいて会津藩主松平容保をこれに任命するなど、幕政を改めた。

一方、島津久光が去った京都では、下級藩士が主張する尊王攘夷を藩論とする長州藩が、急進派の公家と結んで朝廷を動かし、将軍を上洛させて攘夷の決行を幕府にせまった。幕府はやむなく、1863（文久3）年5月10日を期して攘夷を決行するよう諸藩に命じた。長州藩は、その日から⑳＿＿＿＿＿＿の海峡を通過する諸外国船を砲撃し、攘夷を実行に移した。

解答　⑥井伊直弼　⑦徳川家茂　⑧尊王職　⑳下関

⑨安政の大獄　⑩桜田門外の変　⑪安藤信正　⑫公武合体　⑬和宮　⑭尊王攘夷　⑮坂下門外の変　⑯島津久光　⑰政事総裁職　⑱将軍後見職　⑲京都守護

攘夷運動　尊攘派は日本人洋学者をも暗殺した。勝海舟と吉田松陰の師であった佐久間象山（信州松代藩士）も犠牲者の1人である。

長州藩を中心とする尊攘派の動きに対して、薩摩・㉑＿＿＿＿＿の両藩は1863（文久３）年８月18日、朝廷内の公武合体派の公家とともに朝廷の実権を奪って、長州藩勢力と急進派の公家㉒＿＿＿＿＿＿＿＿＿らを京都から追放した（これを㉓＿＿＿＿＿＿＿＿＿＿という）。朝廷はその後の政治体制を話し合うため、同年末に徳川慶喜・松平容保・松平慶永・山内豊信（容堂）・伊達宗城を朝議参予に任命し、遅れて島津久光もこれに加えた。しかし、幕府主導で政治を進めたい慶喜と、雄藩連合による政治運営を主張する久光の意見は折り合わず、翌年、久光は辞職した。

　長州藩は勢力を回復するために、1864（元治元）年、池田屋事件を契機に京都に攻めのぼったが、会津・桑名・薩摩などの諸藩の兵に敗れて退いた（㉔＿＿＿＿＿、または㉕＿＿＿＿＿＿＿＿＿＿という）。幕府はただちに諸藩を動員して㉖＿＿＿＿＿＿（第１次）に向かった。また、貿易のさまたげになる攘夷派に打撃を与える機会をねらっていた列国は、イギリスを中心にフランス・㉗＿＿＿＿＿・㉘＿＿＿＿＿＿＿＿＿４国の連合艦隊を編成して下関の砲台を攻撃した（これを㉙＿＿＿＿＿＿＿＿という）。これらの動きを受けて、長州藩の上層部は藩内の尊攘派を弾圧し、幕府に対し恭順の態度をとった。このため、長州征討の幕府軍は交戦しないまま撤退した。列国はさらに、1865（慶応元）年に㉚＿＿＿＿＿沖まで艦隊を送って圧力をかけ、条約の勅許を勝ちとり、翌年には幕府と交渉して㉛＿＿＿＿＿に調印させ、貿易上の不平等を拡大させた。

　この頃からイギリス公使パークスは、幕府の無力を認識し、天皇を中心とする㉜＿＿＿＿＿**連合政権**の実現に期待するようになった。薩摩藩は1863（文久３）年に、㉝＿＿＿＿＿＿＿＿の報復のため鹿児島湾に侵入してきたイギリス軍艦の砲火を浴びた㉞＿＿＿＿＿＿＿＿の経験からかえってイギリスに接近し、㉟＿＿＿＿＿・**大久保利通**ら下級藩士の革新派が藩政を掌握した。一方、フランス公使㊱＿＿＿＿＿＿＿＿は、あくまで幕府支持の立場をとり、財政的・軍事的援助を続けた。

第11章

解答 ㉑会津　㉒三条実美　㉓八月十八日の政変　㉔禁門の変　㉕蛤御門の変　㉖長州征討　㉗アメリカ　㉘オランダ　㉙四国艦隊下関砲撃事件　㉚兵庫　㉛改税約書　㉜雄藩　㉝生麦事件　㉞薩英戦争　㉟西郷隆盛　㊱ロッシュ

■改税約書■ 安政の五カ国条約は輸入関税を５〜35％の従価税と定めたが、改税約書では過去５年間の平均価格の５％を基準とする従量税とした。

㊲＿＿＿＿＿＿・**桂小五郎**(木戸孝允)らの長州藩尊攘派も、下関で四国艦隊に惨敗し、攘夷の不可能を悟った。いったんは幕府に屈伏した長州藩だが、高杉らは先に組織した㊳＿＿＿＿＿＿を率いて1864(元治元)年末に兵をあげて藩の主導権を保守派から奪い返し、藩論を恭順から倒幕へと転換させ、イギリスに接近して㊴＿＿＿＿＿＿らの指導のもとに軍事力の強化につとめた。

幕府は長州藩に対して、第1次征討の始末として領地の削減などを命じたものの、藩論を一変させた長州藩は容易に応じなかった。そこで幕府は再び**長州征討**(第2次)を宣言したが、すでに開国進取に転じていた㊵＿＿＿＿藩は、ひそかに長州藩を支持する態度をとった。1866(慶応2)年には、土佐藩出身の㊶＿＿＿＿＿＿・中岡慎太郎らの仲介で㊵＿＿＿＿藩は長州藩と軍事同盟の密約を結び(㊷＿＿＿＿＿＿、または㊸＿＿＿＿＿＿という)、反幕府の態度を固めた。このため、第2次長州征討の戦況は幕府軍に不利に展開し、幕府はまもなく、大坂城中に出陣中の将軍㊹＿＿＿＿＿＿の急死を理由に戦闘を中止した。同年末に㊺＿＿＿＿＿＿が急死した。天皇は攘夷派であったが、過激な倒幕を好まずに公武合体論の立場をとってきたので、天皇の急死は幕府にとって大きな痛手となった。

2 幕府の滅亡と新政府の発足

幕府の滅亡 徳川家茂のあと15代将軍となった①＿＿＿＿＿＿は、フランスの援助のもとに幕政の立て直しにつとめた。一方、同盟を結んだ薩長両藩は、武力倒幕を決意した。これに対し土佐藩はあくまで公武合体の立場をとり、1867(慶応3)年、藩士の②＿＿＿＿＿＿と坂本龍馬が前藩主の③＿＿＿＿＿＿(容堂)通じて、将軍に倒幕派の機先を制して政権を返還することを勧めた。慶喜もこの策を受け入れ、ついに同年10月14日、❹＿＿＿＿＿＿の**上表**を朝廷に提出した。

解答 ㊲高杉晋作 ㊳奇兵隊 ㊴大村益次郎 ㊵薩摩 ㊶坂本龍馬 ㊷薩長連合 ㊸薩長同盟 ㊹徳川家茂 ㊺孝明天皇

幕府の滅亡▶①徳川慶喜 ②後藤象二郎 ③山内豊信 ❹大政奉還

同じ10月14日には、朝廷内の❺_____らと結んだ薩長両藩が、いわゆる⑥_____を手に入れていた。④_____の上表で機先を制せられた倒幕派は、12月9日、薩摩藩などの武力を背景に朝廷でクーデタを決行し、❼_____を発して、天皇を中心とする新政府を樹立した。

　こうして、260年以上にわたる江戸幕府の歴史に終止符が打たれた。新政府は、将軍はもちろん、朝廷の⑧_____・関白も廃止して、天皇のもとに新たに⑨_____・⑩_____・⑪_____の三職をおき、⑪_____に薩摩藩やそのほか有力諸藩を代表する藩士を入れた雄藩連合のかたちをとった。さらに12月9日夜の三職による❿_____では、徳川慶喜に内大臣の辞退と朝廷への領地の一部返上（⑬_____という）を命じる処分が決定された。これに反発した慶喜は、京都から大坂城に引き上げ、新政府と軍事的に対決することになった。

戊辰戦争と新政府の発足　徳川慶喜を擁する旧幕府側は、1868（明治元）年1月、大坂城から京都に進撃したが、❶_____・_____で新政府軍に敗れ、慶喜は江戸に逃れた。新政府はただちに、慶喜を朝敵として追討する東征軍を発したが、江戸城は、慶喜の命を受けた②_____（義邦）と東征軍参謀西郷隆盛の交渉により、同年4月に無血開城された。さらに東征軍は、❸_____を結成した東北諸藩の抵抗を打ち破り、9月にはその中心とみられた④_____藩の若松城を攻め落とした。翌1869（明治2）年5月には、⑤_____の⑥_____に立てこもっていた旧幕府海軍の⑦_____らの軍も降伏し、国内は新政府によってほぼ統一された。1年半近くにわたったこれらの内戦を❽_____という。幕府の崩壊と新政府の成立を、同時代の人々は、政治の一新という意味で⑨_____と呼び、また中国の古語を当てて維新とも呼んだ。なお、歴史用語としては、黒船来航に始まり、廃藩置県あるいは西南戦争に至る一連の激動の時代を総称して、⑩_____と呼んでいる。

解答　❺岩倉具視　❻討幕の密勅　❼の戦い　②勝海舟　❸奥羽越列藩同盟
王政復古の大号令　⑧摂政　⑨総裁　④会津　⑤箱館　⑥五稜郭　⑦榎本武
⑩議定　⑪参与　❿小御所会議　⑬辞　揚　❽戊辰戦争　⑨御一新　⑩明治維新
官納地
戊辰戦争と新政府の発足▶❶鳥羽・伏見

戊辰戦争が進む中で、新政府は政治の刷新を進めた。まず1868(明治元)年1月には、諸外国に対して王政復古と天皇の外交主権掌握を告げて対外関係を整え、ついで3月には、**⓫_____**を公布して、**⑫_____**の尊重と開国和親など新政府の国策の基本を示し、天皇が公卿・諸侯・もろもろの官を率いて神々に誓約する形式をとって天皇親政を強調した。

　ついで同年閏4月には、**⑬_____**を制定して政府の組織を整えた。すなわち、国家権力を**⑭_____**と呼ぶ中央政府に集め、これにアメリカ合衆国憲法を参考に**⑮_____**制を取り入れ、高級官吏を4年ごとに互選で交代させるなど、新たな政治体制を目指した。また政府は関東鎮圧とともに、7月に江戸を**⑯_____**と改め、8月には明治天皇が即位の礼をあげた。9月に年号を**明治**と改元して**⓱_____**を採用し、翌1869(明治2)年には京都から**⑯_____**に首都を移した。

　一方で政府は、五箇条の誓文公布の翌日、全国の民衆に向けて**⓲_____**を掲げた。それは君臣・父子・夫婦間の儒教的道徳を説き、徒党・強訴や**⑲_____**を改めて厳禁するなど、旧幕府の民衆に対する政策をそのまま引き継いでいた。

幕末社会の動揺と変革

　開国にともなう物価上昇や政局をめぐる抗争は、社会不安を増大させた。1866(慶応2)年には困窮した農民たちが世直しを叫んで一揆をおこし(**❶_____**という)、翌年以降も続発した。米価騰貴に苦しむ大坂や江戸の民衆は大規模な**②_____**をおこなった。1867(慶応3)年、東海・畿内一帯の民衆のあいだでは、熱狂的な「**❸_____**」の集団乱舞が発生し、この「世直し」を期待した民衆運動は、幕府の支配秩序を一時混乱におとしいれた。

　また、大和に**④_____**、備前に**⑤_____**、備中に**⑥_____**など、のちに教派神道と呼ばれる民衆宗教がすでに生まれていたが、この頃に急激に普及した。これとともに伊勢神宮への**❼_____**も流行し、

【解答】❶五箇条の誓文　⑫公議世論　⑬政体書　⑭太政官　⑮三権分立　⑯東京　⓱一世一元の制　⓲五榜の掲示　⑲キリスト教

②打ちこわし　❸ええじゃないか　④天理教　⑤黒住教　⑥金光教　❼御蔭参り

幕末社会の動揺と変革▶❶世直し一揆

時代の転換期の行き詰まった世相から救われたいという民衆の願いにこたえた。王政復古の大号令では、民衆を生活苦から救うことが目指されており、こうした民衆の要求への対応は、新政府の課題として引き継がれていった。

　一方、対外的危機にさらされたことで、かねてより国内で広まりつつあった実学志向はさらに強まり、欧米諸国の技術や学問に対する関心が高まった。ペリー来航の前後から、幕府や諸藩は欧米諸国の技術を受け入れて近代化をはかろうとした。当初の課題は砲台や⑧＿＿＿＿＿＿＿の建設、大砲の製造、洋式帆船の建造など、欧米では産業革命前の段階の軍事技術を導入することであり、幕府では代官⑨＿＿＿＿＿＿＿＿＿（坦庵）が中心となって取り組んだ。開国後、幕府は江戸に❿＿＿＿＿＿＿＿を設けて、洋学の教授と外交文書の翻訳などに当たらせ、⑪＿＿＿＿＿＿で洋式砲術を含む武芸を教え、長崎ではオランダ人による海軍伝習を始めた。その一環として汽船の機関を製造・修理できる工作機械を設備した造船所（⑫＿＿＿＿＿＿＿＿＿＿＿）が建設され、はじめて産業革命後の機械製造技術が伝えられた。1860（万延元）年の日米修好通商条約の批准書交換に際して、勝海舟ら海軍伝習を受けた乗組員が⑬＿＿＿＿＿＿で太平洋を横断したのをはじめとして、幕府のほか薩摩・長州などの諸藩も海外に留学生を派遣した。洋学学習者や留学生たちは軍事技術と医学の導入を目的としていたが、西洋文明への理解が深まるにつれ、科学・技術・政治・法制・経済など、様々な分野に関心を広げていった。

　慶応年間（1865～68年）には、幕府が⑭＿＿＿＿＿＿＿＿の顧問団をまねき、横須賀に造船所（⑮＿＿＿＿＿＿＿＿＿＿＿）の建設を進め、新式の陸軍を設けて訓練した。このほか、開港場の横浜には外国人宣教師や新聞記者が来日し、彼らを通して欧米の文化が紹介された。その宣教師の中には、アメリカ人⑯＿＿＿＿＿＿＿やフルベッキのように英学の教授を通じて、積極的に欧米の文化を日本人に伝える者も現れた。こうして攘夷の考えはしだいに改められ、むしろ欧米をみならって近代化を進めるべきだという声が強まっていった。新政府では幕末に学問・技術を磨いた者たちを要職に登用しつつ、戊辰戦争以後、本格的な改

解答 ⑧反射炉　⑨江川太郎左衛門　❿蕃書調所　⑪講武所　⑫長崎製鉄所　⑬咸臨丸　⑭フランス　⑮横須賀製鉄所　⑯ヘボン

■幕末の留学生■ 榎本武揚・西周（幕府派遣）、井上馨・伊藤博文（長州藩）、寺島宗則・森有礼（薩摩藩）など、維新後に活躍する者も多い。

革に乗り出していった。

近代国家の成立

明治政府は列強を範にとった政策を推し進めた。藩を廃し、身分制を解体したほか、財政・軍事・産業・教育をはじめとする改革をおこない、議会と憲法をもつ国家となった。なぜ、日本はそのような国家を目指したのだろうか。また、それは国際関係や地域社会にどのような変化をもたらしたのだろうか。

1 明治維新と富国強兵

廃藩置県　戊辰戦争と並行して、新政府は、没収した旧幕府領のうち、要地を①＿＿＿＿、そのほかを県としたが、諸藩では各大名が統治する体制が従来のまま存続していた。政治的統一を目指す新政府は、残された諸藩も徐々に直接統治に組み込む方針を立て、1869（明治2）年1月、②＿＿＿＿・大久保利通らが画策して、薩摩・長州・土佐・③＿＿＿＿の4藩主に朝廷への❹＿＿＿＿を出願させると、多くの藩がこれにならった。版とは版図のことで各藩の⑤＿＿＿＿、籍とは戸籍のことで⑥＿＿＿＿を指す。したがって、版籍奉還とは、藩主が⑤＿＿＿＿・⑥＿＿＿＿を天皇に返還し、新政府が全国の支配権を形式上その手におさめたことをいう。新政府は6月に、これら以外の全藩主にも❹＿＿＿＿を命じる一方、旧大名には石高にかえて年貢収入の10分の1に当たる家禄を与え、旧領地の⑦＿＿＿＿（地方長官）に任命して、藩政に当たらせることにした。

こうして藩主の家禄と藩財政とは分離されたが、旧大名は実質的に温存され、とくに⑧＿＿＿＿と軍事の両権はこれまで通り各藩に属していた。こうした中、新政府は限られた直轄地（府・県）からの年貢徴収をきびしくおこなったため、新政府に対する一揆が各地で続発し、また、諸藩でも江戸時代とかわらない⑧＿＿＿＿に民衆の不満が高まった。

さらに、奇兵隊をはじめとする⑨＿＿＿＿藩諸隊の旧隊士たちの一部は、藩の軍事力再編成に反対し、武力で鎮圧された。

新政府は藩制度の全廃を決意し、1871（明治4）年、まず薩摩・長州・土佐の3

解答　廃藩置県▶①府　②木戸孝允　③肥前　❹版籍奉還　⑤領地　⑥領民　⑦知藩事　⑧徴税　⑨長州

■新政府の財源　成立当初、政府は京都の三井・小野、大坂の鴻池などの商人から御用金を徴発し、不換紙幣の太政官札・民部省札を発行した。

藩から⑩＿＿＿＿＿をつのって軍事力を固めたうえで、7月に⑪

＿＿＿＿＿を断行した。すべての藩は廃止されて府県となり、⑦＿＿＿＿＿＿＿は

罷免されて東京居住を命じられ、かわって中央政府が派遣する⑫

・＿＿＿＿＿が地方行政に当たることとなり、ここに国内の政治的統一が完

成した。廃藩置県後は1使（⑬＿＿＿＿＿を指す）・3府（東京府・大阪府・

京都府）・302県となったが、1871年末には1使3府72県に整理され、そののちの

統廃合を経て、1888（明治21）年に1道3府43県となった。

　同時に、中央政府の組織の整備も進められた。④＿＿＿＿＿＿＿＿＿の際に、

政体書による太政官制は改められ、祭政一致・天皇親政の方針から大宝令の形

式を復活して、⑭＿＿＿＿＿を太政官の外におき、太政官のもとに各省を

おく組織となった。ついで⑪＿＿＿＿＿＿＿後の官制改革では、太政官を

⑮＿＿＿＿＿・左院・右院の三院制とし、⑮＿＿＿＿＿のもとに各省をおく制度へ

改めた。太政官の⑮＿＿＿＿＿は政府の最高機関で、太政大臣・左大臣・右大臣

の3大臣と参議で構成された。左院は立法機関で⑮＿＿＿＿＿の諮問にこたえ、

右院は各省の長官（⑯＿＿＿＿という）・次官（大輔）を集めて省務を協議した。なお、

⑪＿＿＿＿＿＿＿後には⑭＿＿＿＿＿を廃して神祇省に格下げし、民部

省も廃止した。新政府内では、三条実美や⑰＿＿＿＿＿ら少数の公家

とともに、薩摩・長州を中心に土佐・肥前を加えた4藩出身の若き実力者たちが

参議や各省の⑯＿＿＿＿＿・大輔などとなって実権を握り、のちに⑱

＿＿＿＿＿と呼ばれる政権の基礎がほぼ固まった。薩摩藩からは西郷隆盛・⑲

＿＿＿＿＿・黒田清隆、長州藩からは木戸孝允・伊藤博文・井上馨・

⑳＿＿＿＿＿、土佐藩からは㉑＿＿＿＿＿・後藤象二郎・佐

佐木高行、肥前藩からは㉒＿＿＿＿＿・大木喬任・副島種臣・江藤新平

が要職についた。

　1871（明治4）年、⑪＿＿＿＿＿＿＿を断行して国内統一を達成した政府は、

同年中に、⑰＿＿＿＿＿ら多くの政府首脳を含む大規模な使節団（㉓

＿＿＿＿＿という）を米欧諸国に派遣した。西郷隆盛を中心とする

解答 ⑩御親兵 ⑪廃藩置県 ⑫府知
事・県令 ⑬開拓使 ⑭神祇官 ⑮正院
⑯卿 ⑰岩倉具視 ⑱藩閥政府 ⑲大
久保利通 ⑳山県有朋 ㉑板垣退助 ㉒
大隈重信 ㉓岩倉使節団

■徴兵の免除■ 徴兵令では、戸主やその
跡継ぎ、官吏・学生のほか、代人料270
円でも兵役が免除された。大日本帝国憲
法で兵役が義務となると、兵役免除は徴
兵猶予に改められた。

㉔_____は、以後1873(明治6)年まで、㉕_____(1872年)・徴

兵制(1873年)の実施や㉖_____(1873年〜)などの大規模な内政改革

を精力的に推進した。

　軍事制度では、1871(明治4)年に廃藩に先立って政府直轄軍として編成された

御親兵を㉗_____とし、天皇の警護に当てた。また、廃藩とともに藩兵

を解散させたが、一部は兵部省のもとで各地に設けた㉘_____に配置し、

反乱や一揆に備えた。翌1872(明治5)年、兵部省は陸軍省・海軍省に分離した。

　近代的な軍隊の創設を目指す政府は、1872(明治5)年の㉙_____

にもとづき、翌年1月に国民皆兵を原則とする㉚_____を公布した。こ

れにより、士族・平民の別なく、満㉛____歳に達した男性から選抜して3年間の

兵役に服させる統一的な兵制が立てられた。この国民皆兵制にもとづく近代的軍

隊の創設は、長州藩出身の㉜_____が構想し、その暗殺後は、

長州藩の奇兵隊の指揮官であった⑳_____が引き継いで実現した。

　同じ頃、警察制度も創設された。1873(明治6)年に新設された㉝

_____は、殖産興業や地方行政などに当たったほか、全国の警察組織を統轄した。

翌1874(明治7)年には首都東京に㉞_____が設置された。

四民平等 　国内統一と並行して、封建的身分制度の撤廃も進められた。版籍

奉還によって藩主と藩士の主従関係が解消され、藩主を公家ととも

に❶_____、藩士や旧幕臣を❷_____とした。同時に「農工商」の百

姓・町人は❸_____となり、苗字(名字)が許され、華・士族との結婚や、移

住・職業選択の自由も認められて、いわゆる❹_____の世になった。

また1871(明治4)年には、いわゆる「解放令」を布告し、旧来のえた・非人など

の称をやめて、制度のうえでは❸_____同様とした。しかし、それにみあう

十分な施策はおこなわれなかったため、結婚や就職などでの社会的差別は続いた。

また、従来は彼らに許されていた特定の職種の営業独占権がなくなり、逆に兵

役・教育の義務が加わったので、これらの人々の生活はかえって苦しくなった。

　1872(明治5)年には、華族・士族・平民という新たな区分にもとづく統一的な

解答 ㉔留守政府 ㉕学制 ㉖地租改正　　四民平等

㉗近衛兵 ㉘鎮台 ㉙徴兵告諭 ㉚徴

兵令 ㉛20 ㉜大村益次郎 ㉝内務省

㉞警視庁

四民平等▶❶華族 ❷士族 ❸平民 ❹

戸籍編成がおこなわれた（**⑤**＿＿＿＿＿＿＿という）。これらの身分制の改革によって、男女の差別はあったものの、同じ権利や義務をもつ国民が形成されていった。明治初期の人口構成は1873（明治6）年時点で、皇族31人、華族2829人、士族154万8568人、平民が3110万6514人（全人口の93.4％）、その他（卒と呼ばれた下級武士や僧侶・神職など）を含めて、約3330万人であった（『日本全国戸籍表明治6年』）。

　しかし、政府は華族・士族に対して、額を減らしたが依然として**⑥**＿＿＿＿を支給し、王政復古の功労者には**⑦**＿＿＿＿＿＿を与えていた。この**⑥**＿＿＿＿と**⑦**＿＿＿＿＿＿をあわせて**⑧**＿＿＿＿というが、その支出は国の総支出の約30％を占めて大きな負担となった。政府は1873（明治6）年に希望者に対して**⑧**＿＿＿＿＿の支給をとめるかわりに一時金を支給する秩禄奉還の法を定め、さらに1876（明治9）年にはすべての受給者に年間支給額の5〜14年分の額の**⑨**＿＿＿＿＿＿＿を与えて、**⑧**＿＿＿＿を全廃した（**⑩**＿＿＿＿＿というう）。ここに、同（1876）年の**⑪**＿＿＿＿＿＿とあわせて、士族がもつ特権は奪われた。

　小禄の士族が受けとった公債の額はわずかであった。例えば、1876（明治9）年の公債の額は、華族が1人平均6万円余りであったのに対し、士族は1人平均500円ほどであったため、官吏・巡査・教員などに転身できなかった多くの士族は生活に困り、公債を元手に慣れない商売に手を出し、失敗して没落した士族も多かった（「**士族の商法**」）。このような士族に対して、政府は事業資金の貸付や、北海道開拓事業など**⑫**＿＿＿＿＿＿の道を講じたが、成功した例は少なかった。

地租改正

　近代化政策を進めるうえで、財政の安定は重要な課題であった。政府の主要な財源は、旧幕府時代のまま受け継いだ**①**＿＿＿＿で、もとの藩によって税額が異なり、米の作柄によって年々変動した。また、政府は廃藩に当たって諸藩の、**②**＿＿＿＿を引き継いだため財政は苦しく、京都の三井・小野組、大阪の鴻池などの商人から300万両の御用金を徴発するとともに、太政官札・民部省札などの**③**＿＿＿＿紙幣を発行した。その後、廃藩を機会に、

解答　**⑤**壬申戸籍　**⑥**家禄　**⑦**賞典禄
⑧秩禄　**⑨**金禄公債証書　**⑩**秩禄処分
⑪廃刀令　**⑫**士族授産
地租改正▶①年貢　②債務　③不換

■近代的土地所有権　ほかの法に反しない限り、地主の意思で土地の利用や売買が可能となり、共有地の概念が否定された。前近代では村の承諾を事実上必要とし、耕作権・所持権の状態であった。

②＿＿＿＿＿の一部を切り捨てる一方、財源の安定を目指して、土地制度・税制の改革をおこなう必要があった。

　その第一歩として、1871（明治4）年に④＿＿＿＿＿＿＿＿＿＿を許可し、翌1872年には⑤＿＿＿＿＿＿＿＿＿＿＿＿を解き、❻＿＿＿＿＿を発行して土地の所有権をはっきり認めた。地券は原則として従来の年貢負担者（地主・自作農）に交付され、幕府や大名などが①＿＿＿＿＿を受けとる権利は否定された。この❻＿＿＿＿＿制度をもとに、1873（明治6）年7月に❼＿＿＿＿＿＿＿＿＿＿を公布して地租改正に着手し、1881（明治14）年までにほぼ完了した。地租改正の要点は、(1)課税の基準を、不安定な収穫高から一定した⑧＿＿＿＿＿に変更し、(2)物納を⑨＿＿＿＿＿に改めて税率を地価の⑩＿＿＿％とし、(3)❻＿＿＿＿＿の所有者を納税者とすることであった。

　こうして、地租が全国同一の基準で豊凶にかかわらず一律に貨幣で徴収され、近代的な租税の形式が整って、政府財政の基礎はいったん固まった。また、地主・自作農の土地所有権が確立し、地租⑨＿＿＿＿＿が始まると農村への商品経済の浸透が進んだ。一方で、地租改正は従来の①＿＿＿＿＿による収入を減らさない方針で進められたため、農民は負担の軽減を求めて各地で地租改正反対の一揆をおこし、1877（明治10）年には地租の税率が⑧＿＿＿＿＿の⑪＿＿＿％に引き下げられた。また、農民が共同で利用していた山林・原野などの⑫＿＿＿＿＿のうち、その所有権を立証できないものは官有地に編入され、これへの不満も一揆の一因となった。

殖産興業　政府は❶＿＿＿＿＿＿＿＿＿＿を目指して❷＿＿＿＿＿に力を注いだ。まず関所や宿駅・助郷制度の撤廃、③＿＿＿＿＿などの独占の廃止、身分にまつわる制約の除去など、封建的諸制度の撤廃につとめ、土地所有権を確定して自由な経済活動の前提を整えた。ついで、外国人教師（いわゆる❹＿＿＿＿＿＿＿＿＿＿）の指導のもとに近代産業を政府みずから経営して、その育成をはかった。

　1870（明治3）年に設置された❺＿＿＿＿＿＿＿＿＿が中心となって、1872（明治5）

解答　④田畑勝手作り　⑤田畑永代売買の禁止令　❻地券　❼地租改正条例
⑧地価　⑨金納　⑩3　⑪2.5　⑫入会地
殖産興業▶❶富国強兵　❷殖産興業
❸株仲間　❹お雇い外国人　❺工部省

■兌換銀行券　紙幣の持ち主が請求すれば、発券銀行でいつでも正貨（金銀貨）と交換される銀行券。日本では金本位制に移行した1897年から金兌換。1931年に兌換を停止し、現在は不換紙幣。

1.　明治維新と富国強兵　　*199*

年に新橋・⑥＿＿＿＿＿＿間、ついで⑦＿＿＿＿＿＿・大阪・京都間に鉄道を敷設し、開港場と大都市を結びつけた。また、旧幕府の経営していた佐渡・生野などの鉱山や長崎造船所、旧藩営の高島・三池などの炭鉱や兵庫造船所を接収し、官営事業として経営した。軍備の近代化を担う工場として、東京と大阪に⑧＿＿＿＿＿＿を開き、旧幕府が設けた⑨＿＿＿＿＿＿＿＿＿＿の拡充に力を入れた。

通信では、1871（明治4）年に⑩＿＿＿＿＿＿の建議により、飛脚にかわる官営の⑪＿＿＿＿＿＿が発足し、まもなく全国均一料金制をとった。また1869（明治2）年に東京・横浜間にはじめて架設された⑫＿＿＿＿＿＿は、5年後には長崎と北海道までのばされ、長崎・⑬＿＿＿＿＿間の海底電線を通じて欧米と接続された。日本は1877（明治10）年に万国郵便連合条約に加盟し、電話は同年に日本に輸入された。海運では、近海・沿岸の海運を国内企業に掌握させ、また有事の際に軍事輸送をおこなわせるため、土佐藩出身の⑭＿＿＿＿＿＿が経営する⑮＿＿＿＿＿＿（郵便汽船三菱会社）に手厚い保護を与えた。

一方、政府は民間工業を近代化して貿易赤字を解消しようと、輸出の中心となっていた⑯＿＿＿＿＿の生産拡大に力を入れ、1872（明治5）年に群馬県に⑰＿＿＿＿＿として⑱＿＿＿＿＿＿を設け、⑲＿＿＿＿＿＿の先進技術の導入・普及と工女の養成をはかった。

1873（明治6）年に設立された⑳＿＿＿＿＿も、②＿＿＿＿＿＿に大きな役割を果たし、製糸・紡績などの⑰＿＿＿＿＿＿＿＿を経営したのをはじめ、人力車や荷車、さらには馬車などの交通の便をはかるため、道路の改修を奨励した。農業・牧畜については、駒場農学校や㉑＿＿＿＿＿＿を開設して西洋式技術の導入をはかった。西南戦争の最中の1877（明治10）年には、⑳＿＿＿＿＿に事務局をおいて上野で第1回㉒＿＿＿＿＿＿が開かれた。

政府は北方を開発するため、1869（明治2）年に蝦夷地を㉓＿＿＿＿＿と改称して㉔＿＿＿＿＿をおき、アメリカ式の大農場制度・畜産技術の移植をは

かり、㉕＿＿＿＿＿＿＿＿＿＿をまねいて1876(明治9)年に㉖＿＿＿＿＿＿＿を開校した。また、1874(明治7)年には士族授産の意味もあって㉗＿＿＿＿制度を設け、開拓とあわせて北のロシアに対する備えとした。㉔＿＿＿＿＿は1882(明治15)年に廃されて函館・札幌・根室の3県をおき、1886(明治19)年には3県を廃して㉘＿＿＿＿＿＿＿＿＿＿を設けた。開発の陰で、アイヌは伝統的な生活・風俗・習慣・信仰を失っていった。政府は1899(明治32)年に㉙＿＿＿＿＿＿＿＿＿＿を制定したが、アイヌの生活や文化の破壊をくいとめるものにはならなかった。

　貨幣制度では、1871(明治4)年に㉚＿＿＿＿＿＿制をたてまえとする㉛＿＿＿＿＿＿＿＿＿を定め、十進法を採用し、円・㉜＿＿＿＿・厘を単位に新硬貨をつくった。しかし、実際には開港場での貿易では㉝＿＿＿＿＿が、国内では紙幣が主として用いられた。

　殖産興業政策が進められる過程で、三井・㉞＿＿＿＿＿＿(三菱)などの民間の事業家は、政府から特権を与えられ、金融・貿易・海運などの分野で独占的な利益を上げ、㉟＿＿＿＿と呼ばれた。

文明開化　富国強兵を目指す政府は、西洋文明の摂取による近代化の推進をはかり、率先して西洋の産業技術や社会制度から学問・思想や生活様式に至るまでを取り入れようとした。これにともない、明治初期の国民生活において、❶＿＿＿＿＿＿＿と呼ばれる新しい風潮が生じて、②＿＿＿＿＿＿＿＿＿などを通して大都市を中心に広まり、部分的には庶民の風俗・習慣にも浸透した。

　思想界では、それまでの考え方や古い習慣が時代遅れとして排斥され、かわって自由主義・個人主義などの西洋近代思想が流行し、❸＿＿＿＿＿＿＿の思想がとなえられた。③＿＿＿＿＿＿＿思想は、万人には生まれながらに人間としての権利(④＿＿＿＿という)が備わっているという考えで、のちの自由民権運動の指導理論の1つとなった。

　明治初期には、イギリスやアメリカ系の自由主義・功利主義が新思想として受

解答　㉕クラーク　㉖札幌農学校　㉗屯田兵　㉘北海道庁　㉙北海道旧土人保護法　㉚金本位　㉛新貨条例　㉜銭　㉝銀貨　㉞岩崎　㉟政商
文明開化▶❶文明開化　②ジャーナリズム　❸天賦人権　④自然権
■**アイヌ関連法**■　1899年制定の北海道旧土人保護法は、1997年のアイヌ文化振興法で廃され、2019年にアイヌを先住民族と定めたアイヌ施策推進法が制定された。

け入れられ、ミルやスペンサーらの著書がよく読まれて、当時の近代思想の主流となった。❺＿＿＿＿＿＿の『西洋事情』『学問のすゝめ』『文明論之概 略』、❻＿＿＿＿＿＿訳のスマイルズの『❼＿＿＿＿＿＿』やミルの『自由之 理』などが新思想の啓蒙書としてさかんに読まれ、国民の考え方を転換させるうえで大きな働きをした。ついで、ダーウィンの生物進化論が紹介された。フランスに留学した土佐出身の❽＿＿＿＿＿＿は、ルソーの『社会契約論』の一部を漢訳した『❾＿＿＿＿＿＿』を刊行するなど、自由民権運動の理論的指導者として活躍した。また、❿＿＿＿＿＿からは国家主義的な政治思想が導入された。

　教育の面では、1871（明治4）年の⓫＿＿＿＿＿＿の新設に続いて、翌1872（明治5）年に、⓬＿＿＿＿＿＿の学校制度にならった統一的な⓭＿＿＿＿＿＿が公布された。政府は、国民各自が身を立て、智を開き、産をつくるための学問という⓮＿＿＿＿＿＿的な教育観をとなえて、小学校教育の普及に力を入れ、男女に等しく学ばせる⓯＿＿＿＿＿＿教育の建設を目指した。しかし、この計画はあまりにも画一的で、現実とかけ離れて当時の国民生活にあわなかったので、1879（明治12）年の⓰＿＿＿＿＿＿によって改められた。専門教育では、1877（明治10）年に旧幕府の開成所・医学所を起源とする諸校を統合して⓱＿＿＿＿＿＿を設立し、多くの外国人教師をまねいた。教員育成のための⓲＿＿＿＿＿＿のほか、1872（明治5）年に東京にはじめて女学校ができ、ついで女子⓲＿＿＿＿＿＿が設けられるなどの女子教育や産業教育についてもそれぞれ専門の学校を設けた。

　このように、教育制度の整備は主として政府の力で進められたが、❺＿＿＿＿＿＿の慶応義塾（1868年）、⓳＿＿＿＿＿＿の同志社（1875年）などの私学も創設され、特色ある学風を発揮した。

　明治維新の変革は、宗教界にも大きな変動を引きおこした。1868（明治元）年、政府は⓴＿＿＿＿＿＿を掲げて㉑＿＿＿＿＿＿を再興し、国学者や神道家を登用した。1870（明治3）年には㉒＿＿＿＿＿＿を発し、神

【解答】❺福沢諭吉 ❻中村正直 ❼西国立志編 ❽中江兆民 ❾民約訳解 ❿ドイツ ⓫文部省 ⓬フランス ⓭学制 ⓮功利主義 ⓯国民皆学 ⓰教育令 ⓱東京大学 ⓲師範学校 ⓳新島襄 ⓴祭政一致 ㉑神祇官 ㉒大教宣布の詔

■文明開化■ 「文明」は文彩あって光り輝く、「開化」は風化教導して進歩をはかるの意で、ともに中国古典にみえる語。

道を中心とした国民教化を目指した。またこの間に、それまでの神仏習合（しんぶつしゅうごう）を禁じる㉓＿＿＿＿＿＿＿＿＿＿が出され、これをきっかけに、寺院などを破壊する㉔＿＿＿＿＿＿が各地でおこった。

　キリスト教に対して、新政府は旧幕府同様の禁教政策を継続し、長崎の浦上（うらかみ）や五島列島（ごとう）のキリシタンが迫害を受けた。このうち浦上のキリシタンは、1865（慶応元）年、大浦天主堂（おおうらてんしゅどう）の落成を機にここを訪ねたフランス人宣教師に信仰を告白して明るみに出た。明治時代になると、新政府は浦上の信徒を捕らえ、各藩に配流した（る）（㉕＿＿＿＿＿＿＿＿＿事件という）。しかし、列国の強い抗議を受けたこともあり、1873（明治6）年にキリスト教禁止の高札（こうさつ）が撤廃され、キリスト教は黙認された。これを機会に、幕末から教育や医療などの事業をおこなっていた新旧各派の宣教師（せんきょうし）は、日本人に対する布教活動を積極的に開始した。またこれに対応して、政府は批判の強かった神道を中心とする国民教化から、神道と仏教の双方による教化へと方針を転換していった。

　幕末以来、幕府の手で外国新聞の翻訳（ほんやく）がおこなわれていたが、明治時代になっても、旧幕臣（ばくしん）がこれを続けており、さらに1869（明治2）年に㉖＿＿＿＿＿＿＿が鉛（なまり）製活字の量産技術の導入に成功して以降、活版印刷技術（かっぱんいんさつ）の発達に助けられて、東京を中心に各種の㉗＿＿＿＿＿＿や**雑誌**がつぎつぎと創刊された。これらの新聞・雑誌では、報道のほか政治問題の評論をおこない、新しい言論活動が始まった。新聞・雑誌のほかに以前からの㉘＿＿＿＿＿＿もさかんに発行された。さらに学術書・啓蒙書の出版も盛んになった。㉙＿＿＿＿＿・福沢諭吉・西周（にしあまね）・加藤弘之（ひろゆき）・西村茂樹（しげき）らの洋学者が、1873（明治6）年に㉚＿＿＿＿＿を組織して、翌年から『明六雑誌』を発行し、演説会を開いて封建思想（ほうけん）の排除と近代思想の普及につとめた。

　1872（明治5）年12月には、西洋諸国の例にならって暦法（れきほう）を改め、旧暦（太陰太陽暦）（たいいん）を廃して㉛＿＿＿＿＿を採用し、旧暦による明治5年12月3日を、㉛＿＿＿＿＿による明治6年1月1日とした。1日を24時間として、のちには日曜を休日とした。また、天皇と関わる祝祭日として、『日本書紀』（にほんしょき）が伝える神（じん）

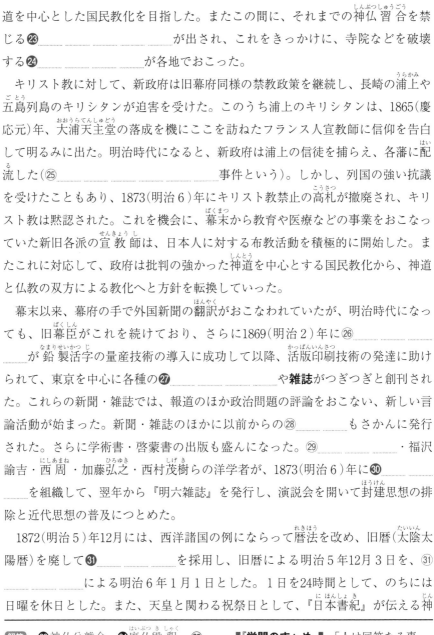

『学問のすゝめ』　「人は同等なる事」、「我心をもって他人の身を制すべからず」、「怨望（えんぼう）の人間に害あるを論ず」などの17編からなる。

武天皇即位の日（正月朔日）を太陽暦に換算して㉜＿＿＿＿＿＿＿＿（２月11日）とし、明治天皇の誕生日である11月３日を㉝＿＿＿＿＿＿と定めて祝日とするなど、長いあいだの行事や慣習が改められた。

　文明開化の風潮は、東京など都会の世相によく表れた。㉞＿＿＿＿＿＿の着用が官吏や巡査からしだいに民間に広まり、㉟＿＿＿＿＿＿＿＿＿＿が文明開化の象徴とみられた。東京の銀座通りには煉瓦造の建物が並び、㊱＿＿＿＿＿　　　・鉄道馬車などが東京の名物となり、飲食店では㊲＿＿＿＿＿が流行した。

　農村の生活は変化が遅かったが、近代化の波は交通の発達や新聞の普及などで、しだいに地方にもおよんでいった。一方で、古い芸術品や芸能などが軽視されがちになり、貴重な文化遺産が失われることも少なくなかった。

明治初期の対外関係　外交問題では、幕府から引き継いだ不平等条約の改正が大きな課題であった。安政の五カ国条約は1872（明治５）年から改正交渉ができることになっていた。そこで1871（明治４）年末、右大臣岩倉具視を大使とする使節団（❶＿＿＿＿＿＿＿＿＿＿という）がアメリカ・ヨーロッパに派遣され、まずアメリカと交渉したが目的を達することはできず、欧米近代国家の政治や産業の発展状況を細かく視察して帰国した。一行は岩倉大使、木戸孝允・②＿＿＿＿＿＿＿・伊藤博文・山口尚芳の各副使以下約50人におよぶ大規模なもので、ほかに留学生など約60人が加わっていた。留学生の中には③＿＿＿＿＿・山川捨松ら５人の若い女性も含まれていた。

　1876（明治９）年から外務卿の④＿＿＿＿＿＿が、アメリカと交渉して⑤＿＿＿＿＿＿＿回復の交渉にほぼ成功したが、❻＿＿＿＿＿＿・ドイツなどの反対で無効となった。

　近隣諸国に対しては、まず1871（明治４）年、清に使節を派遣して❼＿＿＿＿＿＿＿を結び、相互に開港して⑧＿＿＿＿＿＿＿＿を認めあうことなどを定めた。日本が外国と結んだ最初の対等条約であるが、日本はこれに不満で、1873（明治６）年にようやく批准した。

　琉球王国は、江戸時代以来、事実上⑨＿＿＿＿＿＿に支配されながら、名

目上は清を宗主国にするという複雑な両属関係にあった。政府はこれを日本領とする方針をとって、1872(明治5)年に⑩＿＿＿＿＿をおいて政府直属とし、琉球国王の⑪＿＿＿＿＿を藩王とした。

　1871年に台湾で⑫＿＿＿＿＿＿＿＿事件が発生した。この際、清が現地住民の殺傷行為に責任を負わないとしたため、軍人や士族の強硬論におされた政府は、1874(明治7)年に台湾に出兵した(⑬＿＿＿＿＿＿＿＿という)。これに対して清は、イギリスの調停もあり、日本の出兵を正当な行動と認め、事実上の賠償金を支払った。まもなく、政府は琉球に清との関係断絶を命じたが、琉球の⑭＿＿＿＿＿を主張する清は強く抗議した。しかし政府は、1879(明治12)年には⑩＿＿＿＿＿を廃止して⑮＿＿＿＿＿を設置し、⑪は東京に移されて琉球王国は消滅した(⑯＿＿＿＿＿という)。⑮＿＿＿＿＿では、土地制度・租税制度・地方制度などで旧制度が温存され、⑰＿＿＿＿＿＿＿＿(1890年施行)が実施されたのも1912(大正元)年からであった。本土との経済的格差は大きく、県民所得も全般的に低かったので、本土への出稼ぎや海外移住で流出した人口も少なくなかった。

　明治政府は発足とともに朝鮮に国交樹立を求めた。しかし⑱＿＿を宗主国とし、当時、鎖国政策をとっていた朝鮮は、日本の交渉態度を不満として正式の交渉には応じなかった。1873(明治6)年、留守政府首脳の⑲＿＿＿＿＿・板垣退助らは⑳＿＿＿＿＿をとなえ、⑲＿＿＿＿＿を朝鮮に派遣して開国をせまり、朝鮮政府が拒否した場合には武力行使をも辞さないという強硬策を、いったんは決定した。しかし、①＿＿＿＿＿＿＿＿に参加して帰国した②＿＿＿＿＿＿＿・木戸孝允らは、内治の整備が優先であるとして反対した。論争は②＿＿＿＿＿らの勝利に帰し、⑲＿＿＿＿＿ら征韓派は下野した。そののち1875(明治8)年の日本の軍艦が首都の漢城付近で朝鮮側を挑発して戦闘に発展した㉑＿＿＿＿＿＿＿を機に日本(大久保政権)は朝鮮にせまり、翌1876(明治9)年に㉒＿＿＿＿＿(江華条約ともいう)を結び、朝鮮を開国させた。㉒＿＿＿＿＿

は、朝鮮を独立国として承認したうえで、㉓_____ほか2港(仁川・元山)を開かせ、日本の領事裁判権や㉔_____免除を認めさせるなどの不平等条約であった。

また、幕末以来ロシアとのあいだで懸案となっていた樺太(サハリン)の帰属については、日本は北海道の開拓で手いっぱいであったため、1875(明治8)年、㉕_____・_____を結んで、樺太にもっていたいっさいの権利をロシアにゆずり、そのかわりに千島全島を領有した。また、欧米系住民が定住していた㉖_____**諸島**へは幕府が1861(文久元)年に役人を派遣して領有を確認したが、その後は引き揚げていたため、1876(明治9)年に㉗_____省の出張所をおいて統治を再開した。その後、㉘_____諸島は1895(明治28)年1月、㉙_____は1905(明治38)年1月に、それぞれ他国が占領した形跡がないことを確認のうえ、日本の領土(それぞれ沖縄県・島根県)に編入した。このようにして、南北両方面にわたる日本の領土が国際的に画定された。

政府への反抗

戊辰戦争に際して政府軍に加わって戦った士族の中には、彼らの主張が政府に反映されないことに不平を抱く者が少なくなかった。1873(明治6)年の①_____論争は、これらの不平士族に支えられたものであった。①_____論が否決されると西郷隆盛・②_____・後藤象二郎・③_____・副島種臣らの征韓派参議はいっせいに辞職し(❹_____という)、翌1874(明治7)年から、これら士族の不満を背景に政府批判の運動を始めた。この政変ののちに政府を指導したのは、内務卿に就任した⑤_____であった。

②_____・後藤象二郎らは、⑥_____を設立するとともに、イギリス帰りの知識人の力を借りて作成した❼_____を政府(左院)に提出し、政府官僚の専断(⑧_____という)の弊害を批判して、天下の公論にもとづく政治をおこなうための議会の設立を求めた。これは新聞に掲載されて世論に大きな影響を与え、❾_____の口火となった。

[解答] ㉓釜山 ㉔関税 ㉕樺太・千島交換条約 ㉖小笠原 ㉗内務 ㉘尖閣 ㉙竹島 利通 ⑥愛国公党 ❼民撰議院設立の建白書 ⑧有司専制 ❾自由民権運動

政府への反抗▶①征韓 ②板垣退助 ③江藤新平 ❹明治六年の政変 ⑤大久保

一方、保守的な士族の中には、新政府樹立に功を上げながらも、急激な改革の中で旧来の特権を失っていくことに対する不満から、反政府暴動をおこす者もあった。

　1874（明治7）年、征韓派前参議の1人である③＿＿＿＿＿＿＿＿＿は、郷里の佐賀の不平士族に迎えられて、政府に対して反乱をおこした（⑩＿＿＿＿という）。さらに1876（明治9）年に廃刀令が出され、ついで⑪＿＿＿＿＿が断行されると、攘夷主義を掲げる熊本の不平士族の⑫＿＿＿＿（神風連）が反乱をおこし、政府の熊本鎮台を襲った。これに呼応して、福岡県の不平士族による⑬＿＿＿＿の乱、山口県で前参議⑭＿＿＿＿＿＿＿がおこした萩の乱など、士族の武装蜂起があいついでおこったが、反乱はいずれも政府によって鎮圧された。

　また1873（明治6）年には、徴兵制度や学制にもとづく小学校の設置による負担の増加をきらって、多くの農民が一揆をおこし（⑮＿＿＿＿＿＿＿という）、さらに1876（明治9）年になると、低米価のもとで過去の高米価も含めて平均した地価を基準に⑯＿＿＿＿を定めることに反発する大規模な一揆が発生した（⑰＿＿＿＿＿＿＿という）。まず茨城県で、ついで三重・愛知・岐阜・堺の4県にわたって反対一揆が発生し、政府は軍隊を出動させてこれを鎮圧した。

　各地でおきた政府への反抗が鎮圧される中、（地価の3％から2.5％への）⑯＿＿＿＿の軽減で農民の不満がいくぶん緩和された1877（明治10）年には、下野し帰郷していた西郷隆盛を首領として、私学校生らの鹿児島士族を中心とした最大規模の士族反乱が発生した。九州各地の不平士族がこれに呼応したが、政府は約半年を費やしてすべて鎮圧した（⑱＿＿＿＿＿＿という）。これを最後に、不平士族による反乱はおさまった。

解答 ⑩佐賀の乱　⑪秩禄処分　⑫敬神党　⑬秋月　⑭前原一誠　⑮血税一揆　⑯地租　⑰地租改正反対一揆　⑱西南戦争

2 立憲国家の成立

自由民権運動 板垣退助らが民撰議院設立の建白書を提出したことをきっかけに、自由民権論は急速に高まった。1874(明治7)年、板垣は郷里の土佐に帰って① ＿＿＿＿＿＿＿ らの同志を集めて❷ ＿＿＿＿＿＿＿ をおこし、翌年これを中心に民権派の全国組織を目指して❸ ＿＿＿＿＿＿＿ を大阪に設立した。これに対して政府側も、1875(明治8)年初めに、大久保利通と、台湾出兵に反対して下野していた④ ＿＿＿＿＿＿＿ 、それに板垣退助の三者が大阪で会談し、④ ＿＿＿＿＿＿＿ の主張を入れて漸進的な国会開設方針が決定した(⑤ ＿＿＿＿＿＿＿ という)。この結果、④ ＿＿＿＿＿＿＿ ・板垣退助はいったん政府に復帰した。このように時間をかけて立憲制に移行すべきことを決めた政府は、1875(明治8)年4月に❻ ＿＿＿＿＿＿＿ の詔を出すとともに、立法諮問機関である⑦ ＿＿＿＿＿＿＿ 、最高裁判所に当たる⑧ ＿＿＿＿＿＿＿ 、府知事・県令からなる⑨ ＿＿＿＿＿＿＿ を設置した。⑦ ＿＿＿＿＿＿＿ では、翌1876(明治9)年から憲法草案の起草が始められた。⑦ ＿＿＿＿＿＿＿ の憲法草案は数次の案を経て、1880(明治13)年に「日本国憲按」として完成した。しかし岩倉具視らから、日本の国体にあわないとして反対され、廃案となった。この間、民権運動家たちが新聞や雑誌で活発に政府を攻撃したが、それに対して政府は1875(明治8)年6月、❿ ＿＿＿＿＿＿＿ ・⓫ ＿＿＿＿＿＿＿ などを制定して、これをきびしく取り締まった。

1876(明治9)年から翌年にかけての士族反乱や農民一揆がおさまると、政府は地方統治制度の整備をはかるため、1878(明治11)年に郡区町村編制法・⑫ ＿＿＿＿＿＿＿ ・⑬ ＿＿＿＿＿＿＿ のいわゆる⓮ ＿＿＿＿＿＿＿ 制定した。このうち郡区町村編制法により、廃藩置県後に設置された画一的な行政区画である大区・小区をやめ、旧来の郡・町・村を行政上の単位として復活した。府県下の行政区画は、市街地は区、そのほかは郡とされ、郡の下では江戸時代以来の町や村が行政の末端組織とされた。また、地方では府知

解答 自由民権運動▶ ①片岡健吉 ❷立志社 ❸愛国社 ④木戸孝允 ⑤大阪会議 ❻漸次立憲政体樹立 ⑦元老院 ⑧大審院 ⑨地方官会議 ❿讒謗律 ⓫新聞紙条例 ⑫府県会規則 ⑬地方税規則 ⓮地方三新法

■民撰議院■ 撰は本来、定める、選び取るという意味で、人民選出の議員としては「民撰」が正しい。

事・県令の判断で公選制の民会が設置されはじめていたが、⑫＿＿＿＿＿＿＿では、府県予算案の部分的審議権を府県会に与えた。これにより、府会・県会を通してある程度の民意を組み入れられる地方制度となった。さらに、⑬＿＿＿＿＿＿＿＿＿＿＿により、府県税や民費などとして徴収してきた複雑な諸税を地方税に統一して、府県財政の確立がはかられた。

　自由民権運動の中心であった②＿＿＿＿＿＿＿は、西南戦争の最中に片岡健吉を総代として国会開設を求める意見書（⑮＿＿＿＿＿＿＿＿＿という）を⑯＿＿＿＿＿に提出しようとしたが、政府に却下された。また、②＿＿＿＿＿の一部が西南戦争で西郷軍に加わろうとしたこともあって、運動は一時下火になった。しかし、1878（明治11）年に、解散状態にあった③＿＿＿＿＿＿＿の再興大会が大阪で開かれた頃から、運動は⑰＿＿＿＿だけではなく、地主や都市の商工業者、府県会議員などのあいだにも広まっていった。1879（明治12）年には植木枝盛の『民権自由論』などの民権思想の啓蒙書も刊行され、運動の広がりに大きな影響を与えた。なお、土佐の②＿＿＿＿＿＿を先駆とする各地の政治結社を政社という。

　1880（明治13）年3月には前年末の③＿＿＿＿＿＿の第3回大会の呼びかけにもとづいて、⑱＿＿＿＿＿＿＿＿が結成され、同盟参加の各地の政社の代表が署名した天皇宛の国会開設請願書を太政官や⑦＿＿＿＿＿＿に提出しようとした。政府はこれを受理せず、4月に⑲＿＿＿＿＿＿＿＿を定めて、政社の活動を制限した。⑱＿＿＿＿＿＿＿＿は同年11月に第2回大会を東京で開いたが、運動方針について意見がまとまらず、翌1881（明治14）年10月に各自の憲法草案をたずさえて再び会することだけを決めて散会した。散会したあとに、参加者の一部は別に会合をもち、自由主義政党の結成に進むことを決めた。同年10月に、このグループを中心に、板垣退助を総理（党首）とする⑳＿＿＿＿＿＿が結成された。

　1878（明治11）年に政府の最高実力者であった㉑＿＿＿＿＿＿内務卿が暗殺されてから強力な指導者を欠いていた政府は、このような自由民権運

解答 ⑮立志社建白　⑯天皇　⑰士族
⑱国会期成同盟　⑲集会条例　⑳自由党
㉑大久保利通

■讒謗律■ 事実の有無を論ぜず文書や画像などで他人を誹謗した者を処罰することを定めた。刑は讒謗の対象が皇族・官吏・華士族・平民の順に重かった。

動の高まりを前にして内紛を生じ、㉒＿＿＿＿＿＿＿＿＿はイギリス流の議院内
閣制の早期導入を主張し、右大臣岩倉具視や㉓＿＿＿＿＿＿＿＿＿と激しく対立
した。たまたま、これと同時期におこった❷❹＿＿＿＿＿＿＿
＿＿＿＿＿で、世論の政府攻撃が激しくなった。これは、1881（明治14）
年、旧薩摩藩出身の開拓長官㉕＿＿＿＿＿＿＿＿が、同藩出身の政商㉖
＿＿＿＿＿＿＿らが関係する関西貿易社などに北海道の開拓使所属の官有物を不
当に安い価格で払い下げようとしていると報じられ、問題化した。

　1881（明治14）年10月、政府は、㉒＿＿＿＿＿＿＿＿＿＿をこの世論の動きと関係
ありとみて罷免したうえで、国民の総意にもとづく㉗＿＿＿＿憲法ではなく、
天皇が定める㉘＿＿＿＿憲法制定の基本方針を決定し、❷❾
＿＿＿＿＿＿を出して、㉚＿＿＿＿年に国会を開設すると公約した。この❸❶
＿＿＿＿＿＿＿＿＿＿によって、㉓＿＿＿＿＿＿＿らを
中心とする薩長藩閥の政権が確立し、君主権の強い㉜＿＿＿＿＿＿＿制の
樹立に向けて準備が始められた。なお、❸❶
＿＿＿＿＿で、開拓使官有物の払下げは中止された。

　民間でも、さかんに憲法私案がつくられた。まず、1881（明治14）年に福沢諭吉
系の㉝＿＿＿＿＿＿が「私擬憲法案」を発表したのに続いて、民権派でも❸❹
＿＿＿＿＿＿らが数多くの草案を作成した。民間の憲法私案を、現在では
「❸❺＿＿＿＿＿＿＿＿」と総称している。このうち、㉝＿＿＿＿案は、議
院内閣制と国務大臣連帯責任制を定めたものであった。一方、❸❹
＿＿＿＿の「東洋大日本国国憲按」は、広範な人権保障、権限の強い一院制議会、抵
抗権・革命権などをもった急進的なもので、②＿＿＿＿＿＿が発表した「日本
憲法見込案」はこれと同系統に属する。このほか、東京近郊の農村青年の学習グ
ループによる❸❻＿＿＿＿＿＿などもあった。

　同時に民権思想一般でも、さかんに論争が展開された。❸❼＿＿＿＿
が社会進化論の立場から『人権新説』で民権派の天賦人権論に批判を加えると、
❸❽＿＿＿＿＿＿＿が『天賦人権論』を、❸❹＿＿＿＿＿＿が『天賦人権

【解答】㉒大隈重信　㉓伊藤博文　❷❹開拓
使官有物払下げ事件　㉕黒田清隆　㉖
五代友厚　㉗民定　㉘欽定　❷❾国会開設
の勅諭　㉚1890　❸❶明治十四年の政変
㉜立憲君主　㉝交詢社　❸❹植木枝盛
❸❺私擬憲法　❸❻五日市憲法草案　❸❼加藤
弘之　❸❽馬場辰猪

弁』を出してそれぞれ反論した。

　国会開設の時期が決まると、フランス流の急進的な自由主義をとなえる⑳

　　　　　　　　に対抗して、1882（明治15）年には㉒　　　　　　　　　　　を党首として、
イギリス流の議院内閣制を主張する❸❾　　　　　　　　　　　が結成された。
立志社・愛国社の流れをくむ⑳　　　　　　　　が主として地方農村を基盤とした
のに対し、❸❾　　　　　　　　　　は都市の実業家や知識人に支持された。

　政府側も1882（明治15）年に㊵　　　　　　　　　　らを中心に保守的な㊶

　　　　　　　　を結成させたが、民権派に対抗できるほどの勢力には
なれず、翌年に解党した。

自由民権運動の再編　1881（明治14）年に大蔵卿となった①

　　　　　　　　がきびしい緊縮・デフレ政策をとると（松方財政と
いう）、米・繭などの価格が著しく下落し、深刻な不況が全国におよんだ。地
租は②　　　　　　　　であったので、農民の負担は著しく重くなり、自作農
の中には土地を手放して❸　　　　　に転落する者もあった。地主は所有地
の一部を耕作するほかは、小作人に貸しつけて高率の現物小作料を取り立て、そ
のかたわら貸金業や酒屋などを営んで、貸金のかたに土地を集中していった。
また、土地を失った農民が都市に貧民として流れ込み、さらに下級士族の困窮
も激しくなって、社会は動揺していった。

　松方財政下での農村の窮迫は、自由民権運動にも大きな影響を与えた。運動
の支持者であった地主・農民の中で経営難・生活難のため運動から手を引く者が
多くなり、また同じ事情から政治的に急進化する者も現れた。

　このような中で、自由民権運動の弱体化をはかる政府の伊藤博文・井上馨ら
は、1882（明治15）年に④　　　　　　　　（1880年制定）を改正して政党の支部
設置を禁止するとともに、自由党の党首⑤　　　　　　　　の洋行を援助する
などの懐柔策もとり、ひそかに⑥　　　　　からその費用を出させ、⑤

　　　　　・後藤象二郎らを洋行させた。この洋行には自由党内部にも批
判があり、また旅費の出所の疑惑を突いた⑦　　　　　　　　が自由党

解答　❸❾立憲改進党　㊵福地源一郎　㊶
立憲帝政党
自由民権運動の再編▶①松方正義　②定
額金納　❸小作農　④集会条例　⑤板
垣退助　⑥三井　⑦立憲改進党

■私擬憲法　植木枝盛の「東洋大日本国
国憲按」は、中央集権制に対して連邦制
をとなえ、臣民を人民と表記するなど、
大日本帝国憲法の概念と対立した。

を攻撃すると、自由党側も大隈重信と⑧＿＿＿＿との関係を暴いて反撃したため、自由民権運動は統一的な指導部を失った。

　一方、政府の弾圧や不況下の重税に対する反発から、自由党員や農民が各地で直接行動をおこした。1882(明治15)年には⑨＿＿＿＿＿＿＿がおこり、ついで関東および北陸・東海地方で高田事件・群馬事件・⑩＿＿＿＿＿＿＿などの騒擾が続いた。このうち⑨＿＿＿＿＿＿は、県令三島通庸が不況下の農民に労役を課して県道をつくろうとしたことに対して農民が抵抗した事件で、福島自由党は訴訟などで間接に支援したにすぎなかった。しかし三島がこの事件を口実に⑪＿＿＿＿＿らの福島自由党員を大量に検挙したため、自由党の激化事件の最初として知られるようになった。

　1884(明治17)年には埼玉県秩父地方で、⑫＿＿＿＿＿＿と称する約3000人の農民が急増する負債の減免を求めて蜂起し、多数の民衆を加えて高利貸・警察・郡役所などを襲撃したのに対し、政府はその鎮圧に軍隊まで派遣した（⑬＿＿＿＿＿＿＿という）。

　これらすべての事件を自由党員が指導したわけではなかったが、自由党の指導部は党員の統率に自信を失い、運動資金の不足もあって、⑩＿＿＿＿＿の直後に解党した。⑦＿＿＿＿＿＿＿＿＿も党首大隈重信ら中心的指導者が離党し、事実上の解党状態におちいった。さらに1882(明治15)年の壬午軍乱のあと、自由党の⑤＿＿＿＿＿＿らは、朝鮮国内の⑭＿＿＿＿＿らの改革派を援助し、朝鮮の内政改革を企てた。1885(明治18)年には旧自由党左派の⑮＿＿＿＿＿＿らが、朝鮮に渡ってその保守的政府を武力で打倒しようと企てたことが露見して、大阪で検挙される事件がおこった（⑯＿＿＿＿＿という）。こうした運動の急進化とそれに対する弾圧の繰り返しの中で、自由民権運動はしだいに衰退していった。

　しかし国会開設の時期が近づくと、民権派のあいだで運動の再結集がはかられた。1887(明治20)年には、⑰＿＿＿＿＿外務大臣の条約改正交渉の内容が明るみに出ると⑱＿＿＿＿＿＿＿がおこり、旧自由党系

───────────────

解答　⑧三菱　⑨福島事件　⑩加波山事件　⑪河野広中　⑫困民党　⑬秩父事件　⑭金玉均　⑮大井憲太郎　⑯大阪事件　⑰井上馨　⑱三大事件建白運動

■皇室財産の拡充　1885年に170万円だった皇室財産は、1890年には株券780万円・山林350万町歩に拡充された。

と⑦ _____ 系の別なく、小異を捨て大同につき、団結して国会開設に備えようという⑲ _____ の動きが活発になった。このうち三大事件とは、「⑳ _____ の軽減、言論・集会の自由、外交失策の回復(対等条約の締結)」の3要求を指し、建白書をたずさえた全国の代表者が政府諸機関に激しい陳情運動をおこなった。同年末に政府が㉑ _____ を公布して多くの在京の民権派を東京から追放したあとも、運動は東北地方を中心に継続し、1889(明治22)年の憲法発布によって政党再建に向かっていった。

　こうした動きは、メディアの発達に支えられていた。自由民権運動やアジア情勢・条約改正をめぐって世論が高まる中、政治評論中心の新聞(㉒ _____ という)があいついで創刊された。㉒ _____ は文芸担当者や寄稿家を擁し、近代文学の育成と普及にも貢献した。それぞれ独自の政治的主張をもつ㉒ _____ は、国民への政治思想の浸透に大きな役割を果たした。㉓ _____ 主義を唱える徳富蘇峰らと近代的民族主義を主張する三宅雪嶺・志賀重昂・陸羯南らとのあいだの論争も、新聞や雑誌で繰り広げられた。徳富蘇峰は㉔ _____ をつくって雑誌『国民之友』を刊行し、政府が条約改正のためにおこなった欧化政策を貴族的欧化主義として批判して、一般国民の生活の向上と自由を拡大するための㉓ _____ 主義の必要を説いた。これに対して三宅雪嶺や陸羯南らは、同じく一般国民の幸福を重視しながらも、その前提として国家の独立や国民性を重視した。三宅らは㉕ _____ をつくって雑誌『日本人』を、陸らは新聞『㉖ _____ 』を刊行した。一方、㉗ _____ の伝統を引き継ぐ小新聞は、報道・娯楽中心の大衆紙で、㉘ _____ 文学の復活を助けた。

憲法の制定　政府は、明治十四年の政変の際に、天皇と政府に強い権限を与える憲法を制定する方針を決め、翌1882(明治15)年には、❶ _____ らをヨーロッパに派遣して憲法調査に当たらせた。① _____ はベルリン大学の② _____ 、ウィーン大学の③ _____ らから主としてドイツ流の憲法理論を学び、翌年に帰国して

【解答】⑲大同団結　⑳地租　㉑保安条例　㉒大新聞　㉓平民的欧化　㉔民友社　㉕政教社　㉖日本　㉗瓦版　㉘戯作
憲法の制定▶❶伊藤博文　②グナイスト　③シュタイン

■保安条例■　今までの弾圧法である新聞紙条例や集会条例と異なり、「治安ヲ妨害スルノ虞アリト認ムルトキハ」とあるように、まだ実行していない者をあらかじめ処分する予防法であった。

第12章

2.　立憲国家の成立　　**213**

憲法制定・国会開設の準備を進めた。

　まず1884(明治17)年に華族を公・侯・伯・子・男の5爵にわけた❹＿＿＿＿を定め、華族の範囲を広げて、旧上層公家・大名以外からも国家に功績のあった者が華族になれるようにして、将来の上院(貴族院)の土台をつくった。ついで1885(明治18)年には太政官制を廃して❺＿＿＿＿＿＿＿を制定した。

　これにより、各省の長官は国務大臣として自省の任務に関して❻＿＿＿＿に直接責任を負うだけでなく、国政全体に関しても❼＿＿＿＿＿のもとに閣議の一員として直接に参画するものとなった。また、宮中の事務に当たる❽＿＿＿＿＿＿(宮内大臣)は内閣の外におかれ、同時に天皇御璽(天皇の印)・日本国璽(日本国の印)の保管者で❻＿＿＿＿の常侍輔弼の任に当たる❾＿＿＿＿＿が宮中におかれた。初代総理大臣の❶＿＿＿＿＿＿＿は宮内大臣を兼任したが、制度としては府中(行政府)と宮中の区別が明らかとなった。

　地方制度の改革も、ドイツ人顧問❿＿＿＿＿＿の助言を得て⓫＿＿＿＿＿を中心に進められ、1888(明治21)年に⓬＿＿＿＿・＿＿＿＿が、1890(明治23)年には⓭＿＿＿＿・＿＿＿＿が公布され、政府の強い統制のもとではあるが、地域の有力者を担い手とする地方自治制が制度的に確立した。このうち⓬＿＿＿＿・＿＿＿＿では、人口2万5000人以上の都市を市として郡と対等の行政区域とし、従来の町村は大幅に合併されて新しい町村とされた。市長は市会の推薦する候補者から⓮＿＿＿＿＿が任命し、市参事会が行政を担当した。町村長は⓯＿＿＿＿の名誉職で、町村会で公選された。また、⓭＿＿＿＿・＿＿＿＿では、郡長および郡参事会を行政機関とし、町村会議員の投票と大地主の互選とによって選ばれる郡会を議決機関とした。府県会も郡会議員の投票による⓰＿＿＿＿選挙であった。

　政府の憲法草案作成作業は、1886(明治19)年末頃から国民に対しては極秘のうちに進められ、ドイツ人顧問⓱＿＿＿＿＿＿らの助言を得て、❶＿＿＿＿＿を中心に井上毅・⓲＿＿＿＿・金子堅太郎らが起草に当たった。この草案は、天皇臨席のもとに⓳＿＿＿＿(1888年設置

解答　❹華族令　❺内閣制度　❻天皇
❼総理大臣　❽宮内省　❾内大臣　❿
モッセ　⓫山県有朋　⓬市制・町村制
⓭府県制・郡制　⓮内務大臣　⓯無給
⓰間接　⓱ロエスレル　⓲伊東巳代治

⓳枢密院

■華族令■　制定当初の華族は、公爵11、侯爵24、伯爵76、子爵323、男爵74。維新の功臣などの新華族は約100であった。1947年に、華族制度は全廃された。

の憲法・選挙法などの特別な法律・会計・条約などについて⑥＿＿＿＿の諮問にこたえる機関)で審議が重ねられ、1889(明治22)年2月11日、⑳＿＿＿＿＿＿が発布された(明治憲法ともいう)。

この憲法は、天皇が定めて国民に与える㉑＿＿＿＿＿＿であり、天皇と行政府にきわめて強い権限が与えられた。神聖不可侵とされた天皇は㉒＿＿＿＿のすべてを握る総攬者であり、文武官の任免、陸海軍の㉓＿＿＿＿(作戦・用兵など)、宣戦・講和や㉔＿＿＿＿の締結など、議会の関与できない大きな権限をもっていた(㉕＿＿＿＿＿＿という)。また、このうち陸海軍の㉓＿＿＿＿権は、内閣からも独立して天皇に直属していた(㉖＿＿＿＿という)。文官については、1886(明治19)年に㉗＿＿＿＿を公布して帝国大学を官吏養成機関として明確に位置づけ、1887(明治20)年には㉘＿＿＿＿＿＿＿の制を定め、官僚制度の基礎を固めた。

天皇主権のもと、立法・行政・司法の三権が分立し、それぞれが⑥＿＿＿＿を補佐することとされたが、種々の制限を設けられた議会の権限と比べると、政府の権限は強く、各国務大臣は個別に、㉙＿＿＿＿にではなく⑥＿＿＿＿に対してのみ責任を負うものとされた。とくに、憲法で㉕＿＿＿＿と規定されている事項に関する予算については、㉙＿＿＿＿は政府の同意がなければ削減できないと定められ(第67条)、また予算が不成立の場合には、政府は㉚＿＿＿＿の予算をそのまま新年度の予算とすることができた(第71条)。

帝国議会は、対等の権限をもつ㉛＿＿＿＿と**衆議院**からなっていたので、衆議院の立法権行使は、華族や勅選議員などからなる㉛＿＿＿＿の存在によって実質的に制限されていた。㉛＿＿＿＿は皇族と世襲もしくは互選により選出される華族の議員と天皇が任命する勅任議員からなり、勅任議員は勅選議員と各府県1人の多額納税者議員とから構成された。しかし、多くの制限はあっても、議会の同意がなければ予算や㉜＿＿＿＿は成立しなかったため、政府は議会(とくに衆議院)とのあいだで妥協をはかるようになり、政党の政治的影響力がしだいに大きくなっていった。

解答 ⑳大日本帝国憲法 ㉑欽定憲法 ㉒統治権 ㉓統帥 ㉔条約 ㉕天皇大権 ㉖統帥権の独立 ㉗帝国大学令 ㉘文官高等試験 ㉙議会 ㉚前年度 ㉛貴族院 ㉜法律

■輔弼■ 天皇大権のうち外交大権は外務大臣、軍の作戦・用兵に関する統帥権は、陸軍では参謀総長、海軍では軍令部総長、軍の編制権は陸海軍大臣がそれぞれ天皇を輔弼し、責任を負った。

一方、憲法上「㉝　　　　　」と呼ばれた日本国民は、信教の自由や㉞

　　　　の範囲内での㉟　　　　　　　の不可侵、言論・出版・集会・結社の自由を認められ、帝国議会での予算案・法律案の審議を通じて国政に参与する道も開かれた。こうして日本は、(1876年には㊱　　　　　　　　　　でミドハト憲法が発布されたが、まもなく停止されていることもあり)アジアではじめての近代的立憲国家となった。また、憲法の公布と同時に議院法・衆議院議員選挙法・貴族院令が公布され、㊲　　　　　　　　も制定されて、皇位の継承、摂政の制などについて定められた。なお、憲法は官報で公布されたが、㊲

　　　　は「臣民の敢て干渉する所に非ざるなり」という理由で公布されなかった。

諸法典の編纂　西洋を範とする法典の編纂は明治初年に着手された。フランスの法学者①　　　　　　　　をまねいて、フランス法をモデルとする各種法典を起草させ、1880(明治13)年には②　　　　と治罪法(刑事訴訟法)が憲法に先行して公布された。このうち②　　　　では、天皇・皇族に対する犯罪である③　　　　・不敬罪や、内乱罪を厳罰とする規定が設けられた。その後も、条約改正のためもあって、民法と商法の編纂を急ぎ、1890(明治23)年には、民法・商法・民事訴訟法・④

　　　　が公布され、法治国家としての体裁が整えられた。

　これらのうち民法は、1890(明治23)年に大部分がいったん公布されたが、制定以前から一部の法学者のあいだで、家族道徳など日本の伝統的な倫理が破壊されるとの批判がおこり、これをめぐって激しい議論が戦わされた(❺

　　　　という)。1891(明治24)年、帝国大学教授⑥は「民法出デ、忠孝亡ブ」という題の論文を書き、①

　　　　の民法を激しく批判した。この結果、1892(明治25)年の第三議会において修正を前提に施行延期となり、1896(明治29)年と1898(明治31)年に、先の民法を大幅に修正して公布された。こうしてできた新民法は、⑦　　　　の家族員に対する絶大な支配権(⑦　　　　権という)や⑧　　　　相続制度など、家父長

解答　㉝臣民　㉞法律　㉟所有権　㊱オスマン帝国　㊲皇室典範

諸法典の編纂▶①ボアソナード　②刑法③大逆罪　④刑事訴訟法　❺民法典論争　⑥穂積八束　⑦戸主　⑧家督

■戸主■　明治民法は「家」を重んじ、家長である戸主には家族を統率する戸主権を認めていた。戸主権は、日本国憲法の法の下の平等原則により、1948年の民法改正で廃された。

制的な家の制度を存続させるものとなった。

初期議会 1890（明治23）年におこなわれる日本最初の①＿＿＿＿＿＿＿＿＿を前に、旧民権派の再結集が進み、これに対抗する政府側では、すでに憲法発布直後に②＿＿＿＿＿＿＿首相が、政府の政策は政党の意向によって左右されてはならないという❸＿＿＿＿＿＿＿＿＿＿の立場を声明していた。しかし旧民権派が総選挙に大勝し、第1回帝国議会（第一議会・総議席300）では立憲自由党（翌年、自由党と改称）と立憲改進党などの❹＿＿＿＿＿＿が衆議院の過半数を占めた。当時、立憲自由党や立憲改進党などの反政府野党を④＿＿＿＿＿、政府支持党を⑤＿＿＿＿＿と呼んだ。1889（明治22）年に憲法と同時に公布された衆議院議員選挙法では、選挙人は満⑥＿＿＿歳以上の男性で直接国税（地租と所得税、のちに営業税も加わる）⑦＿＿＿円以上の納入者とされたため、有権者は全人口の1％強で、中農以上の農民か都市の上層民に限られた。また、被選挙人は満⑧＿＿＿歳以上の男性で、納税資格は選挙人と同じであった。

第一議会が開かれると、❸＿＿＿＿＿＿＿＿＿＿の立場をとる第1次⑨＿＿＿＿＿内閣は、予算問題において行政費を節約して地租軽減・地価修正をおこなえという主張である「⑩＿＿＿＿＿・＿＿＿＿＿」を主張する④＿＿＿に攻撃された。⑨＿＿＿＿＿＿は予算案の説明で、国境としての「主権線」とともに、⑪＿＿＿を含む「利益線」の防衛が必要であるとして陸海軍の増強を力説し、立憲自由党の一部を切り崩して予算を成立させた。つづく第二議会では、第1次⑫＿＿＿＿＿＿＿内閣が④＿＿＿と衝突して、衆議院を解散した。1892（明治25）年の第2回総選挙に際して、松方内閣は、内務大臣⑬＿＿＿＿＿を中心に激しい選挙干渉をおこなって政府支持者の当選につとめたが、④＿＿＿＿＿の優勢をくつがえすことはできず、第三議会終了後に退陣した。

ついで成立した第2次⑭＿＿＿＿＿内閣には、明治維新に功績のあった薩摩・長州出身の政治家（元勲）が多数入閣した。「元勲総出」の第2次⑭＿＿＿

解答　初期議会▶ ①衆議院議員総選挙　②黒田清隆　❸超然主義　❹民党　⑤吏党　⑥25　⑦15　⑧30　⑨山県有朋　⑩経費節減・民力休養　⑪朝鮮　⑫松方正義　⑬品川弥二郎　⑭伊藤博文

■主権線と利益線■　陸海軍増強の予算案の説明で、山県有朋首相は主権線とは国境を、利益線とは主権線の安全と緊密に関係する区域をいうと説明した。

内閣は、④⎯⎯⎯⎯第一党の⑮⎯⎯⎯⎯⎯⎯⎯と接近し、1893（明治26）年には天皇の詔勅（しょうちょく）の力もあって海軍軍備の拡張に成功した。これは、天皇みずから宮廷費（きゅうてい）を節約して6年間毎年30万円ずつ下付（かふ）し、また文武官の俸給（ほうきゅう）の10分の1を出させて軍艦建造費に当（あ）てるから、議会も政府に協力するようにとの詔勅であった。しかし、政府と自由党の接近に反発する⑯⎯⎯⎯⎯⎯⎯⎯など残存民党（ざんぞん）は、かつての⑤⎯⎯⎯⎯である⑰⎯⎯⎯⎯⎯⎯⎯と連合し、条約改正問題で政府を攻撃したので、政府と衆議院は日清戦争（にっしん）直前の第六議会まで対立を繰り返した。この連合を⑱⎯⎯⎯⎯⎯⎯⎯⎯と呼ぶが、そのうち、⑰⎯⎯⎯⎯⎯を除いた諸会派を中心に、日清戦争後の1896（明治29）年に⑲⎯⎯⎯⎯が結成された。

解答 ⑮自由党　⑯立憲改進党　⑰国民協会　⑱対外硬派連合（こうは）　⑲進歩党（しんぽとう）

近代国家の展開

日本では、議会を軸とした政治の運営が定着する一方で、対外的には、幕末に結んだ条約の改正を実現する。また、あいつぐ戦争の勝利によって領土や権益を獲得したことで、日本の国土や国民は変貌していった。日本はどのような国際関係の中で行動し、新たにどのような国際関係を築いていったのだろうか。

1 日清・日露戦争と国際関係

条約改正 旧幕府が欧米諸国と結んだ不平等条約の改正、とくに❶_____

（治外法権）の撤廃と❷_____の

回復は、独立した国家として富国強兵を目指す政府にとって重要な課題であった。

岩倉具視・③_____の交渉失敗のあとを受け継いだ❹_____

外務卿（のち外務大臣）は、1882（明治15）年、東京に列国の代表者を集めて

予備会議を開き、ついで1886（明治19）年から正式会議に移った。その結果、1887

（明治20）年には、日本国内を外国人に開放して⑤_____を許すかわ

りに、①_____を原則として撤廃する改正案が、欧米諸国に

よって一応了承された。

しかし、①_____の撤廃に関しては、欧米同様の法典を編

纂し、外国人を被告とする裁判には過半数の⑥_____を採用

するという条件がついていた。政府部内にもこれらの条件は国家主権の侵害であ

るという批判がおこった。❹_____外務大臣は改正交渉を有利にするた

め、外国要人接待の社交場として1883（明治16）年に東京日比谷に❼_____

を建設し、さかんに利用した（⑦_____外交という）。また、1886（明

治19）年には、横浜から神戸に向かうイギリスの汽船が暴風雨にあって沈没した

際に、日本人乗客が全員死亡したが、イギリス領事による海事審判で船長の過失

が問われないという❽_____がおこり、

不平等条約に対する世論の反感が高まっていた。❹_____が交渉促進の

ためにとった極端な⑨_____主義に対する反感とあいまって、改正案に反対

解答 **条約改正▶**❶領事裁判権 ❷関

税自主権 ③寺島宗則 ❹井上馨 ⑤

内地雑居 ⑥外国人判事 ❼鹿鳴館 ❽

ノルマントン号事件 ⑨欧化

整理 条約改正への歩み

年	担当者	内容
1872	〔岩 倉 具 視〕	米欧巡回、米で改正交渉に入るが、中途で断念
1878	〔寺 島 宗 則〕	税権回復を主眼、米は同意、英・独などの反対で失敗
1882~87	〔⑦_____〕	法・税権一部回復を主眼。外国人判事の任用問題や欧化政策（鹿鳴館時代）への批判で失敗
1888~89	〔⑦_____〕	国別交渉、外国人判事の大審院任用問題で挫折
1891	〔⑦_____〕	法権回復を主眼、英は同意したが大津事件で挫折
1894	〔⑦_____〕	日英通商航海条約締結（法権回復、税権の一部回復）
1899	〔青 木 周 蔵〕	改正条約発効（有効期限12年）
1911	〔⑦_____〕	税権完全回復の新条約締結

する政府内外の声が強くなり、④_____は交渉を中止して外務大臣を辞任した。

　そのあとを受けた⑩_____外務大臣は、条約改正に好意的な国から個別に交渉を始め、アメリカ・ドイツ・ロシアとのあいだに改正条約を調印した。しかし、条約正文以外の約束として⑪_____への⑥_____の任用を認めていたことがわかると、政府内外に強い反対論がおこった。そして、1889（明治22）年に⑩_____が対外硬派の団体⑫_____の一青年により負傷させられた事件を機に、改正交渉は再び中断した。

　条約改正の最大の難関であったイギリスは、シベリア鉄道を計画して東アジア進出をはかる⑬_____を警戒し、日本に対して好意的になり、相互対等を原則とする条約改正に応じる態度を示した。そこで⑭_____外務大臣が改正交渉を開始したが、1891（明治24）年の⑮_____で辞任した。この事件は、訪日中のロシア皇太子⑯_____（のちの皇帝）が琵琶湖遊覧の帰途、滋賀県大津で警備の巡査津田三蔵によって切りつけられ負傷した事件である。ロシアとの関係悪化を苦慮した政府（第1次⑰_____内閣）は、犯人に日本の皇族に対する刑法の⑱_____を適用して死刑にするよう裁判所に圧力をかけたが、大審院長⑲_____はこれ

解答 ⑩大隈重信　⑪大審院　⑫玄洋社　⑬ロシア　⑭青木周蔵　⑮大津事件　⑯ニコライ　⑰松方正義　⑱大逆罪　⑲児島惟謙

大隈重信　⑦青木周蔵　⑦陸奥宗光　⑦小村寿太郎

整理 条約改正への歩み▶⑦井上馨　⑦

に反対して津田を適法の無期徒刑に処せ、司法権の独立を守った。

　その後、第2次伊藤博文内閣の外務大臣⓴＿＿＿＿＿＿＿＿＿は、自由党の支持によって国内の改正反対の声をおさえ、日清戦争直前の1894（明治27）年、①＿＿＿＿＿＿＿＿＿＿＿＿＿の撤廃と関税率の引上げ、相互対等の㉑＿＿＿＿＿＿＿＿（片務的であった㉑＿＿＿＿＿＿＿＿の双務化）および⑤＿＿＿＿＿＿＿＿＿を内容とする㉒の調印に成功した。

　ついで、ほかの欧米諸国とも改正条約が調印され、1899（明治32）年から施行された。残された②＿＿＿＿＿＿＿＿＿の回復も、1911（明治44）年に㉓＿＿＿＿＿＿＿＿外務大臣のもとで達成された。こうして開国以来半世紀を経て、日本は条約上、列国と対等の地位を得ることができた。

> **朝鮮問題**　1876（明治9）年に日本が①＿＿＿＿＿＿＿＿＿によって朝鮮を開国させて以後、朝鮮国内では親日派勢力が台頭し、国王②＿＿＿＿＿＿＿の外戚③＿＿＿＿＿一族が日本への接近を進めた。しかし1882（明治15）年、③＿＿＿＿＿一族に対し、保守派の④＿＿＿＿＿を支持する軍隊が漢城（現在のソウル）で反乱をおこし、これに呼応して民衆が日本公使館を包囲した（❺＿＿＿＿＿、または壬午事変という）。反乱は失敗に終わったが、これ以後、③＿＿＿＿＿一族の政権は日本から離れて清に依存しはじめた。

　これに対し、日本と結んで朝鮮の近代化をはかろうとした⑥＿＿＿＿＿らの親日改革派（独立党）は、1884（明治17）年の⑦＿＿＿＿＿＿＿＿を好機と判断し、日本公使館の援助を得てクーデタをおこしたが、清軍の来援で失敗した（❽＿＿＿＿＿＿＿という）。この事件できわめて悪化した日清関係を打開するために、翌1885（明治18）年、政府は⑨＿＿＿＿＿＿＿を天津に派遣し、清の全権⑩＿＿＿＿＿とのあいだに⓫＿＿＿＿＿＿＿を結んだ。これにより日清両国は朝鮮から撤兵し、今後同国に出兵する場合には、たがいに事前通告することになり、当面の両国の衝突は回避された。

　2度の事変を経て、日本の朝鮮に対する影響力が著しく減退する一方、清の

解答　⓴陸奥宗光　㉑最恵国待遇　㉒日英通商航海条約　㉓小村寿太郎
朝鮮問題▶①日朝修好条規　②高宗　③閔氏　④大院君　❺壬午軍乱　⑥金玉均　⑦清仏戦争　❽甲申事変　⑨伊藤博文　⑩李鴻章　⓫天津条約

影響力は強化された。同時に清・朝鮮に対する日本の世論は急速に悪化した。

　こうした中で、福沢諭吉が創刊した『時事新報』は、「⑫＿＿＿＿＿＿＿」（1885年）を発表した。それはアジアの連帯を否定し、日本がアジアを脱して欧米列強の一員となるべきことを主張するもので、清との軍事的対決の気運を高めた。

日清戦争と三国干渉

天津条約の締結後、朝鮮に対する影響力の拡大を目指す日本政府は、軍事力の増強につとめるとともに、清の軍事力を背景に日本の経済進出に抵抗する朝鮮政府との対立を強めた。これより先、陸軍は1878（明治11）年、①＿＿＿＿＿＿＿＿を新設して統帥部を強化し、また1882（明治15）年に❷＿＿＿＿＿＿を発布して、「大元帥」である③＿＿＿＿＿への軍人の忠節を強調し、軍人の政治関与をいましめた。そののち、1888（明治21）年に陸軍の編制が、国内の治安対策に主眼をおいた従来の④＿＿＿＿から⑤＿＿＿＿＿に改められるなど、対外戦争を目標に軍事力を充実させていった。

　1889（明治22）年から翌年にかけて、朝鮮の地方官は大豆などの穀物の輸出を禁じた（❻＿＿＿＿＿＿という）。これに対し、日本政府は⑥＿＿＿＿＿＿＿を廃止させたうえで、禁輸中の損害賠償を要求し、1893（明治26）年に最後通牒を突きつけてその要求を実現した。これを⑥＿＿＿＿＿＿事件と呼ぶ。

解答 ⑫脱亜論

日清戦争と三国干渉▶①参謀本部 ❷軍人勅諭 ③天皇 ④鎮台 ⑤師団 ❻防穀令

整理 日朝関係年表▶⑦江華島 ⑦甲申

⑦ハーグ密使

■脱亜論 福沢諭吉は1885年に「脱亜論」を発表し、日本は独自に近代化を達成し、それを目指そうとしないアジア東方から脱け出せと主張した。

1894(明治27)年、朝鮮で東学の信徒を中心に減税と排日を要求する農民の反乱（❼_____、東学の乱ともいう）がおきた。東学はキリスト教（西学）に反対する民族宗教であり、農民反乱は東学幹部に指導されて、朝鮮半島南部を制圧する勢いとなった。清は朝鮮政府の要請を受けて出兵するとともに、❽_____に従って日本に通知し、日本もこれに対抗して出兵した。農民軍はこれをみて急ぎ朝鮮政府と和解したが、日清両国は朝鮮の内政改革をめぐって対立を深め、交戦状態に入った。当初は日本の出兵に批判的だったイギリスが、❾_____に調印すると態度をかえたので、国際情勢は日本に有利になった。同年8月、日本は清に宣戦を布告し、❿_____が始まった。

日本国内では、開戦と同時に政党は政府批判を中止し、⓫_____は戦争関係の予算・法律案をすべて承認した。日清戦争の戦費は約2億円余りで、当時の国家歳入の約2倍強であった。戦局は、軍隊の訓練・規律、兵器の統一性などにまさる日本側の圧倒的優勢のうちに進んだ。日本軍は、清軍を朝鮮から駆逐するとさらに⓬_____を占領し、清の北洋艦隊を黄海海戦で撃破し、根拠地の威海衛を占領した。戦いは日本の勝利に終わり、1895(明治28)年4月、日本全権伊藤博文・⓭_____と清の全権⓮_____とのあいだで⓯_____が結ばれて講和が成立した。

その内容は、(1)清は朝鮮の⓰_____を認め、(2)⓬_____および⓱_____・澎湖諸島を日本にゆずり、(3)賠償金2億両（当時の日本円で約3億1000万円）を日本に支払い、(4)新たに沙市・⓲_____・蘇州・杭州の4港を開くこと、などであった。

しかし、⓬_____の割譲は東アジア進出を目指すロシアを刺激し、ロシアは⓳_____・ドイツ両国を誘って、⓬_____の返還を日本に要求した（⓴_____という）。これらの国々の圧力に抗することを不可能と判断した日本政府は、この勧告を受け入れたが、同時に「㉑_____」の標語に代表されるように、国民のロシアに対す

解答 ❼甲午農民戦争 ❽天津条約 ❾日英通商航海条約 ❿日清戦争 ⓫議会 ⓬遼東半島 ⓭陸奥宗光 ⓮李鴻章 ⓯下関条約 ⓰独立 ⓱台湾 ⓲重慶 ⓳フランス ⓴三国干渉 ㉑臥薪嘗胆

る敵意は増大し、それを背景に軍備の拡張につとめた。

⑫＿＿＿＿を返還した日本は、新たに領有した⑰＿＿＿＿の統治に力を注ぎ、1895（明治28）年、海軍軍令部長の㉒＿＿＿＿を台湾総督に任命し、島民の頑強な抵抗を武力で鎮圧した。台湾総督には陸海軍の大将・中将が任命され、軍事指揮権のほか、行政・立法・司法に大きな権限をもった。1898（明治31）年以降、台湾総督児玉源太郎のもとで㉓＿＿＿＿が民政に力を入れ、土地の所有権を明確にする土地調査事業に着手し土地制度の近代化を進めた。また、台湾銀行や㉔＿＿＿＿が設立されるなど、産業の振興がはかられた。台湾の支配は、現地の地主・商人などの富裕層を懐柔しながら進められ、1945（昭和20）年まで続いた。

宗主国であった清の敗北は、朝鮮の外交政策にも影響を与えた。日清戦争の際に成立した㉕＿＿＿＿の親日政権は、三国干渉後、まもなく㉖＿＿＿＿ らの親露派に倒された。日本の公使㉗＿＿＿＿は㉕＿＿＿＿を再び擁立しようと公使館守備兵に王宮を占拠させ、㉖＿＿＿＿殺害事件をおこした（1895年）。王妃を殺害された国王㉘＿＿＿＿はロシア公使館に逃れ、ロシアの支援で日本に対抗する動きが強まり、親露政権が成立した。この政権は、日本に対抗する意味もあって、1897年に国号を㉙＿＿＿＿（韓国）と改め、朝鮮国王も㉚＿＿＿＿を名乗った。

立憲政友会の成立

日清戦争での勝利は、思想界の動向に決定的な変化を与えた。①＿＿＿＿は、開戦と同時に対外膨張論に転じ、高山樗牛は雑誌『太陽』で❷＿＿＿＿をとなえて日本の大陸進出を肯定した。社会主義者と一部のキリスト教徒たちはこれらの思想傾向に反対していたが、対外膨張を支持する❸＿＿＿＿は、思想界の主流となっていった。

日清戦争の勝利と三国干渉は、政府と政党の関係も大きく変化させた。自由党は第2次伊藤博文内閣を公然と支持して④＿＿＿＿を内務大臣として入閣させ、軍備拡張予算を承認し、1896（明治29）年にそのあとを継いだ第2

解答　㉒樺山資紀　㉓後藤新平　㉔台湾製糖会社　㉕大院君　㉖閔妃　㉗三浦梧楼　㉘高宗　㉙大韓帝国　㉚皇帝

立憲政友会の成立▶①徳富蘇峰　❷日本主義　❸国家主義　④板垣退助

■**大韓帝国**　独立を示すため大韓帝国の年号として光武・隆熙をつくった。国王は皇帝となったが、高宗と純宗の2代で1910年の韓国併合（年号は明治）を迎えた。

次⑤＿＿＿＿＿＿内閣も、進歩党と提携して⑥＿＿＿＿＿＿を外務大臣として入閣させ、軍備を拡張した。しかし、1898（明治31）年に成立した第3次伊藤内閣は、総選挙でのび悩んだ自由党との提携をあきらめて⑦＿＿＿＿主義に戻った。これに対し、自由・進歩両党は合同して❽＿＿＿＿＿＿を結成した。衆議院に絶対多数をもつ合同政党の出現により、伊藤内閣は議会運営の見通しを失って退陣し、かわってはじめての⑨＿＿＿＿＿＿＿である第1次大隈重信内閣が成立した。この内閣は首相に大隈、内務大臣に④＿＿＿＿をすえ、陸・海軍両大臣を除くすべての閣僚を❽＿＿＿＿＿出身者が占めた（❿＿＿＿＿＿＿という）。

　しかし、大隈内閣は組閣直後から旧自由・進歩両党間の対立に悩まされ、⑪＿＿＿＿＿＿＿がいわゆる共和演説事件で文部大臣を辞任すると、後任をめぐって対立が頂点に達した。⑪＿＿＿＿＿＿文部大臣は、絶対にありえない仮定と断ったうえで、「仮に日本に共和政治がおこなわれるとしたら、三井・三菱が大統領の有力候補となろう」と金権政治を批判した。これに対し、宮中や枢密院・貴族院、それに与党内の旧自由党系から、批判が集中した。❽＿＿＿＿＿＿は憲政党（旧自由党系）と憲政本党（旧進歩党系）に分裂し、内閣はわずか4カ月で退陣した。

　かわった第2次⑫＿＿＿＿＿＿内閣は、憲政党の支持を得て⑬＿＿＿＿＿増徴案を成立させた。また、政党の影響力が官僚におよぶのを防ぐために、1899（明治32）年に⓮＿＿＿＿＿**を改正**した。これは、任用資格規定のなかった各省の次官などの高級官吏にも資格規定を設け、専門官僚としての知識・経験のない者が政党などの力で高級官吏になることができないようにした。同時に、文官懲戒令と文官分限令を制定し、国務大臣以外の行政官の身分保障を強化し、政党の影響から官吏を守ろうとした。つづく翌1900（明治33）年には政党の力が軍部におよぶのをはばむために⓯＿＿＿＿＿＿を定め、現役の大将・中将以外は陸・海軍大臣になれないことを明記した。さらに⑯＿＿＿＿＿＿を公布して、政治・労働運動の規制

解答 ⑤松方正義　⑥大隈重信　⑦超然　❽憲政党　⑨政党内閣　❿隈板内閣　⑪尾崎行雄　⑫山県有朋　⑬地租　⓮文官任用令　⓯軍部大臣現役武官制　⑯治安警察法

■地租の税率■　1873年に地価の3％、1877年に2.5％、1898年に5年限定で3.3％に改められた。

第13章

を強化した。

　このような一連の政策に批判的になった憲政党（旧自由党系）は、政党結成を目指していた伊藤博文に接近し、解党して伊藤派の官僚とともに、1900（明治33）年に⑰＿＿＿＿＿＿＿＿＿（総裁伊藤博文）を結成した。伊藤は、⑰＿＿＿＿＿＿＿＿＿＿を率いて同年に第4次内閣を組織したが、⑱＿＿＿＿＿＿の反対に苦しめられて退陣し、1901（明治34）年に第1次⑲＿＿＿＿＿＿＿内閣が成立した。

　これ以後、⑫＿＿＿＿＿＿＿の後継者で長州閥の⑲＿＿＿＿＿＿＿が率いる軍部・官僚・⑱＿＿＿＿＿＿勢力と、伊藤のあとを受けた⑳＿＿＿＿＿＿＿を総裁とする⑰＿＿＿＿＿＿＿とが政界を二分した。老齢の⑫＿＿＿＿＿＿や伊藤は政界の第一線から退いたが、非公式に天皇を補佐する㉑＿＿＿＿として㉒＿＿＿＿の選任権を握り、内閣の背後から影響力を行使していった。

| 列強の中国進出と日英同盟 |

日清戦争によって清の弱体ぶりを知った欧米列強は、あいついで中国に進出していった。まず1898年に、ドイツが山東半島の①＿＿＿＿＿を、ついでロシアが遼東半島の②＿＿＿・＿＿＿を、さらにイギリスは九竜半島・③＿＿＿＿を、翌年に④＿＿＿＿が広州湾を⑤＿＿＿し、各国はこれらを拠点に鉄道建設などを進めていった。⑤＿＿＿＿とは他国の領土の一部を借りて統治を行使することで、具体的な期限が設定されている点で割譲とは異なる。アメリカはこうした中国進出の動きには直接加わらず、1898年には⑥＿＿＿＿を正式に併合し、ついで⑦＿＿＿＿＿＿＿を領有し、中国に関しては、翌年に国務長官⑧＿＿＿＿＿＝＿＿＿＿が⑨＿＿＿＿＿・機会均等について日本を含めた列国に提案して、各国の勢力範囲内での通商の自由を要求した（⑨＿＿＿＿＿宣言という）。アメリカは1823年にアメリカ大統領⑩＿＿＿＿＿が、ヨーロッパの事態に介入しないかわりに、アメリカ大陸へのヨーロッパ諸国の介入を拒否するという宣言（⑩＿＿＿＿＿宣

解答 ⑰立憲政友会 ⑱貴族院 ⑲桂太郎 ⑳西園寺公望 ㉑元老 ㉒首相
列強の中国進出と日英同盟▶①膠州湾
②旅順・大連 ③威海衛 ④フランス
⑤租借 ⑥ハワイ ⑦フィリピン ⑧

ジョン＝ヘイ ⑨門戸開放 ⑩モンロー
■**旅順・大連**■ 遼東半島の先端に位置する不凍港。旅順は軍港、大連は商港。1895年の三国干渉で日本が清に返還後、ロシアが1898年に租借（25年）した。

言という）を発表し、それ以後も、アメリカはこの立場を保ってきた。しかし、この⑨＿＿＿＿＿＿＿宣言によって、その外交姿勢を転換した。

　1900年に入ると、中国では「⑪＿＿＿＿＿＿＿＿」をとなえる排外主義団体⑫＿＿＿＿＿＿が勢力を増して各地で外国人を襲い、北京の列国公使館を包囲した。清朝政府も⑫＿＿＿＿＿に同調して、列国に宣戦を布告した（⑬＿＿＿＿＿、⑫＿＿＿＿＿戦争ともいう）。日本を含む列国は、連合軍を派遣し、⑫＿＿＿＿＿を北京から追って清を降伏させ、翌年には清と⑭＿＿＿＿＿＿を結んだ。これにより、列国は清朝政府に対し、巨額の賠償金と首都北京の公使館所在区域の治外法権、および公使館守備隊の駐留などを承認させた。

　これを機にロシアは中国東北部（「⑮＿＿＿＿＿」という）を事実上占領し、同地域における独占的権益を清に承認させた。韓国と陸続きの中国東北部がロシアの支配下に入れば、日本の韓国における権益がおびやかされるため、日本はロシアとの協調政策を変更しはじめた。日本政府内には⑯＿＿＿＿＿＿をはじめとした、ロシアに⑮＿＿＿＿経営の自由を与えるかわりに、日本が韓国に対する優越権を獲得しようという「満韓交換」を交渉でおこなおうとする⑰＿＿＿＿＿＿＿もあったが、⑱＿＿＿＿＿内閣はイギリスと同盟して韓国での権益を守る方針をとり、1902（明治35）年に⑲＿＿＿＿＿協約が締結された（⑲＿＿＿＿＿＿ともいう）。この協約には、日英両国がたがいに清および⑳＿＿＿＿の独立と領土の保全を認めあうこと、清における両国の利益と⑳＿＿＿＿における日本の政治・経済・産業上の利益を承認すること、もし同盟国のどちらかが他国と交戦した場合にはもう一方の同盟国は厳正中立を守り、さらに第三国が相手国側として参戦した場合にはもう一方の同盟国も参戦することが定められていた。

　⑲＿＿＿＿＿＿の成立後もロシアは⑮＿＿＿＿に駐兵を続けたので、日本政府は対露交渉を続けるかたわら開戦準備を進めた。国内の一部では、キリスト教徒の㉑＿＿＿＿＿や、平民社をおこして『㉒＿＿＿＿＿＿』

解答 ⑪扶清滅洋　⑫義和団　⑬北清事変　⑭北京議定書　⑮満洲　⑯伊藤博文　⑰日露協商論　⑱桂太郎　⑲日英同盟　⑳韓国　㉑内村鑑三　㉒平民新聞

■満洲■ 中国東北地方の3省（奉天・黒竜江・吉林省）を指す。なお、1932年成立の満洲国は、さらに熱河・興安省を含む。万里の長城以北で、朝鮮とは鴨緑江で接する。

第13章

を創刊した社会主義者の㉓＿＿＿＿＿＿＿＿・堺利彦らが非戦論・反戦論を
となえ、国内世論も当初は戦争を好まなかったが、1903（明治36）年に結成された
㉔＿＿＿＿＿＿や戸水寛人ら東京帝国大学などの七博士は強硬な主
戦論をとなえ、『㉕＿＿＿＿＿＿』の黒岩涙香や『国民新聞』の㉖＿＿＿＿＿
＿＿＿＿＿＿が主戦論を盛り上げるなど、開戦論に傾いていった。一方、開戦後、
歌人の㉗＿＿＿＿＿＿＿＿＿＿は、「君死にたまふこと勿れ」とうたう反戦詩
を『㉘＿＿＿＿＿』に発表した。

日露戦争 日本とロシアの交渉は1904（明治37）年初めに決裂し、同年2月、
両国はたがいに宣戦を布告し、❶＿＿＿＿＿＿＿＿＿が始まった。
日本は、ロシアの満洲占領に反対する②＿＿＿＿＿＿・イギリス両国の経
済的支援を得て、戦局を有利に展開した。1905（明治38）年初めには、半年以上の
包囲攻撃で多数の兵を失った末にようやく③＿＿＿＿＿要塞を陥落させ、ついで
3月には奉天会戦で辛勝し、さらに5月の④＿＿＿＿＿＿＿＿では、日
本の連合艦隊がヨーロッパから回航してきたロシアのバルチック艦隊を全滅させ
た。

　しかし、長期にわたる戦争は日本の国力の許すところではなかった。日露戦争
は、機関銃や速射砲のような新兵器の登場によって、本格的な近代戦・物量戦
となったため、兵器・弾薬・兵士などの補給が日本の限界に達した。また、約17
億円の軍事費のうち、約13億円を内外の⑤＿＿＿＿＿に依存し（外債約7億円、内
債約6億円）、国内の増税でまかなわれたのは3億2000万円弱であったが、これ
も国民負担の限度に近かった。一方、ロシアも国内で⑥＿＿＿＿＿運動がおこっ
て戦争継続が困難になったため、アメリカ大統領⑦＿＿＿＿＿＿＿＝
＿＿＿＿＿＿の斡旋によって、1905（明治38）年9月、アメリカ
で日本全権⑧＿＿＿＿＿＿＿とロシア全権⑨＿＿＿＿＿が講
和条約（⑩＿＿＿＿＿＿＿＿＿＿という）に調印した。その結果、ロ
シアは、(1)⑪＿＿＿＿＿に対する日本の指導・監督権を全面的に認め、(2)清から
の③＿＿＿＿・大連の租借権、⑫＿＿＿＿＿以南の鉄道とその付属の利権を日

本に譲渡し、さらに、(3)北緯50度以南の⑬＿＿＿＿＿（サハリン）と付属の諸島の譲渡と、(4)沿海州とカムチャツカの⑭＿＿＿＿＿＿を日本に認めた。国民は人的な損害と大幅な増税にたえてこの戦争を支えたが、⑮＿＿＿＿＿＿がまったくとれない講和条約に不満を爆発させ、講和条約調印の日に開かれた講和反対国民大会は暴動化した（⑯＿＿＿＿＿＿＿＿＿＿という）。

韓国併合 すでに日露戦争中の1904（明治37）年に日本が大韓帝国（韓国）と結んだ第1次①＿＿＿＿＿＿では、日本が推薦する財政・外交顧問を韓国政府におき、重要な外交案件は事前に日本政府と協議することを認めさせた。日露戦争後の日本は、戦勝で得た大陸進出拠点の確保につとめた。まず1905（明治38）年、アメリカと非公式に②＿＿＿＿・＿＿＿＿＿を結び、イギリスとは③＿＿＿＿＿＿を改定（第2次）して、両国に日本の韓国保護国化を承認させた。これらを背景として日本は、同年中に第2次①＿＿＿＿＿（1905年）を結んで韓国の④＿＿＿＿＿を奪い、漢城に韓国の外交を統轄する❺＿＿＿＿＿をおいて、⑥＿＿＿＿＿が初代の統監となった。

これに対し韓国皇帝⑦＿＿＿＿は、1907（明治40）年にオランダのハーグで開かれた第2回万国平和会議に密使を送って抗議したが、列国に無視された（❽＿＿＿＿＿＿＿＿＿という）。日本は、この事件をきっかけに⑦＿＿＿＿を退位させ、ついで第3次①＿＿＿＿＿を結んで韓国の⑨＿＿＿＿＿をもその手におさめ、さらに韓国軍を解散させた。これまでも植民地化に抵抗して散発的におこっていた❿＿＿＿＿＿は、解散させられた韓国軍の元兵士たちの参加を得て本格化した。日本政府は、1909（明治42）年に軍隊を増派して❿＿＿＿＿を鎮圧したが、その最中に前統監の⑥＿＿＿＿＿が、ハルビン駅で韓国の民族運動家⑪＿＿＿＿＿に暗殺される事件がおこった。日本政府は憲兵隊を常駐させるなどの準備のうえ、1910（明治43）年に⑫＿＿＿＿＿条約を強要して韓国を植民地化した（⑫＿＿＿＿＿＿という）。そして漢城を⑬＿＿＿＿と改称してそこに統

解答 ⑬樺太 ⑭漁業権 ⑮賠償金
⑯日比谷焼打ち事件
韓国併合▶①日韓協約 ②桂・タフト協定 ③日英同盟協約 ④外交権 ❺統監府 ⑥伊藤博文 ⑦高宗 ❽ハーグ密使事件 ⑨内政権 ❿義兵運動 ⑪安重根 ⑫韓国併合 ⑬京城

治機関としての⓮＿＿＿＿＿＿＿＿を設置し、陸軍大臣兼統監の⑮＿＿＿＿＿＿＿を初代総督に任命した。朝鮮総督は当初現役軍人に限られ、警察の要職は日本の⑯＿＿＿＿＿が兼任した。

⓮＿＿＿＿＿＿＿＿は、地税賦課の基礎となる土地の測量、所有権の確認を朝鮮全土で実施したが（⓱＿＿＿＿＿＿＿＿**事業**という）、その際に所有権の不明確などを理由に広大な農地・山林が接収され、その一部は⓲＿＿＿＿＿＿や日本人地主などに払い下げられた。これによって多くの朝鮮農民が土地を奪われて困窮し、一部の人々は職を求めて日本に移住するようになった。

満洲への進出

日露戦争後には日本の満洲進出が本格化し、1906（明治39）年には、❶＿＿＿＿＿＿＿（旅順・大連を含む遼東半島南端の租借地）を統治する❷＿＿＿＿＿＿＿＿＿が旅順におかれ、半官半民の❸＿＿＿＿＿＿＿＿＿＿＿＿（**満鉄**）が大連に設立された。満鉄は、ロシアからゆずり受けた❹＿＿＿＿・旅順間の旧東清鉄道に加えて、鉄道沿線の❺＿＿＿＿＿＿なども経営し、満洲への経済進出の足がかりとなった。これに対して、1905年には、アメリカの鉄道企業家❻＿＿＿＿＿＿＿＿が満鉄共同経営を提案したが、日本政府はこれを拒否した。ついで1909年に、アメリカ政府は満鉄の中立化を列国に提唱するなど、満洲市場に関心をもつアメリカは、❼＿＿＿＿＿＿＿をとなえて日本の南満洲権益の独占に反対し、日米関係が急速に悪化した。1906年にサンフランシスコでおこった日本人学童の入学拒否事件をはじめ、カリフォルニア州を中心にアメリカ国内で❽＿＿＿＿＿＿運動が激化したことも、その一因であった。清国内でも、権益の返還を求める声が強くなった。そこで日本は、第2次日英同盟協約および4次にわたる❾＿＿＿＿＿＿＿＿＿（1907〜16年）による日英・日露協調を背景に、満洲権益を国際社会で承認させた。とくに日露両国は、満洲における日本、および❿＿＿＿＿＿＿におけるロシアの勢力圏を相互に確認するなど、❾＿＿＿＿＿＿＿を通して急速に接近した。

解答 ⓮朝鮮総督府 ⑮寺内正毅 ⑯憲兵 ⓱土地調査 ⓲東洋拓殖会社
満洲への進出▶ ❶関東州 ❷関東都督府 ❸南満洲鉄道株式会社 ❹長春 ❺炭鉱 ❻ハリマン ❼門戸開放 ❽日本人移民排斥 ❾日露協約 ❿内蒙古

1911年、中国では清の専制と異民族支配に反対する⓫＿＿＿＿＿＿＿＿＿がおこり、翌年には、三民主義をとなえる革命指導者⓬＿＿＿＿＿＿を臨時大総統とする⓭＿＿＿＿＿＿＿＿＿が成立して、清が倒れた。⓬＿＿＿＿＿＿は、清の皇帝の退位と引きかえに、清の中核にいた軍閥の首領⓮＿＿＿＿＿＿＿に臨時大総統の地位をゆずった。これ以後、中国では、列国の支援を受けた各地の軍閥政権がたがいに抗争する不安定な政治情勢が続いた。これをみて日本の陸軍などは南満洲権益を強化するために中国に軍事干渉するよう主張したが、政府は列国の意向と国内の財政事情を考慮して、不干渉の立場をとった。

桂園時代　第1次①＿＿＿＿＿＿＿内閣は、長らく政権を担当し、日露戦争後の1905（明治38）年末に退陣を表明した。この間、野党の地位にとどまっていた②＿＿＿＿＿＿＿＿＿は、鉄道や港湾の拡充を掲げることで地方の有力者の支持を得て勢力をのばし、1906（明治39）年には総裁の③＿＿＿＿＿＿＿＿が内閣（第1次）を組織し、④＿＿＿＿＿＿＿＿＿を成立させた。

　また、同1906年に⑤＿＿＿＿＿＿＿＿＿＿が結成されると、当面その存続を認めたが、⑤＿＿＿＿＿＿は1907（明治40）年、党内で議会政策派（片山潜ら）と直接行動派（⑥＿＿＿＿＿＿＿＿ら）の対立が激しくなり、直接行動派が優位を占めると、解散させられた。なお、社会主義政党については、1901（明治34）年、日清戦争後の労働運動の展開の中で、安部磯雄・片山潜・⑥＿＿＿＿・木下尚江らが最初の社会主義政党である⑦＿＿＿＿＿＿を結成したが、前年に成立した⑧＿＿＿＿＿＿＿＿によって、結成直後に解散を命じられている（第4次伊藤博文内閣）。

　③＿＿＿＿＿＿＿＿＿＿内閣は、1907（明治40）年の恐慌による政策の行き詰まりを背景に、翌年の総選挙で圧勝したにもかかわらず、①＿＿＿＿＿＿＿に政権をゆずった。

　日露戦争での勝利によって日本も列強の一員に加わると、明治維新以来の国家目標は一応達成されたという気持ちが国民のあいだに強まり、⑨＿＿＿＿＿

解答　⓫辛亥革命　⓬孫文　⓭中華　治安警察法　⑨国家主義
民国　⓮袁世凱
桂園時代▶①桂太郎　②立憲政友会
③西園寺公望　④鉄道国有法　⑤日本社
会党　⑥幸徳秋水　⑦社会民主党　⑧

に対する疑問が生まれてきた。農村においては国家的利害よりも地方社会の利益を重視する傾向が現れ、都市においても国家や政治から離れて実利を求める者や、あるいは人生の意義に煩悶する青年層が現れた。

このような傾向に対して第2次①＿＿＿＿＿＿内閣は、1908（明治41）年、勤勉と倹約を国民に求める⑩＿＿＿＿＿＿＿＿を発して、国民道徳の強化につとめた。またそれを具体化するものとして、内務省を中心に⑪＿＿＿＿＿＿＿を推進した。この運動は、江戸時代以来の村落共同体である旧町村の財産を、⑫＿＿＿＿＿・＿＿＿＿＿（1888年公布）による行政単位としての町村の所有にすることなどで、町村の強化をはかるものであった。こうした中で、青年会や1910（明治43）年設立の⑬＿＿＿＿＿＿＿＿＿の分会なども、町村を単位として組織化が進められた。

また、①＿＿＿＿＿＿＿内閣は、1910（明治43）年の⑭＿＿＿＿＿＿＿を機に社会主義者・無政府主義者を大弾圧し、以後、第一次世界大戦に至るまで社会主義者にとっては身動きのとれない「冬の時代」になった。⑭＿＿＿＿＿＿＿では、天皇暗殺を計画して爆弾を製造した社会主義運動家を捕らえたのをきっかけに、全国で数百人の社会主義者・無政府主義者を検挙し、うち⑥＿＿＿＿＿＿ら26人を刑法の大逆罪で起訴した。翌年、26人全員が有罪判決を受け、うち12人が死刑を執行されたが、その多くは暗殺計画に直接関与してはいなかった。またこの時、警視庁内に⑮＿＿＿＿＿＿＿（　　　　　　）と呼ばれる思想警察がおかれた。一方で、①＿＿＿＿＿＿＿内閣は、翌1911年に⑯＿＿＿＿＿＿＿を公布するなど若干の社会政策的配慮もおこなった。①＿＿＿＿＿は韓国併合を強行したのち、1911（明治44）年に再び③＿＿＿＿＿＿＿に内閣をゆずった。

このように、10年以上にわたって桂と西園寺が交互に内閣を担当したので、この時期（1901〜1913年）を2人の苗字から1字ずつとって⑰と呼ぶ。

---

⑩戊申詔書　⑪地方改良運動　⑫市制・町村制　⑬帝国在郷軍人会　⑭大逆事件　⑮特別高等課（特高）　⑯工場法　⑰桂園時代

■西園寺公望■　西園寺家は華族の名門。立憲政友会の第2代総裁。首相を2度経験し、パリ講和会議では全権をつとめた。最後の元老として、1940年に没するまで後継首相の推薦に尽力した。

2 第一次世界大戦と日本

大正政変 1911(明治44)年、第2次西園寺公望内閣は、国家財政が悪化する中で組閣された。しかし、与党の①＿＿＿＿＿＿＿＿＿は積極的な財政政策を、商工業者は②＿＿＿＿を、海軍は建艦計画の実現を、陸軍は2個師団増設をそれぞれ求めたため、内閣は困難な立場に立たされた。海軍は、1907(明治40)年の③＿＿＿＿＿＿＿＿＿＿＿で戦艦8隻・装甲巡洋艦8隻のいわゆる❹＿＿＿＿・＿＿＿＿を長期目標にすえていた。また、陸軍が2個師団の増設を強く要求したのは、1910(明治43)年に併合した韓国に常設の師団をおくとともに、⑤＿＿＿＿＿＿＿勃発直後に清からの独立を宣言した外蒙古とロシアとの関係の緊密化を警戒し、南満洲と近接する⑥＿＿＿＿＿＿の諸権益を確保する必要があると考えたためである。

1912(大正元)年7月、明治天皇の死去にともない、大正天皇が即位した。また、この頃、東京帝国大学教授の❼＿＿＿＿＿＿＿＿＿が『憲法講話』を刊行し、⑧＿＿＿＿＿＿＿＿＿や政党内閣論をとなえたことで、新時代に対する国民の政治的関心が高まった。一方、元老の⑨＿＿＿＿＿＿＿は、大正天皇の内大臣兼侍従長に、長州閥の一員で陸軍の長老であった⑩＿＿＿＿を選んだ。

中国でおこった⑤＿＿＿＿＿＿＿と清の滅亡という事態に対し、第2次西園寺内閣が明確な態度をとらず、また海軍拡張を優先しようとした内閣の姿勢を不満とする⑨＿＿＿＿＿＿＿と陸軍は、2個師団増設を内閣に強くせまった。西園寺首相が、これを財政上困難だとして拒絶すると、⑪＿＿＿＿＿＿陸軍大臣は単独で辞表を⑫＿＿＿に提出し、1912(大正元)年末、内閣も総辞職した。

元老会議は⑩＿＿＿＿を後継首相(第3次)としたが、内大臣兼侍従長である人物が首相となるのは宮中と政府(府中)の境界を乱すとの非難の声がただちに上がった。ここに、立憲政友会の❸＿＿＿＿＿と立憲国民党の

解答 大正政変▶ ①立憲政友会　②減税　③帝国国防方針　❹八・八艦隊　⑤辛亥革命　⑥内蒙古　❼美濃部達吉　⑧天皇機関説　⑨山県有朋　⑩桂太郎　⑪上原勇作　⑫天皇　❸尾崎行雄

■幄幄上奏■ 幄幄は軍の本営の意。参謀総長・軍令部長・陸海軍大臣は、軍の統帥に関して直接天皇に上奏できた。これは軍の政治への干渉を可能にし、第2次西園寺公望内閣崩壊の原因となった。

第13章

⑭＿＿＿＿＿＿＿＿＿＿を中心とする野党勢力・ジャーナリストに、商工業者・都市民衆が加わり、「⑮＿＿＿＿＿＿＿・＿＿＿＿＿＿＿＿＿＿」を掲げる運動として、⑯＿＿＿＿＿＿＿＿＿が全国に広がった。⑩＿＿＿＿＿＿＿＿は非立憲政友会系の新党を組織し、従来の元老政治からの脱却を掲げて内閣を維持しようとしたが、立憲政友会と立憲国民党が内閣不信任案を議会に提出し、それを支持する民衆が議会を包囲したため、1913（大正2）年2月、内閣は在職50日余りで退陣した（⑰＿＿＿＿＿＿＿＿という）。なお、⑩＿＿＿＿＿＿＿＿が構想した新党は、立憲国民党の離党者も加わり、⑩＿＿＿＿＿＿＿＿の死後の1913（大正2）年末、加藤高明を総裁とする⑱＿＿＿＿＿＿＿＿＿＿として結党された。

⑩＿＿＿＿＿＿＿＿のあとは、薩摩出身の海軍大将⑲＿＿＿＿＿＿＿＿＿＿が①＿＿＿＿＿＿＿＿を与党として内閣を組織した。この内閣は行政整理をおこなうとともに、⑳＿＿＿＿＿＿＿＿＿＿を改正して政党員にも高級官僚への道を開き、また㉑＿＿＿＿＿＿＿＿＿＿＿＿を改めて予備・後備役の大・中将にまで資格を広げるなど、官僚・軍部に対する政党の影響力の拡大につとめ、内閣に対する軍の影響力行使を制限しようとした。しかし、1914（大正3）年、外国製の軍艦や兵器の輸入をめぐる海軍高官の汚職事件（㉒＿＿＿＿＿＿＿＿という）の発覚により、都市民衆の抗議行動が再び高まり、やむなく退陣した。

これをみた⑨＿＿＿＿＿＿＿・井上馨らの㉓＿＿＿＿＿は、言論界や民衆のあいだで人気のある大隈重信を急きょ後継首相に起用した。大隈は政界から引退した状態にあったが、㉓＿＿＿＿＿らは大隈の起用により㉔＿＿＿＿＿＿への反発をしずめ、①＿＿＿＿＿＿＿＿＿＿に打撃を与えられると期待した。

第2次大隈内閣は、衆議院においては①＿＿＿＿＿＿＿＿＿＿に比べて少数であった⑱＿＿＿＿＿＿＿＿＿＿を与党として出発した。翌1915（大正4）年の総選挙では、青年層を巻き込み、大衆的な選挙戦術をとった⑱＿＿＿＿＿＿＿が①＿＿＿＿＿＿＿＿＿＿に圧勝し、懸案の㉕＿＿＿＿＿＿＿＿案が議会を通過した。

解答 ⑭犬養毅 ⑮閥族打破・憲政擁護 ⑯第1次護憲運動 ⑰大正政変 ⑱立憲同志会 ⑲山本権兵衛 ⑳文官任用令 ㉑軍部大臣現役武官制 ㉒シーメンス事件 ㉓元老 ㉔藩閥 ㉕2個師団増

設

■軍部大臣武官制■ 1913年から現役制に再改正される1936年までは、予備・後備役での陸・海相就任が可能となったが、実際にはすべて現役軍人が就任した。

大正政変頃に、日本を取り巻く国際環境は大きく変化した。1910年の㉖＿＿＿＿＿＿＿＿＿＿、1911年の㉗＿＿＿＿＿＿＿＿＿＿＿＿＿の回復（条約改正の成功）などからわかるように、明治の新政府発足以来の諸懸案が解決をみたといえる。これにともない、国家を主導していた㉔＿＿＿＿＿というまとまりも、政党・官僚・軍へと多元化し、解体していった。

第一次世界大戦　20世紀初頭のヨーロッパ大陸においては、軍備を拡張して積極的な世界政策を進めるドイツ、これにオーストリアと①＿＿＿＿＿＿＿＿＿を加えた❷＿＿＿＿＿＿＿＿＿が一方にあり、ロシアとフランスの同盟（露仏同盟）とのあいだで対立を深めていた。イギリスが③＿＿＿＿＿＿＿＿＿の挑戦に備えて1904年に英仏協商を結び、ロシアもまた日露戦争の敗北により東アジアからバルカン半島への進出策へと転じて、1907年に英露協商を結んだことで、イギリス・フランス・ロシアのあいだで④＿＿＿＿＿＿＿＿＿が締結され、②＿＿＿＿＿＿＿＿＿＿＿との均衡に変化が生じた。日本は、イギリスとの日英同盟協約、ロシアとの⑤＿＿＿＿＿＿＿＿の関係上、④＿＿＿＿＿＿＿＿＿の側に立つこととなった。

　「ヨーロッパの火薬庫」と呼ばれていたバルカン半島の⑥＿＿＿＿＿＿＿で、1914年6月、⑦＿＿＿＿＿＿＿＿＿帝位継承者が親露的なセルビア人に暗殺されると（⑥＿＿＿＿＿＿＿＿＿＿＿事件という）、両国のあいだに戦争がおこり、これが8月には③＿＿＿＿＿＿＿＿＿とロシアの戦争に拡大した。さらにフランスとイギリスもロシア側について参戦したことで、帝国主義列強間の覇権争いから始まったこの戦争は、4年余りにもおよぶ⑧＿＿＿＿＿＿＿＿＿となった（❾＿＿＿＿＿＿＿＿＿＿＿＿＿＿という）。⑧＿＿＿＿＿＿＿＿＿とは、戦争に当たって、国家の有する軍事的・政治的・経済的・人的諸能力を最大限に組織し動員する戦争の形態である。一方、国家は、国民の協力を鼓舞するため政治・経済体制の民主的改変をせまられることもあった。

　戦況は初めドイツ側が優勢であったが、イギリスの海上封鎖に苦しんだドイツが無制限⑩＿＿＿＿＿＿＿作戦を始めたのを機に、1917年にアメリカが④＿＿＿＿＿＿＿

解答 ㉖韓国併合　㉗関税自主権
第一次世界大戦▶①イタリア　❷三国同盟　③ドイツ　④三国協商　⑤日露協約　⑥サライェヴォ　⑦オーストリア　⑧総力戦　❾第一次世界大戦　⑩潜水艦

■**大戦の背景**　ドイツなどゲルマン民族とロシアなどスラブ民族の覇権争い、新たな産業革命成功国のドイツによる市場の再分割要求、ロシアとトルコの地域対立などが複雑に絡んでいた。

側（連合国側）に立って参戦すると、戦局は連合国側に有利に展開した。翌1918年、ドイツでは⑪＿＿＿＿＿＿が拡大して、11月に連合国側との休戦協定が結ばれた。

日本の中国進出　イギリスがドイツに宣戦布告すると、第2次大隈重信内閣は①＿＿＿＿＿＿外務大臣の主導により②＿＿＿＿＿＿を理由として参戦し、中国におけるドイツの根拠地青島（チンタオ）と③＿＿＿＿＿＿の権益を1914（大正3）年中には接収（せっしゅう）し、さらに④＿＿＿＿＿＿以北のドイツ領南洋諸島の一部を占領した。イギリス外務省などは日本の参戦に消極的だったが、日本は軍事行動の範囲についてのイギリスとの合意なしに、ドイツに宣戦布告した。

　続く1915（大正4）年、①＿＿＿＿＿＿外務大臣は北京（ペキン）の⑤＿＿＿＿＿＿政府に対し、③＿＿＿＿＿＿のドイツ権益の継承、南満洲（まんしゅう）および東部内蒙古（もうこ）の権益の強化、日中合弁（ごうべん）事業の承認など、いわゆる❻＿＿＿＿＿＿をおこない、同年5月、⑦＿＿＿＿＿＿を発（はっ）して要求の大部分を承認させた。この各要求は、外務省や陸海軍において中国問題を扱っていた部署の意見の集大成でもあった。日本は中国に要求を飲ませるため、陸海軍に圧力をかけさせたうえで⑦＿＿＿＿＿＿を発した。中国国民はこれに強く反発し、⑤＿＿＿＿＿＿政府が要求を受け入れた5月9日は、のちに⑧＿＿＿＿＿＿とされた。中国政府の顧問として⑨＿＿＿＿＿＿の雇用（こよう）を求める第5号は撤回されたが、❻＿＿＿＿＿＿は、1915（大正4）年5月25日「③＿＿＿＿＿＿に関する条約」「南満洲及東部内蒙古に関する条約」の2つの条約として成立した。この2つ目の条約は、日本がロシアから継承した⑩＿＿＿＿＿＿・＿＿＿＿＿＿、南満洲鉄道の租借（そしゃく）期限をいずれも⑪＿＿＿年間に延長するもので、これにより⑩＿＿＿＿＿＿・＿＿＿＿＿＿は1997年、南満洲鉄道は2002年が満期となった。①＿＿＿＿＿＿による外交には内外からの批判があり、大隈を首相に選んだ元老（げんろう）の⑫＿＿＿＿＿＿も、野党立憲政友会の総裁原敬（はらたかし）に「訳（わけ）のわからぬ無用の箇条（かじょう）まで羅列（られつ）して請求した

解答　⑪革命

日本の中国進出▶①加藤高明（たかあき）　②日英同盟　③山東省（さんとう）　④赤道　⑤袁世凱（えんせいがい）　❻二十一カ条の要求　⑦最後通牒（つうちょう）　⑧国恥（こくち）記念日　⑨日本人　⑩旅順（りょじゅん）・大連（だいれん）　⑪

99　⑫山県有朋

るは大失策」と述べて① ＿＿＿＿＿＿＿＿＿ を批判していた。

　大隈内閣は北京の⑤ ＿＿＿＿＿＿＿ 政府をおさえ、しだいに南方の革命勢力へ
の支持を鮮明（せんめい）にしていった。これに対し、つぎの寺内正毅（てらうちまさたけ）内閣のもとでは、
⑤ ＿＿＿＿＿＿＿ のあとを継いだ北方軍閥の⑬ ＿＿＿＿＿＿＿ 政権に巨額の経済
借款（しゃっかん）を与え（⑭ ＿＿＿＿＿＿＿ という）、同政権を通じた日本の権益確保を
意図した。

　大戦後に向けた講和会議（こうわ）対策も進められた。1916（大正5）年、大隈内閣では、
第4次⑮ ＿＿＿＿＿＿＿ を締結（ていけつ）し、極東（きょくとう）における両国の特殊権益を相互に
再確認した。続く寺内内閣では、イギリスが日本軍艦の地中海派遣を求めたのを
きっかけに、戦後の講和会議で③ ＿＿＿＿＿＿＿ と④ ＿＿＿＿＿＿＿ 以北の南洋諸島の
ドイツ権益を求める日本の要求を、イギリス・フランスなど列強（れっきょう）が支持すると
の密約（みつやく）がかわされた。一方、日本の中国進出を警戒していたアメリカは、第一次
世界大戦に参戦するに当（あ）たって太平洋方面の安定を確保する必要があったため、
1917（大正6）年に特派大使石井菊次郎（きくじろう）と国務長官ランシングとのあいだで、中国
の領土保全（ほぜん）・門戸開放（もんこ）と、地理的な近接性ゆえに日本は中国に⑯ ＿＿＿＿＿
＿＿＿＿ をもつと認める公文（こうぶん）が交換された（⑰ ＿＿＿＿＿＿＿・＿＿＿＿＿
＿＿＿＿ という）。なお、この協定は、ワシントン会議で1922（大正11）年に
⑱ ＿＿＿＿＿＿＿ が成立したのを機に廃棄（はいき）された。

　戦争が長期化する中、ロシアでは1917年に帝政と大戦継続に反対する労働者・
兵士の革命（⑲ ＿＿＿＿＿＿＿ という）がおこり、世界ではじめての
⑳ ＿＿＿＿＿＿＿ 国家（のちのソヴィエト社会主義共和国連邦（れんぽう）〈ソ連〉）が生ま
れた。ボリシェヴィキ（のちの共産党）の㉑ ＿＿＿＿＿＿＿ が率いるソヴィエ
ト政権は、全交戦国に無併合（むへいごう）・無償金（むしょうきん）・㉒ ＿＿＿＿＿＿＿ の原則を呼びか
け、翌1918年にはドイツ・オーストリアと単独講和（㉓ ＿＿＿＿＿＿＿ ＝
＿＿＿＿＿＿＿ という）を結（むす）んで戦線から離脱（りだつ）した。

　東部戦線の崩壊（ほうかい）と⑳ ＿＿＿＿＿＿＿ 国家の誕生を恐れたイギリス・フラン
スなどの連合国は、内戦下のロシアに干渉（かんしょう）戦争をしかけ、日本にも共同出兵を

解答 ⑬段祺瑞（だんきずい）　⑭西原借款（にしはら）　⑮日露協
約　⑯特殊利益　⑰石井・ランシング協
定　⑱九カ国条約　⑲ロシア革命　⑳社
会主義　㉑レーニン　㉒民族自決（みんぞくじけつ）　㉓ブ
レスト＝リトフスク条約

■西原借款■　寺内正毅内閣は中国に対す
る影響力を強めるために、私設秘書の西
原亀三（かめぞう）を通じて段祺瑞政権に1億4500万
円の借款を供与した。無担保のうえ回収
不能となり、国内の非難を受けた。

うながした。アメリカがシベリアにいた㉔＿＿＿＿＿＿＿＿
　　　　軍団の救援を名目とする共同出兵を提唱したのを受けて、寺内内閣は
1918（大正 7 ）年 8 月にシベリア・北満洲への派兵を決定した（㉕＿＿＿＿＿＿
＿＿＿＿　という）。大戦終了後、列国は干渉戦争から手を引くが、日本は
1922（大正11）年まで駐兵を続けて、出兵に要した戦費は10億円に達し、3000人
の死者と 2 万人以上の負傷者を出した。

政党内閣の成立　大正政変を契機とする民衆運動の高揚は、政治思想にも大
　　　　　　　　　きな影響を与え、1916（大正 5 ）年、**吉野作造**が❶＿＿＿
＿＿＿＿＿＿を提唱するなど、政治の民主化を求める国民の声もしだいに強まって
いった。①＿＿＿＿＿＿＿＿＿＿＿はデモクラシーの訳語であるが、国民主権を意味
する②＿＿＿＿＿＿＿＿とは一線を画し、天皇主権を規定する大日本帝国憲法
の枠内で民主主義の長所を採用するという主張で、吉野は普通選挙制にもとづく
③＿＿＿＿＿＿＿＿＿が、下層階級の経済的不平等を是正すべきであると論じた。
この主張は、美濃部達吉の④＿＿＿＿＿＿＿＿＿とともに大正デモクラシ
ーの理念となった。しかし同年、第 2 次大隈重信内閣が総辞職すると、陸軍軍人
で初代⑤＿＿＿＿＿＿＿＿＿＿をつとめた寺内正毅が、「挙国一致」を掲げて内閣
を組織した。立憲同志会など前内閣の与党各派が合同して❻＿＿＿＿＿＿＿を結
成してこれに対抗すると、寺内は翌1917（大正 6 ）年に衆議院を解散し、総選挙を
おこなった。その結果、⑥＿＿＿＿＿＿＿にかわり立憲政友会が衆議院第一党と
なった。内閣は、立憲政友会の原敬と立憲国民党の犬養毅ら、政党の代表を取
り込み、これに閣僚を加え、外交政策の統一をはかるためとして、⑦＿＿＿＿＿
＿＿＿＿＿＿＿＿＿を設置した。

　大戦による急激な経済の発展は、工場労働者の増加と人口の都市集中を通じて
⑧＿＿＿＿の消費量を増大させたが、⑨＿＿＿＿＿＿＿＿＿＿制のもとでの農業生産の
停滞もあり、米価などが上昇し、都市労働者や下層農民の生活が困窮した。
1918（大正 7 ）年、⑩＿＿＿＿＿＿＿＿＿＿＿＿を当て込んだ米の投機的買占
めが横行して米価が急騰すると、 7 月におきた⑪＿＿＿＿＿＿県での騒動をきっか

解答　㉔チェコスロヴァキア　㉕シベリ
ア出兵
政党内閣の成立▶❶民本主義　②民主主
義　③政党内閣　④天皇機関説　⑤朝鮮
総督　❻憲政会　⑦臨時外交調査委員会

⑧米　⑨寄生地主　⑩シベリア出兵　⑪
富山

■**吉野作造**■　『中央公論』に時事評論を
発表したり黎明会と新人会を組織したり
して、民本主義の普及活動につとめた。

238　第13章　近代国家の展開

けに、都市労働者や貧農・被差別民らが、⑧_____の安売りを求めて買占め反対を叫び、米商人・富商・地主・精米会社を襲って警官隊と衝突するなど、東京・大阪をはじめ全国38市・153町・177村、約70万人を巻き込む大騒擾となった（⑫_____という）。政府は⑬_____を出動させて鎮圧に当たったが、責任を追及する世論の前に寺内内閣は総辞職した。

　国民の政治参加の拡大を求める民衆運動の力を目の当たりにした元老の山県有朋もついに⑭_____を認め、1918（大正 7 ）年 9 月、立憲政友会の総裁⑮_____を首班とする内閣が成立した。南部（盛岡）藩の家老の家柄に生まれた原だったが、華族でも藩閥でもなく、⑯_____に議席をもつ首相であったため、「⑰_____」と呼ばれて国民から歓迎された。原は⑦_____を舞台に、国際協調を軸とした対外政策を主導し、日本の満洲権益開発方針についても、アメリカ・イギリス・フランスとのあいだに妥協点を見出した。

　一方、⑮_____内閣は社会政策や⑱_____制の導入には慎重で、選挙権の納税資格を直接国税で10円以上から⑲___円以上に引き下げ、⑳_____制を導入するにとどまったが、⑱_____を要求する運動はしだいに高まり、1920（大正 9 ）年には数万人規模の大示威行動がおこなわれた。これを背景として、⑥_____などの野党は衆議院に男性⑱_____法案を提出するが、政府は時期尚早として拒否し衆議院を解散した。立憲政友会は、長年主張してきた政策である鉄道の拡充や高等学校の増設などの㉑_____を公約として掲げ、⑳_____制の効果もあり、総選挙では圧勝した。

　㉑_____を掲げた立憲政友会であったが、1920（大正 9 ）年におきた、大戦景気後の反動恐慌（㉒_____という）によって財政的に行き詰まり、また党員の関係する汚職事件も続発した。⑮_____は1921（大正10)年、政党政治の腐敗に憤激した一青年により東京駅で暗殺された。立憲政友会の総裁を引き継いだ㉓_____が後継内閣を組織したが短命に終わ

解答 ⑫米騒動　⑬軍隊　⑭政党内閣 ⑮原敬　⑯衆議院　⑰平民宰相　⑱普通選挙　⑲3　⑳小選挙区　㉑積極政策 ㉒戦後恐慌　㉓高橋是清

■立憲政友会総裁■ 伊藤博文→西園寺公望→原敬→高橋是清→田中義一→犬養毅→鈴木喜三郎(1937年以降分裂のうえ、1940年に解党した。)

り、かわって海軍大将㉔_____が立憲政友会を事実上の与党として内閣を組織し、以後約２年間にわたって３代の非政党内閣が続いた。

3 ワシントン体制

パリ講和会議とその影響 アメリカ大統領①_____が提 唱していた14カ条を講和の基礎としてドイツが受け入れたことで、1918年11月、第一次世界大戦の休戦が成立した。14カ条とは、1918年１月18日に①_____が議会に発した 教 書で、おもな内容は、②_____の廃止、いっさいの経済的 障 壁の除去、国際平和機構の創設などの14カ条からなっていたが、賠 償 問題には触れていなかった。

　翌1919年１月からパリで講和会議が開かれ、日本も五大連合国の一員として③_____・牧野伸顕らを全権として送った。６月に調印された講和条約(❹_____という)は、ドイツ側に巨額の賠償金を課し、軍備を制限し、ドイツ本国領土の一部を割 譲 させるきびしいものとなった。一方で⑤_____の原則のもとで東ヨーロッパに多数の独立国家を誕生させ、また国際紛争の平和的解決と国際協力のための機関として❻_____(League of Nations)の設立を決めた。1920年に発足した⑥_____は、各国間の行動を律するための国際法の原則を確立し、戦争に訴えることなく各国間の協調を促進しようとしたが、⑦_____に有利な状況を維持する側面もあった。日本はイギリス・フランス・⑧_____の３国とともに⑨_____となったが、提唱国のアメリカは上院の反対で⑥_____に参加することができなかった。④_____にもとづくヨーロッパの新しい国際秩序を、⑩_____と呼んでいる。

　日本は④_____によって、⑪_____省の旧ドイツ権益の継承を認められ、赤道以北の旧ドイツ領南洋諸島の⑫

解答 ㉔加藤友三郎
パリ講和会議とその影響▶①ウィルソン
②秘密外交　③西園寺公望　❹ヴェルサイユ条約　⑤民族自決　❻国際連盟　⑦戦勝国　⑧イタリア　⑨常任理事国　⑩

ヴェルサイユ体制　⑪山東　⑫委任統治
■国際連盟■　ドイツは1926年加盟。常任理事国に就任するが、1933年に脱退した。ソ連は1934年加盟。常任理事国に就任するが、1939年に除名された。

240　第13章　近代国家の展開

権を得た。しかし、⑪＿＿＿＿＿問題については会議中からアメリカなどが反対し、連合国の一員として会議に参加していた中国は、日本の⑬＿＿＿＿＿＿＿＿＿＿によって結ばれた取決めの撤回を会議で拒否されたことや、旧ドイツ権益の中国への直接返還などを求める学生や労働者らの反日国民運動がおきたことなどから、④＿＿＿＿＿＿＿＿＿＿の調印を拒否した。なお、1919年5月4日の北京(ペキン)の学生らによる街頭(がいとう)運動に端(たん)を発した一連の運動は⓮　　・　　　　　　と呼ばれる。

　　これより先、⑤＿＿＿＿＿＿＿＿＿の国際世論の高まりを背景に、東京在住の朝鮮人学生、日本支配下の朝鮮における学生・宗教団体を中心に、朝鮮独立を求める運動が盛り上がり、1919年3月1日に⑮＿＿＿＿＿(現、ソウル)のパゴダ公園(タプッコル公園)で独立宣言書朗読(ろうどく)会がおこなわれたのを機に、朝鮮全土で独立を求める大衆運動が展開された(⓰　　・　　　　　　　　という)。この運動はおおむね平和的・非暴力的なものであったが、⑰＿＿＿＿＿は警察・⑱＿＿＿＿＿・軍隊を動員してきびしく弾圧した。原敬(はらたかし)内閣は、国際世論に配慮するとともに、朝鮮総督と台湾総督について⑲＿＿＿＿＿の総督就(しゅう)任(にん)を認める官制改正をおこない、朝鮮における⑱＿＿＿＿＿警察を廃止するなど、植民地統治方針について、若干(じゃっかん)の改善をおこなった。新しい朝鮮総督には海軍軍人の⑳＿＿＿＿＿が、台湾総督には⑲＿＿＿＿＿の田健治郎(でんけんじろう)が任命された。

　　一方、戦勝国としてのぞんだ講和会議でありながら、⑪＿＿＿＿＿還付(かんぷ)問題で中国やアメリカから批判されたことに、講和会議に参加した外交官や新聞各紙記者らは衝撃を受けた。このような時代の風潮の中で、㉑＿＿＿＿＿は『日本改造法案大綱』を書き、大川周明(おおかわしゅうめい)らは㉒＿＿＿＿＿を結成した。なお、パリ講和会議で日本側が主張したそのほかの論点として、㉓＿＿＿＿＿案があった。アメリカの日本人㉔＿＿＿＿＿排斥(はいせき)への対応、また⑥＿＿＿＿＿＿を白色人種にのみ有利な組織にしないことをねらったが、列国の反対で条約案に入らなかった。

解答 ⑬二十一カ条の要求　⓮五(ご)・四(し)運動　⑮京城(けいじょう)　⓰三(さん)・一(いち)独立運動　⑰朝鮮総督府　⑱憲兵(けんぺい)　⑲文官　⑳斎藤実(さいとうまこと)　㉑北一輝(きたいっき)　㉒猶存社(ゆうぞんしゃ)　㉓人種差別撤廃　㉔移民

▊パゴダ公園▊　ソウル市の鐘路(チョンノ)にあり、現在はタプッコル公園という。1919年3月1日に朗読された独立宣言書と署名した33人の代表者氏名を刻んだレリーフが公園内に並んでいる。

ワシントン会議と協調外交

ドイツの賠償総額は1320億金マルクにものぼったが、イギリス・フランス・イタリアなどの戦勝国も① _____ に対する② _____ の支払いに苦しんだ。① _____ がドイツに様々な援助を与えてドイツの産業を復興させ、賠償金の支払いを円滑にし、支払いを受けたイギリス・フランス・イタリアが① _____ へ② _____ を返還するという経済の国際的循環の構造が必要となっていた。

一方、大戦中の日本の露骨な中国進出、連邦制国家形成へと向かう③ _____ 政権の動向、中国における④ _____ の活発化など、極東の新情勢にも対応する必要が生まれた。そこで① _____ は、1921年に海軍軍備制限と太平洋および極東問題を審議するための国際会議を開催した（⑤ _____ という）。① _____ のおもな目的は、アメリカ・イギリス・日本の建艦競争を終わらせて自国の財政負担を軽減すると同時に、東アジアにおける日本の膨張を抑制することにあった。日本は⑥ _____ ・幣原喜重郎らを全権として派遣した。

会議においてはまず、米・英・日・仏のあいだで、太平洋諸島の現状維持と、太平洋問題に原因する紛争の話合いによる解決を決めた❼ _____ が1921年に結ばれ、これにより⑧ _____ の終了が同意された。

ついで翌1922年、この４カ国に、中国および中国に権益を有する主要４カ国を加えて❾ _____ が結ばれ、中国の領土と主権の尊重、中国における各国の経済上の⑩ _____ ・機会均等を約束し、日米間の⑪ _____ ・ _____ は廃棄された。さらに同年、米・英・日・仏・伊の五大国のあいだに⑫ _____ が結ばれ、⑬ _____ の保有比率をアメリカ・イギリス各５、日本３、フランス・イタリア各1.67とし、以後⑭ ____ 年間は老朽化しても代艦を建造しないことを定めた。日本国内では海軍、とくに⑮ _____

　　　　　が対英米７割を強く主張したが、海軍大臣で全権の⑥

　　　　　が⑮　　　　　　　　内の不満をおさえて調印に踏みきった。またこの会

議の場を借りて、イギリス・アメリカの仲介により日中間に交渉がもたれ、

⑯　　　　　半島の旧ドイツ権益を中国へ返還する条約も結ばれた(1922年の

⑯　　　　　懸案解決条約)。

　こうした一連の国際協定は、戦争再発の防止と列強間の協調を目指したもので、

それらにもとづくアジア・太平洋地域の新しい国際秩序は、⑰

　　　　　　　　　と呼ばれた。原 敬 暗殺のあとを受けて成立した立憲政友会

の⑱　　　　　　　　内閣はこれを積極的に受け入れて⑲

の基礎をつくり、続く⑥　　　　　　　　　　　　　　・第２次⑳

　　　　　両内閣もこれを引き継いだ。新しい国際秩序が可能であった要因とし

ては、アメリカがウィルソンの理想主義的外交から現実的な経済外交に方針を転

換し、1920年代の日米経済関係もきわめて良好だったことがあげられる。1924

(大正13)年に護憲三派による㉑　　　　　　　　内閣が成立すると、これま

で立憲政友会系の外務大臣が展開してきた協調外交に反対であった憲政会も、㉑

　　　　　　　　の対中政策の穏健化とあいまって、幣原喜重郎外務大臣のも

とに㉒　　　　　　　と呼ばれる協調政策に転ずるようになった。すでに

1922年に北樺太を除いて㉓　　　　　　　　からの撤兵は完了していたが、幣

原外務大臣はさらに対ソ関係の改善につとめ、1925(大正14)年初めに㉔

　　　　　　　　を締結してソ連との国交を樹立した。その際、北樺太

からの撤兵と引きかえに同地方の油田の半分の開発権を獲得した。

　幣原外交は、正義と平和を基調とする「世界の大勢」に歩調をあわせ、経済重

視の外交姿勢を特徴としていた。中国に対しても不干渉主義を掲げたが、こと経

済的な懸案になると非妥協的となり、反日運動もおこって日中関係全般の安定化

には必ずしも成功しなかった。1925(大正14)年には、㉕　　　　　　の日本人経営

の紡績工場(㉖　　　　　　　　という)でおきた中国人労働者の待遇改善を要求す

るストライキをきっかけに、労働者・学生らによる大規模な反帝国主義運動が中

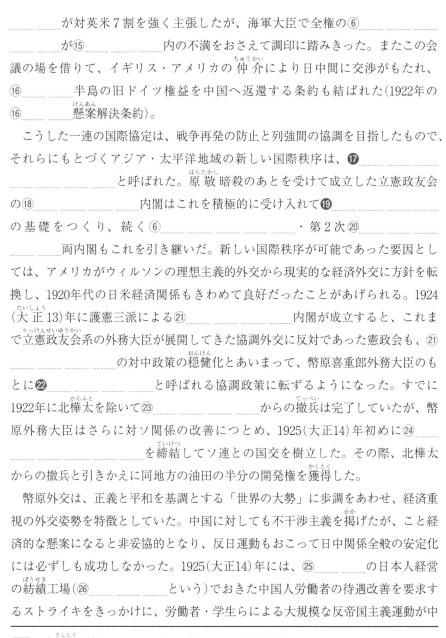

解答 ⑯山東　⑰ワシントン体制　⑱高
橋是清　⑲協調外交　⑳山本権兵衛　㉑
加藤高明　㉒幣原外交　㉓シベリア　㉔
日ソ基本条約　㉕上海　㉖在華紡

■幣原外交　中国への内政不干渉のもと、
満蒙の既得権益の維持をはかるもので、
植民地や権益の放棄をとなえる小日本主
義とは異なる。北伐への不干渉や1930年
の日中関税協定の調印が具体例である。

国全土に広がった（㉗＿＿＿・＿＿＿＿＿＿＿＿という）。

⑲＿＿＿＿＿＿＿＿＿＿のもとで実現した海軍軍備制限条約の影響は大きく、老朽艦が廃棄され、戦艦の建造が中止された。陸軍でも、⑥＿＿＿＿＿＿＿＿＿内閣に続き、㉑＿＿＿＿＿＿＿＿＿内閣で㉘＿＿＿＿＿がなされるとともに、軍装備の近代化がはかられた。その結果、1921（大正10）年には国家歳出（一般会計）の5割に近かった軍事費が、1926（昭和元）年には3割を切るまでになった。

社会運動の勃興

第一次世界大戦が国民を戦争へと動員する①＿＿＿＿＿として戦われたため、ヨーロッパ諸国では労働者の権利の拡張や国民の政治参加を求める声が高まり、日本でもロシア革命・米騒動などをきっかけとして社会運動が勃興した。

労働運動が高揚する一方、②＿＿＿＿＿＿＿＿＿をとなえる吉野作造は、1918（大正7）年には❸＿＿＿＿＿＿＿を組織して全国的な啓蒙運動をおこない、時代の趨勢は平和・協調にあると述べた論説を通じて、知識人層を中心に大きな影響を与えた。また、吉野の影響を受けた東京帝国大学の学生たちは❹＿＿＿＿＿＿＿などの思想団体を結成し、しだいに労働・農民運動との関係を深めていった。

こうした革新的な雰囲気の中で、⑤＿＿＿＿＿＿＿＿（1910年）以来の「冬の時代」にあった社会主義者たちも活動を再開し、1920（大正9）年には労働運動家・学生運動家・諸派の社会主義者たちを一堂に会した⑥＿＿＿＿＿＿＿が結成されたが、翌年には禁止された。社会主義の学問的な研究にも制限が加えられ、1920（大正9）年には、東京帝国大学助教授⑦＿＿＿＿＿＿がロシアの無政府主義者クロポトキンの研究をとがめられて休職処分になった。社会主義勢力内部では大杉栄らの⑧＿＿＿＿＿＿＿＿者と、堺利彦らの⑨＿＿＿＿＿＿（マルクス・レーニン主義）者が対立していたが、ロシア革命の影響で社会運動全体における⑨＿＿＿＿＿＿の影響力が著しく増大し、1922（大正11）年7月には、堺や山川均らによって❿＿＿＿＿＿＿が⑪＿＿＿＿＿＿＿＿の日本支部として非合法のうちに結成された。⑪＿＿＿＿＿＿＿は、世界革命を進めるた

解答 ㉗五・三〇事件 ㉘軍縮
社会運動の勃興▶ ①総力戦 ②民本主義
❸黎明会 ❹新人会 ⑤大逆事件 ⑥日本社会主義同盟 ⑦森戸辰男 ⑧無政府主義 ⑨共産主義 ❿日本共産党 ⑪コミンテルン

■陸軍軍縮■ 1922年の山梨軍縮に続き、1925年の宇垣軍縮では、4個師団の廃止、戦車隊・航空隊の新設など、軍縮と同時に陸軍の近代化をはかった。

めの国際共産党組織として⑫＿＿＿＿＿＿＿＿＿が1919年に結成し、中央集権体制のもとに各国の共産党を直接指導した。

社会的に差別されていた女性の解放を目指す運動は、1911(明治44)年に平塚らいてう(明)らによって結成された文学者団体の⑬＿＿＿＿＿＿＿に始まり、平塚と⑭＿＿＿＿＿＿らが1920(大正9)年に設立した⑮

は、参政権の要求など女性の地位を高める運動を展開した。⑮＿＿＿＿＿＿＿(これを母体に1924年、⑯＿＿＿＿＿＿＿＿＿に発展)などによる運動の結果、1922(大正11)年、女性の政治運動参加を禁じた⑰＿＿＿＿＿＿第5条が改正されて、女性も政治演説会に参加できるようになった。この間、⑱＿＿＿＿＿・伊藤野枝らは⑲＿＿＿＿＿を結成し、社会主義の立場からの女性運動を展開した。

被差別部落の住民に対する社会的差別を、政府の融和政策に頼ることなく自主的に撤廃しようとする運動も、⑳＿＿＿＿＿＿＿らを中心にこの時期に本格化し、1922(大正11)年、❷❶＿＿＿＿＿＿＿＿が結成された。

普選選挙と護憲三派内閣の成立

男性普通選挙権の獲得を求める運動は、1919～20(大正8～9)年にかけて大衆運動として盛り上がった。これに対して政府の側でも、加藤友三郎内閣の頃から普通選挙制の検討を始め、1923(大正12)年に成立した第2次山本権兵衛内閣も導入の方針を固めていたが、山本内閣は組閣中の1923(大正12)年9月1日におこった❶＿＿＿＿＿＿への対応に追われることになった。地震と火災によって東京市・横浜市の大部分が廃墟と化したほか、死者・行方不明者は10万人以上を数えた。社会不安が高まる中で、朝鮮人が暴動をおこしたという流言を信じた人々が②＿＿＿＿＿をつくり、彼らや軍隊・警察の手で、多数の朝鮮人や中国人が殺害された。流言により多くの朝鮮人が殺害された背景としては、日本の植民地支配に対する抵抗運動への恐怖心と、民族的な差別意識があったとみられる。

さらに、亀戸警察署構内で警備に当たっていた軍隊によって社会主義者10人が殺害される事件や、憲兵により③＿＿＿＿＿・伊藤野枝らが殺される事件

解答 ⑫レーニン ⑬青鞜社 ⑭市川房枝 ⑮新婦人協会 ⑯婦人参政権獲得期成同盟会 ⑰治安警察法 ⑱山川菊栄 ⑲赤瀾会 ⑳西光万吉 ❷❶全国水平社
普選選挙と護憲三派内閣の成立▶❶関東大震災 ②自警団 ③大杉栄
■**青鞜** 18世紀のロンドンのサロンで、女性文士たちは黒の絹靴下でなく青の毛靴下をはいており、因習に反対する進歩的女性たちをBlue Stockingと呼んだ。

もおこった。1923年末、これらの一連の事件に憤慨した無政府主義者の一青年難波大助によって、摂政の裕仁親王（のちの昭和天皇）を狙撃した④＿＿＿＿＿＿＿＿がおこり、山本内閣は責任をとって総辞職した。裕仁親王は無事だったが、難波は翌年、刑法の⑤＿＿＿＿＿＿により死刑となった。

　1924（大正13）年、松方正義と⑥＿＿＿＿＿＿＿＿の2人の元老は、政党と距離をおく人物を選ぶため、枢密院議長であった⑦＿＿＿＿＿＿＿＿を首相に推した。⑦＿＿＿＿＿＿＿＿が陸軍大臣と海軍大臣を除く全閣僚を⑧＿＿＿＿＿＿から選出すると、憲政会・立憲政友会・⑨＿＿＿＿＿＿＿＿の3党は、超然内閣の出現であるとして、憲政擁護運動をおこした（⑩＿＿＿＿＿＿＿＿という）。これに対し⑦＿＿＿＿＿＿＿＿内閣は、立憲政友会の高橋是清総裁を批判する勢力によって組織された⑪＿＿＿＿＿＿を味方につけ、議会を解散して総選挙にのぞんだが、結果は⑫＿＿＿＿＿＿の圧勝に終わった。

　総辞職した⑦＿＿＿＿＿＿＿＿内閣にかわり、衆議院第一党の憲政会総裁の⑬＿＿＿＿＿＿＿＿が、3党の連立内閣を組織した。⑬＿＿＿＿＿＿は、大日本帝国憲法下において⑭＿＿＿＿＿結果によって首相となった唯一の例となった。この内閣は幣原外務大臣による⑮＿＿＿＿＿＿＿＿を基本とした。また1925（大正14）年、いわゆる⑯＿＿＿＿＿＿＿＿を成立させ、これにより満⑰＿＿＿歳以上の男性が衆議院議員の選挙権をもつことになり、有権者は一挙に約4倍に増えた。第1次護憲運動から男性普通選挙制の成立までの時代思潮や社会運動を、「⑱＿＿＿＿＿＿＿＿＿＿＿＿」と呼ぶことが多い。その具体的内容は、市民的自由（言論・出版・集会）の拡大、大衆の政治参加（政党政治・普選論）要求にまとめられる。

　一方で、⑬＿＿＿＿＿＿＿＿内閣のもとで、「国体」の変革や⑲＿＿＿＿＿＿＿制度の否認を目的とする結社の組織者と参加者を処罰すると定めた⑳＿＿＿＿＿＿＿＿＿＿が成立した。「国体」とは、国家の主権のあり方によって区別される国家形態で、この場合は㉑＿＿＿＿＿＿を指す。制定当初の目

解答　④虎の門事件　⑤大逆罪　⑥西園寺公望　⑦清浦奎吾　⑧貴族院　⑨革新倶楽部　⑩第2次護憲運動　⑪政友本党　⑫護憲三派　⑬加藤高明　⑭選挙　⑮協調外交　⑯普通選挙法　⑰25　⑱大正デモクラシー　⑲私有財産　⑳治安維持法　㉑天皇制

的は、同年の日ソ国交樹立による㉒_____思想の波及を防ぎ、

⑯_____の成立(1925年)による労働者階級の政治的影響力の増大に備えることにあった。

　1925(大正14)年、立憲政友会が陸軍・長州閥の長老㉓_____を総裁に迎え、⑨_____を吸収したため、⑫_____の提携は解消された。その結果、⑬_____内閣は㉔_____を単独与党とする内閣となったが、彼が病死すると、1926(昭和元)年、㉔_____総裁を継いだ㉕_____が組閣した。同1927(昭和２)年に㉕_____内閣(第１次)が金融恐慌の処理に失敗して退陣すると、立憲政友会総裁の㉓_____が後継内閣を組織し、野党となった㉔_____は⑪_____と合同して㉖_____を結成した。

　こうして1924(大正13)年の⑬_____内閣の成立から、1932(昭和７)年の五・一五事件で㉗_____内閣が崩壊するまでの８年間、二大政党である立憲政友会と㉔_____(のち㉖_____)の総裁が交代で内閣を組織する「㉘_____」が続いた。「㉘_____」とは、慣習的に二大政党制を意味する場合もあるが、広くは㉙_____における最大多数党(あるいはそれが失脚した場合は次位の多数党)の総裁(党首)に組閣の大命がおりることを意味する。

[解答] ㉒共産主義　㉓田中義一(ぎいち)　㉔憲政会　㉕若槻礼次郎(わかつきれいじろう)　㉖立憲民政党(みんせいとう)　㉗犬養毅(いぬかいつよし)　㉘憲政の常道(じょうどう)　㉙衆議院

■民本主義■　Democracyの語はギリシア語のDemos(民衆)とKratia(支配)に由来する。吉野作造は、デモクラシーを民本主義と訳し、明治憲法下でも民主的な政治の運営は可能であるとした。

近代の産業と生活

明治時代には、西洋からの技術や文化の導入を背景に産業革命が進み、小学校からの学校制度も整えられて現在につながる社会の枠組みができた。人々の暮らしや文化も従来のものを引き継ぎながら、新しい要素を取り入れて変化していった。何が変化し、何がかわらなかったのだろうか。

1 近代産業の発展

通貨と銀行　明治初年に発行された太政官札などは、①＿＿＿＿＿＿＿（1871年）で本位貨幣と定めた金貨とは交換できない②＿＿＿＿＿であった。政府は、1872（明治5）年に❸＿＿＿＿＿を定めて、民営の国立銀行が金貨と交換できる兌換銀行券を発行することを許し、これに応じて第一国立銀行などが設立された。これは、④＿＿＿＿＿＿＿＿＿の制度にならったもので、「国立」とは国法にもとづいて設立されるという意味で、国有ではない。❸＿＿＿＿＿＿＿＿＿では、発行する銀行券の正貨兌換を義務づけていた。しかし、兌換銀行券を手にした人は金貨との引換えを求めがちで、兌換銀行券の流通は進まなかった。

　1876（明治9）年、⑤＿＿＿＿＿＿＿＿＿＿＿の発行が決まると、政府は巨額の公債が市場に出て価格が低下することを防ぐため、公債証書で出資してつくられた国立銀行が②＿＿＿＿＿＿＿を発行することを認めた。これによって各地で盛んに国立銀行が新設され、1879（明治12）年に153行になったところで打ち切られたが、②＿＿＿＿＿＿の国立銀行券が流通し、⑥＿＿＿＿＿の戦費をまかなうための政府紙幣の増発とあいまって貨幣流通量が増えた。このため激しい⑦＿＿＿＿＿＿＿＿＿＿＿が生じて、国内経済は活況を呈したが、消費物資の輸入額が増加して従来からの貿易赤字が拡大し、金・銀貨が流出した。金・銀貨が減少すると、輸入を必要とする軍備の近代化や産業への機械の導入が進まなくなる。また、⑦＿＿＿＿＿の進行は紙幣で定額の⑧＿＿＿＿を受け取る政府の財政を

解答　通貨と銀行▶①新貨条例　②不換紙幣　❸国立銀行条例　④アメリカ　⑤金禄公債証書　⑥西南戦争　⑦インフレーション　⑧地租

困難にした。そこで1881(明治14)年に大蔵卿に就任した**⑨**_____は、官営事業の整理を含めて財政を緊縮し、租税として回収した紙幣の一部を消却する**⑩**_____政策をとり(松方財政という)、一方で地域をこえた資金の融通をしやすくするため、1882(明治15)年に中央銀行として**⑪**_____を設けた。翌1883(明治16)年には**③**_____を改正して、銀行券発行権を国立銀行から取り上げ、国立銀行を**⑫**_____に転換させることにした。しかし、デフレーションは不況をもたらし、**⑧**_____の実質的な増徴となった。

　輸入は銀貨の紙幣に対する価格が**⑬**_____して輸入品が割高となったため減少しはじめていたが、不況による消費の減退でさらに減少した。そして、税負担が増えた農民は低い価格でも生産物を売らざるをえなかったので、生糸や米の輸出が進み、貿易収支は黒字になった。当初、貿易にのみ用いることになっていた**⑭**_____は1878(明治11)年から、納税を含め国内での流通が無制限に認められ、実質的に本位貨幣と同等の地位を得ていた。当時、世界的に金貨に対する銀貨の価格が**⑮**_____してきており、デフレーションが進行すると、銀貨と紙幣の価格差がなくなったため、政府は1885(明治18)年に**⑪**_____に銀兌換紙幣を発行させ、翌年からは政府紙幣の銀兌換も始め、日本は実質的に**⑯**_____の国となった。

　紙幣を銀貨や金貨と兌換できるようにすると、通貨の国際的価値は安定する。国内では紙幣が流通するが、**⑰**_____になると超過額の支払いのため紙幣が金・銀貨に交換されて海外に送られる。このため、国内の通貨が減少して物価が**⑱**_____し、輸入が減って輸出が増えるという自動調整作用が期待できる。

産業革命 銀本位制の確立により物価が安定し、**①**_____も低下したところから、**②**_____取引も活発になり、産業界は活気づいた。1886〜89(明治19〜22)年には**③**_____や紡績を中心に会社設立ブームがおこり(最初の**④**_____)、機械技術を本格的に用いる産業革命が日本で

解答 **⑨**松方正義　**⑩**デフレ　**⑪**日本銀行　**⑫**普通銀行　**⑬**上昇　**⑭**銀貨　**⑮**低下　**⑯**銀本位制　**⑰**輸入超過　**⑱**下落
産業革命▶①金利　**②**株式　**③**鉄道　**④**企業勃興

も始まった。全国の会社資本金は、1885〜90（明治18〜23）年の５年間で、工業では777万円から7753万円に、運輸業では2559万円から１億363万円へと急速に増加した。ブームは②_____への払込みが集中し、金融機関の資金が不足したところへ、前年の凶作と⑤_____輸出の半減が加わって挫折した（1890年⑥_____という）。これを機に日本銀行は、普通銀行を通じて産業界に資金を供給する態勢を整えた。

　日清戦争の勝利で清から巨額の⑦_____を得た政府は、これをもとに戦後経営に取り組み、軍備拡張を推進するとともに、金融・貿易の制度面の整備を進めた。1897（明治30）年に❽_____を制定し、⑦_____の一部を準備金として、欧米諸国にならった❾_____採用し、貨幣価値の安定と貿易の振興をはかった。当時は金に対する銀の価値が低下し続けていたため、⑩_____をとっていることは、欧米の金本位制国への輸出を増やし、輸入を減らす効果をもった。しかし、金本位制国からの⑪_____輸入の点では不利であった。銀の価値低下のため、新貨条例（1871年）で1.5グラムであった１円金貨の金含有量は0.75グラムに変更された。また、特定の分野に資金を供給する特殊銀行の設立も進められ、⑫_____銀行・日本興業銀行・⑬_____銀行・各府県の農工銀行などが設立された。

　日清戦争後には③_____や紡績などで再び④_____が生じた。その結果、繊維産業を中心として、❹_____が本格的に成立し、これにともなって、1900（明治33）年に、過剰生産による⑥_____がおこった。❹_____とは、工場や機械・原材料などの⑮_____を所有する資本家が、利潤獲得を目的に賃金労働者を雇用しておこなう経済活動が主流の経済体制をいう。

　貿易の規模は、産業革命の進展にともなって拡大したが、⑯_____などの原料品や機械・鉄などの重工業製品の輸入が増加したために、大幅な輸入超過となった。貿易品の取扱いでは、三井物産会社に代表される❼_____が活躍し、特殊銀行である❽_____が積極的に貿易の金融に当たっ

解答　⑤生糸　⑥恐慌　⑦賠償金　❽貨幣法　❾金本位制　⑩銀本位制　⑪資本　⑫日本勧業　⑬台湾　❹資本主義　⑮生産手段　⑯綿花　❼商社　❽横浜正金銀行

た。

紡績と製糸　日本の産業革命の中心は、綿糸を生産する①＿＿＿＿＿＿であった。幕末以来、イギリス製綿製品の輸入に圧迫されて、②＿＿＿＿＿の栽培や綿糸・綿織物の生産は一時衰えた。しかし綿織物生産は、原料糸に輸入綿糸を用い、③＿＿＿＿＿を取り入れて手織機を改良し、農村の④＿＿＿＿＿を中心に、しだいに上向いた。③＿＿＿＿＿とは、緯糸をおさめた杼を、ひもで引くことで左右に動かす装置である。イギリスのジョン＝ケイが1733年に発明し、1873年のウィーン万国博覧会を機に日本に紹介され、普及していった。

このような綿織物業の回復が、原料の綿糸を供給する①＿＿＿＿＿の勃興の前提となった。1883(明治16)年には❺＿＿＿＿＿らが設立した❻＿＿＿＿＿が開業し、政府が進めた紡績所(2000錘紡績)の不振を尻目に、輸入の紡績機械・⑦＿＿＿＿＿を用いた１万錘の大規模経営に成功した。これに刺激されて、大阪などを中心に商人が会社を設立する動きが高まり、在来の手紡や⑧＿＿＿＿＿による綿糸生産を圧迫しながら❾＿＿＿＿＿制生産が急増した。⑧＿＿＿＿＿とは、臥雲辰致が発明し、第１回内国勧業博覧会で最高の賞を与えられた簡単な紡績機械である。人力式から水車式に改良されて以後、愛知県を中心に普及した。しかし、⑨＿＿＿＿＿制大紡績工場の増加にともない、1890年代には衰退していった。この1890(明治23)年には、綿糸の⑩＿＿＿＿＿量が輸入量を上まわり、日清戦争頃から中国・朝鮮への綿糸輸出が急増し、1897(明治30)年には輸出量が輸入量を上まわった。

日露戦争後には、大規模な紡績会社が合併などにより独占的な地位を固め、輸入した大型力織機で綿織物もさかんに生産し、販売組合を結成して朝鮮・満洲市場への進出を強めた。一方、農村の綿織物業では、おもに手織機によって④＿＿＿＿＿生産がおこなわれており、⓫＿＿＿＿＿らが考案した小型の国産力織機を導入して小工場に転換する動きが進んだ。1909(明治42)年には⑫＿＿＿＿＿輸出額が輸入額をこえた。

解答　紡績と製糸▶①紡績業　②綿花　③飛び杼　④問屋制家内工業　❺渋沢栄一　❻大阪紡績会社　⑦蒸気機関　⑧ガラ紡　❾機械　⑩生産　⓫豊田佐吉　⑫綿布

■工場と女工■　庶民衣料用の綿糸紡績業に比べて製糸業の方が器械の前の女工数が多い。高級衣料用の生糸には女工の技術が要求され、器械製糸が浸透しても座操製糸は駆逐されなかった。

このように綿糸・綿織物の輸出は増加したが、原料②＿＿＿＿＿は中国・⑬＿＿＿＿＿＿＿・アメリカなどからの輸入に依存したため、綿業貿易の輸入超過はむしろ増加した。それだけに国産の⑭＿＿＿を原料とした生糸輸出で⑮＿＿＿＿を獲得できる⑯＿＿＿＿＿＿の役割は重要であった。

　幕末以来、生糸は最大の輸出品であり、⑯＿＿＿＿＿＿は欧米向けの輸出産業として急速に発達した。当初は簡単な手動装置による⑰＿＿＿＿＿＿が普及したが、ついで輸入機械に学んで在来技術を改良した⑱＿＿＿＿の小工場が長野県・山梨県などの農村地帯に続々と生まれ、原料の⑭＿＿＿を供給する⑲＿＿＿＿農家も増加した。⑱＿＿＿＿＿＿は、複数の作業者が用いる生糸の巻取り装置を1本の軸で連結し、人力や水車（のち⑦＿＿＿＿）で回転させる点で、幕末に普及した⑰＿＿＿＿＿＿と異なっていた。輸出の増大にともない、日清戦争後には⑱＿＿＿＿＿＿の生産量が⑰＿＿＿＿＿＿を上まわり、生糸を原料とする絹織物業でも、北陸地方を中心に輸出向けの⑳＿＿＿＿＿生産が盛んになって、力織機も導入された。日露戦争後には㉑＿＿＿＿＿＿向けを中心に生糸輸出がさらにのび、1909（明治42）年には㉒＿＿＿＿を追いこして世界最大の生糸輸出国となった。

鉄道と海運　鉄道業では、華族を主体として1881（明治14）年に設立された❶＿＿＿＿＿＿＿＿＿が、政府の保護を受けて成功したことから、商人や地主らによる会社設立ブームがおこった。その結果、官営の②＿＿＿＿＿＿＿（新橋・神戸間）が全通した1889（明治22）年には、営業キロ数で民営鉄道が官営を上まわった。①＿＿＿＿＿＿＿が1891（明治24）年に上野・青森間を全通させたのをはじめ、山陽鉄道・九州鉄道などの民営鉄道も幹線の建設を進め、日清戦争後には青森・下関間が連絡された。しかし、日露戦争直後の1906（明治39）年、第1次③＿＿＿＿＿＿＿＿内閣は、軍事的な政策もあって全国鉄道網の統一的管理を目指す❹＿＿＿＿＿を公布し、主要幹線の民営鉄道17社を買収して国有化した。鉄道国有化で得た資金を重工業へ投じた⑤＿＿＿＿も多かった。

解答　⑬インド　⑭繭（まゆ）　⑮外貨（がいか）　⑯製糸業　⑰座繰製糸（ざぐりせいし）　⑱器械製糸（きかいせいし）　⑲養蚕（ようさん）　⑳羽二重（はぶたえ）　㉑アメリカ　㉒中国
鉄道と海運▶❶日本鉄道会社　②東海道線　③西園寺公望（さいおんじきんもち）　❹鉄道国有法（こくゆうほう）　⑤資

本家

■機械の特徴　産業革命成立以前の器械は、動力をハンドルやペダルから得ることが多く、女工は効率の悪い片手での作業を迫られた。

海運では、⑥＿＿＿＿＿＿の独占への反発から半官半民の⑦＿＿＿＿＿＿会社が設立され、両者は競争ののち、1885(明治18)年に合併して⑧＿＿＿＿＿＿会社となった。⑧＿＿＿＿＿＿＿＿は、政府の保護を受け、鉄道の発達に対応して近隣諸国との航路に重点を移し、1893(明治26年)には、⑨＿＿＿＿＿＿輸送を中心にインドのボンベイ(現在のムンバイ)に航路を開いた。日清戦争後の1896(明治29)年、政府は外貨節約と戦時の軍用船確保のため❿＿＿＿＿＿と⓫＿＿＿＿＿＿＿＿＿＿＿を公布して、鉄鋼船の建造と外国航路への 就 航に奨励金を交付することにした。このような海運業に対する助成が拡大され、⑧＿＿＿＿＿＿がヨーロッパ・アメリカ・オーストラリアへの航路を開くとともに、ほかの海運会社も遠洋航路に進出した。

重工業の形成

軍事工場と鉄道を除く官営事業は、1884(明治17)年頃からつぎつぎと民間に売却されていった(❶＿＿＿＿＿＿＿＿＿という)。とくに、三井・三菱(岩崎)・古河などの②＿＿＿＿＿＿は優良鉱山の払下げを受け、巻上機の導入など機械化を進めて、石炭や③＿＿＿＿の輸出を増やしていった。これらの②＿＿＿＿＿＿はこうして鉱工業の基盤をもち、❹＿＿＿＿＿＿に成長していった。また、北九州の筑豊一帯では排水用蒸気ポンプの導入に成功したのを契機に炭鉱開発が進み、⑤＿＿＿＿＿＿＿＿は日清戦争後に国内最大の産炭地となった。

しかし、重工業部門では、日清戦争後の造船 奨 励政策のもとで⑥＿＿＿＿＿＿＿＿などが成長したほかは民間での発達は限られ、材料となる鉄鋼も輸入に頼っていた。そこで軍備拡張を急ぐ政府は、官営軍事工場の拡充を進めるとともに、重工業の基礎となる鉄鋼の国産化を目指して、背後に⑤＿＿＿＿＿＿＿＿をひかえる北九州の八幡に、1897(明治30)年、**官営製鉄所**(⑦＿＿＿＿＿＿＿＿という)を設立した。⑦＿＿＿＿＿＿＿＿は1901(明治34)年に⑧＿＿＿＿＿＿の技術を導入して操 業 を開始し、日露戦争の頃には生産を軌道に乗せたが、国内の需要を満たすことはできなかった。

日露戦争後、政府は⑨＿＿＿＿募集を拡大するとともに各種の増税をおこな

【解答】⑥三菱 ⑦共同運輸 ⑧日本郵船 ⑨綿花 ❿造船奨励法 ⓫航海奨励法
重工業の形成▶❶官営事業 払下げ ②政 商 ③銅 ❹財閥 ⑤筑豊炭田 ⑥三菱長崎造船所 ⑦八幡製鉄所 ⑧ドイ ツ ⑨外債

■官営事業の払下げ 事業としての継続性が重視されて、投下資金の3分の1から5分の1の価格、無利子の25〜55年払いの好条件で払い下げられた。

って、軍備拡張を中心とする戦後経営を進め、政府の保護のもとに民間重工業も発達しはじめた。鉄鋼業では、⑦＿＿＿＿＿＿＿＿＿＿＿＿＿＿＿であいついで拡張計画が実施された。中国の大製鉄会社⑩＿＿＿＿＿＿＿＿＿に日本政府が借款（しゃっかん）を与えた見返りとして、⑦＿＿＿＿＿＿＿＿＿＿は大冶鉄山（湖北省（こほく））の鉄鉱石を安価に入手した。一方、❶＿＿＿＿＿＿＿＿＿＿＿＿＿＿など民間の製鋼会社の設立が進んだ。政策的に重視されていた造船技術は世界水準に追いつき、機械をつくる工作機械の分野では、⓬＿＿＿＿＿＿＿＿＿＿＿＿＿＿＿が先進国なみの精度をもった旋盤（せんばん）の国産化に成功した。また、⑬＿＿＿＿＿＿＿＿＿＿の本格的な開始によって⓮＿＿＿＿＿＿事業が勃興（ぼっこう）し、大都市では電灯の普及が始まった。

　三井・三菱などの④＿＿＿＿＿＿は、金融・貿易・運輸・鉱山業などを中心に多角的経営を繰り広げ、株式所有を通じて様々（さまざま）な分野の多数の企業を支配する⑮＿＿＿＿＿＿＿＿＿＿（企業連携（れんけい））形態を整えはじめた。まず1909（明治42）年、三井財閥が⑯＿＿＿＿＿＿＿＿＿＿を、そののち1920年代初めにかけて、安田（やすだ）・三菱・住友（すみとも）の各④＿＿＿＿＿もそれぞれ⑰＿＿＿＿＿＿＿＿＿を設立した。これらの⑰＿＿＿＿＿＿＿＿＿は、創業者の同族によって直接支配され、多数の財閥傘下（さんか）企業の株式を所有していた。また、これら四大財閥のほかに、古河市兵衛（ふるかわいちべえ）・浅野総一郎（あさのそういちろう）・川崎正蔵（かわさきしょうぞう）らの中小財閥もあった。

　また、日露戦争後には、関東州（かんとうしゅう）を経由した満洲（まんしゅう）とのあいだの⑱＿＿＿＿＿輸出・大豆および豆粕（まめかす）輸入、朝鮮とのあいだの⑱＿＿＿＿＿移出（いしゅつ）・⑲＿＿＿移入（いにゅう）、台湾からの⑲＿＿＿・⑳＿＿＿＿＿の移入（し）が増え、日本経済に占める植民地の役割が大きくなった。この時期には生糸（きいと）・綿布などの輸出が増加したものの、原料㉑＿＿＿＿＿や軍需品・重工業資材の輸入が増加したため、貿易収支は、ほぼ毎年のように大幅な赤字となった。しかも、これに巨額の⑨＿＿＿＿＿＿の利（り）払い（ばら）が加わり、日本の国際収支はしだいに危機的な状態におちいっていった。

農業と農民　工業に比べると農業の発展はにぶく、依然（いぜん）として①＿＿＿＿＿を柱とする零細（れいさい）経営が中心をなしていた。大豆粕（かす）などの②＿＿＿＿＿の普及や政府が1893（明治26）年に設けた農事試験場での稲などの❸＿＿＿＿

解答　⑩漢冶萍公司（かんやひょうコンス）　❶日本製鋼所（せいこう）　良
⓬池貝鉄工所　⑬水力発電　⓮電力　⑮コンツェルン　⑯三井合名会社　⑰持株（もちかぶ）会社　⑱綿織物　⑲米　⑳砂糖（さとう）　㉑綿花（きんか）
農業と農民▶①米作（べいさく）　②金肥（きんぴ）　❸品種改

■**移出と輸出**■　台湾は1895年、朝鮮は1910年に植民地に編入後、日本との取引は移出・移入と呼ばれる。一方、満洲国は外国なので、輸出・輸入と呼ぶ。

によって、単位面積当たりの収穫は増加したが、④＿＿＿＿＿＿人口の増加により、米の供給は不足がちになった。

一方、貿易と国内工業の発達にともなって、農家も商品経済に深く巻き込まれ、自家用の衣料の生産は減少した。安価な輸入品におされて⑤＿＿＿・麻・菜種などの生産は 衰 えたが、生糸輸出の増加に刺激されて桑の栽培や⑥＿＿＿＿＿が盛んになった。

1880年代の松方財政でのデフレ政策によって上昇しはじめていた小作地率は、1890年代にも上昇し続け、下層農民が小作へと転落する一方、大地主が耕作から離れて小作料の収入に依存する❼＿＿＿＿＿＿＿＿＿となる動きが進んだ（⑦＿＿＿＿＿＿＿＿制という）。小作料は⑧＿＿＿＿＿で、地租は定額⑨＿＿＿＿＿であったため、米価の上昇は⑩＿＿＿＿の収入増となり、⑩＿＿＿＿は小作料収入をもとに企業をおこしたり、公債や株式に投資したりして、しだいに資本主義との結びつきを深めた。一方、小作料の支払いに苦しむ小作農は、子女を工場に⑪＿＿＿＿＿に出したり、副業を 営 んだりして、かろうじて家計をおぎなっていた。

日露戦争後になると、地租や⑫＿＿＿＿＿の負担増のもとで、農業生産の停滞や農村の困 窮 が社会問題となった。政府はこれに対応すべく❸＿＿＿＿＿＿＿を進め、協同事業に成功した村を模範村として、その事例を全国に紹介した。

労働運動の進展　工場制工業が勃興するにつれて、①＿＿＿＿＿労働者が増加した。当時の工場労働者の大半は②＿＿＿＿＿産業が占めており、例えば1900（明治33）年には、工場労働者総数約39万人のうち、②＿＿＿＿＿産業が約24万人とほぼ6割を占め、その88％が女性であった。女性労働者（工女、または女工と呼ばれた）の多くは、苦しい家計を助けるために出稼ぎにきた小作農家などの子女たちで、①＿＿＿＿＿の前借りや③＿＿＿＿＿制度で工場に縛りつけられ、劣悪な労働環境のもと、欧米諸国よりはるかに低い①＿＿＿＿＿で長時間の労働に従事していた。紡績業では2交替制の 昼 夜業がおこなわ

解答　④都市　⑤綿　❻養蚕　❼寄生地主　⑧現物納　⑨金納　⑩地主　⑪出稼ぎ　⑫間接税　❸地方改良運動
労働運動の進展▶①賃金　②繊維　③寄宿舎

■綿・麻・養蚕　木綿は室町時代に朝鮮から輸入され、麻にかわる庶民衣料となった。江戸時代に河内など西国で副業化したが、明治期の輸入綿花の導入で衰え、農家の副業では養蚕が全国化した。

れたり、製糸業では労働時間が約15時間、ときには18時間におよんだりすること
もあった。重工業の男性熟練工の数はまだ限られており、工場以外では④_____
_____業や運輸業で多数の男性労働者が働いていた。

　産業革命期の労働者がおかれた悲惨な状態については、1888(明治21)年、雑誌
『⑤_____』が三菱経営の高島炭鉱(長崎県)の労働者の惨状を報じて大
きな反響を呼んだほか、⑥_____の『日本之下層社会』(1899
年刊)や監督官庁である⑦_____編の『職工事情』(1903年刊)に記
されている。

　日清戦争前後の産業革命期に入ると、待遇改善や賃金引上げを要求する工場労
働者の❽_____が始まり、1897(明治30)年には全国で40件余
り発生した。同年にはアメリカの労働運動の影響を受けた⑨_____
_____・片山潜らが❿_____を結成して労働運動の指
導に乗り出すとともに、鉄工組合や⑪_____矯正会などの労働組
合が組織され、熟練工を中心に労働者が団結して資本家に対抗する動きが現れた。
また1891(明治24)年には、⑫_____銅山(栃木県)の鉱毒が渡良瀬川流域の農
漁業に深刻な被害をもたらした公害事件(⑫_____**鉱毒事件**という)が発生し、
15年余りにわたって大きな社会問題となった。

　これらの動きに対して政府は、1900(明治33)年に⑬_____
を制定し、労働者の⑭_____・ストライキ権を制限して労働運動を取り
締まった。その反面で、政府は労働条件を改善して労資対立を緩和しようとする
社会政策の立場から、⑮_____の制定に向かった。その背景には、労働
者家庭の生活状態の悪化は将来の国家の労働力や軍事力をそこなう、という危機
感が存在した。日本で最初の労働者保護法である⑮_____は、資本家の
反対もあって、1911(明治44)年にようやく制定されたが、きわめて不備な内容で
あったうえに、その実施も⑯_____(大正5)年にずれ込んだ。同法は、少年・
女性の就業時間の限度を⑰_____時間とし、その⑱_____を禁止した。一
方で、適用範囲は⑲_____人以上を使用する工場に限られ、製糸業などに14時間労

解答 ④鉱山　⑤日本人　⑥横山源之助
⑦農商務省　❽ストライキ　⑨高野房
太郎　❿労働組合期成会　⑪日本鉄道
⑫足尾　⑬治安警察法　⑭団結権　⑮工
場法　⑯1916　⑰12　⑱深夜業　⑲15

働、紡績業に期限つきで⑱＿＿＿＿＿＿を認めていた。

　第一次世界大戦中には、産業の急速な発展によって労働者の数が大幅に増加し、物価高が進む中、賃金引上げを求める労働運動は大きく高揚し、労働争議の件数も急激に増加した。1912(大正元)年、労働者階級の地位向上と労働組合育成とを目的に鈴木文治によって組織された⑳＿＿＿＿＿＿は、この時期、修養団体から労働組合の全国組織へと急速に発展した。友愛会は、1919(大正8)年に大日本労働総同盟友愛会と改称するとともに、1920(大正9)年の第1回㉑＿＿＿＿＿＿＿を主催した。1921(大正10)年にはさらに㉒＿＿＿＿＿＿＿と改めて、労資協調主義からしだいに㉓＿＿＿＿＿＿＿主義に方向を転換した。また、この前後から農村でも小作料の引下げを求める㉔＿＿＿＿＿＿が頻発し、1922(大正11)年には杉山元治郎・賀川豊彦らによって、全国組織である㉕＿＿＿＿＿＿＿が結成された。

2 近代文化の発達

明治の文化と宗教

強大な欧米列強に対抗するために、新生の明治国家は、「①＿＿＿＿＿＿＿」・「②＿＿＿＿＿＿＿」・「文明開化」といったスローガンを掲げ、西洋文明の移植による急速な近代化を推し進めた。しかし、物質文明の急激な流入に比べて多くの日本人の精神の変化はゆるやかで、都市に比べ農村の近代化は、はるかに遅れた。こうして明治の文化には、新しいものと古いもの、西洋的なものと東洋的なものが無秩序に混在・併存する、独特な二元性が存在することになった。

　また、明治初期には新政府がみずから先頭に立って近代化を推進することが多かったが、明治の中頃からは教育の普及や交通・通信・出版の著しい発達によって、国民の自覚が進み、国民自身の手による近代文化の発展をみるようになった。

　宗教に関しては、政府は皇室とも結びつく③＿＿＿＿＿＿＿を宗教ではな

第14章

解答　⑳友愛会　㉑メーデー　㉒日本労働総同盟　㉓階級闘争　㉔小作争議　㉕日本農民組合
明治の文化と宗教▶①富国強兵　②殖産興業　③神社神道

■**教派神道**　明治政府が公認した13派の神道で、3つに大別できる。1つは天理・金光・黒住教の教祖教説系、2つは富士・御嶽山などの山岳信仰系、3つは伊勢神宮や出雲大社を敬う神道系である。

いと位置づけて保護する一方、④＿＿＿＿＿＿＿＿＿＿＿＿（1889年）で信教の自由を認めた。明治初年の⑤＿＿＿＿＿＿＿＿＿で打撃を受けた仏教は、キリスト教に対抗しようと海外も視察した⑥＿＿＿＿＿＿＿らの努力により近代の宗教として勢いを取り戻し、幕末に生まれた民衆宗教などの⑦＿＿＿＿＿＿は人々のあいだに浸透していった。

　キリスト教は、明治初期に来日して札幌農学校で教えた⑧＿＿＿＿＿＿や⑨＿＿＿＿＿＿＿＿で教えたジェーンズらの外国人教師の強い影響もあって、青年知識人のあいだで信仰が広がり、内村鑑三・⑩＿＿＿＿＿・新渡戸稲造らはのちにキリスト教や西洋近代思想の啓蒙家として活躍するようになった。キリスト教会は布教のかたわら、人道主義の立場から教育・福祉活動や⓫＿＿＿＿**運動**などに成果を上げたが、⑫＿＿＿＿＿＿＿＿＿の風潮が高まると学校教育から排除されることもあった。

【教育の普及】1872年公布の①＿＿＿＿＿のもとで、小学校教育の普及に努力が払われた結果、**義務教育**の就学率はしだいに高まったが、地方の実情を無視した画一的な強制に対する政府内外の批判から、1879（明治12）年に①＿＿＿＿＿は廃され、❷＿＿＿＿＿が公布された。②＿＿＿＿＿では、全国画一の学区制を廃して町村を小学校の設置単位とし、その管理も地方に移管し、就学義務を大幅に緩和した。

　しかし、強制から放任への急転換は大きな混乱をまねいたため、②＿＿＿＿＿は翌年には早くも改正され、小学校教育に対する政府の監督責任が強調された。

　これらの試行錯誤を経て、1886（明治19）年に❸＿＿＿＿＿文部大臣のもとで小学校・中学校・師範学校・帝国大学などからなる学校体系が整備された。帝国大学令・師範学校令・中学校令・小学校令などを総称して❹＿＿＿＿＿という。小学校・中学校・師範学校は、それぞれ⑤＿＿＿＿＿・高等の２種にわけられたが、のち、⑤＿＿＿＿＿中学校が中学校、高等中学校が高等学校へと改称された。また、唯一の官立大学であった東京大学は、この時、⑥＿＿＿＿＿

に改組され、1897年には東京帝国大学と改称された。⑤＿＿＿＿＿＿・高等小学校に関しては、1890(明治23)年に小学校令が改正され、⑤＿＿＿＿＿＿小学校3あるいは4年間の義務教育が明確化された。1892(明治25)年の就学率は男子70％、女子36％であったが、1900(明治33)年に義務教育期間の⑦＿＿＿＿＿＿が廃止されたため、就学率は1902(明治35)年に90％をこえた。さらに1907(明治40)年には義務教育は⑧＿＿＿＿年間に延長された。

　同時に、教育政策はしだいに国家主義重視の方向へと改められていき、1890(明治23)年に発布された❾＿＿＿＿＿＿(「教育に関する勅語」)によって、忠君愛国が学校教育の基本であることが強調された。1891(明治24)年、キリスト教徒の⑩＿＿＿＿＿＿は、講師をつとめる第一高等中学校での❾＿＿＿＿＿＿奉読式の際、天皇の署名のある❾＿＿＿＿＿＿への拝礼を拒否したために教壇を追われた(これを⑩＿＿＿＿＿＿不敬事件という)。1903(明治36)年には小学校の教科書を⑪＿＿＿＿＿＿の著作に限ることが定められ(❶❷＿＿＿＿＿＿という)、教育に対する国家の統制が強まった。

　また、官立の高等教育機関の拡充が進み、東京帝国大学に加えて、1897(明治30)年には⑬＿＿＿＿帝国大学、ついで東北・九州の各帝国大学が創設された。大正から昭和初期にかけて、北海道・⑭＿＿＿＿(朝鮮)・⑮＿＿＿＿(台湾)・大阪・名古屋の各帝国大学が増設され、あわせて「9帝大」となった。民間では、慶応義塾・同志社に続いて、大隈重信が創立した⑯＿＿＿＿(のち早稲田大学と改称)などの私立学校が発達し、官立学校とは異なった独自の学風を誇った。

科学の発達　国内で大学が発足すると、学問を導入するための留学は、大学卒業者が中心となった。法学ではフランス法律学からドイツ法律学・行政学へ中心が移り、さらに社会問題への対応を含む社会政策学も導入された。大学の発足直後には①＿＿＿＿＿＿(経済学・哲学・美学)、②＿＿＿＿＿＿(動物学・考古学)らアメリカ人教師が幅広い学問分野の基礎を築き、その後は専門性の高い欧米人教師や留学を経験した日本人たちが専門分野

解答　⑦授業料　⑧6　❾教育勅語　⑩内村鑑三　⑪文部省　❶❷国定教科書　⑬京都　⑭京城　⑮台北　⑯東京専門学校
科学の発達▶①フェノロサ　②モース

■明治の教育■　国が教育内容を一律に定め、小学校では指示棒と掛図による一斉教授を特徴とした。女子は中学・高校・帝国大学に進めず、別に高等女学校や女子高等師範学校がつくられた。

〔医　学〕⑦＿＿＿＿＿＿＿＿：細菌学、伝染病研究所の創設、ペスト菌の発見
　　　　　志　賀　　潔（きり）：赤痢菌（せきり）の発見
〔薬　学〕⑦＿＿＿＿＿＿＿＿：消化酵素タカジアスターゼの創製
　　　　　鈴　木　梅　太　郎：オリザニン（ビタミンB₁製剤）の抽出
　　　　　秦（はた）佐（さ）八（はち）郎（ろう）：サルバルサンの創製
〔地震学〕大　森　房　吉：地震計の発明
〔天文学〕木　村　　栄（ひさし）：緯度変化のＺ項（こう）の発見
〔物理学〕⑦＿＿＿＿＿＿＿＿：原子構造の研究
　　　　　田（た）中（なか）舘（だて）愛（あい）橘（きつ）：地磁気の測定

〔宗　教〕ヘ　　ボ　　ン（米）：伝道・医療に従事、最初の和英辞典を編集
　　　　　フ　ル　ベ　ッ　キ（米）：英学教授、法律・教育等に関する政府顧問
　　　　　ジ　ェ　ー　ン　ス（米）：⑦＿＿＿＿＿＿＿＿での教育
〔教　育〕⑦＿＿＿＿＿＿＿＿（米）：札幌農学校での教育
〔自然科学〕⑦＿＿＿＿＿＿＿＿（米）：動物学・考古学（大森貝塚を発見）
　　　　　ナ　ウ　マ　ン（独）：地質学（フォッサ＝マグナの発見）
　　　　　ミ　ル　ン（英）：地震学・鉱山学
〔医　学〕ベ　ル　ツ（独）：東京医学校・東京帝大で内科・産科を教授
〔工　学〕ダ　イ　ア　ー（英）：工部大学校
〔文　芸〕⑦＿＿＿＿＿＿＿＿（米）：哲学・古美術、岡倉天心（おかくらてんしん）と東京美術学校設立
　　　　　ケ　ー　ベ　ル（露）：ドイツ哲学・ドイツ文学
〔美　術〕ラ　グ　ー　ザ（伊）：工部美術学校で洋風彫刻を指導
　　　　　フ　ォ　ン　タ　ネ　ー　ジ（伊）：工部美術学校で西洋画法を指導

を確立していった。工学はダイアー（工部大学校）をはじめとしたイギリス人、医学は③＿＿＿＿＿＿＿＿らドイツ人によるところが多く、それは日本人の留学先にも影響した。

④＿＿＿＿＿＿＿＿がドイツ留学中の1890年に破傷風（はしょうふう）の血清療法（けっせい）を確立し、⑤＿＿＿＿＿＿＿＿がアメリカでタカジアスターゼを発明し、アドレナ

解答 ③ベルツ　④北里柴三郎（きたさとしばさぶろう）　⑤高峰　洋学校　⑦クラーク　⑦モース　⑦フェ譲吉（じょうきち）　　　　　　　　　　　　　　　　　　　　　　　　　　　　　　　　ノロサ
整理 **おもな自然科学者の業績**▶⑦北里
柴三郎　⑦高峰譲吉　⑦長岡半太郎
整理 **おもな来日外国人と業績**▶⑦熊本

リンの抽出に成功するなど、海外で評価される成果をあげ、さらにその成果を国内に還元する科学者も現れた。国内でも⑥＿＿＿＿＿＿＿＿＿＿の原子構造の研究のように物理学の高い水準での理解を示す研究や、地域性を生かした地震学など自然科学の展開がみられた。一方で、科学的研究が伝統的な思想と衝突することもあり、1891（明治24）年、帝国大学教授⑦＿＿＿＿＿＿＿＿＿が「神道は祭天の古俗」と論じて、翌年に職を追われる事件もおきた。

近代文学 文学では、江戸時代以来の大衆文芸である❶＿＿＿＿＿＿＿**文学**が、明治初期も引き続き人気を博し、②＿＿＿＿＿＿＿＿＿＿は文明開化の世相を描いた『安愚楽鍋』を著した。また、自由民権論・国権論などの宣伝を目的に、立憲改進党系の政治家でもあった③＿＿＿＿＿＿＿＿＿の『経国美談』や東海散士の『④＿＿＿＿＿＿＿＿＿＿＿』など政治運動家たちの手で政治小説が書かれた。①＿＿＿＿＿＿文学の勧善懲悪主義や政治小説の政治至上主義に対し、坪内逍遥は1885（明治18）年に評論『⑤＿＿＿＿＿＿＿＿』を発表して、西洋の文芸理論をもとに、人間の内面や世相を客観的・写実的に描くことを提唱した（⑥＿＿＿＿＿＿＿という）。❼＿＿＿＿＿＿＿＿で書かれた二葉亭四迷の『⑧＿＿＿＿＿＿』は、逍遥の提唱を文学作品として結実させたものでもあった。尾崎紅葉や山田美妙らを中心として結成され、回覧雑誌『我楽多文庫』を発刊した⑨＿＿＿＿＿＿＿は、同じく⑥＿＿＿＿＿＿＿を掲げながらも文芸小説の大衆化を進めた。これに対して⑩＿＿＿＿＿＿＿は逍遥の内面尊重を受け継ぎ、東洋哲学を基盤とする理想主義的な作品を著した。

　日清戦争前後には、啓蒙主義や合理主義に反発して、感情・個性の躍動を重んじる❶❶＿＿＿＿＿＿＿＿**文学**が日本でも盛んになった。北村透谷らの雑誌『⑫＿＿＿＿＿＿』がその拠点となり、森鷗外・泉鏡花らの小説のほか、詩歌の分野でも、島崎藤村の新体詩や⑬＿＿＿＿＿＿＿＿＿の情熱的な短歌が現れた。島崎藤村は『⑭＿＿＿＿＿＿』によって新体詩を開き、⑬＿＿＿＿＿＿＿は夫の与謝野鉄幹が主宰する、雑誌『⑮＿＿＿＿』の誌上で活躍した。『⑮＿＿＿＿』は⑪＿＿＿＿＿＿＿＿の運動の中心となった。

解答 ⑥長岡半太郎　⑦久米邦武
近代文学▶❶戯作　②仮名垣魯文　③矢野龍渓　④佳人之奇遇　⑤小説神髄
❻写実主義　❼言文一致体　⑧浮雲　⑨硯友社　⑩幸田露伴　❶❶ロマン主義　⑫文学界　⑬与謝野晶子　⑭若菜集　⑮明星

整理 おもな文学作品（明治）

著者	作品	著者	作品
㋐	安愚楽鍋	高山樗牛	滝口入道
矢野龍渓	経国美談	土井晩翠	天地有情
東海散士	佳人之奇遇	㋓	高野聖
末広鉄腸	雪中梅	㋔	不如帰・自然と人生
坪内逍遙	小説神髄	㋕	牛肉と馬鈴薯・武蔵野
二葉亭四迷	浮雲・あひびき	㋖	蒲団・田舎教師
山田美妙	夏木立・胡蝶	正宗白鳥	何処へ
㋑	金色夜叉・多情多恨	㋗	徽・あらくれ
幸田露伴	五重塔	石川啄木	一握の砂・悲しき玩具
樋口一葉	たけくらべ・にごりえ	㋘	吾輩は猫である・草枕
㋒	舞姫・即興詩人	長塚節	土
島崎藤村	若菜集・破戒	㋙	病牀六尺
与謝野晶子	みだれ髪	上田敏	海潮音

底辺の女性たちの悲哀を『たけくらべ』などの小説に描いた⑯＿＿も、⑪＿＿＿＿＿＿の運動の影響下にあった。一方、⑰＿＿は俳句の革新と万葉調和歌の復興を進め、伝統文芸の革新として注目された。1897（明治30）年、病床にあった⑰＿＿＿＿の協力によって俳句雑誌『⑱＿＿＿＿』が創刊され、のちには門下の⑲＿＿＿＿に引き継がれた。また和歌では、⑰＿＿＿＿の門下から⑳＿＿や長塚節らが出て、1908（明治41）年には短歌雑誌『㉑＿＿＿＿』を創刊した。

　日清戦争後には、人道主義に立つ㉒＿＿＿＿＿＿（蘇峰の弟）の社会小説も登場した。日露戦争の前後になると、㉓＿＿＿＿＿＿やロシアの自然主義文学の影響によって、人間社会の暗い現実の姿をありのままに写し出そうとする㉔＿＿＿＿が文壇の主流となり、㉕＿＿＿＿・田山花袋・島崎藤村・徳田秋声らの作家が現れた。ロマン主義から出発した詩人の㉖＿＿も、社会主義思想を盛り込んだ生活詩をうたい上げてい

解答 ⑯樋口一葉　⑰正岡子規　⑱ホトトギス　⑲高浜虚子　⑳伊藤左千夫　㉑アララギ　㉒徳冨蘆花　㉓フランス　㉔自然主義　㉕国木田独歩　㉖石川啄木

魯文　㋑尾崎紅葉　㋒森鷗外　㋓泉鏡花　㋔徳冨蘆花　㋕国木田独歩　㋖田山花袋　㋗徳田秋声　㋘夏目漱石　㋙正岡子規

整理 おもな文学作品（明治）▶㋐仮名垣

る。

㉔_____の 隆 盛に対立するかたちで、知識人の内面生活を国家・社会との関係でとらえる㉗_____の作品群や、㉘_____の一連の歴史小説なども現れた。また、文芸作品の批評が新聞・雑誌に掲載され、作家ばかりでなく批評家も文壇で重要な地位を占めるようになった。

明治の芸術 演劇では、歌舞伎が民衆に親しまれた。明治の初めには①_____が文明開化の風俗を取り入れた新作を発表した。明治中期(1890年代)には9代目②_____・5代目尾上菊五郎・初代③_____が現れて、「❹_____時代」と呼ばれる名優たちが活躍する明治歌舞伎の黄金時代をつくり上げ、その社会的地位も 著 しく向上した。⑤_____らが時事的な劇に民権思想を盛り込んだ壮士芝居は、日清戦争前後から人気がある通俗小説の劇化を加えて、❻_____と呼ばれた。さらに日露戦争後には、坪内逍遥の⑦_____や小山内 薫 の⑧_____などが、西洋の近代劇を翻訳・上演し、歌舞伎や❻_____に対して❾_____と呼ばれた。

西洋音楽は軍楽隊で最初に取り入れられ、ついで⑩_____らの努力で小学校教育に西洋の歌謡を模倣した⑪_____が採用された。1887(明治20)年に⑫_____(現、東京藝術大学)が設立されて専門的な音楽教育が始まり、⑬_____らの作曲家が現れた。また、伝統的な能楽は明治中期から復活した。

学問や音楽と同じく、美術の発達も政府に依存する面が強かった。政府は、初め⑭_____を開いて、外国人教師に西洋美術を教授させたが数年で閉鎖し、アメリカ人フェノロサや⑮_____の影響のもとに、伝統美術育成の態度に転じて、1887(明治20)年に西洋美術を除外した⑯_____を設立した。このような政府の保護に支えられて、狩野芳崖・⑰_____らがすぐれた日本画を創作した。なお、狩野芳崖の代表作として『⑱_____』がある。政府が伝統美術の保護に傾

解答 ㉗夏目漱石 ㉘森鷗外
明治の芸術▶ ①河竹黙阿弥 ②市川団十 郎 ③市川左団次 ❹団菊左 ⑤川上音二郎 ❻新派劇 ⑦文芸協会 ⑧自由劇場 ❾新劇 ⑩伊沢修二 ⑪唱歌 ⑫東京音楽学校 ⑬滝廉太郎 ⑭工部美術学校 ⑮岡倉天心 ⑯東京美術学校 ⑰橋本雅邦 ⑱悲母観音

いた一因には、当時、ヨーロッパにおいて⑲＿＿＿＿＿＿＿＿＿が高い評価を受けていたこともあった。

　西洋画は、⑳＿＿＿＿＿＿＿＿＿らによって開拓されたのち、一時衰退を余儀なくされたが、浅井 忠らによる日本初の西洋美術団体である㉑

＿＿＿＿＿＿の結成や、フランスで学んだ㉒＿＿＿＿＿＿＿＿＿の帰国によって、しだいに盛んになった。彼の作品として『㉓＿＿＿＿＿』『読書』がある。1896(明治29)年には、⑯＿＿＿＿＿＿＿＿＿＿に西洋画科が新設される一方、黒田らは㉔＿＿＿＿＿＿を創立して画壇の主流を形成した。

　伝統美術も、岡倉天心らの㉕＿＿＿＿＿＿＿＿＿＿を中心に、多くの美術団体が競合しながら発展していった。文部省も伝統美術と西洋美術の共栄をはかり、1907(明治40)年に㉖＿＿＿＿＿＿＿＿＿＿＿＿(文展という)が開設されたので、両者は共通の発表の場をもつに至った。第1次西園寺公望内閣の文部大臣になった牧野伸顕(大久保利通の子)は、文部省や⑯

＿＿＿＿＿＿などの関係者の意見を入れて、⑲＿＿＿＿＿＿・洋画・彫刻の3部門よりなる総合展覧会の開設をはかり、第1回文展を開催した。文展はそののちも回を重ね、1919(大正8)年に㉗

＿＿＿＿＿＿(帝展という)に改組された。

　彫刻の分野でも、㉘＿＿＿＿＿＿＿＿＿の伝統的な木彫と、アメリカやフランスで学んだ㉙＿＿＿＿＿＿＿らの西洋流の彫塑とが対立・競合しながら発達したが、絵画と同じく文展の開設によって共存の方向に向かった。なお、㉘

＿＿＿＿＿の代表作として『老猿』、㉙＿＿＿＿＿＿＿＿＿の代表作として『女』がある。

　工芸も西洋の技術を加味して、新しい陶器・七宝・ガラス・漆器などの制作を始め、陶器・七宝は海外にも輸出された。

　また建築でもしだいに本格的な西洋建築が建てられるようになり、明治末期になると、㉚＿＿＿＿＿＿＿＿＿＿＿＿＿＿＿＿を使用した建物がつくられはじめた。

解答 ⑲日本画　⑳高橋由一　㉑明治美術会　㉒黒田清輝　㉓湖畔　㉔白馬会
㉕日本美術院　㉖文部省美術展覧会　㉗帝国美術院美術展覧会　㉘高村光雲　㉙荻原守衛　㉚鉄筋コンクリート

㋐

南風（和田三造）

鮭（高橋由一）

収穫（浅井忠）

㋑

㋒

㋓

㋔

日本銀行本店（辰野金吾）

整理 おもな建築・美術作品（明治）▶㋐

悲母観音（狩野芳崖） ㋑湖畔（黒田清輝）
㋒海の幸（青木 繁） ㋓老猿（高村光雲）
㋔女（荻原守衛）

生活様式の近代化 明治になると生活のあり方も変化し、都市部を中心に官庁・会社・学校・① ＿＿＿＿＿＿ では、ガラス窓のある建物で、机・椅子を使用し、② ＿＿＿＿＿ を着て、定められた時刻通りに行動する西洋風の生活習慣が取り入れられた。

　大都市の中心部では、1870年代に石炭を原料とする都市ガスによる③ ＿＿＿＿＿＿ が用いられるようになった。1880年代末に④ ＿＿＿＿＿ が実用化され、その後、ガスのおもな用途は家庭の熱源となった。

　交通機関では、明治初期の鉄道開通に続いて、1880年代には⑤ ＿＿＿＿＿＿ が走り、1890年代になると京都で⑥ ＿＿＿＿＿＿＿ も開通し、おもな都市で近代的な水道が使われるようになった。1900年前後からは、⑥ ＿＿＿＿＿＿ が普及するとともに大都市の大手呉服店がアメリカのデパートメントストアにならって、ショーウィンドーや陳列台を用いて従来より幅広い顧客を対象とするデパート型の小売を開始した。人口10万人以上の都市の住民は、1890（明治23）年には総人口の6%にすぎなかったが、1908（明治41）年には11%に増えた。

　こうして人々の生活様式は、日本風と西洋風とが入りまじるようになった。女性の髪形として日本髪にかわって⑦ ＿＿＿＿＿ が考案され、便利さから広くいきわたったのもその一例である。

　地方の農漁村では石油を用いる⑧ ＿＿＿＿＿＿ が普及し、洋装の駐在巡査や人力車がみられるようになった。輸入された糸や化学染料の利用で着物の選択の幅が広がり、資産家が郵便を利用した通信販売で⑨ ＿＿＿＿＿＿ から商品を買うようにもなったが、日常生活に大きな変化はなく、暦法も農漁業の関係から、太陽暦と並んで⑩ ＿＿＿＿＿（太陽太陰暦）が用いられた。

③ 市民生活の変容と大衆文化

大戦景気 日本経済は、明治末期から不況におちいっていたが、第一次世界大戦は戦場から遠く離れた日本に未曾有の好景気をもたらし、不

解答 **生活様式の近代化▶** ①軍隊　②洋服　③ガス灯　④電灯　⑤鉄道馬車　⑥路面電車　⑦束髪　⑧ランプ　⑨デパート　⑩旧暦

■成金■ 将棋の駒が敵陣に成りこんで金将になることから、貧乏人が一夜のうちに富を得てにわかに金持ちになること。大戦景気で、海運・造船業で富を得た船成金や鉄成金、株成金が続出した。

況と政府の財政難とを一挙に吹き飛ばした。日本は、英・仏・露などの連合国には①＿＿＿＿＿＿＿や食料品などを、ヨーロッパ列強が後退したアジア市場には②＿＿＿＿＿＿＿などを、また大戦ブームに沸くアメリカには③＿＿＿＿＿＿＿などを輸出し、貿易は大幅な輸出超過となった。この結果、1914（大正3）年に11億円の債務国であった日本は、1920（大正9）年には27億円以上の債権国になった。

世界的な船舶不足を背景に、海運業・造船業は空前の好況となって❹＿＿＿＿＿＿＿が続々と生まれ、日本は⑤＿＿＿＿＿＿＿・アメリカにつぐ世界第3位の海運国となった。鉄鋼業では八幡製鉄所の拡張や民間会社の設立があいつぎ、満洲では満鉄の⑥＿＿＿＿＿＿＿が設立された。また、交戦国となった⑦＿＿＿＿＿＿＿からの輸入がとだえたため、薬品・染料・肥料などの国産化が目指され、⑧＿＿＿＿＿工業が勃興した。大戦前から発達しはじめていた電力業では、大規模な⑨＿＿＿＿＿発電事業が展開され、猪苗代・東京間の長距離送電も完成し、⑩＿＿＿＿＿の農村部への普及や工業原動力の⑪＿＿＿＿力から電力への転換を推し進め、電気機械の国産化も進んだ。

その結果、重化学工業は工業生産額の30%を占めるようになった。輸出の拡大に刺激された繊維産業も活況を呈し、中国の上海などで現地工場を経営する紡績業が続出した（⑫＿＿＿＿＿＿＿という）。

工業の躍進によって、⑬＿＿＿＿＿（＿＿＿＿＿＿）生産額は⑭＿＿＿＿＿生産額を追いこした。工場労働者数は大戦前の1.5倍に増えて150万人をこえ、なかでも男性労働者は重化学工業の発展により倍増して、女性労働者の数にせまった。それでも、工業人口は農業人口の半数以下にすぎなかった。

このような⑮＿＿＿＿＿＿＿の底は浅く、空前の好況が⑯＿＿＿＿＿を生み出す一方で、物価の高騰で苦しむ多数の民衆が存在した。また農業では、野菜の生産や牧畜業など商業的農業の発展がみられたが、農村人口の都市部への流出や農産物と工業製品との⑰＿＿＿＿＿差の拡大などが顕著となった。

都市化の進展と市民生活

第一次世界大戦後、都市化と工業化の進展にともない、東京や大阪などの大都市では、会社員・銀

解答　**大戦景気▶** ①軍需品　②綿織物　③生糸　❹船成金　⑤イギリス　⑥鞍山製鉄所　⑦ドイツ　⑧化学　⑨水力　⑩電灯　⑪蒸気　⑫在華紡　⑬工業（工場）　⑭農業　⑮大戦景気　⑯成金　⑰価格

第14章

行員・公務員などの❶_____（サラリーマン）が大量に現れた（新中間層という）。また、タイピストや電話交換手などの仕事をもつ女性も現れ、❷_____と呼ばれた。

　都市の景観や市民生活も大きく変貌し、洋風化・近代化が進んだ。都心では丸の内ビルディング（丸ビル）など鉄筋コンクリート造のオフィスビルが出現し、都心部から郊外にのびる鉄道沿線には新中間層向けの❸_____が建てられた。また、④_____の翌年の1924（大正13）年に設立された⑤_____は、東京・横浜に木造住宅のほか4〜5階建てのアパートを建設した。❻_____は農村部も含めて広く一般家庭に普及し、都市では水道・ガスの供給事業が本格化した。都市内では市電やバス、⑦_____などの交通機関が発達し、東京と大阪では❽_____も開業した。服装では洋服を着る男性が増え、銀座や心斎橋などの盛り場では、断髪にスカート、山高帽にステッキといった装いのモガ（モダンガール）やモボ（モダンボーイ）が闊歩するようになり、食生活の面ではトンカツやカレーライスのような洋食が普及した。

　また、様々な商品を陳列して販売する百貨店が発達した。日本の百貨店は、三越などの⑨_____に起源をもつものが主流であったが、私鉄の経営する⑩_____が現れ、生鮮食料品など日用品の販売に重点をおいた。代表的なのは、1907（明治40）年設立の箕面有馬電気軌道（1918年に阪神急行電鉄と改称）で、⑪_____のアイデアによって、乗客の増加をはかるため、沿線で住宅地開発を進めるとともに、遊園地や温泉、⑫_____などの娯楽施設を経営し、ターミナルの梅田ではデパートを開業した。

　一方、大企業と中小企業、都市と農村とのあいだの格差が問題となり、二重構造と呼ばれた。個人消費支出が増加し、「⑬_____社会」的状況が現れたが、一般農家や中小企業の労働者の生活水準は低く、大企業で働く労働者とのあいだの格差が拡大した。

解答 **都市化の進展と市民生活▶** ❶俸給生活者　❷職業婦人　❸文化住宅　④関東大震災　⑤同潤会　❻電灯　⑦円タク　❽地下鉄　⑨呉服店　⑩ターミナルデパート　⑪小林一三　⑫宝塚少女歌劇団　⑬大衆消費

■西の小林・東の五島■　阪急の小林一三と同様に、関東では五島慶太が現在の東急沿線に田園調布を宅地化するなど、私鉄経営と沿線開発に成功した。

大衆文化の誕生 日露戦争後の1907(明治40)年には小学校の就学率が97％を
こえ、ほとんどの国民が文字を読めるようになった。また、
1920年代には中学校(旧制)の生徒数が急増し、高等教育機関も拡充された。
1918(大正7)年に① ＿＿＿＿＿内閣によって制定された高等学校令にもとづいて、
高等学校の増設が進められた。同年には❷ ＿＿＿＿＿＿＿も制定され、総合大学
である③ ＿＿＿＿＿のほかに、単科大学や公立・私立の大学の設置が認
められた。大学生の数は、1918(大正7)年には約9000人であったが、1930(昭和
5)年には約7万人に増加した。なお、中学校の生徒数も、1920(大正9)年には
約17万人であったが、1930(昭和5)年には約34万人に倍増した。

そうした中で、新聞・雑誌・ラジオ・映画などの④ ＿＿＿＿＿
＿＿が急速に発達し、労働者やサラリーマンなどの一般勤労者(大衆)を担い手
とする❺ ＿＿＿＿＿＿＿が誕生した。

新聞や雑誌の発行部数は、飛躍的にのびた。大正末期には、『大阪朝日新聞』
と『東京朝日新聞』、『大阪毎日新聞』と『東京日日新聞』の系列のように発行部
数100万部をこえる新聞が現れ、『中央公論』や『⑥ ＿＿＿＿＿』などの⑦ ＿＿＿
＿＿＿＿＿＿も急速な発展をとげた。『サンデー毎日』や『週刊朝日』などの
週刊誌、『⑧ ＿＿＿＿＿＿＿』などの女性雑誌のほか、一般投資家向けの『経
済雑誌ダイヤモンド』なども刊行された。また、鈴木三重吉は児童文芸雑誌
『⑨ ＿＿＿＿＿＿＿』を創刊した。昭和に入ると、『現代日本文学全集』などの
❿ ＿＿＿＿＿や岩波文庫が登場して、低価格・大量出版の先駆けとなり、大衆娯
楽雑誌『⑪ ＿＿＿＿＿＿＿』の発行部数も100万部をこえた。

ラジオや映画も発達した。⑫ ＿＿＿＿＿＿＿＿＿は、1925(大正14)年に
東京・大阪・名古屋で開始され、翌年にはこれらの放送局を統合して⑬ ＿＿＿
＿＿＿＿＿＿(NHK)が設立された。ラジオ劇やスポーツの実況放送
などが人気を呼び、放送網が全国に拡大した。とくに、1915(大正4)年に始まっ
た全国中等学校優勝野球大会(現在の全国高校野球選手権大会)、1925(大正14)年
に発足した⑭ ＿＿＿＿＿＿＿＿＿野球などが人気を集めた。契約者の数は、

解答 **大衆文化の誕生▶**①原敬 ❷大 学令 ③帝国大学 ④マスメディア ❺
大衆文化 ⑥改造 ⑦総合雑誌 ⑧主婦
之友 ⑨赤い鳥 ❿円本 ⑪キング ⑫
ラジオ放送 ⑬日本放送協会 ⑭東京六

開局の年には36万人であったが、受信器の値段が徐々に下がり、1931（昭和6）年に⑮＿＿＿＿＿＿＿が始まると、出征兵士の安否を気づかう人々が⑫＿＿＿＿＿の定時ニュースに耳を傾けるようになり、100万人をこえた。

　映画は⑯＿＿＿＿＿と呼ばれ、当初は無声映画を⑰＿＿＿＿＿（活動⑰＿＿＿＿＿、活弁）の解説つきで上映していたが、大正期には大衆娯楽として発展し、日活や松竹などの映画会社が国産映画の制作に乗り出した。なお、1930年代に入ると、⑱＿＿＿＿＿と呼ばれた有声映画の制作や上映が始まった。

学問と芸術　大正デモクラシーの風潮のもとで、多様な学問や芸術が発達した。欧米諸国の様々な思想や文学が紹介され、『東洋経済新報』などで急進的自由主義が主張される一方、❶＿＿＿＿＿＿＿＿＿が知識人に大きな影響を与えた。『東洋経済新報』の記者であった②＿＿＿＿＿は、朝鮮や満洲など植民地の放棄と平和的な経済発展を主張した。このような考え方は「③＿＿＿＿＿＿＿」と呼ばれた。

　なかでも、1917（大正6）年に出版された河上肇の『④＿＿＿＿＿＿＿』は広範な読者を獲得した。①＿＿＿＿＿＿＿＿は、学問研究の方法にも影響をおよぼし、昭和初期には、明治維新以来の日本社会の性格をどのように把握するかをめぐって論争が展開された。この論争は⑤＿＿＿＿＿＿＿と呼ばれ、その後の日本の社会科学の方法に大きな影響をおよぼした。具体的には、雑誌『⑥＿＿＿＿＿』に論文を執筆した櫛田民蔵・猪俣津南雄らの⑥＿＿＿＿派と、野呂栄太郎が編集した『日本資本主義発達史講座』に論文を執筆した羽仁五郎・服部之総・山田盛太郎らの⑦＿＿＿＿派とのあいだで論争がおこなわれた。

　また、⑧＿＿＿＿＿は『善の研究』を著して独自の哲学体系を打ち立て、⑨＿＿＿＿＿は仏教美術や日本思想史を研究し、『古寺巡礼』『風土』などを著した。⑩＿＿＿＿＿は『古事記』『日本書紀』に科学的分析を加え、⑪＿＿＿＿＿は民間伝承の調査・研究を通じて、

解答　⑮満洲事変　⑯活動写真　⑰弁士　⑱トーキー
学問と芸術▶❶マルクス主義　②石橋湛山　③小日本主義　④貧乏物語　⑤日本資本主義論争　⑥労農　⑦講座　⑧西田幾多郎　⑨和辻哲郎　⑩津田左右吉　⑪柳田国男

━━ **整理** **おもな文学作品（明治末〜昭和初期）** ━━━━━━━━

永 井 荷 風：腕くらべ	小 林 多 喜 二：蟹工船
谷 崎 潤 一 郎：刺青・痴人の愛	森 　 鷗 　 外：阿部一族
武 者 小 路 実 篤：その妹・人間万歳	夏 目 漱 石：こころ・明暗
有 島 武 郎：カインの末裔・或る女	島 崎 藤 村：夜明け前
志 賀 直 哉：和解・暗夜行路	横 光 利 一：日輪
倉 田 百 三：出家とその弟子	川 端 康 成：伊豆の踊子
芥 川 龍 之 介：羅生門・鼻・河童	④　　　　　　　：大菩薩峠
菊 池 　 寛：父帰る・恩讐の彼方に	高 村 光 太 郎：道程
山 本 有 三：波・女の一生	萩 原 朔 太 郎：月に吠える
葉 山 嘉 樹：海に生くる人々	斎 藤 茂 吉：赤光
⑦　　　　　：太陽のない街	

無名の民衆（「常民」）の生活史を明らかにする⑫　　　　　　　を確立した。

　自然科学の分野では、第一次世界大戦期に交戦国のドイツから染料・薬品などの輸入がとだえたため、この分野での独自の研究が始まり、1917（大正6）年には⑬　　　　　　　　が、欧米諸国に対抗しうる物理学や化学の研究をおこなうことを目的に、財界からの寄付金、国庫補助、皇室下賜金によって設立され、のちに理研コンツェルンに成長した。また、⑭　　　　　　の黄熱病の研究、⑮　　　　　　　のKS磁石鋼の発明など、すぐれた業績が生まれた。

　文学では、⑯　　　　　　はしだいに退潮となったが、明治後期から森鷗外や夏目漱石らをはじめ多くの作家が現れ、活況を呈した。人道主義・理想主義を掲げる雑誌『⑰　　　　』（1910〜23年）を中心に、都会的感覚と西欧的教養を身につけた有島武郎・志賀直哉・武者小路実篤らの❶　　　派、永井荷風・谷崎潤一郎らの⑱　　　、芥川龍之介・菊池寛らの❶　　　などが活躍した。また、新聞や大衆雑誌には、中里介山の大長編小説『⑳　　　　　　』をはじめ、㉑　　　　　・大佛次郎の時

━━━━━━━━━━━━━━━━━━━━

解答 ⑫民俗学 ⑬理化学研究所 ⑭野口英世 ⑮本多光太郎 ⑯自然主義 ❶白樺 ⑱耽美派 ❶新思潮派 ⑳大菩薩峠 ㉑吉川英治

徳永直　④中里介山

■河上肇 京都帝国大教授在職中に『貧乏物語』を発表して反響を呼んだ。1928年の三・一五事件で大学を辞職、のち日本共産党に入党し翌年検挙された。

おもな文学作品（明治末〜昭和初期）▶⑦

代小説、㉒＿＿＿＿＿＿＿＿＿＿の探偵小説などが連載され、人気を博した（これらを㉓＿＿＿＿＿＿＿という）。

さらに、社会主義運動・労働運動の高揚にともなって㉔＿＿＿＿＿＿＿＿＿運動がおこり、1921（大正10）年に反戦平和・被抑圧階級の解放などを掲げた文芸誌『㉕＿＿＿＿＿＿＿』、1928（昭和3）年に全日本無産者芸術連盟（㉖＿＿＿＿＿＿という）の機関誌『㉗＿＿＿＿＿』などが創刊され、小林多喜二や㉘＿＿＿＿＿が作品を寄せた。このうち㉘＿＿＿＿＿＿＿は小説『太陽のない街』を発表した。

演劇では、1924（大正13）年に小山内薫・土方与志らが創設した㉙＿＿＿＿＿＿＿＿＿が㉚＿＿＿＿＿運動の中心となり、知識人のあいだに大きな反響を呼んだ。

音楽では洋楽の普及がめざましく、小学校の唱歌とともに、新たに民間で創作された㉛＿＿＿＿＿がさかんにうたわれるようになった。㉜＿＿＿＿＿は、本格的な交響曲の作曲や演奏に活躍した。

美術の世界では、官展である㉝＿＿＿＿＿（文部省美術展覧会）のアカデミズムに対抗する洋画の在野勢力として㉞＿＿＿＿＿や春陽会が創立され、㉟＿＿＿＿＿・梅原龍三郎・岸田劉生らが活躍した。このうち㉟＿＿＿＿＿の作品として『金蓉』がある。日本画では、横山大観らが日本美術院を再興して㊱＿＿＿＿＿（日本美術院展覧会）を盛んにし、近代絵画としての新しい様式を開拓した。

建築では、1914（大正3）年に開業した東京駅が㊲＿＿＿＿＿＿＿＿の代表的な作品となった。

解答 ㉒江戸川乱歩　㉓大衆文学　㉔プロレタリア文学　㉕種蒔く人　㉖ナップ　㉗戦旗　㉘徳永直　㉙築地小劇場　㉚新劇　㉛童謡　㉜山田耕筰　㉝文展　㉞二科会　㉟安井曽太郎　㊱院展　㊲辰野金吾

■**辰野金吾**■　鹿鳴館やニコライ堂をつくったお雇い外国人のコンドル（英）に学び、工部大学校や帝国大学で建築学を教えた。東京駅や日本銀行本店を設計した。

恐慌と第二次世界大戦

1920年代の政治と外交の特徴である二大政党による政党政治とヴェルサイユ・ワシントン体制下の国際協調が崩壊し、国民の支持を受けた軍部が台頭する中で、日本は戦争への道を歩み、そして敗北する。なぜ日本はそのような道をたどったのだろうか。

1 恐慌の時代

戦後恐慌から金融恐慌へ 第一次世界大戦が終結してヨーロッパ諸国の復興が進み、その商品が① _____ 市場に再登場してくると、開戦以来の好景気とは打ってかわり、日本経済は苦境に立たされた。1919(大正 8)年から貿易は輸入超過に転じ、とりわけ② _____ 工業製品の輸入が増加して、国内の生産を圧迫した。1920(大正 9)年には、株式市場の暴落を口火に❸ _____ が発生し、綿糸・④ _____ の相場は半値以下に暴落した。さらに1923(大正12)年には、日本経済は⑤ _____ で大きな打撃を受けた。銀行は、手持ちの手形が決済不能となり、⑥ _____ の特別融資で一時をしのいだが、大口債務者には投機的経営に失敗した企業が含まれていたため、決済は進まなかった。政府は、震災被害者が債務者である(決済不能となるおそれのある)手形(⑦ _____ という)に対して、⑥ _____ に 4 億3082万円を特別融資させた。1926(昭和元)年末の時点で、そのうちの 2 億680万円が未決済であった。

その後1927(昭和 2)年、これらの⑦ _____ の処理法案が衆議院で可決されたあとの議会で、⑧ _____ 大蔵大臣の失言により一部の銀行の危機的な経営状況が誤った内容で公表され、ついに取付け騒ぎがおこって銀行の休業が続出した(❾ _____ という)。ときの第 1 次⑩ _____ 内閣(憲政会)は、経営が破綻した⑪ _____ に対する巨額の不良債権を抱えた⑫ _____ を緊急勅令によって救済しようとしたが、⑬ _____ の了承が得られず、総辞職した。貿易商として出発

解答　戦後恐慌から金融恐慌へ▶①アジア　②重化学　❸戦後恐慌　④生糸　⑤関東大震災　⑥日本銀行　⑦震災手形　⑧片岡直温　❾金融恐慌　⑩若槻礼次郎　⑪鈴木商店　⑫台湾銀行　⑬枢密院

▌震災手形▐ 一般の手形のうち、関東大震災が原因で期限までに支払いができなくなった手形。震災手形割引損失補償令により、日本銀行が取引銀行から再割引する補償対象となった。

した総合商社の⑪＿＿＿＿＿＿＿＿＿＿は、大戦中に特殊銀行の⑫＿＿＿

＿＿の融資に支えられて急速に成長し、三井物産・三菱商事にせまったが、戦後

の不況で破産に瀕(ひん)していた。

　ついで成立した立憲政友会(りっけんせいゆうかい)の⑭＿＿＿＿＿＿＿＿＿内閣は、3週間の⑮＿＿

＿＿＿＿＿＿(支払猶予令(ゆうよれい))を発して、⑥＿＿＿＿＿＿＿＿＿から巨

額の救済融資をおこない、全国的に広がった⑨＿＿＿＿＿＿＿＿＿をようやくし

ずめた。

　1920年代の日本経済は、都市化や電力利用の普及に関連して重化学工業の発展

がみられたものの、慢性的(まんせい)な不況の状態にあった。再三の恐慌(さいさん)に対して、政府は

そのつど救済措置をとってきたが、それは経済の破綻(はたん)を一時的に回避しただけで

あった。

　第一次世界大戦中に欧米主要国は金の国外流出(きぐ)を危惧し、⑯＿＿＿＿＿＿

＿＿＿＿の措置(そち)をとったため、日本もこれを実施した。工業の国際競争力不足

による⑰＿＿＿＿＿＿と1917(大正6)年以来の⑯＿＿＿＿＿＿＿＿＿

＿＿が続く中で、外国為替(かわせ)相場は動揺と下落(げらく)を繰り返した。多くの産業分野で、

企業集中、⑱＿＿＿＿＿＿結成、⑲＿＿＿＿＿輸出の動きが強まり、とくに、

巨大紡績(ぼうせき)会社は、大戦ののち中国に紡績工場をつぎつぎに建設した(⑳＿＿

＿＿＿という)。

　㉑＿＿＿＿＿＿はこの時期に主として金融・流通面から産業支配を進め、政党と

の結びつきも深めていった。⑨＿＿＿＿＿＿＿＿＿の過程で、中小銀行の整理・

合併が進み、預金は大銀行に集中し、三井・三菱・住友(すみとも)・㉒＿＿＿＿・第一の

五大銀行が支配的な地位を占めた。こうした中、㉓＿＿＿＿＿と憲政会(立憲民政

党)、㉔＿＿＿＿と立憲政友会のような㉑＿＿＿＿＿と政党とのつながりが、世

間の反感をかうようになっていった。

　こうして日本経済では、㉕＿＿＿＿＿＿＿＿＿が支配的な地位を占めるように

なった。一方、大企業や農村から流出した過剰(かじょう)労働力を基盤として、中小企業

が増加する傾向もみられた。

解答 ⑭田中義一(ぎいち) ⑮モラトリアム ⑯
金輸出禁止 ⑰輸入超過(ちょうか) ⑱カルテル
⑲資本 ⑳在華紡(ざいかぼう) ㉑財閥(ばつ) ㉒安田(やすだ) ㉓
三菱 ㉔三井 ㉕独占資本

■政党と財閥■ 憲政会・立憲民政党と三
菱、立憲政友会と三井のつながりが有名。
憲政会の加藤高明ははじめ三菱に入り、
岩崎弥太郎の娘と結婚している。

社会主義運動の高まりと積極外交への転換

普通選挙法の成立後、労働組合・農民組合を基盤とする社会主義勢力は①＿＿＿＿＿を通じて社会改造を目指すようになり、1926（昭和元）年、合法的な無産政党である❷＿＿＿＿＿＿＿＿＿（労農党）が組織された。当時の時代情勢から「社会主義」政党と称することがはばかられたために、無産政党という言葉が用いられた。全国的な無産政党として1925（大正14）年に結成された③＿＿＿＿＿＿＿＿が、共産党と関係があるとして即日禁止されたため、共産党系を除外して❷＿＿＿＿＿＿＿＿＿が結成された。しかし、党内で共産党系の勢力が強まると、議会主義・国民政党路線をとる④＿＿＿＿＿（社民党）、労農党と社民党との中間的立場に立つ⑤＿＿＿＿＿が分離した。

1928（昭和3）年2月におこなわれた⑥＿＿＿＿＿＿＿制による最初の衆議院議員総選挙では、無産政党勢力が8人の当選者を出した。この時、これまで非合法活動を余儀なくされていた日本共産党が公然と活動を開始したので、衝撃を受けた田中義一内閣は選挙直後の3月15日に共産党員の一斉検挙をおこない、⑦＿＿＿＿＿＿＿＿＿＿などの関係団体を解散させた（❽＿＿＿・＿＿＿＿＿という）。そして、同年に⑨＿＿＿＿＿を改正して最高刑を死刑・無期とした。この時、議会では⑨＿＿＿＿＿の改正法案が成立しなかったために、⑩＿＿＿＿＿によって改正された。従来の最高刑が10年以下の懲役・禁錮であったのに対し、「国体」の変革を目的とする結社の組織者・指導者には死刑・無期を科すことができるようになった。また結社のメンバーではない協力者も処罰可能となった。さらに、全国の警察に⑪＿＿＿＿＿（特高）を設置して、翌1929（昭和4）年にも大規模な検挙をおこなった（⑫＿＿＿・＿＿＿＿＿という）。このため、日本共産党は大きな打撃を受けた。

田中内閣は、欧米諸国に対しては協調外交の方針を引き継ぎ、1928年にパリで⑬＿＿＿＿＿＿＿に調印した。この条約は、国際紛争解決のための戦争を否

解答　社会主義運動の高まりと積極外交への転換▶①議会　❷労働農民党　③農民労働党　④社会民衆党　⑤日本労農党　⑥普通選挙　⑦日本労働組合評議会　❽三・一五事件　⑨治安維持法　⑩緊急勅令　⑪特別高等課　⑫四・一六事件　⑬不戦条約

■治安維持法■　警察が逮捕しても検察による起訴は1割以下で、逮捕や拘束による犯罪抑止を主目的とした。

定し、国家政策の手段として戦争を放棄することを、「其ノ各自ノ人民ノ名ニ於テ」宣言したものであったが、翌年の批准に際して、日本政府は、この部分は天皇主権の憲法をもつ日本には適用されないものと了解すると宣言した。

　一方で田中内閣の時期には、中国政策をめぐって日本の外交は強硬姿勢に転じた。⑭＿＿＿＿＿によって1919年に結成された中国国民党は、広州を中心に中国南方に支配を広げた。1921年には⑮＿＿＿＿＿＿＿が結成されたが、国民党はこれと提携して、⑯＿＿＿＿＿＿＿＿を成立させた（1924年）。翌1925年に死去した⑭＿＿＿＿のあとを引き継いだ⑰＿＿＿＿は、1926年、北方軍閥を打倒して中国全土を統一するため、国民革命軍を率いて⑱＿＿＿＿に乗り出し、⑲＿＿＿＿に国民政府を樹立し、さらに⑱＿＿＿＿を進め、広州から長江流域を北上し、各地方を制圧していった。

　これに対して田中内閣は、1927（昭和2）年に中国関係の外交官・軍人を集めて⑳＿＿＿＿＿＿を開き、満洲における日本権益を実力で守る方針を決定した。この年から翌年にかけて田中内閣は、国民革命軍に対抗するため、満洲軍閥の㉑＿＿＿＿＿を支援し、日本人居留民の保護を名目に3次にわたる㉒＿＿＿＿＿を実施した。第2次出兵の際には日本軍は国民革命軍とのあいだに武力衝突をおこし、一時、済南城を占領した（㉓＿＿＿＿＿＿＿という）。

　しかし、㉑＿＿＿＿＿軍が国民革命軍に敗北すると、㉔＿＿＿＿＿の一部に、謀略によって㉑＿＿＿＿＿を排除して満洲を直接支配するという考え方が台頭してきた。日本の陸軍である㉔＿＿＿＿とは、1919（大正8）年に関東都督府が関東庁に改組された際に、陸軍部が独立して㉔＿＿＿＿となった。㉕＿＿＿＿＿租借地と満鉄沿線の守備を任務としたが、大陸進出の急先鋒となっていった。

　1928（昭和3）年6月、㉔＿＿＿＿は中央にはからず独断で、満洲へ帰還途上の㉑＿＿＿＿を奉天郊外で列車ごと爆破して殺害した（㉖＿＿＿＿＿という）。当時、事件の真相は国民に知らされず、㉗＿

解答 ⑭孫文　⑮中国共産党　⑯第1次国共合作　⑰蔣介石　⑱北伐　⑲南京　⑳東方会議　㉑張作霖　㉒山東出兵　㉓済南事件　㉔関東軍　㉕遼東半島　㉖張作霖爆殺事件　㉗満洲某重大事件

■京城・奉天・新京■　日本は韓国併合後に漢城（現、ソウル）を京城と改称した。中国では瀋陽を奉天、長春は新京と改めて満洲国の首都とした。

と呼ばれた。元老の㉘

の助言もあり、田中首相は当初、真相の公表と厳重処分を決意し、その旨を
㉙　　　　　に上奏した。しかし、閣僚や陸軍から反対されたため、首謀者の
㉚　　　　　　　大佐を停職にしただけであった。この方針転換をめぐって
田中首相は㉙　　　　　の不興をかい、1929（昭和4）年に内閣は総辞職した。

　㉑　　　　　　　爆殺事件の結果、㉔　　　　　　　のもくろみとは逆に、子
で後継者の㉛　　　　　　　は、1928（昭和3）年、満洲全土で国民党の青天白日
旗を掲げ、勢力下にあった満洲を国民政府支配下の土地と認めて国民政府に合流
した（㉜　　　　事件という）。こうして、国民党の⑱　　　　　は完了し、中国
全土の統一がほぼ達成された。中国では不平等条約撤廃、国権回収を要求する民
族運動が高まり、1931（昭和6）年には国民政府も不平等条約の無効を一方的に宣
言する外交方針をとるようになった。

金解禁と世界恐慌　財界からは、第一次世界大戦後まもなく①

　　　　　　　に復帰した欧米諸国にならって、❷
　　　　　　　（金解禁）を実施して為替相場を安定させ、貿易の振興をはかることを
望む声が高まってきた。②　　　　　　　　　とは、輸入品の代金支払い
のために正貨（金貨や地金）の輸出を認めることをいい、自由な金輸出には為替相
場を安定させる働きがあると考えられていた。また、金解禁は金兌換を再開して
①　　　　　　　に復帰することを意味した。

　1929（昭和4）年に成立した立憲民政党の❸　　　　　　　　　内閣は、大蔵大
臣に④　　　　　　　　前日銀総裁を起用し、財政を⑤　　　　して物
価の引下げをはかり、産業の⑥　　　　　　　を進めて国際競争力の強化を目指
した。そして1930（昭和5）年1月には②　　　　　　　　　を断行し、外
国為替相場の安定と経済界の抜本的整理とをはかった。③　　　　　　　　　内
閣成立時の為替相場の実勢は100円＝46.45ドル前後であったが、100円＝49.845ド
ルの⑦　　　　　　で解禁したので、実質的には円の切上げとなった。⑧
　　　　　をもたらして日本の輸出商品を割高にし、ひいては日本経済をデフレーショ

第15章

解答　㉘西園寺公望　㉙天皇　㉚河本大
作　㉛張学良　㉜易幟
金解禁と世界恐慌▶①金本位制　❷金輸
出解禁　❸浜口雄幸　④井上準之助
⑤緊縮　⑥合理化　⑦旧平価　⑧円高

ンと不況に導く見込みの強い⑦＿＿＿＿＿＿＿での解禁をあえて実施したことには、⑨＿＿＿＿＿＿（1897年）の改正をしないですむこと、円の国際的な信用を落とさないようにするという配慮に加えて、生産性の低い不良企業を整理・淘汰(とうた)して日本経済の体質改善をはかる必要があるとの判断があった。

　政府が金解禁を実施したちょうどその頃、1929年10月にニューヨークのウォール街(がい)で始まった株価暴落が⑩＿＿＿＿＿＿＿に発展していたため、日本経済は金解禁による不況とあわせて二重の打撃を受け、深刻な恐慌状態におちいった（⑪＿＿＿＿＿＿＿＿という）。輸出が大きく減少し、⑫＿＿＿＿は大量に海外に流出して、企業の操業短縮(そうぎょうたんしゅく)・倒産があいつぎ、産業⑥＿＿＿＿＿＿によって賃金引下げや人員整理がおこなわれて、失業者が増大した。政府は、独占資本に対する恐慌対策として、1931（昭和6）年に⑬＿＿＿＿＿＿＿を制定し、指定産業での⑭＿＿＿＿＿＿を助成した。

　政府は1918（大正7）年の米騒動以後、朝鮮・台湾での米の増産と品種改良をはかり、その⑮＿＿＿を促進していた。一方、この時期には硫安(りゅうあん)などの⑯＿＿＿＿の使用が本格化して、国内米の増産も進んだ。このため米価は1920年代から植民地米⑮＿＿＿の影響を受けて低迷していたが、⑪＿＿＿＿が発生すると、米をはじめ各種農産物の価格が暴落した。恐慌で消費が縮小したアメリカへの⑰＿＿＿＿輸出は激減し、その影響で⑱＿＿の価格も大きく下落した。1930（昭和5）年には豊作(ほうさく)のためにさらに米価がおし下げられて農家は「豊作貧乏(びんぼう)」となり、翌1931（昭和6）年には一転して東北・北海道が大凶作(きょうさく)に見舞(みま)われた。不況のために兼業(けんぎょう)の機会が減ったうえ、都市の失業者が帰農(のう)したため、東北地方を中心に農家の困窮(こんきゅう)は著(いちじる)しく（⑲＿＿＿＿＿＿＿＿という）、欠食(けっしょく)児童や子女の身売(みう)りが続出した。

　このような状態のもとで、労働争議・小作争議が増加すると同時に、無策な政党や、金輸出再禁止を予期して⑳＿＿＿売り・㉑＿＿＿＿買いを進めた㉒＿＿＿＿を批判する声が高まっていった。

解答　⑨貨幣法　⑩世界恐慌(きょうこう)　⑪昭和恐慌　⑫正貨　⑬重要産業統制法　⑭カルテル　⑮移入(にゅう)　⑯化学肥料　⑰生糸(いと)　⑱繭(まゆ)　⑲農業恐慌　⑳円　㉑ドル　㉒財閥(ばつ)

■**豊作飢饉**■　昭和恐慌は農村でも深刻であった。1930年末には米の収穫高が平年作を一割も上まわったために、米価は暴落して生産費を割るにいたり、東北地方では娘の身売りが続出した。

浜口雄幸内閣は協調外交の方針を復活させ、再び①＿＿＿＿＿＿＿＿を外務大臣に起用した。対中国関係を改善するために、1930（昭和5）年に中国と②＿＿＿＿＿＿＿＿＿＿＿＿＿＿を結び、条件つきではあったが中国に③＿＿＿＿＿＿＿＿＿＿を認めた。

また軍縮の方針に従って、1930（昭和5）年にロンドン会議に参加した。会議では、主力艦建造禁止をさらに5年延長することと、ワシントン海軍軍備制限条約で除外された④＿＿＿＿＿＿（巡洋艦・駆逐艦・潜水艦）の保有量が取り決められた。当初の日本の要求のうち、④＿＿＿＿＿＿＿の総トン数の対イギリス・アメリカ約⑤＿＿割は認められたものの、大型巡洋艦の対米⑤＿＿割は受け入れられないまま、日本政府は条約調印に踏みきった（❻＿＿＿＿＿＿＿＿＿＿＿＿＿＿＿＿という）。

これに対し、野党の⑦＿＿＿＿＿＿＿＿＿＿＿＿・⑧＿＿＿＿＿＿・右翼などは、⑧＿＿＿＿＿＿＿＿＿＿＿＿＿＿＿長の反対をおしきって政府が兵力量を決定したのは⑨＿＿＿＿＿＿＿＿＿＿＿＿であると激しく攻撃した。軍の最高指揮権である統帥権は天皇に属し、内閣が管掌する一般国務から独立し、その発動には参謀総長・⑧＿＿＿＿＿＿＿＿＿＿長が直接参与した。憲法解釈上の通説では、兵力量の決定は憲法第12条の⑩＿＿＿＿大権の問題で、内閣の⑪＿＿＿＿事項であり、第11条の統帥大権とは別であった。しかし、⑫＿＿＿＿＿＿＿＿＿＿＿＿では、⑧＿＿＿＿＿＿＿＿＿＿＿＿が国防に要する兵力に責任をもつべきであるとされた。

政府は、⑬＿＿＿＿＿＿＿＿＿＿の同意を取りつけて、条約の批准に成功したが、1930（昭和5）年11月には浜口首相が東京駅で右翼青年に狙撃されて重傷を負い、翌年4月に退陣し、まもなく死亡した。

解答 **協調外交の挫折▶**①幣原喜重郎
②日中関税協定　③関税自主権　④補助艦　⑤7　❻ロンドン海軍軍備制限条約
⑦立憲政友会　⑧海軍軍令部　⑨統帥権の干犯　⑩編制　⑪輔弼　⑫帝国国防方針　⑬枢密院

■外交条約■　大日本帝国憲法第13条では、宣戦・講和・条約の締結が天皇大権とされた。このうち条約は外務大臣が単独で天皇を輔弼するとされた。

2 軍部の台頭

満洲事変　中国で国権回収の民族運動が高まっている頃、日本国内では軍や右翼が①＿＿＿＿＿＿＿＿＿＿＿の協調外交を軟弱外交と非難し、「②＿＿＿＿＿＿の危機」を叫んでいた。危機感を深めた関東軍は、中国の国権回収運動が満洲におよぶのを武力によって阻止し、満洲を長城以南の中国主権と切り離して日本の勢力下におこうと計画した。

　関東軍が参謀の③＿＿＿＿＿＿＿＿＿＿＿＿を中心として、1931（昭和6）年9月18日、④＿＿＿＿＿（現在の瀋陽）郊外の柳条湖で南満洲鉄道の線路を爆破し（⑤＿＿＿＿＿＿＿事件という）、これを中国軍のしわざとして軍事行動を開始し、⑥＿＿＿＿＿＿＿が始まった。かねてから③＿＿＿＿＿＿は、近い将来、東西両文明それぞれの盟主となった日米両国間で「世界最終戦争」が戦われ、それは⑦＿＿＿＿＿＿による殲滅戦争となるだろうと予言し、満洲を占領してこれに備えることを主張していた。

　第2次⑧＿＿＿＿＿＿＿内閣（立憲民政党）は不拡大方針を声明したが、世論・マスコミは軍の行動を支持した。関東軍は、全満洲を軍事的制圧下におこうと戦線を拡大したため、事態の収拾に自信を失った⑧＿＿＿＿＿＿内閣は総辞職した。かわって1931（昭和6）年12月に立憲政友会総裁⑨＿＿＿＿＿＿が組閣し、中国との直接交渉を目指した。

　満洲での日本の軍事行動は、中国の排日運動をますます激しくさせ、1932（昭和7）年には⑩＿＿＿＿＿でも日中両軍が衝突した（第1次⑩＿＿＿＿＿事変という）。同年、関東軍は満洲の主要地域を占領した。⑪＿＿＿＿＿＿＿＿は日本の一連の行動に対して不承認の宣言を発し、中国からの訴えと日本の提案で、⑫＿＿＿＿＿＿理事会は事実調査のためにイギリスのリットンを団長とする調査団（⑬＿＿＿＿＿＿＿＿という）を現地と日中両国に派遣した。関東軍は⑬＿＿＿＿＿＿＿＿＿の満洲到着前の1932（昭和7）年3月に清朝最後の皇帝であった⑭＿＿＿＿＿を執政として、⑮

解答　満洲事変▶①幣原喜重郎　❷満蒙
③石原莞爾　④奉天　❺柳条湖　❻満洲
事変　⑦飛行機　⑧若槻礼次郎　⑨犬養
毅　⑩上海　⑪アメリカ　⑫国際連盟
❸リットン調査団　⑭溥儀　⑮満洲国

＿＿＿＿の建国を宣言させた。

政党内閣の崩壊と国際連盟からの脱退

ロンドン会議（統帥権干犯問題）・昭和恐慌・満洲事変などをきっかけに、軍人や右翼による急進的な❶＿＿＿＿＿＿＿運動が急速に活発になっていった。陸海軍の青年将校および右翼運動家は、日本の行き詰まりの原因が財閥・②＿＿＿＿などの支配層の無能と腐敗にあると考え、これらを打倒して軍中心の強力な内閣をつくり、内外政策の大転換をはかろうとした。

　1931（昭和6）年には陸軍青年将校のクーデタ未遂事件がおきた。橋本欣五郎率いる陸軍青年将校の秘密結社③＿＿＿＿が、右翼指導者④＿＿＿＿の協力と一部陸軍首脳の賛同を得て、軍部政権樹立のクーデタを計画したが、未遂に終わった（⑤＿＿＿＿という）。続いて、③＿＿＿＿は④＿＿＿＿らの右翼と提携して②＿＿＿＿内閣を倒し、満洲事変に呼応して国内改造を断行するクーデタを企てたが、未然に発覚して再び失敗に終わった（⑥＿＿＿＿という）。翌1932（昭和7）年の2〜3月には⑦＿＿＿＿率いる右翼の血盟団員が前大蔵大臣⑧＿＿＿＿・三井合名会社理事長⑨＿＿＿＿を暗殺した（❿＿＿＿＿＿という）。さらに同1932年5月15日には海軍青年将校の一団が首相官邸におし入り、⑪＿＿＿＿首相を射殺するという事件もおこった（⑫＿＿＿・＿＿＿という）。

　一連のテロ活動は支配層をおびやかし、⑫＿＿＿・＿＿＿のあと、元老⑬＿＿＿＿は穏健派の海軍大将⑭＿＿＿＿を後継首相に推薦した。ここに大正末以来8年で②＿＿＿＿内閣は崩壊し、太平洋戦争後まで復活しなかった。

　1932（昭和7）年9月、⑭＿＿＿＿内閣は⑮＿＿＿＿を取りかわして満洲国を承認した。これにより満洲国は、同国における日本の権益を確認し、日本軍の無条件駐屯を認めた。このほか、付属の秘密文書では、満洲の交通機関の管理を日本に委託すること、⑯＿＿＿＿指令官の推薦・同意

にもとづいて満洲国政府の要職に日本人を採用することなどが規定された。

　日本政府は既成事実の積み重ねで国際連盟に対抗しようとしたが、国際連盟側は1933（昭和8）年2月の臨時総会で、⑰＿＿＿＿＿＿＿＿＿＿の報告にもとづき、満洲国は日本の⑱＿＿＿＿＿国家であると認定し、日本が満洲国の承認を撤回することを求める勧告案を採択した。⑰＿＿＿＿＿＿＿＿＿＿の報告書は、日本の軍事行動は合法的な自衛措置ではなく、満洲国は自発的な民族独立運動によってつくられたものではないとしながらも、一方で日本の経済的権益に中国側が配慮すべきであるとする妥協的なものであったが、⑲＿＿＿＿＿＿＿＿＿ら日本全権団は、勧告案を可決した総会の場から退場し、3月に日本政府は正式に❷⓪＿＿＿＿＿＿＿＿＿＿＿＿＿＿を通告（1935年に発効）した。

　1933（昭和8）年5月、日中軍事停戦協定（㉑＿＿＿＿＿停戦協定という）が結ばれ、満洲事変自体は終息した。㉑＿＿＿＿＿停戦協定により長城以南に位置する、河北省東北部の冀東地区から中国軍と日本軍の双方が撤退し、そこに㉒＿＿＿＿＿＿＿＿＿を設定して、治安維持には中国警察が当たることになった。しかし、日本は満洲の経営・開発に乗り出し、1934（昭和9）年には満洲国を、㉓＿＿＿＿＿＿＿＿を皇帝とする帝政（満洲帝国）に移行させた。1936（昭和11）年には、日本が第2次のロンドン会議を脱退してロンドン海軍軍備制限条約が失効し、1934（昭和9）年に廃棄を通告していたワシントン海軍軍備制限条約も続いて失効し、日本は国際的に孤立するに至った。

恐慌からの脱出　1931（昭和6）年12月に成立した犬養毅内閣の大蔵大臣①＿＿＿＿＿＿＿＿＿＿は、ただちに❷＿＿＿＿＿を断行し、ついで円の金兌換を停止し、日本は事実上の❸＿＿＿＿＿制度に移行し、その後の日本銀行法制定（1942年）によって恒久的に制度化された。

　恐慌下で合理化を進めていた諸産業は、円相場の大幅な下落（④＿＿＿＿＿という）を利用して、輸出を飛躍的にのばしていった。1932（昭和7）年には円の外

解答 ⑰リットン調査団　⑱傀儡　⑲松岡洋右　⓪国際連盟からの脱退　㉑塘沽　㉒非武装地帯　㉓溥儀
恐慌からの脱出▶①高橋是清　❷金輸出再禁止　❸管理通貨　④円安

■高橋財政■　高橋是清は犬養毅・斎藤実・岡田啓介の3内閣（1931～36年）で大蔵大臣をつとめた。緊縮財政から国債を財源とする積極財政に転じ、意図的な円安による輸出の促進をはかった。

国為替相場が金解禁時代の半分以下になり、100円につき20ドルを割ることさえあった。とくに⑤＿＿＿＿＿＿＿＿＿の輸出拡大はめざましく、⑥＿＿＿＿にかわって世界第1位の規模に達した。

　この頃、世界の情勢は大きくゆれ動き、列強は世界恐慌からの脱出をはかろうとして苦しんでいた。アメリカでは1933年に就任したフランクリン＝ローズヴェルト大統領が、財政支出による一連の景気刺激策（⑦＿＿＿＿＿＿＿＿政策という）をとってこの危機を切り抜けようとした。イタリア・ドイツなどでは、ファシスト党を率いた⑧＿＿＿＿＿＿＿＿＿＿＿やナチ党を率いた⑨＿＿＿＿＿＿＿＿による一党独裁の全体主義体制（ファシズムやナチズム）が確立していった。ソ連は一国社会主義をとなえる独裁者⑩＿＿＿＿＿＿＿のもとで、⑪＿＿＿＿＿＿＿＿＿を通じて、独自の中央集権的経済体制を築いていった。イギリスは、本国と植民地で排他的な⑫＿＿＿＿＿＿＿＿をつくり、輸入の割当てや高率の関税による⑬＿＿＿＿貿易政策をとった。イギリスをはじめ列強は、自国の植民地に日本が④＿＿＿を利用して輸出を拡大したことを、国ぐるみの投げ売りと非難して対抗した（⑭＿＿＿＿＿＝＿＿＿＿＿＿＿という）。一方、輸入面では綿花・石油・屑鉄・機械などにおいて、日本は⑮＿＿＿＿＿＿＿への依存度を高めていった。

　輸出の躍進に加え、⑯＿＿＿＿＿＿＿＿の発行による軍事費・農村救済費を中心とする財政の膨張で産業界は活気づき、日本はほかの資本主義諸国に先がけて1933（昭和8）年頃には世界恐慌以前の生産水準を回復した。とくに、軍需と保護政策とに支えられて重化学工業がめざましく発達し、金属・機械・化学工業をあわせた生産額は、1933（昭和8）年に⑰＿＿＿＿＿工業を上まわり、さらに1938（昭和13）年には工業生産額全体の過半を占め、産業構造が軽工業中心から重化学工業中心へと変化した。

　鉄鋼業では、八幡製鉄所と財閥系製鉄会社の大合同がおこなわれて国策会社の⑱＿＿＿＿＿＿＿が生まれ、鋼材の自給が達成された。自動車工

解答 ⑤綿織物　⑥イギリス　⑦ニューディール　⑧ムッソリーニ　⑨ヒトラー　⑩スターリン　⑪計画経済　⑫ブロック経済圏　⑬保護　⑭ソーシャル＝ダンピング　⑮アメリカ　⑯赤字国債　⑰繊維　⑱日本製鉄会社

業や化学工業では、⑲＿＿＿＿＿・日窒などの❷＿＿＿＿＿＿＿＿＿＿が台頭し、軍と結びついて満洲・朝鮮へも進出していった。このうち鮎川義介は、⑲＿＿＿＿＿自動車・日立製作所などからなる⑲＿＿＿＿＿コンツェルンを結成し、さらに満洲に進出して、満鉄にかわって満洲の重化学工業を独占支配した。一方、㉑＿＿＿＿＿は、日本窒素肥料会社を母体に、朝鮮北部で大水力発電所と化学コンビナートを建設して、日窒コンツェルンを形成した。また既成財閥も、重化学工業部門の増強を積極的に進めた。

　農業恐慌の中で農村救済請願運動が高まると、政府は1932（昭和7）年度から㉒＿＿＿＿＿と称して公共土木事業をおこない、農民を日雇い労働に雇用して現金収入の途を与えた。さらに政府は❷＿＿＿＿＿＿＿運動を始め、産業組合の拡充などを通じて農民を結束させ、「自力更生」をはからせた。

転向の時代　満洲事変をきっかけに日本国内で生まれたナショナリズムの高揚は、国家による弾圧とあいまって、社会主義運動に大きな衝撃を与え、社会主義からの大量の❶＿＿＿＿＿という現象を発生させた。①＿＿＿＿＿という言葉は、一般に個人の思想的立場の変化を指すが、この時期にはとくに国家権力の暴力・圧迫によって社会主義・共産主義思想を放棄することを意味した。四分五裂を続けてきた無産政党も国家社会主義に転じ、1932（昭和7）年には、②＿＿＿＿＿を中心に③＿＿＿＿＿＿＿＿＿が結成された。国家社会主義とは、国家の社会政策などによって④＿＿＿＿＿の弊害を除こうとする立場であり、イタリアのファシスト党やドイツのナチ党もこれをとなえていた。③＿＿＿＿＿＿＿＿＿は、天皇を中心とする「一君万民」の平等社会の実現をとなえ、民族的利益の擁護という見地から⑤＿＿＿＿＿を支持した。残った人々は合同して当時最大の無産政党である⑥＿＿＿＿＿を結成したが、しだいに国家社会主義化した。

　さらに1933（昭和8）年、獄中にあった⑦＿＿＿＿＿の最高指導者たちが①＿＿＿＿＿声明書を発表したことは、大量①＿＿＿＿＿のきっかけとな

解答　⑲日産　❷新興財閥　㉑野口遵　社会大衆党　⑦日本共産党
㉒時局匡救事業　❷農山漁村経済更生

転向の時代▶❶転向　②赤松克麿　③日本国家社会党　④資本主義　⑤戦争　⑥

った。佐野学・鍋山貞親の両幹部は連名で① _____ を声明し、コミンテルンが⑦ _____ に指示した天皇制打倒・侵略戦争反対の方針を批判し、天皇制と民族主義のもとでの一国社会主義の実現を提唱した。この声明をきっかけに、獄中の大半の党員は① _____ した。わずかに社会主義を守り続けた鈴木茂三郎らの⑧ _____ なども、1937(昭和12)年には弾圧されて活動を停止した。

思想・言論の取締りも強化され、共産主義ばかりでなく、自由主義・民主主義的な学問への弾圧事件もつぎつぎにおこった。1933(昭和8)年、自由主義的刑法学説をとなえていた⑨ _____ 京都帝国大学教授が⑩ _____ 文部大臣の圧力で休職処分を受けたのに対し、京都帝国大学法学部教授会は全員辞表を提出して抵抗したが、結局敗北した(⑪ _____ という)。また、ジャーナリズムのうえでも、軍部の国家社会主義的な国内改革への期待がしだいに支配的な論調になっていった。

二・二六事件 国内政治に対する政党の影響力は① _____ ・ _____ 後(1932年)、しだいに小さくなり、逆に、軍部(とくに陸軍)や反既成政党・革新・現状打破を掲げる勢力が政治的発言力を増大させ、これに一部の官僚(② _____ という)や政党人が同調した。国内的には、天皇を中心とする国民統合や、経済の計画化、内閣制度・議会制度の改革を目指し、対外的には、③ _____ の打破を主張した。彼らは、④ _____ ・岡田啓介と、2代の海軍穏健派内閣が続いたことに不満をつのらせた。1934(昭和9)年に⑤ _____ 省が発行したパンフレット「国防の本義と其強化の提唱」は、⑤ _____ が政治・経済の運営に関与する意欲を示したものとして、論議を巻きおこした。

かねてから⑥ _____ の憲法学説は右翼の攻撃を受けていたが、1935(昭和10)年、貴族院で軍出身議員の⑦ _____ がこれを反国体的と非難したのをきっかけに、にわかに政治問題化した(⑧ _____ **事件**という)。いわゆる⑧ _____ は、統治権の主体

解答 ⑧日本無産党 ⑨滝川幸辰 ⑩鳩山一郎 ⑪滝川事件
二・二六事件▶①五・一五事件 ②革新官僚 ③ワシントン体制 ④斎藤実 ⑤陸軍 ⑥美濃部達吉 ⑦菊池武夫 ⑧天皇機関説

を法人としての国家に帰属させ、天皇は国家の最高機関として⑨＿＿＿＿＿に従って統治権を行使すると説明するものである。統治権は神聖不可侵の天皇に属し、それは無制限であるとする⑩＿＿＿＿＿＿らの学説と対立していた。

　⑥＿＿＿＿＿の⑧＿＿＿＿＿＿＿＿＿はそれまで大日本帝国憲法体制を支えてきたいわば正統学説であったが、現状打破を望む⑤＿＿＿＿＿、⑪＿＿＿＿＿の一部、右翼、在郷軍人会などが全国的に激しい排撃運動を展開したので、岡田内閣はこれに屈して⑫＿＿＿＿＿を出し、⑧＿＿＿＿＿＿＿＿＿を政府として公式に否認した。こうして、政党政治や政党内閣制は、吉野作造がとなえた⑬＿＿＿＿＿と並ぶ理論的支柱を失った。

　政治的発言力を増した⑤＿＿＿＿＿の内部では、隊付の青年将校を中心に、直接行動による既成支配層の打倒、天皇親政の実現を目指す⑭＿＿＿＿＿と、陸軍省や参謀本部の中堅幕僚将校を中心に、②＿＿＿＿＿や財閥と結んだ軍部の強力な統制のもとで総力戦体制樹立を目指す⑮＿＿＿＿＿が対立していた。1936（昭和11）年2月26日早朝、⑯＿＿＿＿＿の思想的影響を受けていた⑭＿＿＿＿＿の一部青年将校たちが、約1400人の兵を率いて首相官邸・警視庁などを襲い、④＿＿＿＿＿内大臣・⑰＿＿＿＿＿大蔵大臣・渡辺錠太郎教育総監らを殺害し、国会を含む国政の中枢を4日間にわたって占拠した（⑱＿＿＿＿・＿＿＿＿＿という）。⑯＿＿＿＿＿は右翼の理論的指導者で、天皇と軍隊を中核とする国家改造方針について論じた『⑲＿＿＿＿＿』（1923年刊）は、右翼運動家のバイブルとなっていた。首都には⑳＿＿＿＿＿が出された。このクーデタは、国家改造・軍部政権樹立を目指したが、天皇が厳罰を指示したこともあり、反乱軍として鎮圧された。事件後、⑮＿＿＿＿＿が⑭＿＿＿＿＿を排除して陸軍内での主導権を確立し、陸軍の政治的発言力はいっそう強まった。岡田内閣にかわった㉑＿＿＿＿＿内閣は、閣僚の人選や軍備拡張・財政改革などについて軍の要求を入れてかろうじて成立したが、以後の諸内閣に対する軍の介入の端緒

解答 ⑨憲法 ⑩上杉慎吉 ⑪立憲政友会 ⑫国体明徴声明 ⑬民本主義 ⑭皇道派 ⑮統制派 ⑯北一輝 ⑰高橋是清 ⑱二・二六事件 ⑲日本改造法案大綱 ⑳戒厳令 ㉑広田弘毅

■「勅命下る軍旗に手向かうな」■ 天皇の厳罰指示により、二・二六事件をおこした青年将校らは反乱軍とされ、投降をうながすアドバルーンが東京にあげられた。

となった。㉑＿＿＿＿＿＿＿＿＿＿＿内閣は1936(昭和11)年、陸軍の要求に従って㉒＿＿＿＿を復活させた。

　1936(昭和11)年にはワシントン・ロンドン両海軍軍備制限条約が失効(しっこう)するため、陸海軍による㉓＿＿＿＿＿＿**の改定**にもとづいて、㉑＿＿＿＿＿＿＿＿＿内閣は「国策(こくさく)の基準」で、大陸における日本の地歩(ちほ)を確保する一方で、南方へ漸進(ぜんしん)的に進出する方針を決定した。国防方針の改定に際して、陸軍は北進(はくしん)論(対ソ戦)、海軍は南進論(なんしん)(南洋諸島および東南アジアへの進出)をとったため、「国策の基準」ではこれらを併記(へいき)し、折衷(せっちゅう)した。外交では㉔＿＿＿＿＿＿と提携を強めて㉕＿＿＿＿に対抗し、国内では海軍が戦艦大和(やまと)・武蔵(むさし)を含む大建艦計画を進めるなど、大規模な軍備拡張計画が推進された。

　しかし、国内改革の不徹底を不満とする軍と、大軍拡に反対する政党の双方(そうほう)からの反発で、㉑＿＿＿＿＿＿＿＿＿＿内閣は1937(昭和12)年1月総辞職し、組閣の大命(たいめい)は陸軍の穏健派(おんけん)㉖＿＿＿＿＿＿にくだった。これに反発する陸軍が陸軍大臣を推挙(すいきょ)しなかったので、㉖＿＿＿＿＿＿＿は組閣を断念せざるをえなかった。結局、陸軍大将の㉗＿＿＿＿＿＿が組閣し、陸軍⑮＿＿＿は大軍拡を進めるために、まず重要産業の育成が必要と考えて軍部と財界との調整をはかったが(㉘＿＿＿＿＿＿＿という)、これも短命に終わった。同年6月、この時、貴族院議長をつとめていた㉙＿＿＿＿＿＿が、元老(げんろう)(西園寺公望)や軍部から一般民衆まで国民各層の期待を集め、第1次㉙＿＿＿＿＿内閣を組織した。

3　第二次世界大戦

三国防共協定 ヴェルサイユ・ワシントン体制と呼ばれる第一次世界大戦後の秩序を維持するには、2つの条件が必要であった。世界経済が好調で規模も拡大していること、平和維持の価値が広く認められていることである。しかし、①＿＿＿＿＿＿で第一の条件が失われて、1930年代半ば

解答 ㉒軍部大臣現役武官制(ぐんぶだいじんげんえきぶかんせい)　㉓帝国国(こく)防方針　㉔ドイツ　㉕ソ連　㉖宇垣一成(うがきかずしげ)　㉗林銑十郎(はやしせんじゅうろう)　㉘軍財抱合(ぐんざいほうごう)　㉙近衛文麿(このえふみまろ)
三国防共協定▶①世界恐慌(きょうこう)

■**軍財抱合**■　林銑十郎(ゆうきとよたろう)内閣の結城豊太郎大蔵大臣は「これからは財界と軍部は抱き合っていきたい」と述べて軍部と財界の調整をはかり、結果的に軍備拡張(軍拡)予算を大幅に認めた。

には世界秩序崩壊のきざしがみえはじめた。日本が②＿＿＿＿＿＿＿＿＿＿＿をおこ
してワシントン体制をゆさぶっている頃、ドイツは、1933年に全体主義体制
（③＿＿＿＿＿＿＿＿＿＿というう）を樹立するとともに、ヴェルサイユ体制の打破を
となえて④＿＿＿＿＿＿＿＿＿から脱退し、1935年には禁じられていた再武装に
踏みきった。イタリアでは一党独裁が確立され（⑤＿＿＿＿＿＿＿＿＿とい
う）、1935年のエチオピア侵攻をきっかけに④＿＿＿＿＿＿＿＿とも対立した。
1936年、⑥＿＿＿＿＿＿＿＿＿内戦がおこると、ドイツ・イタリア両国は連帯を
強めてベルリン＝ローマ❼＿＿＿＿と呼ばれる⑦＿＿＿＿＿（Axis）を形成した。
⑦＿＿＿＿は、「世界の中心となるべき」国々の協力関係を意味した。

　ソ連は、第1次五カ年計画（1928〜32年）によって重工業化と農業の集団化を推
進し、急速に国力を高めた。さらに、アメリカのソ連承認（1933年）、ソ連の④＿＿＿
＿＿＿＿＿加入（1934年）は、国際社会におけるソ連の役割の増大を示した。
1936（昭和11）年、広田弘毅内閣は、ソ連を中心とする国際共産主義運動への対
抗を掲げる❽＿＿＿＿＿＿＿＿＿＿をドイツと結んだ。イタリアは、翌
年これに参加し（⑨＿＿＿＿＿＿＿＿＿＿＿となる）、つづ
いて④＿＿＿＿＿＿＿を脱退した。こうして、国際的孤立を深めていた日
本・ドイツ・イタリア3国は反⑩＿＿＿＿＿の立場で結束し、⑦＿＿＿＿陣営が
成立した。

日中戦争 1935年以降、中国では関東軍によって、日本側では華北と呼んで
いたチャハル・綏遠・河北・山西・山東の5省を国民政府の統治
から切り離して支配しようとする❶＿＿＿＿＿＿＿＿＿＿＿＿＿が公然と進め
られた。同年、②＿＿＿＿＿＿＿＿＿の支援のもとに国民政府は、地域的な通貨
の混在状態の解消をはかる幣制改革を実施して、中国国内の経済的統一を進めた。
これをみて、関東軍は華北に③＿＿＿＿＿＿＿＿＿＿＿＿＿と
いう傀儡政権を樹立して分離工作を強め、翌1936（昭和11）年には日本政府も華北
分離を国策として決定した。これに対し、中国国民のあいだでは抗日救国運動
が高まった。

解答 ②満洲事変 ③ナチズム ④国
際連盟 ⑤ファシズム ⑥スペイン ❼
枢軸 ❽日独防共協定 ⑨日独伊三国
防共協定 ⑩ソ連
日中戦争▶❶華北分離工作 ②イギリス

③冀東防共自治委員会
■**ファシスト・ナチス**■ ファシスト
（Fascist）の語源はイタリア語のファシ
ョ（Fascio）で結束の意。ナチス（Nazis）
はNational-sozialistの略である。

中国共産党軍は、国民党軍のたびかさなる猛攻のため南方の根拠地瑞金を放棄し、1万2000km以上の苦難の大行軍（長征、1934〜36年）を敢行して西北辺境の④＿＿＿＿＿＿に移動し、新しい根拠地を築いた。④＿＿＿＿＿＿の共産党軍への攻撃を国民政府から命じられた⑤＿＿＿＿＿＿は、督励のため来訪した⑥＿＿＿＿＿＿を西安の郊外で監禁し、国民党と共産党の国共⑦＿＿＿＿＿＿の停止と一致抗日を要求した。ここで、共産党が調停に乗り出して⑥＿＿＿＿＿＿は釈放され、同時に⑦＿＿＿＿＿＿は停止された。この1936年12月の❽＿＿＿＿＿＿をきっかけに、国民政府は共産党攻撃を中止し、⑦＿＿＿＿＿＿を終結させ、日本への本格的な抗戦を決意した。

第1次近衛文麿内閣成立直後の1937（昭和12）年7月7日、北京郊外の⑨＿＿＿＿＿＿付近で日中両軍の衝突事件が発生した（❾＿＿＿＿＿＿**事件**という）。いったんは現地で停戦協定が成立したが、近衛内閣は軍部の圧力に屈して当初の不拡大方針を変更し、兵力を増派して戦線を拡大した。これに対し、国民政府側も断固たる抗戦の姿勢をとったので、戦いは当初の日本側の予想をはるかにこえて全面戦争に発展した（❿＿＿＿＿＿という）。日本政府はこの戦争を、初め「北支事変」、ついで「⑪＿＿＿＿＿＿」と名づけたが、実質的には全面戦争であった。日中両国ともに、アメリカの⑫＿＿＿＿＿＿（戦争状態にある国への武器・弾薬の禁輸条項を含む）の適用を避けるためなどの理由から、正式に⑬＿＿＿＿＿＿をしなかった。

1937年8月には⑭＿＿＿＿＿＿でも戦闘が始まり（第2次⑭＿＿＿＿＿＿事変という）、戦火は南に広がった。9月には国民党と共産党が再び提携して（第2次国共合作）、⑮＿＿＿＿＿＿を成立させた。日本はつぎつぎと大軍を投入し、年末には国民政府の首都⑯＿＿＿＿＿＿を占領した。⑯＿＿＿＿＿＿陥落の前後、日本軍は市内外で略奪・暴行を繰り返したうえ、多数の中国人一般住民（婦女子を含む）および捕虜を殺害した（⑯＿＿＿＿＿＿事件という）。この状況は、外務省ルートを通じて、早くから陸軍中央部にも伝わっていた。国民政府は⑯＿＿＿＿＿＿から漢口、さらに奥地の⑰＿＿＿＿＿＿に退いてあくまで抗戦を続け

解答 ④延安 ⑤張学良 ⑥蔣介石 ⑦内戦 ❽西安事件 ❾盧溝橋 ❿日中戦争 ⑪支那事変 ⑫中立法 ⑬宣戦布告 ⑭上海 ⑮抗日民族統一戦線 ⑯南京 ⑰重慶

■北京の日本軍 義和団戦争（北清事変）の結果、1901年に北京議定書が結ばれ、日本などの外国の軍隊が公使館警護のため、清国内の北京や天津での駐留が認められていた。

たので、⑩＿＿＿＿＿＿は泥沼のような長期戦となった。

　そこで日本側は、大規模な攻撃を中断して、各地に傀儡政権を樹立する方式に切りかえた。1938（昭和13）年1月には近衛首相が「⑱＿＿＿＿＿＿＿＿＿＿＿＿＿＿＿＿＿＿」と声明し、国民政府との交渉による和平の可能性をみずから断ち切った。さらに近衛は、同年末、戦争の目的が日・満・華3国連帯による「⑲＿＿＿＿＿＿＿＿＿」建設にあることを声明した。具体的には、1938（昭和13）年11月3日（⑲＿＿＿＿＿＿＿声明）、および12月22日（善隣友好・共同⑳＿＿＿・経済提携をうたった近衛三原則声明）の2回にわたって出された近衛声明のことである。突発的に始まった戦争の目的を、この頃になってあらためて日本側が表明したのは、ヨーロッパでの危機的状況を背景に②＿＿＿＿＿＿の対アジア政策が軟化したため、中国内部の親日勢力を引き出して中国支配を確立する好機ととらえたからである。そして、ひそかに国民政府の要人㉑＿＿＿＿を⑰＿＿＿＿から脱出させ、1940（昭和15）年にようやく各地の傀儡政権を統合して、㉑＿＿＿＿＿を首班とする親日の㉒＿＿＿＿＿＿＿＿＿を⑯＿＿＿＿に樹立した。しかし、この政権は弱体で、日本の戦争終結の政略は失敗に帰し、国民政府はアメリカ・②＿＿＿などからの物資搬入路であるいわゆる㉓＿＿＿＿＿＿＿＿を通じて援助を受けて抗戦を続けた。

戦時統制と生活　広田弘毅内閣の大軍備拡張予算をきっかけに、財政は軍事支出を中心に急速に膨張し、軍需物資の輸入の急増は①＿＿＿＿＿＿＿＿＿の危機をまねいた。日中戦争が始まると、第1次近衛文麿内閣はさらに巨額の軍事予算を編成するとともに、直接的な②＿＿＿＿＿＿に踏みきった。③＿＿＿＿＿＿＿＿＿＿＿＿＿・輸出入品等臨時措置法などを制定して、軍需産業に資金や輸入資材を集中的に割り当てることとした。②＿＿＿＿＿＿＿＿が進むと経済関係の④＿＿＿＿の進出が著しくなり、彼らのあいだでは軍部と結んで強力な国防国家を建設しようとする動きが活発になった。戦争の拡大につれて軍事費は急増し、財政膨張はあいつぐ⑤＿＿＿＿＿

をもたらし、それでも膨大な歳出をまかなえずに多額の⑥＿＿＿＿＿が発行されて、紙幣増発による⑦＿＿＿＿＿＿＿＿＿＿＿＿が進行していった。

　1938（昭和13）年４月には❽＿＿＿＿＿＿＿＿＿＿が制定され、政府は⑨＿＿＿＿の承認なしに、戦争遂行に必要な物資や労働力を動員する権限を与えられ、国民生活を全面的な統制下においた。同時に制定された⑩＿＿＿＿＿＿＿＿は、民間の国策会社を設立し、国家がこれを管理するというもので、政府が私企業への介入を強めるきっかけとなった。翌1939（昭和14）年には、国民を軍需工場に動員するため、❽＿＿＿＿＿＿＿＿＿＿＿にもとづく❶＿＿＿＿＿＿＿が制定された。

　また、1938（昭和13）年度から、⓬＿＿＿＿＿＿によって物資動員計画が作成され、軍需品は優先的に生産された。⓬＿＿＿＿＿は、1937（昭和12）年10月に戦時動員の計画・立案・調整を任務とする内閣直属の機関として設置されたが、経済界の強い反発もあって、1943（昭和18）年に新設の⓭＿＿＿＿＿に吸収・合併された。

　軍需優先のため重化学工業中心の⓮＿＿＿＿＿＿ばかりでなく、既成財閥系の大企業も積極的に軍需品生産に乗り出し、「国策」への協力で莫大な利益を上げた。⓯＿＿＿＿＿を想定した生産力拡充計画も立てられたが、当面の軍需生産に追われて、実現にはほど遠かった。機械・非鉄金属の生産は、1944（昭和19）年までは軍需を中心に上昇を続けた。兵器の生産高（陸海軍施設費を含む）は、1937（昭和12）年から1941（昭和16）年にかけて4.8倍、1941（昭和16）年から1944（昭和19）年にかけて2.9倍となった。しかし、原材料の品質低下や高性能な工作機械の⓰＿＿＿＿途絶、そして大量生産の経験不足から、所定の品質を達成できないことが多かった。

　軍需品に対し、国内向けの綿製品の生産・販売が禁止されるなど、「不要不急」の民需品の生産や輸入はきびしく制限され、生活必需品は品不足となった。このため政府は、1939（昭和14）年10月に❽＿＿＿＿＿＿＿＿＿＿＿にもとづく⓱＿＿＿＿＿＿を出して公定価格制を導入し、1940（昭和

解答　⑥公債　⑦インフレーション　❽国家総動員法　⑨議会　⑩電力管理法　❶国民徴用令　⓬企画院　⓭軍需省　⓮新興財閥　⓯総力戦　⓰輸入　⓱価格等統制令

■戦時の生活■　国民に戦争遂行を支持させ、また耐乏生活を受け入れさせる目的で様々な標語がつくられた。「ぜいたくは敵だ」や「撃ちてし止まん」が新聞などを通じて広く宣伝された。

15)年にはぜいたく品の製造・販売を禁止した（⑱＿＿＿＿・＿＿＿＿＿＿＿という）。
生活必需品の⑲＿＿＿＿＿＿＿＿も始まり、大都市においては、同年より砂糖・マッチなどの消費を制限する⑳＿＿＿＿＿＿＿を敷し、翌年には通帳を用いた米の配給を開始するなど、統制は極端に強まった。

　農村では、1940（昭和15）年から政府による米の強制的買上げ制度（㉑＿＿＿＿＿＿＿という）が実施された。政府は生産奨励のために㉒＿＿＿＿＿＿＿の制限や生産者㉓＿＿＿＿＿＿の優遇などの措置をとり、地主の取り分を㉔＿＿＿＿＿＿させたが、それでも労働力や生産資材の不足のために、農業生産は1940（昭和15）年以降、低下しはじめ、食料難が深刻になっていった。軍需工場を建設するため、農地が工場用地などに転用されることも多くみられた。

　戦時体制の形成にともなって、国体論にもとづく思想統制、社会主義・自由主義の思想に対する弾圧がいちだんときびしくなった。日中戦争開始直前、文部省は『㉕＿＿＿＿＿＿＿＿＿＿＿』を発行し、全国の学校・官庁に配布して、国民思想の教化をはかった。また、植民地経済政策の研究者であった㉖＿＿＿＿＿＿＿東京帝国大学教授が、政府の大陸政策を批判したことで大学を追われ、著書も発禁となり（矢内原事件という、1937年）、東京帝国大学の㉗＿＿＿＿＿＿らの教授グループが㉘＿＿＿＿＿＿＿結成をはかったとして検挙される事件（㉘＿＿＿＿＿＿＿事件という、1938年）などがおこった。
　第1次近衛文麿内閣は、1937（昭和12）年10月から国家主義・軍国主義を鼓吹し、節約・貯蓄など国民に戦争協力をうながすため、㉙＿＿＿＿＿＿＿＿＿＿＿を展開した。総力戦の遂行に向けて労働者を全面的に動員するため、労資一体で国策に協力する㉚＿＿＿＿＿＿＿の結成も進められた。1938（昭和13）年、資本家団体や㉛＿＿＿＿＿＿＿幹部を集めて産業報国連盟が結成される一方、警察の指導で職場ごとに労資一体の㉚＿＿＿＿＿＿を組織し、既存の㉛＿＿＿＿＿＿も一部これに改組させた。1940（昭和15）年、連盟が㉜＿＿＿＿＿＿＿＿＿となり、すべての㉛＿＿＿＿＿＿が解散させられた。

解答　⑱七・七禁令　⑲配給制　⑳切
符制　㉑供出制　㉒小作料　㉓米価
㉔縮小　㉕国体の本義　㉖矢内原忠雄
㉗大内兵衛　㉘人民戦線　㉙国民精神
総動員運動　㉚産業報国会　㉛労働組合

㉜大日本産業報国会

近衛内閣は、1940(昭和15)年には㉝＿＿＿＿＿＿＿＿＿を設置して、出版物・演劇などのほか、ラジオ・映画を含むマスメディアの総合的な統制を目指し、戦争遂行のためにこれらを利用する方針をとった。

戦時下の文化 1930年代に入ると、政府のきびしい取締りや国家主義的気運の高まりの中で、転向者があいつぎ、①＿＿＿＿＿＿＿＿＿＿の思想的影響力もしだいに衰えて、日本の伝統的文化・思想への回帰に向かい、1930年代後半にはこの傾向がいっそう濃厚となった。雑誌『②＿＿＿＿＿＿＿＿＿＿』では亀井勝一郎・③＿＿＿＿＿＿＿＿＿＿らが、反近代と民族主義を掲げる文芸評論をさかんに発表した。日中戦争期には、国体論やナチズムなどの影響を受けた全体主義的な思想が主流となり、東亜新秩序論・大東亜共栄圏論・統制経済論など「革新」的な国内改革論が展開された。

昭和初期の文学界では、社会主義運動と結びついて興隆した④＿＿＿＿＿＿＿＿＿＿が、主観と感性の表現の中に文学の実体を求めようとした横光利一・川端康成らの❺＿＿＿＿＿＿＿＿＿＿とともに2大潮流をなした。しかし、1930年代前半の社会主義弾圧の嵐の中で、④＿＿＿＿＿＿＿＿＿＿もまた壊滅していった。社会主義や④＿＿＿＿＿＿＿＿＿＿からの転向の体験は、中野重治『村の家』、島木健作『生活の探求』などの作品に描かれた(転向文学という)。

一方、既成の大家の中には、せまりくる戦争の足音の中で静かに力強い創作の世界を維持する者も少なくなく、⑥＿＿＿＿＿＿＿＿＿＿の『夜明け前』や⑦＿＿＿＿＿＿＿＿＿＿の『細雪』といった大作が書き続けられた。日中戦争期には、火野葦平がみずからの従軍体験を記録した『⑧＿＿＿＿＿＿＿＿＿＿』に代表される戦争文学が人気を博したが、日本軍兵士の実情・実態を写実的に描いた⑨＿＿＿＿＿＿＿＿＿＿の『生きてゐる兵隊』は発売禁止となり、1942(昭和17)年には⑩＿＿＿＿＿＿＿＿＿＿が結成された。

第二次世界大戦の勃発 ヨーロッパでは、ナチス＝ドイツが積極的にヴェルサイユ体制の打破に乗り出して1938年にオーストリ

解答 ㉝内閣情報局　⑩日本文学報国会
戦時下の文化▶①マルクス主義　②日本浪曼派　③保田与重郎　④プロレタリア文学　❺新感覚派　⑥島崎藤村　⑦谷崎潤一郎　⑧麦と兵隊　⑨石川達三

アを併合し、さらに①＿＿＿＿＿＿＿＿＿＿＿＿＿＿＿＿＿＿＿＿にも侵略の手をのばした。このような中でドイツは、日本の第1次②＿＿＿＿＿＿＿＿＿＿＿内閣に対し、ソ連に加えイギリス・フランスを仮想敵国とする軍事同盟へと防共協定を強化することを提案した。②＿＿＿＿＿＿＿＿＿＿内閣はこの問題に決着をつけないまま退陣し、1939（昭和14）年初めに③＿＿＿＿＿＿＿＿＿＿＿枢密院議長が組閣した。③＿＿＿＿＿＿＿＿＿＿内閣では軍事同盟の締結をめぐり閣内に対立が生じ、同年8月にドイツが突如ソ連と④＿＿＿＿＿＿＿＿＿＿を結んだため（独ソ④＿＿＿＿＿＿＿＿＿＿という）、国際情勢の急変に対応し得ないとして総辞職した。

　日中戦争中のソ連の出方を警戒していた日本陸軍は、1938（昭和13）年、ソ連と⑤＿＿＿＿＿＿＿＿＿＿の国境不明確地帯においてソ連軍と戦った（⑥＿＿＿＿＿＿＿事件という）。さらに翌1939（昭和14）年5月には、⑤＿＿＿＿＿＿＿＿＿＿西部とモンゴル人民共和国の国境地帯でソ連・モンゴル連合軍と戦ったが、ソ連の大戦車軍団の前に大打撃を受けた（❼＿＿＿＿＿＿＿＿＿＿＿＿**事件**という）。1939年8月の独ソ④＿＿＿＿＿＿＿＿＿＿成立の報は、⑦＿＿＿＿＿＿＿＿＿でまさにソ連と戦闘中だった日本にとって衝撃であった。

　1939年9月1日、ドイツが⑧＿＿＿＿＿＿＿＿＿＿侵攻を開始すると、9月3日、⑨＿＿＿＿＿＿＿＿＿・フランスはただちにドイツに宣戦を布告し、❿＿＿＿＿＿＿＿＿＿＿＿＿が始まった。③＿＿＿＿＿＿＿内閣に続く⑪＿＿＿＿＿＿＿＿（陸軍大将）・⑫＿＿＿＿＿＿＿＿（海軍大将）の両内閣は、ドイツとの軍事同盟には消極的で、ヨーロッパの戦争には不介入の方針をとり続けた。

　一方、日中戦争開始以来、日本が必要とする軍需産業用の資材は、植民地を含む日本の領土や、満洲および中国における占領地からなる経済圏（❸＿＿＿＿＿＿＿＿＿＿という）の中だけでは足りず、欧米とその勢力圏からの輸入に頼らなければならない状態にあった。しかし、アメリカはアジア・北太平洋地域との自由な交易関係の維持を重要な国益と認識していたため、日本が「⑭

解答 **第二次世界大戦の勃発▶**①チェコスロヴァキア　②近衛文麿　③平沼騏一郎　④不可侵条約　⑤満洲国　⑥張鼓峰　❼ノモンハン　⑧ポーランド　⑨イギリス　❿第二次世界大戦　⑪阿部信行　⑫米内光政　❸円ブロック　⑭東亜新秩序

　　　　　　　　　　　　　」形成に乗り出したことは、アメリカの東アジア政策への本格的な挑戦とみなし、日米間の貿易は減少しはじめた。さらに日本とドイツの軍事同盟締結の動きが伝えられると、アメリカは1939年7月に⑮　　　　　　　　　　　　　　　の廃棄を日本側に通告した。翌年(1940年)に条約が失効してからは、日本は軍需資材の入手がきわめて困難になった。

　ヨーロッパでドイツが圧倒的に優勢となり、⑨　　　　　　　　　　　だけが抵抗を続けている状態になると、日本では陸軍を中心に、ドイツとの結びつきを強め、対アメリカ・⑨　　　　　　　　　との戦争を覚悟のうえで欧米諸国の植民地である⑯　　　　　に進出し、「⑰　　　　　　　　　　　　　　」の建設をはかり、⑱　　　　　　・ゴム・ボーキサイトなどの資源を得ようという主張が急速に高まった。議会内や政界上層部に反対の意見はあったが、流れをかえるだけの力はなく、日本の⑯　　　　　進出は、かえって欧米諸国の対日経済封鎖を強める結果をまねいた。この中で、立憲民政党議員⑲　　　　　　　　　　は、1940(昭和15)年に議会で軍部と政府が中国で進める戦争政策を激しく批判する演説(⑳　　　　　　　　　という)をおこなったが、軍部の圧力により議員を除名された。政界上層部の「親英米派」と呼ばれた人々も、軍部などから様々な攻撃を受けた。

新体制と三国同盟　1940(昭和15)年6月、近衛文麿は枢密院議長を退いて、❶　　　　　　　　　　　　　　　の先頭に立った。これは、ドイツのナチ党やイタリアの②　　　　　　　　　　　　　　　にならって強力な大衆組織を基盤とする一大指導政党を樹立し、既成の政党政治を打破して一元的な指導のもとで全国民の戦争協力への動員を目指す「革新」運動であった。立憲政友会・立憲民政党・無産政党の③　　　　　　　　　　　などの諸政党や各団体は積極的に、あるいはやむを得ず解散して参加を表明した。軍部も近衛の首相就任に期待して、④　　　　　　　　　内閣を退陣に追い込んだ。

　1940(昭和15)年7月、第2次近衛内閣が成立したが、組閣に先だって近衛と陸軍大臣・海軍大臣・外務大臣予定者との会談で、欧州大戦不介入方針からの転換、ドイツ・イタリア・⑤　　　　　　　との提携強化、積極的な南方への進出(⑥

第15章

[解答] ⑮日米通商航海条約　⑯南方　⑰大東亜共栄圏　⑱石油　⑲斎藤隆夫　⑳反軍演説
新体制と三国同盟▶❶新体制運動　②ファシスト党　③社会大衆党　④米内光政

⑤ソ連　⑥南進
▌ノモンハン事件▌　満洲と外蒙古との国境紛争から出発し、日ソ両軍の本格的戦闘へと発展した。ロシアやモンゴルではハルハ河の戦争という。

3.　第二次世界大戦　**295**

という）の方針が定まった。⑥＿＿＿＿＿政策には、ドイツに降伏したヨーロッパ諸国の植民地を影響下におくことのほか、⑦＿＿＿＿＿を遮断して停滞した戦局を打開するねらいもあった。具体的には、本国がドイツの占領下にあった⑧＿＿＿＿＿領東インド（蘭印〈現在のインドネシア〉）および本国がドイツに降伏していた⑨＿＿＿＿＿領インドシナ（仏印〈現在の⑩＿＿＿＿＿・ラオス・カンボジア〉）などがある。こうして1940（昭和15）年9月、日本軍は⑪＿＿＿＿＿に進駐し、ほぼ同時に⑫＿＿＿＿＿を締結した。この同盟で三国は、ヨーロッパとアジアの「新秩序」における指導的地位を相互に認め、第三国からの攻撃に対しては、たがいに援助しあうことを約束した。⑤＿＿＿＿＿に対しては除外規定があり、⑬＿＿＿＿＿を仮想敵国とする軍事同盟で、結果的には⑬＿＿＿＿＿の強い反発をまねいた。これと前後して⑬＿＿＿＿＿は、航空機用ガソリンや⑭＿＿＿＿＿の対日輸出禁止の措置をとり、日本への経済制裁を本格化させた。

　一方、新体制運動は、1940（昭和15）年10月に⑮＿＿＿＿＿として結実した。しかし、⑮＿＿＿＿＿は当初目指した政党組織ではなく、総理大臣を総裁、道府県知事を支部長などとし、部落会・町内会・⑯＿＿＿＿＿（隣保班）を下部組織とする官製の上意下達機関となった。のちには⑰＿＿＿＿＿・大日本婦人会・大日本翼賛壮年団・大日本青少年団など、あらゆる団体をその傘下におさめ、戦時の国民動員に役割を果たした。とくに、5〜10戸ほどで構成される最末端組織の⑯＿＿＿＿＿は、回覧板による情報伝達や米の⑱＿＿＿＿＿などの戦時業務を担わされた。

　教育面では、1941（昭和16）年には小学校が⑲＿＿＿＿＿に改められ、「忠君愛国」の国家主義的教育が推進された。また朝鮮・台湾でも、日本語教育の徹底など「⑳＿＿＿＿＿」政策がとられ、朝鮮では姓名を日本風に改める㉑＿＿＿＿＿が強制された。

解答　⑦援蔣ルート　⑧オランダ　⑨フランス　⑩ベトナム　⑪北部仏印　⑫日独伊三国同盟　⑬アメリカ　⑭屑鉄　⑮大政翼賛会　⑯隣組　⑰大日本産業報国会　⑱配給　⑲国民学校　⑳皇民化

㉑創氏改名

■教育行政の変化　戦前の教育行政は学校令、大学令、国民学校令など「令」、戦後は教育基本法、学校教育法など国会を経た「法」を特徴とする。

太平洋戦争の始まり

三国同盟の締結は、アメリカの対日姿勢をいっそう硬化させることになった。第2次近衛文麿内閣では、アメリカとの衝突を回避するため日米交渉を開始した。これは1940(昭和15)年末の日米民間人同士の交渉が、①＿＿＿＿＿＿＿＿＿と②＿＿＿＿＿国務長官とのあいだの政府間交渉に発展したものである。

一方、時を同じくして三国同盟の提携強化のためにドイツ・イタリアを訪問していた③＿＿＿＿＿＿＿外務大臣は、1941(昭和16)年4月、帰途モスクワで❹＿＿＿＿＿＿＿＿＿＿＿を結んだ。これは⑤＿＿＿＿＿政策を進めるためには、北方での平和を確保するばかりでなく、悪化しつつあったアメリカとの関係を日ソ提携の力で調整しようとするねらいもあった。

1941(昭和16)年6月、ドイツが突如ソ連に侵攻して独ソ戦争が始まった。対外戦争の遂行に関わる問題について、大本営政府連絡会議が天皇臨席のもとで開催される場合、⑥＿＿＿＿＿＿と呼ばれ、参謀総長・⑦＿＿＿＿＿＿総長ら陸・海軍の代表および総理大臣・外務大臣・大蔵大臣・⑧＿＿＿＿＿大臣・企画院総裁らが出席した。独ソ戦に対応するために開かれた同年7月2日の⑥＿＿＿＿＿＿＿＿は、軍部の強い主張によって、対米英戦覚悟の南方進出と、情勢有利の場合の対ソ戦(⑨＿＿＿＿という)とを決定した。この決定を受けて陸軍は、シベリアなど極東ソ連領の占領計画を立て、関東軍特種演習(⑩＿＿＿＿)という名目で約70万人の兵力を⑪＿＿＿＿に集結させた。しかし、⑤＿＿＿＿＿の実行によって8月に対ソ戦の計画は中止された。

第2次近衛内閣は日米交渉の継続をはかり、対米強硬論をとる③＿＿＿＿＿外務大臣を除くため、いったん総辞職した。第3次近衛内閣成立直後の7月末、すでに決定されていた⓬＿＿＿＿＿＿＿＿＿＿＿が実行され、これに対してアメリカは在米日本資産を凍結し、対日石油輸出の禁止を決定した。これによって開戦に消極的だった海軍部内でも、2年分ほどしかない国内の石油備蓄が尽きる前に即時に開戦して、南方の石油資源を確保すべきだとする開戦論がにわかに浮上した。アメリカは、日本の⑤＿＿＿＿と「⑬＿＿＿＿

解答　太平洋戦争の始まり▶ ①野村吉三郎　②ハル　③松岡洋右　❹日ソ中立条約　⑤南進　⑥御前会議　⑦軍令部　⑧内務　⑨北進　⑩関特演　⑪満洲　⓬南部仏印進駐　⑬東亜新秩序

■首相の権限　現在は首相に国務大臣の任免権があるが、大日本帝国憲法下では任免権がないため、近衛文麿首相は松岡洋右外相を罷免できず、一旦内閣を総辞職する必要があった。

＿＿＿＿＿＿＿」建設を阻止する意思を明確に示し、イギリス・オランダも同調した。日本の軍部は、この時結ばれたA＝アメリカ（America）、B＝イギリス（Britain）、C＝中国（China）、D＝オランダ（Dutch）の４カ国の対日経済封鎖を中心とする包囲網を「⑭＿＿＿＿＿＿＿＿＿＿＿＿＿＿＿」と呼び、日本を不当に圧迫していると国民に訴えた。軍部はさらに危機感をつのらせ、「⑭＿＿＿＿＿＿＿＿＿＿＿＿＿＿＿」の圧迫をはね返すには戦争以外に道はないと主張した。

　1941（昭和16）年９月６日の⑥＿＿＿＿＿＿＿＿＿＿＿は、日米交渉の期限を10月上旬と区切り、交渉が成功しなければ対米（およびイギリス・オランダ）開戦に踏みきるという⑮＿＿＿＿＿＿＿＿＿＿＿＿＿＿＿＿を決定した。日米交渉は、アメリカ側が日本軍の⑯＿＿＿＿＿からの全面撤退などを要求したため、妥協点を見出せないまま10月半ばを迎えた。日米交渉の妥結を強く希望する近衛首相と、交渉打切り・開戦を主張する⑰＿＿＿＿＿＿＿＿陸軍大臣が対立し、10月16日に近衛内閣は総辞職した。

　最後の元老である⑱＿＿＿＿＿＿＿＿が1940（昭和15）年に死去し、以後の後継首相選定は⑲＿＿＿＿＿内大臣（木戸孝允の孫）を中心に、首相経験者らで構成される重臣会議の合議のかたちがとられた。⑲＿＿＿＿

　内大臣は、９月６日の⑥＿＿＿＿＿＿＿＿＿の決定を白紙に戻すことを条件に⑰＿＿＿＿＿陸軍大臣を後継首相に推挙し、首相が陸軍大臣・内務大臣を兼任するかたちで⑰＿＿＿＿＿内閣が成立した。新内閣は９月６日の決定を再検討して、当面日米交渉を継続させた。しかし、11月26日のアメリカ側の提案（⑳＿＿＿＿＝＿＿＿＿という）は、⑯＿＿＿＿・仏印からの全面的無条件撤退、㉑＿＿＿＿＿・汪兆銘政権の否認、日独伊三国同盟の実質的廃棄など、㉒＿＿＿＿＿以前の状態への復帰を要求する最後通告に等しいものであったため、交渉成立は絶望的になった。12月１日の⑥＿＿＿＿は対米交渉を不成功と判断し、アメリカ・イギリスに対する開戦を最終的に決定した。12月８日、日本陸軍がイギリス領㉓＿＿＿＿＿半島に奇襲上陸し、日本海軍がハワイ㉔＿＿＿＿＿を奇襲攻撃した。日本はアメリ

〔解答〕⑭ABCD包囲陣　⑮帝国国策遂行要領　⑯中国　⑰東条英機　⑱西園寺公望　⑲木戸幸一　⑳ハル＝ノート　㉑満洲国　㉒満洲事変　㉓マレー　㉔真珠湾

■ゼロ戦■　海軍の零式艦上戦闘機は制定年の皇紀（神武天皇の即位年B.C.660年を元年とする）2600年にちなんで命名された。三八式歩兵銃（明治38年製造）のような元号にかわって皇紀が用いられた。

298　第15章　恐慌と第二次世界大戦

カ・イギリスに宣戦を布告し、第二次世界大戦の重要な一環をなす㉕_____が開始された。

　対米開戦ののち、政府は「㉖_____」(日中戦争)を含めた目下の戦争を「㉗_____」と呼ぶことに決定し、敗戦までこの名称が用いられた。

　なお、アメリカに対する事実上の宣戦布告である交渉打切り通告は、先制攻撃の戦果を上げたい軍部の思惑もあり、㉔_____攻撃開始後にずれ込んだ。その結果、アメリカの世論は「Remember Pearl Harbor」(㉔_____を忘れるな)との標語のもとに一致し、日本に対する激しい敵愾心に火がついたかたちとなった。カリフォルニア州をはじめ、西海岸の諸州に住む12万313人の日系アメリカ人が各地の㉘_____に収容されたが、㉙_____系・㉚_____系のアメリカ人に対しては、こうした措置はとられなかった。アメリカ政府は、1988年になって、収容者に対する謝罪と補償をおこなった。

戦局の展開　日本の対米宣戦とともに、日独伊三国同盟によってドイツ・イタリアもアメリカに宣戦し、これを受けてアメリカはヨーロッパとアジア・太平洋の両地域で戦争に突入した。こうして、戦争は全世界に拡大した。アメリカ・イギリス・ソ連などは❶_____、日本・ドイツ・イタリアなどは❷_____と呼ばれた。

　緒戦の日本軍は、ハワイでアメリカ太平洋艦隊、マレー沖でイギリス東洋艦隊に打撃を与え、開戦後から半年ほどのあいだに、イギリス領のマレー半島・❸_____・香港・ビルマ(ミャンマー)、❹_____領東インド(インドネシア)、アメリカ領の❺_____など、東南アジアから南太平洋にかけての広大な地域を制圧して❻_____下においた。日本国民の多くは、緒戦の段階での日本軍の勝利に熱狂した。

　当初、日本はこの戦争をアメリカ・イギリスの脅威に対する❼_____措置と規定していた。1941(昭和16)年12月8日に出された「宣戦の詔書」では、米・

解答　㉕太平洋戦争　㉖支那事変　㉗大東亜戦争　㉘強制収容所　㉙ドイツ　㉚イタリア
戦局の展開▶❶連合国　❷枢軸国　❸シンガポール　❹オランダ　❺フィリピン
❻軍政　❼自衛

■兼任する東条英機　首相の東条英機は、陸軍大臣・内務大臣・軍需大臣に加えて、1944年からは参謀総長も兼任し、編制権と統帥権が1人に集中した。

英両国は⑧＿＿＿＿＿に介入して、日本の東アジアの安定への努力を踏みにじっ
たばかりか、経済断交を通じて日本の生存そのものをもおびやかしたので、日本
は自存⑦＿＿＿＿＿のために戦争に訴えたのだと説明されていた。しかし、しだ
いに欧米諸国による植民地支配からのアジアの解放、「⑨＿＿＿
＿＿＿＿」の建設といったスローガンに縛られ、戦域は限りなく拡大していった。

　国民が緒戦の勝利にわき返っていた1942（昭和17）年４月、東条英機内閣は、
戦争翼賛体制の確立を目指し、５年ぶりの総選挙を実施した（⑩＿＿＿＿
＿＿＿＿という）。その結果、政府の援助を受けた推薦候補が絶対多数を獲得した。
このとき、鳩山一郎・尾崎行雄・芦田均・片山哲らが推薦を受けずに立候補し
たが、警察や地方当局の⑪＿＿＿＿＿＿＿に悩まされた。当選者の内訳は、
推薦候補381人・非推薦候補85人であった。選挙後には挙国一致的政治結社とし
て⑫＿＿＿＿＿＿＿が結成され、⑬＿＿＿＿は政府提案に承認を与え
るだけの機関となった。しかし、形式的には、憲法や⑬＿＿＿＿＿活動が停止さ
れることはなかった。

　連合国は⑭＿＿＿＿＿打倒を優先したので、当初は太平洋方面への軍事力
投入は抑制された。しかし、アメリカによる軍事的優位の確保は早く、1942（昭
和17）年６月、中部太平洋のミッドウェー島沖で日米の海軍機動部隊同士が戦い
（❶＿＿＿＿＿＿＿＿＿＿＿という）、日本側は主力空母（航空母
艦）４隻とその艦載機を失う大敗北を喫し、海上・航空戦力で劣勢となった。こ
れを機に戦局は大きく転換し、この年の後半からはアメリカの対日反攻作戦が本
格化した。

　その結果、日本側も戦略の再検討をせまられ、1943（昭和18）年９月30日の御前
会議では、千島・小笠原・マリアナ・カロリン・西ニューギニア・ビルマを含む
圏域（⑯＿＿＿＿＿＿＿という）まで、防衛ラインを後退させることに
決まった。

　1943（昭和18）年11月、東条内閣は、占領地域の戦争協力を確保するために、満
洲国や中国（南京）の⑰＿＿＿＿＿政権、⑱＿＿＿＿＿・ビルマ・自由イン

解答　⑧中国　⑨大東亜共栄圏　⑩翼
賛選挙　⑪選挙干渉　⑫翼賛政治会
⑬議会　⑭ドイツ　❶ミッドウェー海戦
⑯絶対国防圏　⑰汪兆銘　⑱タイ

■十五年戦争■　日米戦を日本は大東亜戦
争と呼んだが、占領軍は使用を禁じ、第
二次世界大戦の太平洋部門＝太平洋戦争
とした。満洲事変以後の戦いを含め、
1931〜45年の戦争を「十五年戦争」という。

ド・⑤＿＿＿＿＿＿＿＿＿などの代表者を東京に集めて⑲

＿＿＿＿＿＿を開き、「⑨＿＿＿＿＿＿＿＿＿＿＿＿＿＿」の結束を誇示した。日本
軍は東南アジア諸国を占領する際、欧米植民地からの解放軍として、住民の歓迎
を受けることもあった。しかし、欧米諸国にとってかわった日本の占領支配は、
アジア解放の美名に反して、戦争遂行のための資材・労働力調達を最優先するも
のであったので、住民の反感・抵抗がしだいに高まった。多くの地域（⑱

＿＿＿・仏印を除く）で⑳＿＿＿＿＿が敷かれ、苛酷な収奪・動員が始まると、住
民の評価は一変した。東南アジアの占領地では、現地の文化や生活様式を無視し
て、日本語学習や天皇崇拝・神社参拝を強要し、⑱＿＿＿＿＿とビルマを結ぶ泰
緬鉄道の建設、土木作業などや鉱山労働への強制動員もおこなわれた。ことに
③＿＿＿＿＿＿＿＿＿やマレーシアでは、日本軍が多数の中国系住民
（㉑＿＿＿＿という）を反日活動の容疑で殺害するという事件も発生した。その
結果、日本軍は仏印・⑤＿＿＿＿＿＿＿＿をはじめ各地で組織的な抗日
運動に直面するようになった。日本の敗戦後、これらの民族解放運動は植民地
の本国軍と戦って自力で独立を勝ちとり、結果的に、アジアにおける欧米の植民
地支配は一掃された。

　中国戦線では、太平洋戦争開始後、中国の飛行場がアメリカ軍に利用されるの
を防ぐ作戦や、華中と華南を連絡させるための作戦がおこなわれた。とくに、中
国共産党が華北の農村地帯に広く抗日根拠地（解放区）を組織してゲリラ戦を展開
したのに対し、日本軍は抗日ゲリラに対する大掃討作戦（中国側はこれを㉒
＿＿＿＿＿と呼んだ）を実施し、一般の住民にも多大な被害を与えた。中国
戦線では毒ガスも使用され、満洲などにおかれた日本軍施設では毒ガスや細菌兵
器の研究がおこなわれた。満洲のハルビンには、㉓＿＿＿＿＿＿＿と呼ばれ
る細菌戦研究の特殊部隊（石井四郎中将ら）がおかれ、中国人やソ連人の捕虜を使
った生体実験がおこなわれた。

　1944（昭和19）年7月、マリアナ諸島の㉔＿＿＿＿＿＿＿＿＿の陥落により、
⑯＿＿＿＿＿＿＿＿＿の一角が崩壊すると、その責任を負うかたちで東条

解答 ⑲大東亜会議　⑳軍政　㉑華僑
㉒三光作戦　㉓731部隊　㉔サイパン島

内閣は総辞職した。ついで、㉕＿＿＿＿＿＿＿＿首相（陸軍大将）に㉖＿＿＿＿＿＿＿＿（海軍大将）が協力する陸海軍の連立内閣が成立した。

国民生活の崩壊 太平洋戦争の開戦後、政府は軍需生産を最優先する政策をとる一方、国民に対しては生活を極度に切り詰めさせて、兵力・労働力として根こそぎ動員した。1943(昭和18)年には、大学・高等学校および専門学校に在学中の徴兵適齢文科系学生を軍に徴集（❶＿＿＿＿＿＿＿＿という）する一方、学校に残る学生・生徒や女子挺身隊に編成した女性を軍需工場などで働かせた（❷＿＿＿＿＿＿＿＿＿＿という）。また、労務動員として数十万人の朝鮮人を日本に送り出すとともに、占領地域の中国人を日本本土などに③＿＿＿＿＿＿＿＿し、鉱山や土木工事現場などで働かせた。すでに1938年に④＿＿＿＿＿＿＿＿制度が導入され、植民地からも兵士を募集していたが、朝鮮では1943年、台湾では1944年に⑤＿＿＿＿＿＿＿＿が施行された。また、戦地に設置された日本軍向けの「慰安施設」には、日本・朝鮮・中国などから女性が集められ、「⑥＿＿＿＿＿＿＿＿」として働かされた。強制されたり、だまされて連行されたりした例もある。

　日本国内では、軍隊に動員された青壮年男性は400〜500万人に達したので、必要な労働力が絶対的に不足していた。制海・制空権の喪失によって南方からの海上輸送が困難になったため、軍需生産に不可欠な鉄鉱石・石炭・石油などの物資も欠乏した。

　衣料では、1942(昭和17)年から総合❼＿＿＿＿＿＿＿＿が敷かれたが、切符があっても物がない状況となった。米の⑧＿＿＿＿＿＿量は、11歳から61歳までの一般男性であれば1日2.3合(330g)であったが、しだいにイモ・小麦粉などの代用 食の割合が増えていった。開戦1年後の世帯調査では、購入回数のうち⑨＿＿＿＿＿＿＿＿によるものが穀類では3分の1以上を、生魚介・乾物・蔬菜類では半分近くを占めていた。また、国民1人1日当たりのエネルギー摂取量は1942年に2000kcalを割り、1945年には1793kcalまで低下した。これは、第二次世界大戦に参戦した主要国のうちでもきわめて低い数字である。海外の日本占領地域の経済

解答 ㉕小磯国昭 ㉖米内光政
国民生活の崩壊▶❶学徒出陣 ❷勤労動員 ③強制連行 ④志願兵 ⑤徴兵制 ⑥慰安婦 ❼切符制 ⑧配給 ⑨闇取引

学徒動員 徴兵が猶予された文科系の大学生などを召集した。北海道帝国大学は当時、理系の学部しかなかったが、農学部で農業経済を学ぶ学生は学徒出陣の対象となった。

状況も⑩＿＿＿＿＿＿＿＿＿＿＿＿＿＿＿＿＿＿で、きわめて過酷であった。

　1944（昭和19）年後半以降、⑪＿＿＿＿＿＿＿＿島の基地から飛来するアメリカ軍機による❷＿＿＿＿＿＿＿＿＿が激化した。空襲は当初、軍需工場の破壊を目標としたが、国民の戦意喪失をねらって都市を⑬＿＿＿＿＿＿で無差別に爆撃するようになった。都市では、建築物の強制取りこわしや防空壕の掘削がおこなわれ、軍需工場の地方への移転、住民の縁故疎開や国民学校児童の集団疎開（❹＿＿＿＿＿＿＿＿＿という）も始まった。

　1945（昭和20）年3月10日の⑮＿＿＿＿＿＿＿＿＿では、約300機のB29爆撃機が下町の人口密集地を中心に約1700トンの⑬＿＿＿＿＿＿を投下し、一夜にして約10万人が焼死した。空襲は全国の中小都市にもおよび、内務省防空総本部の発表によれば、被害は家屋の全焼が約221万戸、死者約26万人、負傷者42万人に達し、主要な工場などの施設が破壊された。

敗戦　1944（昭和19）年10月、アメリカ軍は①＿＿＿＿＿＿＿＿＿＿の奪回を目指してレイテ島に上陸し、激戦の末にこれを占領した。レイテ沖で日本の連合艦隊はアメリカ艦隊に大敗し、日本海軍は組織的な作戦能力を喪失した。この際はじめて、海軍の神風特別攻撃隊（②＿＿＿＿＿＿＿＿という）による体当たり攻撃がおこなわれた。翌1945（昭和20）年3月に③＿＿＿＿＿＿＿を占領したアメリカ軍は、4月にはついに④＿＿＿＿＿＿＿＿に上陸した。沖縄を守備していた日本軍は、アメリカ軍を内陸に引き込んで反撃をする持久戦態勢をとったため、島民を巻き込んでの激しい⑤＿＿＿＿＿＿＿となった。そして、「集団自決」に追い込まれた人々も含めおびただしい数の犠牲者を出し、3カ月近い戦いの末、アメリカ軍が④＿＿＿＿＿＿＿＿を占領した（❻＿＿＿＿＿＿＿＿という）。沖縄県援護課の資料によれば、死者は軍民あわせて18万人余りにのぼった。日本の敗北は必至の情勢となった。

　アメリカ軍の沖縄上陸の直後、⑦＿＿＿＿＿＿＿＿内閣が退陣して、侍従長を長くつとめ天皇の信頼も厚かった⑧＿＿＿＿＿＿＿＿が後継内閣を

解答 ⑩軍事インフレーション　⑪サイパン　❷本土空襲　⑬焼夷弾　❹学童疎開　⑮東京大空襲
敗戦▶ ①フィリピン　②特攻隊　③硫黄島　④沖縄本島　⑤地上戦　❻沖縄戦

⑦小磯国昭　⑧鈴木貫太郎
■敵性語■ 戦争長期化の中で、英語の使用を禁止する動きが強まった。野球用語のストライク・ボール・アウトなども、よし・だめ・それまで、と改められた。

組織した。ヨーロッパ戦線でも、1943年に連合(国)軍が反攻に転じ、同年9月にまず⑨_____が降伏した。その直後に、アメリカ大統領フランクリン＝ローズヴェルト、イギリス首相⑩_____、中国国民政府主席⑪_____がエジプトのカイロで会談し、連合国が日本の無条件降伏まで徹底的に戦うことのほか、満洲・⑫_____・澎湖諸島の中国返還、⑬_____の独立、日本の⑭_____である南洋諸島のはく奪など、日本領土の処分方針を決めた(⑮_____という)。

　ついで1945年5月には⑯_____も無条件降伏して日本は完全に孤立した。軍部はなお⑰_____を叫んでいたが、⑧_____内閣は⑱_____に和平交渉の仲介を依頼しようとした。

　しかし、すでに1945年2月には、クリミア半島の⑲_____で、アメリカ・イギリス・ソ連の3国の首脳会談(⑲_____会談という)がおこなわれており、ローズヴェルトとチャーチル、ソ連共産党中央委員会書記長⑳_____がドイツの戦後処理問題を話しあうとともに、⑯_____降伏から2〜3カ月後の⑱_____の対日参戦や、ソ連への南樺太の返還および千島列島の譲渡、旅順・大連の自由港化を約す秘密協定が結ばれた(⑲_____秘密協定)。

　さらに1945年7月には、アメリカ大統領㉑_____・イギリスのチャーチル(のちに㉒_____)・ソ連の⑳_____がベルリン郊外(ドイツ)の㉓_____で会談した。議題は、敗北した⑯_____の戦後処理問題であった。会談を契機に、アメリカは対日方針をイギリスに提案し、アメリカ・イギリスおよび㉔_____の3交戦国の名で、日本軍への無条件降伏勧告と日本の戦後処理方針からなる㉓_____宣言を発表した。

　㉓_____宣言に対して「黙殺する」と声明した日本政府(鈴木貫太郎内閣)の対応を拒絶と理解したアメリカは、人類史上はじめて2発の㉕_____を8月6日㉖_____に、8月9日㉗_____に投下した。ま

【解答】⑨イタリア　⑩チャーチル　⑪蔣介石　⑫台湾　⑬朝鮮　⑭委任統治領　⑮カイロ宣言　⑯ドイツ　⑰本土決戦　⑱ソ連　⑲ヤルタ　⑳スターリン　㉑トルーマン　㉒アトリー　㉓ポツダム　㉔中国　㉕原子爆弾　㉖広島　㉗長崎

た8月8日には、ソ連が㉘＿＿＿＿＿＿＿＿＿＿を無視して日本に宣戦

布告し、満洲・朝鮮に一挙に侵入した。侵攻するソ連軍の前に㉙＿＿＿＿＿＿

はあえなく壊滅し、満蒙開拓移民をはじめ多くの日本人が悲惨な最期をとげた。

生き残った人々も、引揚げに際してきびしい苦難にあった。陸軍はなおも⑰＿＿＿

＿＿＿＿＿＿を主張したが、昭和天皇のいわゆる「聖断」により㉓

＿＿＿＿＿宣言受諾が決定され、8月14日、政府はこれを連合国側に通告した。

8月15日正午、天皇の㉚＿＿＿＿＿＿＿放送で戦争終結が全国民に発表された。

9月2日、東京湾内のアメリカ軍艦ミズーリ号上で、日本政府および軍の代表が

㉛＿＿＿＿＿＿＿＿に署名して、4年にわたった太平洋戦争は終了した。

解答 ㉘日ソ中立条約　㉙関東軍　㉚ラ
ジオ　㉛降伏文書

■降伏文書の調印■ 講和・条約調印・軍
の統帥（軍への停戦命令）は天皇大権のた
め、降伏文書は首相や陸軍大臣ではなく、
輔弼の任を負う外務大臣の重光葵と参
謀総長の梅津美治郎が調印した。

占領下の日本

第二次世界大戦後、日本ではアメリカによる占領下で諸改革が実施された。その後、冷戦体制が形成されていく中で、その政策が転換され、サンフランシスコ平和条約の調印によって独立に至った。この時期、日本の政治・経済・社会・文化はどのように変化し、また、どのようにして国民生活の再建がはかられていったのだろうか。

1 占領と改革

戦後世界秩序の形成　第一次世界大戦の終結後、わずか20年ほどで第二次世界大戦が勃発し、人類に多大な犠牲をもたらしたことに対する反省が、戦後秩序構築の大前提となった。アメリカ・イギリス・ソ連の３国が、大戦中から戦争終結後の国際秩序について協議を重ねる中で、大戦の再発を防げなかった国際連盟にかわる❶＿＿＿＿＿＿＿の設立が合意された。1945年10月に連合国51カ国が参加して発足した①＿＿＿＿＿＿は、アメリカ・イギリス・フランス・ソ連・②＿＿＿＿の５大国を常任理事国とする❸＿＿＿＿＿＿＿＿を設け、平和の破壊に対して、④＿＿＿＿＿＿の実施を含む強制措置の発動を決定できる強大な権限を付与した。③＿＿＿＿＿＿＿＿＿は、常任理事国５カ国と非常任理事国10カ国の15の理事国からなる。重要な決議を通過させるためには、理事国のうち⑤＿＿カ国の賛成を必要とするが、常任理事国のうち１カ国でも反対票を投じた場合、これは⑥＿＿＿＿＿と呼ばれ、決議は不成立となる。

　さらに連合国は、巨額の賠償金を敗戦国に課した⑦＿＿＿＿＿＿（1919年）の失敗に鑑み、敗戦国が２度と戦争に訴えることのないよう、長期の⑧＿＿＿＿を通じて、その国家と社会を平和的な仕組みに改革する道を選んだ。

　このように、①＿＿＿＿＿＿を中心とした戦勝国の協調体制と敗戦国に対する⑧＿＿＿＿を通じて、安定した戦後秩序が生み出されるはずであった。しかし、両大戦を経て著しく凋落した西ヨーロッパ諸国にかわって、アメリカ

解答　戦後世界秩序の形成▶❶国際連合
②中国　**❸**安全保障理事会　**④**軍事行動
⑤9　**⑥**拒否権　**⑦**ヴェルサイユ条約
⑧占領

∥GHQ∥ General Headquarters of the Supreme Commander for the Allied Powersの略で、連合国軍最高司令官総司令部。GHQ指令は1952年４月28日の対日平和条約発効ですべて失効した。

とソ連が、抜きん出た軍事力・経済力を背景として世界に圧倒的な影響力をもつようになり、しかもこの両超大国のあいだで大戦末期以降しだいに相互不信と利害対立が深まった。こうして、戦後世界は❾＿＿＿＿＿＿＿＿＿を軸に展開することになった。

　一方、欧米列強の支配下にあった多くの植民地では、戦争協力と引きかえに戦後の独立が約束されたり、大戦の過程で生活基盤が根本的に破壊されたりしたことから、大戦が終結するとともに⑩＿＿＿＿＿＿＿運動が高揚するようになった。日本の占領地域でも、インドネシアと⑪＿＿＿＿＿＿＿＿があいついで独立を宣言したが、それぞれの旧宗主国である⑫＿＿＿＿＿＿とフランスが武力でおさえ込もうとして、激しい戦闘が生じた。朝鮮でも独立への動きが高まったが、日本の降伏とともに、北緯⑬＿＿度線を境にして北は⑭＿＿＿＿＿軍、南はアメリカ軍によって分割占領され、軍政が敷かれたため、統一的な独立を果たせなかった。

初期の占領政策　日本は①＿＿＿＿＿＿＿＿＿＿＿にもとづいて連合国に占領されることになった。朝鮮半島北部・南樺太・千島列島などは②＿＿＿＿＿軍が、朝鮮半島南部および③＿＿＿＿＿群島・琉球諸島を含む南西諸島と④＿＿＿＿＿＿諸島はアメリカ軍が占領し、直接⑤＿＿＿＿＿を敷いた。⑥＿＿＿＿＿は中国に返還され、日本の主権は4つの島と連合国の定める諸小島の範囲に限定された。同じ敗戦国のドイツがアメリカ・イギリス・フランス・ソ連4カ国によって⑦＿＿＿＿＿占領され、直接⑤＿＿＿＿＿のもとにおかれたのに対し、日本の場合はアメリカ軍による事実上の単独占領で、⑧＿＿＿＿＿＿元帥を最高司令官とする❾＿＿＿＿＿＿＿（　　　）（GHQ/SCAP）の指令・勧告にもとづいて日本政府が政治をおこなう、⑩＿＿＿＿＿＿＿＿の方法がとられた。しかし、占領軍の日本政府に対する要求は、法律の制定を待たずに勅令によって実施に移された（「⑪＿＿＿＿＿＿＿＿＿」という）。この勅令は、憲法をもしのぐ超法規的性格を有した。さらに、アメリカ政府は⑧＿＿＿＿＿

解答　❾米ソ対立　⑩民族解放　⑪ベトナム　⑫オランダ　⑬38　⑭ソ連
初期の占領政策▶①ポツダム宣言　②ソ連　③奄美　④小笠原　⑤軍政　⑥台湾　⑦分割　⑧マッカーサー　❾連合国（軍）最高司令官総司令部　⑩間接統治　⑪ポツダム勅令

に、日本政府の措置に不満の場合は直接行動をとる権限を与えていた。

　連合国による対日占領政策決定の最高機関としてワシントンに⑫＿＿＿＿＿＿＿＿＿＿＿＿＿＿がおかれ、東京には最高司令官の諮問機関である⑬＿＿＿＿＿＿＿＿＿＿が設けられたが、アメリカ政府主導で占領政策が立案・実施された。空襲と原爆投下によって日本を降伏させたアメリカの地位は、日本占領に関しては別格で、緊急事態には⑫＿＿＿＿＿＿＿＿＿＿＿＿＿の決定を待たずに「中間指令」を出すことができた。また、アメリカ・イギリス・②＿＿＿＿＿・中国(中華民国)の代表で構成された⑬＿＿＿＿＿＿＿＿＿＿も、農地改革を除いて大きな影響力をもたなかった。

　当初の占領目標は、非軍事化・⑭＿＿＿＿＿＿＿＿を通じて日本社会を改造し、アメリカや東アジア地域にとって日本が再び脅威となるのを防ぐことにおかれた。

　①＿＿＿＿＿＿＿＿＿＿受諾とともに⑮＿＿＿＿＿＿＿＿＿＿＿内閣は総辞職し、皇族の⑯＿＿＿＿＿＿＿＿＿＿が組閣して、1945(昭和20)年8月末以降の連合国軍の進駐受入れ、旧日本軍のすみやかな武装解除、降伏文書への調印をそのまま遂行した。しかし、「⑰＿＿＿＿＿＿＿＿＿＿＿＿」「国体護持」をとなえて占領政策と対立し、同年10月にGHQが、⑱＿＿＿＿＿＿＿＿＿(1925年制定)や⑲＿＿＿＿＿＿＿＿＿＿(特高)の廃止、共産党員はじめ政治犯の即時釈放を指令し(⑳＿＿＿＿＿＿＿＿＿という)、天皇に関する自由な議論を奨励したのを機に、⑯＿＿＿＿＿＿＿＿＿内閣は総辞職した。

　かわって、かつての協調外交でアメリカやイギリスでもよく知られた㉑＿＿＿＿＿＿＿＿＿＿が首相に就任した。⑧＿＿＿＿＿＿＿＿＿は㉑＿＿＿＿＿＿＿＿＿＿に対して、「憲法の自由主義化」のほか、婦人(女性)参政権の付与、㉒＿＿＿＿＿＿＿＿の結成奨励、教育制度の自由主義的改革、秘密警察などの廃止、㉓＿＿＿＿＿＿機構の民主化のいわゆる㉔＿＿＿＿＿を口頭で指示した。ついでGHQは、政府による神社・神道への支援・監督を禁

解答 ⑫極東委員会　⑬対日理事会　　　革
⑭民主化　⑮鈴木貫太郎　⑯東久邇宮
稔彦王　⑰一億総懺悔　⑱治安維持法
⑲特別高等警察　⑳人権指令　㉑幣原喜
重郎　㉒労働組合　㉓経済　㉔五大改

じ（㉕＿＿＿＿＿＿＿＿という）、戦時期の軍国主義・天皇崇拝の思想的基盤と
なった㉖＿＿＿＿＿＿＿＿を解体した（国家と神道の分離）。このようにGHQ
による、思想・言論の自由など市民的自由の保障が進められたが、一方で占領軍
に対する批判は、いわゆる㉗＿＿＿＿＿＿＝＿＿＿＿＿＿（新聞発行綱領）で
禁止され、新聞などの出版物は事前㉘＿＿＿＿を受けた。

　国の内外に配備された陸・海軍の将兵約789万人の武装解除・㉙＿＿＿＿＿が
進み、日本の軍隊は急速に解体・消滅した。1945（昭和20）年9月から12月にかけ
て、GHQは軍や政府首脳など日本の戦争指導者たちをつぎつぎに逮捕したが、
うち28人が「㉚＿＿＿＿に対する罪」をおかしたとしてA級戦犯容疑で起訴さ
れた。1946（昭和21）年5月から東京に設置された極東国際軍事裁判所で裁判が始
まり（㉛＿＿＿＿＿＿＿という）、審理の結果、1948（昭和23）年11月、東条
英機以下7人の死刑をはじめとして全員（病死など3人を除く）に有罪判決がくだ
され、12月に死刑が執行された。裁判で国家の指導者個人が戦争犯罪人として裁
かれたのは、例のないことであった。なお、11人からなる裁判官のあいだには意
見の対立があり、朗読された多数派判決のほかに、インドの㉜＿＿＿＿＿、オ
ランダのレーリンクらが反対意見を書いている。また、戦時中に㉝＿＿＿＿や住
民を虐待し、戦時国際法をおかした者などの裁判も関係国の各地でおこなわれ、
984人が死刑、475人が終身刑の判決を受けた（㉞＿＿＿・＿＿＿＿＿＿とい
う）。

　こうした中、国内外で天皇の戦争責任問題も取り沙汰された。しかしGHQは、
㉟＿＿＿＿＿廃止がもたらす収拾しがたい混乱を避け、むしろ㉟＿＿＿
＿＿＿を占領支配に利用しようとして、天皇を戦犯容疑者に指定しなかった。1946
（昭和21）年元日、昭和天皇はいわゆる㊱＿＿＿＿＿＿をおこなって、「現
御神」としての天皇の神格をみずから否定した。

　また1946（昭和21）年1月、GHQが戦争犯罪人・陸海軍軍人・超国家主義者・
大政翼賛会の有力者らの㊲＿＿＿＿＿＿を指令したのにもとづき、1948
（昭和23）年5月までに、政・財・官界から言論界に至る各界指導者約21万人が戦

解答 ㉕神道指令　㉖国家神道　㉗プレ
ス＝コード　㉘検閲　㉙復員　㉚平和
㉛東京裁判　㉜パル　㉝捕虜　㉞B・C
級戦犯　㉟天皇制　㊱人間宣言　㊲公職
追放

■GHQと憲法■　日本国憲法は21条で検
閲を禁止しているが、憲法を超越する存
在のGHQは、占領政策に関する報道へ
の検閲の権利があった。

時中の責任を問われて職を追われた。

　さらに、非軍事化の観点から㊳　　　　　　　　の禁止や船舶保有の制限がおこなわれたうえに、日本国内の産業設備を解体・搬出して中国・東南アジアの戦争被害国に供与する㊴　　　　　　　　をおこなうことになった。

民主化政策　GHQは、日本経済の後進性を象徴する財閥・①　　　　　　　　制が軍国主義の温床になったとみて、それらの解体を経済民主化の中心課題とした。1945(昭和20)年11月、まず三井・三菱・住友・②　　　　の４大財閥の解体を命じた。翌年には❸　　　　　　　　が発足し、指定された持株会社・財閥家族の所有する株式などの譲渡を受けて、これを一般に売り出し、株式所有による財閥の傘下企業支配を一掃しようとした(❹　　　　　　　　という)。さらに1947(昭和22)年には、いわゆる❺　　　　　　　　によって持株会社や⑥　　　　　　　　・トラストなどが禁止され、❼　　　　　　　　によって巨大独占企業の分割がおこなわれることになった。1948(昭和23)年2月には325社が⑦　　　　　　　　の指定を受けたが、占領政策の変化により実際に分割されたのは、(1934年の製鉄大合同で設立された)⑧　　　　　　　　や三菱重工など11社だけであった。

　またGHQは、農民層の窮乏が日本の対外侵略の重要な動機となったとして、①　　　　　　　　制を除去し、安定した自作農経営を大量に創出する❾　　　　　　　　の実施を求めた。1945(昭和20)年12月、日本政府は第1次❾　　　　　　　　案を決定したが、地主制解体の面で不徹底であったため、翌1946(昭和21)年10月にGHQの勧告案にもとづいて公布された**改正農地調整法・❿　　　　　　　　**によって第2次❾　　　　　　　　が開始され、1950(昭和25)年までにほぼ完了した。具体的には、市町村ごとに、地主3・自作農2・小作農⑪　　の割合で選ばれた⑫　　　　　　　　が、農地の買収と売渡しに当たった。また、残った小作地についても、小作料は公定の⑬　　　　　　　　とされた。⑭

解答　㊳軍需産業　㊴現物賠償　　　　　　　　作農創設特別措置法　⑪5　⑫農地委員
民主化政策▶①寄生地主　②安田　❸持　　　会　⑬定額金納　⑭不在地主
株会社整理委員会　❹財閥解体　❺独占
禁止法　⑥カルテル　❼過度経済力集中
排除法　⑧日本製鉄　❾農地改革　❿自

の全貸付地、在村地主の貸付地のうち一定面積(都府県平均⑮＿＿＿＿町 歩、北海道では4町歩)をこえる分は、国が強制的に買い上げて、小作人に優先的に安く売り渡した。その結果、全農地の半分近くを占めていた小作地が1割程度にまで減少し、農家の大半が⑮＿＿＿＿町歩未満の零細な自作農となった。一方、大地主たちは従来の大きな経済力と社会的威信とを一挙に失った。1946(昭和21)年に再結成された⑯＿＿＿＿＿＿＿＿＿＿を中心とする農民運動は、⑨＿＿＿＿＿＿＿＿＿＿を進める力となったが、改革後は衰え、1947(昭和22)年12月以降、農業経営を支援する農業協同組合(⑰＿＿＿＿という)が各地に設立された。

　低賃金構造にもとづく⑱＿＿＿＿＿＿＿＿＿の狭さを解消して対外侵略の動機を除去する観点から、GHQの労働政策は労働基本権の確立と労働組合の結成促進に向けられた。まず、1945(昭和20)年12月には⑲＿＿＿＿＿＿＿＿＿＿＿＿＿が制定され、労働者の団結権・団体交渉権・⑳＿＿＿＿＿＿＿が保障された。官公庁や民間企業で労働組合の結成があいつぎ、1946(昭和21)年には全国組織として、右派の㉑＿＿＿＿＿＿＿＿＿＿＿＿＿＿＿(総同盟)、左派の㉒＿＿＿＿＿＿＿＿＿＿＿＿(産別会議)が結成された。さらに、1946(昭和21)年に㉓＿＿＿＿＿＿＿＿＿＿、1947(昭和22)年には8時間労働制などを規定した㉔＿＿＿＿＿＿＿＿＿が制定され(以上が労働三法)、㉕＿＿＿＿＿＿＿が設置された。

　教育制度の自由主義的改革も、民主化の重要な柱の1つであった。GHQは、1945(昭和20)年10月には、教科書の不適当な記述の削除と軍国主義的な教員の追放を指示し、つづいて㉖＿＿＿＿＿・日本歴史・地理の授業が一時禁止された。文部省は従来の国定教科書から内容を一新した『くにのあゆみ』『あたらしい憲法のはなし』などを刊行した。国定歴史教科書の最後のものとなった『くにのあゆみ』は、建国神話からではなく、考古学的記述から始められていた。しかし、1947(昭和22)年から新学制による社会科となったので、使用されなくなった。ついでアメリカ教育使節団の勧告により、1947(昭和22)年、教育の機会均等や男女共学の原則をうたった㉗＿＿＿＿＿＿＿＿＿が制定され、義務教育が実質

第16章

解答 ⑮1　⑯日本農民組合　⑰農協　基本法
⑱国内市場　⑲労働組合法　⑳争議権
㉑日本労働組合総同盟　㉒全日本産業別
労働組合会議　㉓労働関係調整法　㉔労
働基準法　㉕労働省　㉖修身　㉗教育

6年から㉘　　　　年に延長された。同時に制定された㉙　　　　により、4月から6・3・3・4の新学制が発足した。大学も大幅に増設されてより㉚　　　　化し、女子学生も増加していった。1948（昭和23）年には、都道府県・市町村ごとに、㉛　　　　による㉜　　　　　　　　　　　が設けられ、教育行政の地方分権化がはかられた。

政党政治の復活

民主化政策がつぎつぎに実施される中で、各政党もあいついで復活ないし結成された。1945（昭和20）年10月には、GHQの指令で出獄（しゅつごく）した徳田球一（とくだきゅういち）らを中心に、①　　　　　　　　　　　　が合法政党として活動を開始した。11月には、旧無産政党を統合した②　　　　、旧立憲政友会系で③　　　　　　時（1942年4月）の非推薦（すい）議員を中心に結成された④　　　　　　　　　、旧立憲民政党系で翼賛体制期には大日本政治会に属していた議員を中心に結成された⑤　　　　　　　　が、12月には労使協調（ろうし）（かか）を掲げる⑥　　　　　　　　　　が誕生した。しかしGHQは、きたるべき衆議院議員総選挙にかつての戦争協力者が立候補するのをきらい、1946（昭和21）年1月の⑦　　　　　　　指令によって、③　　　　　　　　　　の推薦議員をすべて失格としたため、政界は大混乱におちいった。

1945（昭和20）年12月には、衆議院議員選挙法を大幅に改正し、❽　　　　　　　　をはじめて認めた新選挙法が制定された。満⑨　　歳以上の成人男女に選挙権が与えられた結果、有権者数はこれまでの3倍近くに拡大した。翌1946（昭和21）年4月に戦後初の衆議院議員総選挙がおこなわれ、39人の女性議員が誕生し、④　　　　　　　　　　　が第一党となった。同年5月、戦前からの親英米派外交官であった❿　　　　　　　が、⑦　　　　　　　処分を受けた⑪　　　　　　　にかわって、⑤　　　　　　　　　　の協力を得て第1次❿　　　　　内閣を組織した。

日本国憲法の制定

1945（昭和20）年10月、①　　　　　　　　　　内閣はGHQに憲法改正を指示され、②

（委員長松本烝治国務大臣）を政府内に設置した。しかし、同委員会作成の改正試案が依然として天皇の統治権を認める保守的なものであったため、GHQは③＿＿＿＿＿＿＿＿＿＿の活動が始まるのを前に、みずから英文の改正草案（マッカーサー草案）を急きょ作成して、1946（昭和21）年2月、日本政府に提示した。政府は、これにやや手を加えて和訳したものを政府原案として発表した。なお、高野岩三郎らによる民間の④＿＿＿＿＿＿＿＿＿＿は、1945（昭和20）年12月に主権在民原則と立憲君主制を取り入れた「憲法草案要綱」を発表し、GHQや日本政府にも提出していた。GHQはマッカーサー草案を執筆した際、この「憲法草案要綱」も参照した。

新憲法制定は手続き上、大日本帝国憲法を改正する形式をとり、改正案は衆議院と⑤＿＿＿＿＿＿で修正可決されたのち、❻＿＿＿＿＿＿＿＿＿として1946（昭和21）年11月3日に公布され、1947（昭和22）年5月3日から施行された。なお、GHQ草案がそのまま新憲法になったのではなく、政府案の作成や議会審議の過程で追加・修正がなされた。たとえば、草案では国会は衆議院のみの一院制だったが、日本政府の強い希望で⑦＿＿＿＿＿＿＿を加えて二院制となった。

新憲法は、❽＿＿＿＿＿＿＿・平和主義・❾＿＿＿＿＿＿＿＿の尊重の3原則を明らかにした画期的なものであった。国民の直接選挙で選ばれた議員からなる⑩＿＿＿＿＿を「国権の最高機関」とする一方、天皇は政治的権力をもたない「日本国民統合の象徴」となった（❶＿＿＿＿＿＿＿＿＿というう）。また第9条第1項で「国際紛争を解決する手段」としての❷＿＿＿＿＿＿＿＿し、第2項で「前項の目的を達するため」戦力は保持せず、⑬＿＿＿＿＿も認めないと定めたことは、世界にもほかに例がない。なお、衆議院の修正段階では、⑭＿＿＿＿＿＿＿の発案により、戦力不保持に関する第9条第2項に「前項の目的を達するため」との字句が加えられ、⑮＿＿＿＿＿＿のための軍隊保持に含みを残した。

新憲法の精神にもとづいて、多くの法律の制定あるいは大幅な改正がおこなわれた。1947（昭和22）年に改正された民法（⑯＿＿＿＿＿＿＿というう）は、家中心の

■公職選挙法■ 1947年の参議院の公選および地方自治法による知事や市町村長、地方議会議員の公選制にともない1950年に制定。2015年の改正で選挙権は満20歳から満18歳に引き下げられた。

第16章

⑰＿＿＿＿制度を廃止し、男女同権の新しい家族制度を定めた。⑰＿＿＿＿の家族員に対する支配権は否定され、家督相続制度にかえて財産の⑱＿＿＿＿相続が定められ、婚姻・家族関係における男性優位の諸規定も廃止された。刑事訴訟法は人権尊重を主眼に全面改正され、刑法の一部改正で⑲＿＿＿＿・不敬罪・姦通罪などが廃止された。

　また1947(昭和22)年には⑳＿＿＿＿＿＿＿＿が成立して、都道府県知事・市町村長が㉑＿＿＿＿となり、地方行政や警察に権力をふるってきた㉒＿＿＿＿はGHQの指示で廃止された。国家地方警察とともに㉓＿＿＿＿をつくることを定めた警察法も、1947(昭和22)年末に公布され、翌年施行された。

生活の混乱と大衆運動の高揚

戦争によって国民の生活は徹底的に破壊された。空襲によって焼け出された人々は、防空壕や焼け跡に建てたバラック小屋で雨露をしのいだ。鉱工業生産額は戦前の3分の1以下にまで落ち込んだ。敗戦の時点で海外にいた約310万人の軍人の❶＿＿＿＿や、約320万人の一般居留民の❷＿＿＿＿で人口はふくれ上がり、失業者も急増した。とりわけ悲惨だったのは旧満洲国地域の居留民で、彼らのうち、飢えと病気で死んだ者も少なくなく、❸＿＿＿＿＿＿＿＿として残された者もいた。ソ連に降伏した約60万人の軍人や居留民の大半(朝鮮人など日本人以外も含まれる)は❹＿＿＿＿の収容所に移送され、厳寒の中で何年間も強制労働に従事させられて、5万人以上の人命が失われた。ソ連からの❷＿＿＿＿はもっとも遅れ、最終的には日ソの国交が回復した1956(昭和31)年頃までかかった。

　1945(昭和20)年は記録的な凶作で、食料不足は深刻となり、米の⑤＿＿＿＿が不足し、サツマイモやトウモロコシなどの代用食にかえられた。米の総収量は、1940～44(昭和15～19)年の平均が911万トンであったのに対して、1945(昭和20)年には587万トンと3割以上も落ち込んだ。配給では遅配・欠配が続いたので、都市民衆は農村への**買出し**や❻＿＿＿＿での闇買い、家庭での自給生産で飢え

をしのいだ。

　極度の物不足に加えて、敗戦直後に、終戦処理などで臨時軍事費が大量に支払われたことのほか、⑦＿＿＿＿＿＿＿＿の対民間貸出しの増加などで通貨が増発されたことにより、猛烈な⑧＿＿＿＿＿＿＿＿＿＿＿＿＿＿＿が発生した。1946(昭和21)年2月、幣原喜重郎内閣は⑨＿＿＿＿＿を封鎖してそれまで使用されていた旧円の流通を禁止し、新円の引出しを制限することによって貨幣流通量を減らそうとした(⑩＿＿＿＿＿＿＿＿＿＿＿＿＿＿＿というだ)が、効果は一時的であった。第1次吉田茂内閣は⑪＿＿＿＿＿＿＿＿＿＿＿＿＿＿を設置して対応し、1946(昭和21)年12月には資材と資金を⑫＿＿＿＿・鉄鋼などの重要産業部門に集中する⑬＿＿＿＿＿＿＿＿＿＿＿を閣議決定し、翌年1月に⑭＿＿＿＿＿＿＿＿＿＿＿(復金という)を創設して電力・海運などを含む基幹産業への資金供給を開始した。

　国民生活の危機は、大衆運動を高揚させた。敗戦直後には、労働者たちが自主的に生産・業務を管理する⑮＿＿＿＿＿＿＿＿＿＿＿＿が活発になった。さらに全官公庁共同闘争委員会に結集した官公庁労働者を中心に、⑯＿＿＿＿＿＿内閣打倒を目指し、1947(昭和22)年2月1日に基幹産業を巻き込む⑰＿＿＿＿＿＿＿＿＿＿＝＿＿＿＿＿＿＿＿＿に突入することが決定されたが、ストライキ直前の1月31日にGHQの命令で中止された。

　1947(昭和22)年4月、新憲法下の新しい政府を組織するため、衆参両院議員の選挙がおこなわれた。その結果、大衆運動の高揚を背景に⑱＿＿＿＿＿＿＿が日本自由党・⑲＿＿＿＿＿をわずかの差で破り、衆議院第一党となった。新憲法下最初の首班指名で日本社会党委員長⑳＿＿＿＿＿が選出され、⑲＿＿＿＿＿・国民協同党との連立内閣が発足した。GHQは、日本が保守でも急進でもない「中道」を歩んでいることの証として新内閣の誕生を評価していたが、内閣は連立ゆえの政策の調整に苦しみ、㉑＿＿＿＿＿問題では与党⑲＿＿＿＿＿から強い攻撃を受け、⑱＿＿＿＿＿左派からの批判も強まった結果、翌年2月に総辞職した。ついで⑲＿＿＿＿＿

解答 ⑦日本銀行　⑧インフレーション　⑨預金　⑩金融緊急措置令　⑪経済安定本部　⑫石炭　⑬傾斜生産方式　⑭復興金融金庫　⑮生産管理闘争　⑯吉田茂　⑰ゼネラル＝ストライキ　⑱日本社会党

⑲民主党　⑳片山哲　㉑炭鉱国家管理

■新円切り替え■　1946年2月、政府はインフレ抑制のため従来の日本銀行券の流通を突如停止し、新円への切り替えを断行した。

総裁の㉒＿＿＿＿＿＿＿が、同じ3党の連立で内閣を組織したが、広く政界からGHQまでを巻き込んだ疑獄事件（㉓＿＿＿＿＿＿＿＿＿という）で退陣した。

2 冷戦の開始と講和

冷戦体制の形成と東アジア　原子爆弾の威力で第二次世界大戦を終結させたアメリカは、圧倒的な国力を背景に、イギリスにかわって世界の指導・管理に乗り出した。大戦末期のブレトン＝ウッズ協定にもとづく①＿＿＿＿＿＿＿（国際通貨基金）とIBRD（国際復興開発銀行、②＿＿＿＿＿＿＿）の創設や、③＿＿＿＿＿＿＿＿（関税及び貿易に関する一般協定）の締結などが進められた。こうして、ドルを基軸通貨とする④＿＿＿＿＿相場制と⑤＿＿＿＿＿＿＿体制のもとで資本主義的世界経済の再建をはかる枠組みが構築された。

　一方、ソ連に占領された東ヨーロッパ諸国ではソ連型の共産主義体制が樹立され、強大なソ連が小国を支配する「衛星国」化が進行した。

　これに対してアメリカは、⑥＿＿＿＿＿＿＿＿＿大統領が1947年にソ連「封じ込め」政策の必要をとなえ（⑥＿＿＿＿＿＿＿＿＿＝ドクトリンという）、ついで1947年の⑦＿＿＿＿＿＿＿＿＝プランにもとづいて西ヨーロッパ諸国の復興と軍備増強を援助することで、ヨーロッパにおける共産主義勢力との対決姿勢を鮮明にした。アメリカの国務長官⑦＿＿＿＿＿＿＿＿＿の提案にもとづくこの政策は、全ヨーロッパの復興援助計画であったが、ソ連・東ヨーロッパ諸国はその受入れを拒否した。こうして、アメリカを盟主とする西側（資本主義・自由主義陣営）とソ連を盟主とする東側（社会主義・共産主義陣営）の二大陣営が形成され、1949年、アメリカと西ヨーロッパ諸国の共同防衛組織である❽＿＿＿＿＿＿＿＿＿（NATO）が結成された。一方、ソ連は1949年に⑨＿＿＿＿＿の開発に成功し、1955年にはソ連と東ヨーロッパ7カ

[解答] ㉒芦田均　㉓昭和電工事件
冷戦体制の形成と東アジア▶①IMF　②世界銀行　③GATT　④固定　⑤自由貿易　⑥トルーマン　⑦マーシャル　❽北大西洋条約機構　⑨原爆

■「冷たい戦争」■　1946年チャーチルは、ソ連が東欧に「鉄のカーテン」をおろしていると非難し、1947年に東西両陣営の対立がきびしくなると、W.リップマンはこれを「Cold War」と表現した。

国の共同防衛組織である❿＿＿＿＿＿＿＿＿＿＿＿＿＿が結成された。

　これ以降、核武装した東西両陣営は軍事的な対峙を継続し、勢力範囲の画定や軍備・経済力・イデオロギーなどあらゆる面で激しい競争を展開した。「冷たい戦争」（「⓫＿＿＿＿＿」）と呼ばれる対立はしだいに世界におよび、戦後世界秩序の骨格を形づくった（⑪＿＿＿＿＿体制という）。また、国際連合による国際安全保障への信頼性は動揺するようになった。

　中国では、農民の強い支持を受けた共産党が、アメリカに支援された国民党との内戦に勝利し、1949年10月に北京で中華人民共和国（主席⑫＿＿＿＿＿）の成立を宣言した。翌年には⑬＿＿＿＿＿条約が成立し、中華人民共和国は東側陣営に加わった。一方、敗れた国民党は⑭＿＿＿＿＿に逃れて、⑮＿＿＿＿＿政府（総統⑯＿＿＿＿＿）を存続させた。

　朝鮮半島では、1948年、ソ連軍占領地域に朝鮮民主主義人民共和国（北朝鮮、首相⑰＿＿＿＿＿）が、アメリカ軍占領地域には大韓民国（韓国、大統領⑱＿＿＿＿＿）が建国され、南北分断の状態が固定化した。

占領政策の転換　中国内戦で共産党の優勢が明らかになった1948（昭和23）年以降、アメリカの対日占領政策は転換した。対日政策の転換は、まず、1948年1月の①＿＿＿＿＿陸軍長官の演説で表明された。ついで同年10月、アメリカ政府は、冷戦政策の提唱者の1人である外交官ケナンの提言をもとに、行政責任の日本政府への大幅委譲、②＿＿＿＿＿の緩和、民間企業の育成、均衡予算の達成などによる経済復興の推進を決定した。アメリカ政府は日本を政治的に安定した③＿＿＿＿＿国として復興させ、西側陣営の東アジアにおける主要友好国とする政策を採用した。このためGHQも、非軍事化・④＿＿＿＿＿という当初の占領目的はすでに達成されたとして、日本の工業生産能力を低くおさえようとしてきた政策を改め、経済復興を強く求めた。

【解答】❿ワルシャワ条約機構　⓫冷戦　　放　③工業　④民主化
⑫毛沢東　⑬中ソ友好同盟相互援助　⑭台湾　⑮中華民国　⑯蔣介石　⑰金日成　⑱李承晩
占領政策の転換▶①ロイヤル　②公職追

日本の諸外国に対する⑤＿＿＿＿＿は軽減され、⑥＿＿＿＿＿＿＿＿＿＿＿＿＿にもとづく企業分割は大幅に緩和された。1948(昭和23)年には、GHQの命令による⑦＿＿＿＿＿＿＿＿＿で国家公務員法が改正され、労働運動の中核であった官公庁労働者は⑧＿＿＿＿＿権を失った。また、翌年以降、②＿＿＿＿＿＿＿＿の解除が進められた。

　⑨＿＿＿＿＿事件をきっかけに、1948(昭和23)年10月に⑩＿＿＿＿の中道連立内閣が倒れると、民主自由党の第2次⑪＿＿＿＿＿＿内閣が成立した。翌年1月の衆議院議員総選挙で民主自由党は過半数をこえる議席を獲得し、保守政権を安定させた。日本自由党は民主党の離党者を吸収して民主自由党になり、1950(昭和25)年からは民主党の一部が合流して自由党となった。

　GHQは、日本の経済復興に向けてつぎつぎと積極的な措置をとった。片山哲・⑩＿＿＿＿＿＿内閣のもとで実施された⑫＿＿＿＿＿＿は、生産再開の起動力となったが、赤字財政による巨額の資金投入にともなって、ますます⑬＿＿＿＿＿＿＿＿＿＿＿＿＿＿が進行した。そこで、GHQは1948(昭和23)年12月、第2次⑪＿＿＿＿＿＿内閣に対し、総予算の均衡、徴税の強化、金融機関の融資を復興関連に制限、賃金の安定、物価の統制などの内容を含む、⑭＿＿＿＿＿＿＿＿＿＿＿＿＿の実行を指令した。これは徹底した引締め政策で⑬＿＿＿＿＿＿＿＿＿＿＿を一気におさえて⑮＿＿＿の価値を安定させ、国際競争力を高めることによって日本経済を復興・自立させようとした。これを実施させるため、翌年には銀行家のドッジが特別公使として日本に派遣され、一連の施策を指示した(⑯＿＿＿＿＿＿＝＿＿＿＿という)。

　第3次⑪＿＿＿＿＿＿内閣はドッジの要求に従い、まったく赤字を許さない予算を編成し、財政支出を大幅に削減した。ついで、1ドル＝360円の⑰＿＿＿＿＿＿＿＿＿＿を設定して日本経済を国際経済に直結させ、国際競争の中で輸出の振興をはかった。1949(昭和24)年には、財政学者の⑱＿＿＿＿＿を団長とする税制専門家チームが来日して勧告をおこない、これ

<hr>

【解答】⑤賠償　⑥過度経済力集中排除法　⑦政令201号　⑧争議　⑨昭和電工　⑩芦田均　⑪吉田茂　⑫傾斜生産方式　⑬インフレーション　⑭経済安定九原則　⑮円　⑯ドッジ＝ライン　⑰単一為替レート　⑱シャウプ

■シャウプ勧告■　所得税(直接税)中心の税制、法人所得の減税、地方税独立を勧告した。一方、現在は少子高齢化により間接税中心への見直しが進む。

にもとづく税制の大改革で、⑲＿＿＿＿＿中心主義や累進所得税制が採用された。

⑯＿＿＿＿＿＝＿＿＿＿＿によって⑬＿＿＿＿＿は収束したが、1949（昭和24）年後半からの不況が深刻化し、中小企業の倒産が増大した。これに行政や企業の人員整理が重なって、失業者があふれるようになった。人員整理の強行には、共産党・産別会議や国鉄労働組合などを中心とする労働者側も激しく抵抗したが、1949（昭和24）年7月から8月にかけて国鉄（日本国有鉄道）をめぐって続発した⑳＿＿＿＿＿事件（人員整理を進めていた下山定則国鉄総裁の怪死事件）や㉑＿＿＿＿＿事件（㉑＿＿＿＿＿駅構内での無人電車の暴走事故）・松川事件（福島県松川駅付近での列車の脱線・転覆事故）で嫌疑をかけられた影響もあり、労働者側は結局おし切られた。政府は、一連の事件は国鉄労働組合・共産党の関与によると発表したため、労働者側は打撃を受けたが、事件の真相は現在も不明である。

朝鮮戦争と日本 南北分断の状態となった朝鮮半島では、1950年6月、中華人民共和国の成立（1949年10月）に触発された北朝鮮が武力統一を目指して北緯38度線をこえて韓国に侵攻し、❶＿＿＿＿＿が始まった。国際連合の②＿＿＿＿＿は、③＿＿＿＿＿代表が欠席する中で開かれ、朝鮮民主主義人民共和国（北朝鮮）を侵略者として武力制裁することを決定した。

北朝鮮軍はソウルを占拠し朝鮮半島南部を席巻したが、アメリカ軍が④＿＿＿＿＿として介入した結果、北朝鮮軍をおし返した。アメリカ軍は1950年9月の仁川上陸作戦を転機として、北緯38度線をこえて中国の国境にせまった。これに対し、⑤＿＿＿＿＿が北朝鮮側に参戦し、北緯38度線付近で戦線は膠着状態となった。国連軍の総司令官⑥＿＿＿＿＿は、戦局の行き詰まりを打開するために中国東北部の爆撃を主張したが、戦争の拡大を恐れるアメリカ大統領⑦＿＿＿＿＿によって、1951年に突然解任された。1951年7月から休戦会談が始まり、1953年7月に

解答 ⑲直接税 ⑳下山 ㉑三鷹
朝鮮戦争と日本▶❶朝鮮戦争 ②安全保障理事会 ③ソ連 ④国連軍 ⑤中国人民義勇軍 ⑥マッカーサー ⑦トルーマン

■休戦協定 板門店で北朝鮮人民軍、中国人民義勇軍、アメリカ軍主体の「国連軍」が調印し、韓国は署名を拒否した。北緯38度線に近い所に軍事境界線と非武装地帯（DMZ）が設けられた。

2. 冷戦の開始と講和　**319**

⑧＿＿＿＿＿＿で休戦協定が調印された。

　朝鮮戦争が始まると、在日アメリカ軍が朝鮮に動員されたあとの軍事的空白を埋めるために、GHQの指令で⑨＿＿＿＿＿＿が新設された。旧軍人の⑩＿＿＿＿＿解除も進められ、旧軍人は⑨＿＿＿＿に採用されていった。これより先、GHQは日本共産党幹部の⑩＿＿＿＿を指令し、朝鮮戦争の勃発(ぼっぱつ)に続いて共産主義者の追放（⑪＿＿＿＿＿＝という）が始まり、マスコミから民間企業・官公庁へと広がった。労働運動では左派(さは)の⑫＿＿＿＿＿（全日本産業別労働組合会議）の勢力が弱まる中、1950(昭和25)年、反⑫＿＿＿＿＿派の組合がGHQのあと押しで⑬＿＿＿＿＿＿（総評(そうひょう)）を結成し、運動の主導権を握った。しかし総評は、まもなく講和問題を契機(けいき)に大きく路線を転換し、⑭＿＿＿＿＿と提携(ていけい)しつつ、アメリカと協調的な保守政治に反対する姿勢を強めた。

講和と安保条約　朝鮮戦争で日本の戦略(せんりゃく)的価値を再認識したアメリカは、占領を終わらせて日本を西側陣営に早期に編入しようとする動きをみた。アメリカの①＿＿＿＿＿外交顧問(こもん)らは対日講和からソ連などを除外し（②＿＿＿＿＿という）、講和後もアメリカ軍を日本に③＿＿＿＿＿させることなどを条件に準備を進めた。

　日本国内には、ソ連・中国を含む全交戦国との④＿＿＿＿＿を主張する意見もあり、南原繁(なんばらしげる)・大内兵衛(おおうちひょうえ)らの知識人層や⑤＿＿＿＿＿・日本共産党が、④＿＿＿＿＿の論陣(ろんじん)を張った。しかし、第3次吉田茂内閣は、講和後もアメリカ軍の③＿＿＿＿＿を認めることで、⑥＿＿＿＿＿の負担を避けて経済復興に全力を注ぐことを考え、西側諸国のみとの講和によって独立を回復し、基地提供の見返り(みかえ)に⑦＿＿＿＿＿をアメリカに依存する道を選択した。

　1951(昭和26)年9月、サンフランシスコで講和会議が開かれ、日本と48カ国とのあいだで⑧＿＿＿＿＿＿が調

印された。⑨＿＿＿＿＿などは講和会議には出席したが調印せず、⑩＿＿

＿＿・ビルマ（ミャンマー）などは条約案への不満から出席しなかった。主要交戦

国である中国については、中華人民共和国と⑪＿＿＿＿＿＿＿＿＿＿＿のいずれもま

ねかれなかった。のちに日本は⑪＿＿＿＿＿＿と日華平和条約(1952年)を

結び、つづいて⑩＿＿＿＿＿(1952年)・ビルマ(1954年)とも平和条約を結ん

だ。なお、⑤＿＿＿＿＿＿＿＿＿は、⑧＿

＿＿＿＿＿＿＿＿の批准をめぐって党内の対立が激化し、1951(昭和26)

年、左右両派に分裂した。

　翌1952(昭和27)年4月に条約が発効して、6年8ヵ月におよんだ⑫＿＿＿

は終結し、日本は独立国としての⑬＿＿＿＿を回復した。この条約は、交戦国

に対する日本の賠償責任を著しく軽減した。条約では、日本が交戦国の戦争

被害に対しておもに⑭＿＿＿の供与により賠償を支払う義務を定めたが、冷

戦激化の情勢に応じて、アメリカをはじめ多くの交戦国が賠償請求権を放棄した。

これに対し、日本軍の占領を受けた⑮＿＿＿＿＿＿＿＿＿・インドネシア・

ビルマ・南ベトナムの東南アジア4カ国はそれぞれ日本と賠償協定を結んだ。

　一方で、⑧＿＿＿＿＿＿＿＿＿＿＿＿＿＿＿＿＿＿＿＿＿は、

領土についてはきびしい制限を加え、⑯＿＿＿＿＿＿の独立、台湾・南樺太・千島

列島などの放棄が定められ、南西諸島・⑰＿＿＿＿＿諸島はアメリカの施政

権下におかれた。南西諸島・⑰＿＿＿＿＿諸島は、アメリカの信託統治が予

定されていたが、アメリカはこれを国際連合に提案せずに施政権下においた。な

お、南西諸島のうち⑱＿＿＿＿群島は1953(昭和28)年に日本に返還された。

　平和条約の調印と同じ日、⑲＿＿＿＿＿＿＿＿＿＿＿＿＿＿(安保条

約)が調印され、独立後も日本国内にアメリカ軍が「⑳＿＿＿＿の平和と安全」

のために③＿＿＿＿を続け、日本の防衛に「寄与」することとされた。条約上は、

アメリカが必要とすれば日本のどの地域でも基地として要求することができ、在

日アメリカ軍の行動範囲とされた「⑳＿＿＿＿」の定義も不明確であった。こ

の条約にもとづいて、翌1952(昭和27)年2月には㉑

解答 ⑨ソ連　⑩インド　⑪中華民国
⑫占領　⑬主権　⑭役務　⑮フィリピン
⑯朝鮮　⑰小笠原　⑱奄美　⑲日米安全
保障条約　⑳極東　㉑日米行政協定

■南西諸島 九州南端から台湾の北東端
に至る弧状列島の総称。鹿児島県と沖
縄県からなる。

が締結され、日本は駐留軍に基地(施設・区域)を提供し、③＿＿＿＿＿＿費用を分担することになった。

占領期の文化　占領期における一連の改革によって、思想や言論に対する国家の抑圧が取り除かれ、従来の価値観・権威は大きく否定された。かわって、個人の解放・①＿＿＿＿＿＿という新しい理念が占領軍の手で広められるとともに、アメリカ的な生活様式や②＿＿＿＿＿＿が急激な勢いで流れ込み、日本国民によってしだいに受け入れられていった。

　出版界は活気づき、数多くの新聞や雑誌が誕生し、①＿＿＿＿＿＿を促進した。1945(昭和20)年末から翌年にかけて、『世界』『思想の科学』などの③＿＿＿＿＿＿が創刊され、『中央公論』『改造』なども復刊された。

　天皇制に関するタブーがとかれ、④＿＿＿＿＿＿が急速に復活をとげる中、人文・社会科学の分野では西ヨーロッパの近代との比較により日本の後進性を批判する⑤＿＿＿＿＿＿の政治学、大塚久雄の経済史学、川島武宜の法社会学などが学生・知識人に大きな影響をおよぼした。また、登呂遺跡(弥生時代)・⑥＿＿＿＿＿＿遺跡(旧石器時代)の発掘など⑦＿＿＿＿＿＿の研究も盛んになった。自然科学の分野では、理論物理学者の❽＿＿＿＿＿＿が1949(昭和24)年に日本人ではじめて⑨＿＿＿＿＿＿(物理学賞)を受賞した。そして同年、あらゆる分野の科学者を代表する機関として❿＿＿＿＿＿が設立された。

　また、法隆寺金堂壁画の焼損(1949年)をきっかけとして、伝統的価値のある文化財を保護するために、1950(昭和25)年に⓫＿＿＿＿＿＿が制定された。こののち、伝統ある文化財を保護し、文化を復興するために、1968(昭和43)年には⑫＿＿＿＿＿＿が設置された。

　文学では、社会の常識や既成のリアリズムに挑戦する⑬＿＿＿＿＿＿・坂口安吾らの作品が、敗戦で虚脱した人々に衝撃を与えた。また、⑭＿＿＿＿＿＿と野間宏は、自身の苛烈な戦時体験を西欧の現代文学に学んだ斬新な手法で表現し、戦後派文学(アプレゲール)を築いた。

戦争の悪夢から解放された日本国民のあいだには、日々の生活の苦しさにもかかわらず、明るくのびやかな②[＿＿＿＿＿＿＿＿＿＿]が広がった。歌謡曲では、並木路子（なみきみちこ）の歌う「⑮[＿＿＿＿＿＿]」の大流行に続いて、⑯[＿＿＿＿＿＿＿＿＿＿]が登場した。大衆娯楽としての⑰[＿＿＿＿]は黄金（おうごん）時代を迎え、溝口健二（みぞぐちけんじ）・⑱[＿＿＿＿＿＿＿＿＿]らの作品が国際的に高く評価された。GHQの指導のもとに再出発した⑲[＿＿＿＿＿＿＿＿]（NHK）の⑳[＿＿＿＿＿＿]放送は、ドラマやスポーツ中継（ちゅうけい）で高い人気を獲得し、1951（昭和26）年からは民間放送も始まった。

整理　おもな文学作品（占領期）
坂　口　安　吾：白痴（はくち）
太　宰　　　治：斜陽（しゃよう）
大　岡　昇　平：俘虜記（ふりょき）
谷崎潤一郎（たにざきじゅんいちろう）：細雪（ささめゆき）
木　下　順　二：夕鶴（戯曲）（ぎきょく）
三　島　由　紀　夫：仮面の告白
野　間　　　宏（とうげ）：真空地帯
峠　　　三　吉：原爆詩集
石　原　慎　太　郎（しんたろう）：太陽の季節
松　本　清　張（せいちょう）：点と線

[解答]　⑮リンゴの唄（うた）　⑯美空（みそら）ひばり　⑰映画　⑱黒澤明（くろさわあきら）　⑲日本放送協会　⑳ラジオ

■湯川秀樹■　第二次世界大戦中に研究した「中間子理論（ちゅうかんし）」でノーベル物理学賞を受賞し、占領中の日本に喜びを与えた。つぎのノーベル賞受賞は朝永振一郎（ともながしんいちろう）（物理学賞）で独立後の1965年であった。

高度成長の時代

冷戦構造の世界の中で、日本では55年体制という政治体制がつくられ、欧米諸国をしのぐ高度経済成長をとげた。55年体制のもとで、日本の政治・外交はどのような展開をみせ、経済はどのように発展していったのだろうか。また、高度経済成長を可能にした政治的・経済的・国際的な条件とは何だろうか。

1 55年体制

冷戦構造の世界 朝鮮戦争の休戦後もアメリカとソ連は原爆から水爆へ、さらに核兵器を遠方に撃ち込む大陸間弾道ミサイル(① _____ という)へと、軍備拡大競争にのめり込んだ。また、ソ連の人工衛星② _____ の打上げ(1957年)、アメリカの宇宙船③ _____ 11号による人類初の月面着陸(1969年)など、米・ソの競争は宇宙開発をめぐっても展開された。しかし、核対決の手詰まりの中で、1950年代半ばから東西対立を緩和する動きが生まれた(「❹ _____ 」という)。ソ連では独裁者⑤ _____ の死後(1953年)、⑥ _____ が平和共存路線を打ち出し、1959年に訪米して⑦ _____ 大統領と首脳会談をおこなった。つづいて部分的核実験禁止条約(1963年)・⑧ _____ (1968年)が調印されるなど、核軍縮交渉が進められた。

　1960年代には東西両陣営内で「多極化」が進み、米・ソの圧倒的地位にかげりがみえるようになった。西側諸国は対米依存のもとで復興を進めていたが、ヨーロッパ経済共同体(EEC、1957年)についで⑨ _____ (EC、1967年)が組織され、経済統合を進めて自立をはかった。フランスは⑩ _____ = _____ 大統領のもとで独自の外交を展開し、⑪ _____ (当時)や日本は驚異的な経済成長をとげてアメリカ経済をおびやかすようになった。東側陣営内では⑫ _____ が表面化し、中国は1964年に核実験を成功させ、1966年には「⑬ _____

解答 冷戦構造の世界▶①ICBM ②スプートニク ③アポロ ❹雪どけ ⑤スターリン ⑥フルシチョフ ⑦アイゼンハワー ⑧核兵器拡散防止条約 ⑨ヨーロッパ共同体 ⑩ド゠ゴール ⑪西ドイツ ⑫中ソ対立 ⑬プロレタリア文化大革命

」を開始した。

　第三勢力の台頭もめざましくなった。1955年には中国・インドを中心に⑭_____
_____＝_____(バンドン会議)が開催されて、新興独立国家の結集がはかられ、1960年代にはアジア・アフリカ諸国が国連加盟国の過半数を占めるようになった。1954年、中国とインドは⑮_____・⑯_____会談で、両国友好の基礎として「平和五原則」を確認しており、これをもとに⑭_____＝_____では、平和共存・反植民地主義をうたった「平和十原則」が決議された。

　ベトナムでは、1954年の⑰_____により⑱_____軍は撤退した。しかし、南北分断のもとでなおも内戦が続き、1965年からは、南ベトナム政府を支援する⑲_____が北ベトナムへの爆撃(⑳_____という)を含む大規模な軍事介入を始め、北ベトナムと㉑_____は中国・ソ連の援助を得て抗戦した(㉒_____という)。

| 独立回復後の国内再編 | 1952(昭和27)年４月のサンフランシスコ平和条約の発効は、GHQの指令で制定された多数の法令の失効 |

を意味した。吉田茂内閣は、労働運動や社会運動をおさえるため法整備を進めた。独立直後の1952(昭和27)年５月１日、メーデー中央集会のデモ隊が使用不許可とされた皇居前広場に入り、警官隊とデモ隊とが衝突して多数の死傷者を出した。この「①_____(皇居前広場事件)」を契機に、７月、暴力主義的破壊活動の規制を目指す②_____(破防法)を成立させ、その調査機関として③_____を設置した。

　平和条約の発効とともに海上警備隊が新設され、警察予備隊は④_____に改組されたが、アメリカの再軍備要求はさらに強まり、吉田内閣は防衛協力の実施に踏みきった。1954(昭和29)年に⑤_____(日米相互防衛援助協定など４協定の総称)が締結され、日本はアメリカの援助(兵器や農産物など)を受けるかわりに、⑥_____の増強を義務づけられ、同年７月、

解答　⑭アジア＝アフリカ会議　⑮周恩来　⑯ネルー　⑰ジュネーヴ休戦協定　⑱フランス　⑲アメリカ　⑳北爆　㉑南ベトナム解放民族戦線　㉒ベトナム戦争
独立回復後の国内再編▶①血のメーデー事件　②破壊活動防止法　③公安調査庁　④保安隊　⑤MSA協定　⑥自衛力
■MSA協定　アメリカの相互安全保障法(Mutual Security Act)にもとづく4協定の総称である。

新設された⑦＿＿＿＿＿の統轄のもとに、④＿＿＿＿＿＿・警備隊を統合して、陸・海・空の3隊からなる❽＿＿＿＿＿を発足させた。❽＿＿＿＿＿は、直接・間接の侵略からの自衛を主たる任務とし、災害救助のほか治安維持を目的に出動を命じることができるとされた。自衛隊の最高指揮監督権は⑨＿＿＿＿＿＿＿に属し、内閣の一員で⑩＿＿＿＿＿の防衛大臣（当時は防衛庁長官）が⑨＿＿＿＿＿＿の指揮・監督のもとで隊務を統轄することになっている。

　また同年、（新警察法により）⑪＿＿＿＿＿＿＿を廃止し、⑫＿＿＿＿指揮下の都道府県警察からなる国家警察に一本化して、警察組織の中央集権化をはかった。

　教育の分野では、1954（昭和29）年公布の「教育二法」で公立学校教員の政治活動と政治教育を禁じ、さらに1956（昭和31）年の⑬＿＿＿＿＿により、教育委員の選出方法が⑭＿＿＿＿制から地方自治体の首長による⑮＿＿＿＿制に切りかえられた。

　左右の社会党や共産党・⑯＿＿＿＿などの革新勢力は、こうした吉田内閣の動きを占領期の改革の成果を否定する「⑰＿＿＿＿＿＿＿」ととらえ、積極的な反対運動を展開した。とくに、⑱＿＿＿＿（石川県）・砂川（東京都）などでのアメリカ軍基地反対闘争、⑲＿＿＿＿＿＿＿事件を契機とする❷⓪＿＿＿＿＿＿などが全国で高まりをみせた。

　1954（昭和29）年、中部太平洋ビキニ環礁でのアメリカの水爆実験により、⑲＿＿＿＿＿＿＿が被爆し、乗組員1人が死亡した。これを契機に平和運動が高まり、翌1955（昭和30）年に、広島で第1回㉑＿＿＿＿＿＿＿が開かれた。また、平和条約の発効を待たずに進められた㉒＿＿＿＿＿の解除によって、㉓＿＿＿＿・石橋湛山・岸信介ら有力政治家が政界に復帰し、㉔＿＿＿＿内でも吉田首相に反発する勢力が増大した。

解答　⑦防衛庁　❽自衛隊　⑨内閣総理大臣　⑩文民　⑪自治体警察　⑫警察庁　⑬新教育委員会法　⑭公選　⑮任命　⑯総評　⑰逆コース　⑱内灘　⑲第五福竜丸　❷⓪原水爆禁止運動　㉑原水爆禁止世界大会　㉒公職追放　㉓鳩山一郎　㉔自由党

1954(昭和29)年、① ＿＿＿＿＿＿＿＿ 事件で吉田茂内閣批判が強まる中、鳩山一郎ら自由党反吉田派は離党して、鳩山を総裁とする② ＿＿＿＿＿＿＿＿＿＿＿ を結成した。同年末、吉田内閣は退陣して鳩山一郎内閣が成立した。鳩山首相は、③ ＿＿＿＿＿＿＿（改憲）・再軍備をあらためてとなえ、これを推進する姿勢を打ち出した。一方、左右の社会党は「逆コース」批判の運動が高まる中で党勢を拡大し、再軍備反対の立場を明確にした④ ＿＿＿＿社会党は、⑤ ＿＿＿＿＿＿の支援を受けて議席を増やしていった。このように保守と革新の対立構造が形成され、保守勢力は③ ＿＿＿＿＿＿＿（改憲）と⑥ ＿＿＿＿＿＿＿＿依存の安全保障を、革新勢力は憲法擁護(護憲)と⑦ ＿＿＿＿＿＿＿をそれぞれ主張した。

1955(昭和30)年2月の総選挙で、社会党は左右両派あわせて改憲阻止に必要な3分の1の議席を確保し、10月には両派の統一を実現した。保守陣営でも、財界の強い要望を背景に、11月に日本民主党と自由党が合流して⑧ ＿＿＿＿＿＿＿（自民党）を結成し(⑨ ＿＿＿＿＿＿＿という）、初代総裁には⑩ ＿＿＿＿＿＿＿首相が選出された。ここに形式上で二大政党制が出現したが、保守勢力が3分の2弱、革新勢力が約3分の1の議席を占め、保守一党優位のもとでの保革対立という政治体制(⑪ ＿＿＿＿＿＿＿という）が成立し、以後40年近く続くことになった。

保守合同後の第3次⑩ ＿＿＿＿＿＿＿内閣は、防衛力増強(再軍備)を推進するために国防会議を発足させ、憲法改正をとなえて⑫ ＿＿＿＿＿＿を設置した。一方で、「自主外交」をうたってソ連との国交回復交渉を推進し、1956(昭和31)年10月には首相みずからモスクワを訪れ、⑬ ＿＿＿＿＿＿＿に調印して国交を回復した。⑬ ＿＿＿＿＿＿＿では、北方領土について、日本は固有の領土として4島の返還を要求していたが、ソ連は国後島・⑭ ＿＿＿＿島の帰属については解決済みとの立場をとり、⑮ ＿＿＿＿＿＿＿の締結はもちこされた。歯舞群島・⑯ ＿＿＿＿島の日本への引渡しも⑮ ＿＿＿＿＿＿＿締結後のこととされた。調印の結果、日本の⑰

加盟を拒否していたソ連が支持にまわり、同年12月に日本の❶
への加盟が実現した。

　またこの頃、⑱　　　　　　　　　　・インドネシア・ビルマ(ミャンマー)
など、東南アジア諸国との戦時賠償交渉と国交の樹立も進められた。日本政府
は1976(昭和51)年までに、⑱　　　　　　　　　・インドネシア・ビルマ・
南ベトナムの４カ国に総額10億ドルの賠償を支払った。その支払いは、建設工事
などのサービス(⑲　　　　　の供与)や生産物の提供というかたちをとったため、
日本の商品・企業の東南アジア進出の重要な足がかりとなった。また、非交戦国
の⑳　　　　　や韓国(大韓民国)に対しても、日本は㉑　　　　　　に準ずる支払い
をおこなった。

安保条約の改定　鳩山一郎内閣のあとを継いだ①　　　　　　　　　内閣は、
首相の病気で短命に終わった。1957(昭和32)年に成立した
②　　　　　　　　内閣は、教員の勤務成績の評定を1958(昭和33)年から全国い
っせいに実施したが、③　　　　　　　　　(日教組)は全国で
激しく抵抗した。さらに同年には、安保条約の改定にともなう混乱を予想して、
警察官の権限を強化する④　　　　　　　　　(警職法)改
正案を国会に提出したが、革新勢力の反対運動が高まったため、改正を断念した。

　②　　　　　　　内閣は、革新勢力と対決する一方、「日米新時代」をとなえ、
安保条約を改定して日米関係をより対等にすることを目指した。当初アメリカ側
は安保改定に消極的であったが、交渉の結果、1960(昭和35)年１月には❺
　　　　　　　　　　　　　(新安保条約)
が調印された。新安保条約ではアメリカの日本⑥　　　　　　が明文化さ
れ、さらに条約付属の文書で在日アメリカ軍の日本および「⑦　　　　」での
軍事行動に関する⑧　　　　　　　が定められた。

　革新勢力の側は、新安保条約によってアメリカの世界戦略に組み込まれる危険
性が高まるとして、安保改定反対運動を組織した。政府・与党が、1960(昭和35)
年５月、警官隊を導入した衆議院で条約批准の採決を強行すると、反対運動は

解答　⑱フィリピン　⑲役務　⑳タイ
㉑賠償
安保条約の改定▶①石橋湛山　②岸信介
③日本教職員組合　④警察官職務執行法
❺日米相互協力及び安全保障条約　⑥防

衛義務　⑦極東　⑧事前協議
■新安保条約■　1951年の旧安保条約には、
政府の要請でアメリカ軍が国内の騒擾
に出動できる内乱条項があったが、新安
保条約では削除された。

「⑨＿＿＿＿＿＿＿＿の擁護」を叫んで一挙に高揚した。⑩＿＿＿＿＿＿＿＿＿＿＿を指導部とする社会党・共産党・⑪＿＿＿＿などの革新勢力や、⑫＿＿＿＿＿＿＿（全日本学生自治会総連合）の学生、一般の市民からなる巨大なデモが連日国会を取り巻いた(⑬＿＿＿＿＿＿＿という)。このため予定されていたアメリカ大統領(アイゼンハワー)の訪日はついに中止されたが、条約批准案は参議院の議決を経ないまま６月に⑭＿＿＿＿＿＿＿＿＿した。条約の発効を見届けて、②＿＿＿＿＿＿＿内閣は総辞職した。

保守政権の安定 1960(昭和35)年７月、岸信介内閣にかわった①＿＿＿＿＿＿＿＿＿内閣は、「寛容と忍耐」をとなえて革新勢力との真正面からの対立を避けながら、「❷＿＿＿＿＿＿＿＿＿＿＿＿」をスローガンに、すでに始まっていた高度経済成長をさらに促進する経済政策を展開した。10年後の1970(昭和45)年までに国民総生産(GNP)および１人当たり国民所得を２倍にすることを目指す③＿＿＿＿＿＿＿＿＿＿＿＿＿＿＿が立てられたが、現実の経済成長は計画をはるかに上まわる高水準で進み、1967(昭和42)年には目標の倍増を達成した。

また、①＿＿＿＿＿＿＿＿＿内閣は「④＿＿＿＿＿＿＿＿＿」の方針のもと、中華人民共和国との貿易の拡大を目指して、1962(昭和37)年、国交のない同国と準政府間貿易の取決めを結んだ。これは、交渉に当たった廖承志(L)、高碕達之助(T)両名の頭文字から、❺＿＿＿＿＿＿＿＿＿と命名された。

ついで1964(昭和39)年に成立した⑥＿＿＿＿＿＿＿＿内閣は、経済成長の順調な持続にも支えられて７年半以上におよぶ長期政権となった。⑥＿＿＿＿＿＿＿＿内閣はまず外交的懸案の日韓交渉を進め、1965(昭和40)年に❼＿＿＿＿＿＿＿＿＿＿＿を結んで、1910(明治43)年の⑧＿＿＿＿＿＿＿以前に締結された条約および協定の無効を確認し、韓国政府を「朝鮮にある唯一の合法的な政府」と認め、韓国との国交を樹立した。1952(昭和27)年の日本の独立以来、日韓会談は植民地時代の事後処理・漁業問題で中断と再開を繰り返したが、

第17章

解答 ⑨民主主義 ⑩安保改定阻止国民会議 ⑪総評 ⑫全学連 ⑬60年安保闘争 ⑭自然成立
保守政権の安定▶①池田勇人 ❷所得倍増 ③国民所得倍増計画 ④政経分離
❺ＬＴ貿易 ⑥佐藤栄作 ❼日韓基本条約 ⑧韓国併合

1961年の⑨＿＿＿＿＿＿＿＿政権成立後は韓国側の対日姿勢に変化が生じ、1964年末からの第7次会談で合意が成立した。国交樹立を定めた⑦＿＿＿＿＿＿＿＿＿＿＿とともに、漁業、請求権・経済協力、⑩＿＿＿＿＿＿＿＿＿＿＿＿＿の法的地位、文化協力の4協定が結ばれた。

　1965（昭和40）年以降、アメリカがベトナムでの戦争を本格化させると、沖縄や日本本土はアメリカ軍の前線基地となり、戦争にともなう日本への⑪＿＿＿＿＿＿支払いは日本の経済成長を促進させた。「基地の島」沖縄では祖国復帰を求める住民の運動が続き、ベトナム戦争の激化とともにその返還問題があらためて浮上した。第二次世界大戦後の沖縄は日本本土から切り離され、アメリカ軍の直接軍政下におかれた。日本の独立回復後も、沖縄は引き続きアメリカの施政権下におかれたが、ベトナム戦争にともなう基地用地の接収やアメリカ兵による犯罪の増加があり、祖国復帰運動が本格化していた。佐藤内閣は、「（核兵器を）もたず、つくらず、もち込ませず」の⑫＿＿＿＿＿＿＿＿＿＿＿＿を掲げ、まず1968（昭和43）年に⑬＿＿＿＿＿諸島の返還を実現し、翌年の日米首脳会議（⑥＿＿＿＿＿＿＿・⑭＿＿＿＿＿＿＿＿会談）は「核抜き」の沖縄返還で合意した。1971（昭和46）年に⑮＿＿＿＿＿＿＿＿＿＿＿＿が調印され、翌1972年5月15日の協定発効をもって沖縄の日本復帰は実現したが、広大なアメリカ軍基地は存続することになった。

　この間、自民党は国会で安定多数を占め続けたが、与党内では総裁の地位をめぐる派閥間抗争が繰り返された。野党側では、日本社会党から⑯＿＿＿＿＿（のち民社党）が分立し（1960年）、新たに⑰＿＿＿＿＿＿＿が結成され（1964年）、日本共産党が議席を増やすなど、⑱＿＿＿＿＿＿＿が進んだ。さらに、既成の革新政党を批判する学生を中心に⑲＿＿＿＿＿＿が組織され、ベトナム戦争や大学のあり方などに異議をとなえる運動を繰り広げた。

解答　⑨朴正煕（ぼくせいき）　⑩在日韓国人　⑪ドル　⑫非核三原則　⑬小笠原（おがさわら）　⑭ニクソン　⑮沖縄返還協定　⑯民主社会党　⑰公明党（こうめい）　⑱多党化　⑲新左翼（しんさよく）

■朴正煕（パクチョンヒ）・朴槿恵（パククネ）（きんけい）■　朴正煕は満洲国のち日本の陸軍士官学校を出た軍人。クーデタ後の1963年に大統領に就任、1979年に暗殺された。娘の朴槿恵は、2013年に韓国初の女性大統領となった。

2 経済復興から高度経済成長へ

朝鮮特需と経済復興

日本経済は、① ＿＿＿＿＿＿＿＿ ＝ ＿＿＿＿＿＿＿＿ と呼ばれる経済安定政策によって深刻な不況におちいっていたが、1950(昭和25)年に勃発した② ＿＿＿＿＿＿＿＿ で活気を取り戻した。武器や弾薬の製造、自動車や機械の修理などアメリカ軍による膨大な特需(特殊需要)が発生したからである。また、世界的な景気の回復傾向の中で対米輸出が増え、繊維や金属を中心に生産が拡大し、1951(昭和26)年には、工業生産・実質国民総生産・実質個人消費などが戦前の水準(1934〜36年の平均)を回復した(❸ ＿＿＿＿＿＿＿＿ という)。

こうした中で、政府は積極的な産業政策を実施した。1950(昭和25)年には輸出振興を目的とする日本輸出銀行(1952(昭和27)年に業務を輸入金融にも拡大し、日本輸出入銀行と改称)、翌年には産業の開発や経済社会の発展を促進するために、長期資金の供給をおこなう④ ＿＿＿＿＿＿＿＿ が設立された。また、1952(昭和27)年には企業合理化促進法が制定され、企業の⑤ ＿＿＿＿＿＿＿＿ に対して税制上の優遇措置がとられた。

電力再編成をめぐっては、戦前からの日本発送電体制を継続しようとする国家管理案と、⑥ ＿＿＿＿＿＿＿＿ 化を目指す議論とが対立していた。この中で電力業は、1951(昭和26)年に発電から配電までの一貫経営をおこなう、⑥ ＿＿＿＿＿＿＿＿ 形態の地域別9電力体制に再編成され、1952(昭和27)年に設立された電源開発株式会社が、電力不足をおぎなうため静岡県の佐久間や福島県の奥只見で大規模な⑦ ＿＿＿＿＿＿＿＿ を建設した。

造船業では、1947(昭和22)年から政府主導の⑧ ＿＿＿＿＿＿＿＿ が進められた。これは、海運業の再建と造船業の復興を目指した政策で、海運企業に長期低利の財政資金を供給して船舶を発注させ、造船市場を計画的に創出することによって造船業の操業を確保しようとした。⑧ ＿＿＿＿＿＿＿＿ は、その後も継続され、日本の造船量は1956(昭和31)年に⑨ ＿＿＿＿＿＿＿＿ を抜いて世界

解答 朝鮮特需と経済復興▶①ドッジ＝ライン ②朝鮮戦争 ❸特需景気 ④日本開発銀行 ⑤設備投資 ⑥民有民営 ⑦水力発電所 ⑧計画造船 ⑨イギリス

■**朝鮮特需** 朝鮮戦争により、日本占領のアメリカ軍が「国連軍」として大量の軍需品を発注し、日本経済復興の因となった。特需の語は、特殊需要を意味する。

第1位となった。

　鉄鋼業では、1951（昭和26）年度から1953（昭和28）年度まで第1次合理化が実施されたが、一方で川崎製鉄は⑩＿＿＿＿＿＿＿工場を建設し、鉄鋼業の発展に大きな影響をおよぼした。

　なお、戦後の世界貿易はアメリカ主導の⑪＿＿＿＿＿＿＿体制のもとで発展したが、日本は1952（昭和27）年に⑫＿＿＿＿＿＿（国際通貨基金）、1955（昭和30）年には⑬＿＿＿＿＿＿（関税及び貿易に関する一般協定）に加盟した。

⑫＿＿＿＿＿＿は、第二次世界大戦後の国際通貨体制を支える基幹的組織で、為替レートの安定と国際決済の円滑化を目的に、1947（昭和22）年に発足した。加盟国は、⑭＿＿＿と交換性をもつアメリカのドルに対して交換レートを定めた（⑮＿＿＿相場制という）。⑬＿＿＿＿＿＿は、第二次世界大戦後の新たな国際経済秩序を形成するために、⑪＿＿＿＿＿＿の拡大と⑯＿＿＿＿＿引下げを目的に⑫＿＿＿＿＿＿とともに創設され、1948（昭和23）年に発効した。当初の加盟国は23カ国であった。

　戦時期から敗戦直後にかけて深刻な食料難が続き、1945〜51（昭和20〜26）年には占領地行政救済資金（⑰＿＿＿＿＿＿＿という）による緊急食料輸入が実施された。しかし、⑱＿＿＿＿＿＿の実施などによって農業の生産性は急速に向上し、米の生産は毎年史上空前の豊作を続け、1955（昭和30）年には前年比3割増となり、米の⑲＿＿＿＿が可能となった。個人所得の増加にともなって⑳＿＿＿水準も上昇し、1955（昭和30）年における総理府の世論調査によると国民の7割が「食べる心配」がなくなったとこたえており、食料不足はほぼ解消された。

高度経済成長

1955〜57（昭和30〜32）年に「①＿＿＿＿＿＿＿＿」と呼ばれる大型景気を迎え、経済企画庁は1956（昭和31）年度の『経済白書』で「❷＿＿＿＿＿＿＿＿＿＿＿＿＿＿」と記した。①＿＿＿＿＿＿は、神武天皇の治世以来の好景気ということで、名づけられた。のち、同じく建国神話にちなんだ「③＿＿＿＿＿＿」（1958〜61年）、「④＿＿＿

解答　⑩銑鋼一貫　⑪自由貿易　⑫IMF　　　　後ではない　③岩戸景気　④いざなぎ景
⑬GATT　⑭金　⑮固定　⑯関税　⑰　　　　気
ガリオア資金　⑱農地改革　⑲自給　⑳
消費
高度経済成長▶①神武景気　❷もはや戦

　　　　　　　　　　」(1966〜70年)などが出現した。いずれも、「有史以来の好況」を意味している。

　日本経済は復興から❺＿＿＿＿＿＿＿＿＿による経済成長へと舵を切り、1961(昭和36)年から1970(昭和45)年のあいだ、年平均10％をこえる成長をとげ、1968(昭和43)年には資本主義諸国の中で(当時の西ドイツを抜いて)⑥＿＿＿＿につぐ世界第２位の国民総生産(GNP)を実現した。

　経済成長を牽引したのは、民間企業による膨大な⑦＿＿＿＿＿＿＿で、当時それは「投資が投資を呼ぶ」といわれた。鉄鋼・造船・自動車・電気機械・化学などの部門で、アメリカの❺＿＿＿＿＿＿の成果を取り入れて設備が更新され、石油化学・合成繊維などの新たな産業も発展した。❺＿＿＿＿は中小企業にも波及し、大企業の単なる下請けにとどまらない部品メーカーなどに成長する企業も現れた(中堅企業)。1963(昭和38)年に、中小企業近代化促進法および⑧＿＿＿＿＿＿＿＿が公布され、設備・技術・経営管理など中小企業の構造改善がはかられた。

　1955(昭和30)年には財界諸団体によって政府の援助を得て⑨＿＿＿＿＿＿＿＿＿が設立された。⑨＿＿＿＿＿＿＿＿は、⑩＿＿＿＿＿・失業防止・成果の公正配分という生産性３原則を掲げ、⑪＿＿＿＿(ZD)運動や⑫＿＿＿＿＿＿(QCサークル)運動など、小集団活動に代表される生産性向上運動を推進した。先進技術の導入は、直接的な生産工程に関わるものばかりでなく、品質管理や労務管理、さらには流通・販売の分野にまでおよんだ。そして、導入後は日本の条件にあわせて独自の改良がほどこされ、⑬＿＿＿＿＿・年功賃金・⑩＿＿＿＿＿を特徴とする❹＿＿＿＿＿＿＿が確立した。こうして低コスト・高品質の大量生産体制が整備され、日本製品の海外輸出も増加した。

　産業構造は高度化し、第１次産業の比重が下がり、第２次・第３次産業の比重が高まった。また、工業生産額の３分の２を⑮＿＿＿＿＿工業が占め、原油輸入の自由化もあって石炭から石油へのエネルギーの転換が急速に進んだ

━━━━━━━━━━━━━━━━━━━━━━━━━━━━━━━━━━━

【解答】❺技術革新　⑥アメリカ　⑦設備投資　⑧中小企業基本法　⑨日本生産性本部　⑩労使協調　⑪無欠点　⑫品質管理　⑬終身雇用　❹日本的経営　⑮重化学

ZD・QC 無欠点(ZD、Zero Defects)運動や品質管理(QC、Quality Control)運動など、企業努力による生産性向上運動のこと。１ドル＝360円の円安固定相場とあわせて輸出増に貢献した。

（⑯＿＿＿＿＿という）。この結果、石炭産業は安価な石油におされて衰退し、「⑰＿＿＿＿＿産業」と呼ばれるようになった。1960（昭和35）年に三井鉱山三池炭鉱での大量解雇に反対する激しい争議（⑱＿＿＿＿＿という）が展開されたが、労働者側の敗北に終わった。以後、九州や北海道で炭鉱の閉山があいついだ。安価な原油の安定的な供給は、高度経済成長を支える重要な条件となった。一方、米などわずかな例外を除いて食料の輸入依存が進み、⑲＿＿＿＿＿＿＿＿＿＿は低下した。

　工業部門では、⑤＿＿＿＿＿＿＿＿＿による労働生産性の向上、若年層を中心とする労働者不足、「⑳＿＿＿＿＿」方式を導入した労働運動の展開などによって、労働者の賃金は大幅に上昇した。㉑＿＿＿＿＿（日本労働組合総評議会）を指導部とし、各産業の労働組合がいっせいに賃上げを要求する「⑳＿＿＿＿＿＿＿」は1955（昭和30）年に始まり、しだいに定着していった。

　農業部門でも、㉒＿＿＿＿＿＿＿＿や農薬、農業機械の普及による農業生産力の上昇、㉓＿＿＿＿＿＿＿＿と農業協同組合（農協）の要望による米価の政策的引上げ、さらには農外所得の増加などもあって、農家所得が増加した。1961（昭和36）年に㉔＿＿＿＿＿＿＿＿＿＿が制定され、農業構造改善事業に多額の㉕＿＿＿＿＿＿が支給された。こうして労働者や農家の所得が増加し、低賃金労働者と貧しい農村という戦前期の状況は大幅に改善され、㉖＿＿＿＿＿＿が拡大していった。

　輸出も自由貿易体制のもとで、㉗＿＿＿＿＿＿＿＿制による安定した国際通貨体制、安価な資源の輸入に支えられて急速に拡大し、1960年代後半以降は大幅な㉘＿＿＿＿＿＿＿＿が続いた。輸出の中心は、鉄鋼・船舶・㉙＿＿＿＿＿などの重化学工業製品であった。㉙＿＿＿＿＿＿＿産業は、国際競争力が弱いといわれていたが、1960年代後半には対米輸出を開始した。

　日本は、1960（昭和35）年に「貿易為替自由化大綱」を決定し、1963（昭和38）年にはGATT（関税及び貿易に関する一般協定）11条国に移行した。GATT11条国とは、同規程11条の適用を受ける国のことで、国際収支上の理由から㉚

解答 ⑯エネルギー革命　⑰斜陽　⑱三池争議　⑲食料自給率　⑳春闘　㉑総評　㉒化学肥料　㉓食糧管理制度　㉔農業基本法　㉕補助金　㉖国内市場　㉗固定相場　㉘貿易黒字　㉙自動車　㉚輸入

▌GATT・WTO▐　GATTを発展・解消させてWTO（世界貿易機関、World Trade Organization）が1995年に成立した。

制限をすることはできないとされている。また、1964(昭和39)年にはIMF(国際通貨基金) 8条国に移行するとともに㉛ _____(経済協力開発機構)に加盟し、㉜ ____と㉝ ____**の自由化**を実施した。IMF 8条国とは、㉜ ____の自由化が義務づけられている国のことをいう。また、㉛ ____に加盟したことにより、㉝ ____の自由化が義務づけられた。

開放経済体制のもとでの国際競争の激化に備えて、産業界では、㉞ _____(1947年)によって 3 社に分割された㉟ _____が1964(昭和39)年に再合併し、1970(昭和45)年には八幡製鉄と富士製鉄が合併して㊱ _____を創立するなど、大型合併が進められた。また、三井・三菱・住友・富士・三和・第一勧銀(第一勧業銀行)などの㊲ _____が、系列企業への融資を通じて㊳ ____を形成していった(6 大㊳ _____という)。これは、銀行の系列融資、㊴ _____の相互もちあい、同系商社が媒介する集団内取引、社長会などによる人的結合などを特徴とする諸企業の連合体で、戦前の㊵ _____とは異なる。

大衆消費社会の誕生 高度経済成長期には、日本の国土や社会のありさまが大きく変容した。また、個人所得の増大と都市化の進展によって生活様式に著しい変化が生じ、いわゆる❶ _____が形成された。

太平洋側に製鉄所や❷ _____などが建設され、京葉・京浜・中京・阪神・瀬戸内・北九州と続く重化学工業地帯(❸ _____という)が出現し、産業と人口が著しく集中した。政府は、1962(昭和37)年に❹ _____を公布するとともに、全国総合開発計画を閣議決定し、産業と人口の大都市への集中を緩和し、地域間格差を是正しようとした。全国総合開発計画では、拠点開発方式での工業開発が目指され、❹ _____で地方開発拠点として道央・八戸・仙台湾・富山高岡・岡山県南・徳島・大分など15地区が指定された。それにもかかわらず、その

解答 ㉛OECD ㉜為替 ㉝資本 ㉞過度経済力集中排除法 ㉟三菱重工 ㊱新日本製鉄 ㊲都市銀行 ㊳企業集団 ㊴株式 ㊵財閥
❷石油化学コンビナート ❸太平洋ベルト地帯 ❹新産業都市建設促進法

大衆消費社会の誕生▶❶大衆消費社会

後も③＿＿＿＿＿＿＿＿＿＿＿＿＿＿＿＿＿＿＿＿への工業の集中は続いた。

　農村では、大都市への人口流出が激しくなり、農業人口が減少し⑤＿＿＿＿＿＿＿が増加した。1955(昭和30)年の就業人口に占める農業人口の比率は、4割強であったが、1970(昭和45)年には2割を割り込み、⑤＿＿＿＿＿＿＿のうち農外収入を主とする第2種⑤＿＿＿＿＿＿＿＿＿の割合が農家総数の50%に達して、「三ちゃん(じいちゃん・ばあちゃん・かあちゃん)農業」という言葉が生まれた。

　一方、大量の人口が流入した都市部では、住宅問題が深刻となり、地価の安い郊外に向けて無秩序な宅地開発がおこなわれた(スプロール化)。1世帯の家族構成は、高度経済成長以前には5人程度であったが、1970(昭和45)年には3.7人となり、夫婦と未婚の子女のみからなる❻＿＿＿＿＿＿＿が増えると、2DKの公団住宅など❻＿＿＿＿＿＿の住む鉄筋コンクリート造の集合住宅が建設された。ニュータウンの計画が進められ、大阪府の千里ニュータウンを皮切りに、泉北ニュータウン(大阪府)、多摩ニュータウン(東京都)などが開発された。

　国民の消費生活にも大きな変化が生じ、テレビから流れるコマーシャル(CM)によって購買意欲をかき立てられ、「消費は美徳」と考えられるようになった。1965(昭和40)年に白黒テレビの普及率が90%に達し、電気洗濯機や⑦＿＿＿＿＿＿＿＿の普及率も1970(昭和45)年には90%前後に達した。これらは、日本の皇位継承の象徴とされる宝物にちなんで「三種の神器」と呼ばれた。また、1960年代の後半からは、カー(自動車)・⑧＿＿＿＿＿＿＿＿＿＿・クーラーの普及率が上昇した。これらは「新三種の神器」と呼ばれ、英語の頭文字をとって⑨＿＿＿＿＿とも称された。

　耐久消費財の普及は、製造業(メーカー)と系列販売網による大量生産・大量販売体制の確立や割賦販売制度によって促進された。たとえば、松下電器(現、パナソニック)は系列販売店組織を整備し、トヨタ自動車や日産自動車はディーラーシステムをつくり上げた。また、小売業界では廉価販売と品ぞろえのよさを武器に⑩＿＿＿＿＿＿＿＿＿＿が成長し、中内㓛が設立

<hr>

解答　⑤兼業農家　❻核家族　⑦電気冷蔵庫　⑧カラーテレビ　⑨3C　⑩スーパーマーケット

■農村の変化　農業の副業(兼業)化が進む中、米作農家は減反など補助金農政の保護を受けて農業の大規模化、機械化、多角化が遅れ、開放経済体制への対応が課題となった。

した⑪＿＿＿＿＿＿は、1972（昭和47）年に老舗百貨店の三越を抜いて売上高で第1位となった（⑫＿＿＿＿＿＿という）。

　食生活では洋風化が進み、肉類や乳製品の消費が増える一方、米の供給過剰と⑬＿＿＿＿＿＿の赤字が問題となり、1970（昭和45）年から⑭＿＿＿＿政策が始まった。また、インスタント食品や冷凍食品が普及し、外食産業も発達した。

　自家用乗用車（マイカー）の普及によって、自動車が交通手段の主力となり（⑮＿＿＿＿＿＿という）、1965（昭和40）年には⑯＿＿＿＿高速道路、1969（昭和44）年には東名高速道路が全通した。自動車の生産台数は、1955（昭和30）年には約7万台であったが、1970（昭和45）年には約529万台となり、性能の向上によりアメリカなど先進諸国への輸出も拡大した。鉄道は、電化が全国的に進み、1964（昭和39）年には⑰＿＿＿＿が開通して高速輸送時代を迎えたが、国鉄（日本国有鉄道）財政はこの年から単年度で赤字となった。航空輸送も、1960（昭和35）年の⑱＿＿＿＿の導入によって一挙に拡大した。

　生活にゆとりが生まれると、家族旅行や行楽に余暇が費やされるようになり、レジャー産業が発達した。また、⑲＿＿＿＿＿＿も発達し、新聞・雑誌・書籍類の出版数が激増し、社会派推理小説の⑳＿＿＿＿、歴史小説の㉑＿＿＿＿ら人気作家が輩出した。彼らの作品は、純文学と大衆文学の中間に位置するという意味で「㉒＿＿＿＿」と呼ばれた。また、この時期の純文学では、三島由紀夫・（ノーベル文学賞を後に受賞する）㉓＿＿＿＿・高橋和巳らが活躍した。とくに週刊誌の発行部数が著しく増加し、少年向けの漫画週刊誌は成年をもとらえていった。なかでも、第二次世界大戦後まもなく登場した㉔＿＿＿＿は、世界にも類例のない本格的なストーリー漫画を創作し、その後の漫画・アニメーション隆盛の基礎をつくった。

　1953（昭和28）年に始まった㉕＿＿＿＿放送は、日常生活に欠かせないも

解答 ⑪ダイエー ⑫流通革命 ⑬食糧管理特別会計 ⑭減反 ⑮モータリゼーション ⑯名神 ⑰東海道新幹線 ⑱ジェット機 ⑲マスメディア ⑳松本清張 ㉑司馬遼太郎 ㉒中間小説 ㉓大江健三郎 ㉔手塚治虫 ㉕テレビ

■減反政策 1960年代にコメの生産過剰が問題となり、1970年から稲の作付面積を縮小する生産調整政策（減反）がおこなわれ、2018年に全廃された。

のとなる一方、㉖＿＿＿＿＿産業の衰退をまねいた。

⑲＿＿＿＿＿＿＿＿＿＿＿によって大量の情報が伝達されると、日本人の生活様式はしだいに画一化され、国民の8〜9割が社会の中層に位置していると考えるようになった（㉗＿＿＿＿＿＿＿＿＿という）。そうした中で「教育熱」が高まり、高校・大学への進学率が上昇し、1970（昭和45）年に高校進学率は82.1％に達し、大学・短期大学進学率も24.2％となるなど、中・高等教育の㉘＿＿＿＿＿＿＿＿＿が進んだ。高校や大学では学園の民主化を求めて「学園紛争」がおこった。1968（昭和43）年から翌年にかけて、東京大学・日本大学をはじめとする全国の大学で、大学当局の不当性をとなえる学生たちがキャンパスをバリケードで封鎖するなど、大学の機能が一時的に失われる事態となった。その後も受験競争はいっそう激化し、無気力・無関心・無責任の「三無主義」が広がった。

科学技術の発達もめざましく、1965（昭和40）年に㉙＿＿＿＿＿＿＿＿＿、1973（昭和48）年に㉚＿＿＿＿＿＿＿＿＿がノーベル物理学賞を受賞した。また、政府は、原子力政策・宇宙開発などの分野で、積極的な科学技術開発政策を推進した。1960年代半ば以降、電力会社は㉛＿＿＿＿＿＿＿の平和利用をとなえる政府の支援のもと、各地で㉛＿＿＿＿＿＿発電所（原発）の建設を進めた。とくに㉜＿＿＿＿＿＿＿以降は、石油の代替エネルギーとしてその依存度が高まっていった。1964（昭和39）年には東京で第18回オリンピック競技大会（㉝＿＿＿＿＿＿＿＿という）、1970（昭和45）年には大阪で日本万国博覧会（㉞＿＿＿＿＿＿＿という）が開催され、経済・文化面での日本の発展を世界に示す、壮大な国家的イベントとなった。

高度経済成長のひずみ

高度経済成長が達成される一方で、深刻な社会問題が生み出された。農山漁村では❶＿＿＿＿＿＿が進行し、地域社会の生産活動や社会生活が崩壊した。一方、大都市では②＿＿＿＿＿＿が深刻な問題となり、交通渋滞や騒音・③＿＿＿＿＿＿が発生し、住宅や病院の不足も目立つようになった。交通事故も急増し、毎年1万人前後の死者を数えるようになった（交通戦争）。

解答 ㉖映画 ㉗中流意識 ㉘大衆化 ㉙朝永振一郎 ㉚江崎玲於奈 ㉛原子力 ㉜石油危機 ㉝東京オリンピック ㉞大阪万博
高度経済成長のひずみ▶❶過疎化 ②過密 ③大気汚染

■東京オリンピック■ 1940年は日中戦争で中止となり、1964年にアジア初の開催となった。東海道新幹線、東京モノレールも同年に開業した。

産業公害も深刻であったが、経済成長を優先したため政府の公害対策は進まず、企業が長期間垂れ流していた汚染物質によって環境が破壊され、公害病に苦しむ被害者も放置されたままになっていた。公害を批判する世論の高まりを背景に、1967(昭和42)年に❹ 　　　　　　　　　　　　　　　　　　　　が制定されて③ 　　　　　　　　　　・水質汚濁など7種の公害が規制され、事業者・国・地方自治体の責任が明らかにされた。そして、1970(昭和45)年の同法改正を経て翌1971年には❺ 　　　　　　　　　が発足し、ばらばらにおこなわれていた公害行政と環境保全施策の一本化がはかられた。また、公害反対の世論と住民運動がおこり、新潟水俣病(⑥ 　　　　　　　　流域)・四日市ぜんそく(三重県四日市市)・イタイイタイ病(富山県⑦ 　　　　　　　　流域)・水俣病(熊本県水俣市)の被害をめぐる❽ 　　　　　　　　　　　　　が始まり、1973(昭和48)年までに、いずれも被害者側の勝訴に終わった。水俣病は有機水銀、イタイイタイ病はカドミウムという工場廃液による有害物質が、四日市ぜんそくは石油化学コンビナートによる③ 　　　　　　　　　が原因であった。

　この時期には、部落差別などにみられる人権問題も注目されるようになった。⑨ 　　　　　　　　　　　　　　(1922年結成)を継承して、1946(昭和21)年に部落解放全国委員会が結成され、1955(昭和30)年に⑩ 　　　　　　　　　　　と改称した。しかし、部落差別の解消は立ち遅れ、1965(昭和40)年の生活環境の改善・社会福祉の充実を内容とする同和対策審議会の答申にもとづいて、1969(昭和44)年には⑪ 　　　　　　　　　　　　　　　　　　　　　　が施行された。その後、⑪ 　　　　　　　　　　　　　　　　　　　は1982(昭和57)年の地域改善対策特別措置法に引き継がれ、1987(昭和62)年からは財政上の特別措置に関する法律(地対財特法)が施行された。

　高度経済成長のひずみに悩む中で、大都市圏では⓬ 　　　　　　　　　が成立した。1967(昭和42)年に⑬ 　　　　　　　　　　　　　が東京都知事に当選するなど、1960年代後半から1970年代にかけての地方選挙では⑭ 　　　　　　　・日本共産党などの革新勢力が支援する候補者の勝利があいつぎ、東

解答 ❹公害対策基本法　❺環境庁　⑥阿賀野川　⑦神通川　❽四大公害訴訟　⑨全国水平社　⑩部落解放同盟　⑪同和対策事業特別措置法　⓬革新自治体　⑬美濃部亮吉　⑭日本社会党

■環境・公害対策■　公害対策基本法は1993年に環境基本法、環境庁は2001年の中央省庁再編により環境省(MOE)に継承されている。

京都・京都府・大阪府・神奈川県・横浜市などで⑮＿＿＿＿＿＿＿＿＿が誕生した。⑫＿＿＿＿＿＿＿＿＿は、公害の規制や⑯＿＿＿＿＿＿＿の無料化など、福祉政策で成果を上げた。

解答 ⑮革新首長　⑯老人医療

激動する世界と日本

日本は高度経済成長の終焉後も先進諸国の中では相対的に高い経済成長を続け、経済大国と呼ばれるようになった。しかしその後、冷戦構造が崩壊し、世界のグローバル化が進む中で、経済は停滞し、政治も不安定になっている。20世紀末から21世紀にかけての激動する世界の中で、日本はどのような課題に直面しているのだろうか。

1 経済大国への道

ドル危機と石油危機 1960年代後半におけるアメリカの国際収支は、①＿＿＿＿＿＿＿＿にともなう軍事支出の膨張、西側諸国への莫大な援助、さらには日本や②＿＿＿＿＿＿＿＿などによる対米輸出の急増などによって著しく悪化し、アメリカの金準備も減少した(❸＿＿＿＿＿＿＿＿という)。こうしてアメリカのドルへの信頼がゆらぎはじめると、④＿＿＿＿＿＿＿＿大統領はドル防衛を目的に、1971(昭和46)年8月に⑤＿＿＿とドルとの交換停止、10％の輸入課徴金、90日間の賃金・物価の凍結などを骨子とする新経済政策を発表し、日本や②＿＿＿＿＿＿＿＿などの国際収支黒字国に対して、大幅な為替レートの切上げを要求した(⑥＿＿＿＿＝＿＿＿＿＿＿＿という)。日本は当初1ドル＝360円の⑦＿＿＿＿＿＿＿を維持しようとしたが、イギリス・フランス・②＿＿＿＿＿＿＿＿などの西ヨーロッパ諸国が⑧＿＿＿＿＿＿＿制に移行するとそれに追随したため、⑨＿＿＿＿＿が急速に進行した。

こうして、戦後の世界経済の基軸であったIMF体制(ブレトン＝ウッズ体制)は根底からゆらいだ。1971(昭和46)年末には、ワシントンのスミソニアン博物館で先進10カ国の会議が開かれ、1ドル＝308円で⑦＿＿＿＿＿＿＿制の復活がはかられたが(⑩＿＿＿＿＿＿＿＿という)、1973(昭和48)年にはドル不安が再燃し、日本や西ヨーロッパ諸国は⑧＿＿＿＿＿＿制に移行した。

一方、④＿＿＿＿＿＿＿＿大統領は①＿＿＿＿＿＿＿＿を終わ

解答　ドル危機と石油危機▶①ベトナム戦争　②西ドイツ　❸ドル危機　④ニクソン　⑤金　⑥ニクソン＝ショック　⑦固定相場　⑧変動相場　⑨円高　⑩スミソニアン体制

■十年動乱　毛沢東の死とともに、文化大革命推進派リーダーたちが四人組として逮捕され、文革も社会の多方面で混乱をまねいたと総括された。文革が進んだ時代(1966〜76年)を「十年動乱」と呼ぶ。

らせるため、1972年に中国をみずから訪問し、アメリカと中国の敵対関係を改善した(1979年に米中国交正常化)。台湾にかわって国連代表権を獲得した中国を通じて北ベトナムとの和平を引き出すことがねらいで、1973年には⑪_____を成立させた。アメリカという後ろ盾を失った南ベトナムは1975年に崩壊し、⑫_____のもとに南北の統一が実現した。しかし、インドシナ半島では⑬_____の内戦や中越(中国・ベトナム)戦争などがあいついだ。この過程で多くの難民が生じ、海外へ流出した(⑭_____難民問題という)。

第二次世界大戦後の中東では⑮_____問題が発生し、大油田の発見やアメリカ・ソ連の介入もからんで紛争が続いていた。ナチス政権の迫害を逃れて⑮_____に移住したユダヤ人は1948年に⑯_____を建国したが、これに反対するアラブ諸国とのあいだで、すでに3次にわたる中東戦争(⑮_____戦争・スエズ戦争・第3次中東戦争)がおこっていた。1973(昭和48)年10月、⑰_____が勃発すると、⑱_____(OAPEC)は「石油戦略」を行使し、⑯_____寄りの欧米や日本への石油輸出を制限し、原油価格を段階的に約⑲____倍に引き上げた。⑳_____(OPEC)は、1960年にイラン・イラク・㉑_____・クウェート・ベネズエラの5カ国によって結成され、その後リビア・アルジェリアなど世界各地の産油国が加盟した。そして、クウェート・リビア・㉑_____のアラブ産油国が1968年に⑱_____(OAPEC)を結成した。これを機に、アラブ産油国の資源ナショナリズムが高まり、安価な原油の安定的な供給という高度経済成長の基本条件の1つが失われた(㉒_____という)。当時、日本の原油輸入量は世界最大規模に達しており、しかもその大半を中東地域に依存していたので、日本経済が受けた打

解答 ⑪ベトナム和平協定 ⑫ベトナム社会主義共和国 ⑬カンボジア ⑭インドシナ ⑮パレスチナ ⑯イスラエル ⑰第4次中東戦争 ⑱アラブ石油輸出国機構 ⑲4 ⑳石油輸出国機構 ㉑サウジアラビア ㉒第1次石油危機

OPEC Organization of the Petroleum Exporting Countriesの略。Petroleumは石油。

撃は大きかった。

　世界経済の繁栄は1973(昭和48)年を 境 に一変し、経済成長率の低下、物価・失業率の上昇という深刻な事態に直面した。こうした事態に対応するため、1975(昭和50)年にアメリカ・日本・② ＿＿＿＿＿＿＿＿ ・イギリス・フランス・イタリアの6カ国首脳による❷❸ ＿＿＿＿＿＿＿＿＿＿＿＿＿＿＿＿ (サミット)が開催され、経済成長や貿易・通貨問題など、先進国間の経済政策を調整した。サミットは、Summit Meeting(頂上会議)の略称である。なお、1976年から❷❹ ＿＿＿＿＿＿＿＿、1977年からはEC(現、EU)委員長が加わり、1991年以後はソ連(現、ロシア)も参加するようになったが、❷❺ ＿＿＿＿＿＿＿＿ は2014年以降、参加資格を停止されている。当初は、おもに経済問題について協議していたが、しだいにテロ対策や政治問題の比 重 が高まっていった。

高度経済成長の終焉　1972(昭和47)年、田中角栄が「① ＿＿＿＿＿＿＿＿＿＿＿＿＿＿＿＿＿＿ 」を掲げて内閣を組織した。田中首相は、同年9月に訪中して❷ ＿＿＿＿＿＿＿＿＿＿＿＿＿＿＿ を発表し、❸ ＿＿＿＿＿＿＿＿＿＿＿＿＿＿＿＿＿＿ を実現した。❷ ＿＿＿＿＿＿＿＿＿＿＿＿＿＿＿＿＿ では、日本側が戦争における加害責任を認め、反省する態度を表明したうえで、日中両国間の「不正常な状態」の終結を共同で宣言し、さらに日本は中華人民共和国を「中国で唯一の④ ＿＿＿＿＿ 政府」と認めた。これにともなって、日本と台湾の⑤ ＿＿＿＿＿＿＿ 政府との外交関係は断絶したが、貿易など民間レベルでは密接な関係が続いている。

　一方で、田中首相は、工業の地方分散、⑥ ＿＿＿＿＿＿＿ と高速道路による高速交通ネットワークの整備など列島改造政策を打ち出し、⑦ ＿＿＿＿＿＿＿＿ を拡大した。その結果、土地や株式への投機がおこり、⑧ ＿＿＿＿＿＿ が高騰した。これに第1次石油危機による原油価格の高騰が重なって激しいインフレーションが発生し、❾ ＿＿＿＿＿＿＿＿ と呼ばれた。商社による商品の買占めもあって生活用品の品不足が生じ、市民生活は混乱した。

　政府は、⑩ ＿＿＿＿＿＿ の引締めに転じたが、インフレーションが収 束 しないま

解答 ❷❸先進国首脳会議　❷❹カナダ　❷❺ロシア
高度経済成長の終焉▶①日本列島改造論　❷日中共同声明　❸日中国交正常化　④合法　⑤中華民国　⑥新幹線　⑦公共投資　⑧地価　❾狂 乱物価　⑩金融
■サミット■ 現在は主要国首脳会議と呼ぶ。最近では2000年は九州・沖縄、2008年は洞爺湖、2016年は伊勢・志摩、2023年は広島で開催。

ま深刻な不況におちいった。不況（スタグネーション stagnation）とインフレーション（inflation）が併存している状況を、2つの言葉を合成して⑪＿＿＿＿＿＿＿＿＿＿（stagflation）と呼んだ。

1974（昭和49）年には、日本経済は戦後初の⑫＿＿＿＿＿＿＿＿＿＿＿＿となり、その後も2〜5％の低成長にとどまった。こうして、日本の⑬＿＿＿＿＿＿＿は終焉を迎え、成長率の低下、物価上昇、経常収支の赤字という三重苦（トリレンマ）に直面することになった。

政府は、景気刺激策をとると同時に、労働者の賃上げを労働生産性の伸び以内にとどめることに成功し、1976（昭和51）年度には5.1％の経済成長率を実現した。経常収支も4年ぶりに黒字となり、消費者物価の上昇率も前年比で1桁台に落ち着いた。

田中内閣は、首相みずからの政治資金調達をめぐる疑惑（⑭＿＿＿＿＿＿＿という）が明るみに出て、1974（昭和49）年に総辞職した。後継の首相には「クリーン政治」を掲げる⑮＿＿＿＿＿＿＿＿＿が就任したが、1976（昭和51）年にアメリカの⑯＿＿＿＿＿＿＿＿社の航空機売込みをめぐる収賄容疑で田中元首相が逮捕されると、同年におこなわれた総選挙で自由民主党は大敗し、結党以来はじめて衆議院の過半数を割り込んだ。その責任をとって⑮＿＿＿＿＿＿＿内閣は退陣し、1976年には⑰＿＿＿＿＿＿＿＿＿が内閣を組織した。

⑰＿＿＿＿＿＿＿＿＿内閣は、内需拡大を掲げて貿易黒字・円高不況に対処し、1978（昭和53）年には⑱＿＿＿＿＿＿＿＿＿＿を締結した。後継の⑲＿＿＿＿＿＿＿＿内閣は、国会での「保革伯仲」と与党の内紛が続く中で、1979（昭和54）年の⑳＿＿＿＿＿＿＿に対処し、財政再建を目指したが、1980（昭和55）年の衆参同日選挙の運動中に⑲＿＿＿＿＿＿＿首相が急死した。選挙の結果、自民党は安定多数を回復し、㉑＿＿＿＿＿＿＿が組閣した。

低成長が続く中で、国民のあいだには個人の生活の安定を第一とする保守的な気運が強まり、保守政権が復調した。一方で、㉒＿＿＿＿＿＿＿＿＿は、

解答　⑪スタグフレーション　⑫マイナス成長　⑬高度経済成長　⑭金脈問題　⑮三木武夫　⑯ロッキード　⑰福田赳夫　⑱日中平和友好条約　⑲大平正芳　⑳第2次石油危機　㉑鈴木善幸　㉒革新自治体

■ロッキード事件■　事件に関係する田中角栄元首相の人脈と、いわゆる「金脈」について総合雑誌『文藝春秋』が特集を組み、国民の関心を広げた。

地方財政が悪化する中で、社会・共産両党の協力関係が崩れたこともあって瓦解していった。とくに、1978（昭和53）年から翌年にかけて、京都・沖縄・東京・大阪の知事選で革新系候補があいついで敗北した。

経済大国の実現　第1次石油危機以降、世界経済が停滞する中で、日本は①＿＿＿＿＿＿＿＿型の産業、①＿＿＿＿＿＿＿＿製品の開発、①＿＿＿＿＿＿＿＿型のライフスタイルを追求して5％前後の経済成長率を維持し、1979年の②＿＿＿＿＿＝＿＿＿＿＿＿＿＿＿＿＿＿を機におこった③＿＿＿＿＿＿＿＿＿＿＿も乗り切って安定成長の軌道に乗った。イランでは、1979年に④＿＿＿＿＿＿＿の支援のもとに近代化を進めてきた王制が倒され、イスラーム復興を掲げる宗教指導者⑤＿＿＿＿＿＿＿＿＿が権力を掌握した（②＿＿＿＿＿＝＿＿＿＿＿＿＿＿＿という）。この事件を機に、アラブの産油諸国は原油価格を約3倍に引き上げた。1980年代前半は3％前後の成長率に落ち込んだが、欧米諸国と比べると相対的には高い成長率を維持していた。たとえば、1981～83（昭和56～58）年の日本の経済成長率は年平均3.2％であったが、OECD（経済協力開発機構）加盟国全体のそれは1.4％であった。また、同時期における日本の失業率は2.4％であったが、OECD加盟国全体のそれは7.7％であった。

　企業は、省エネルギーや人員削減、パート労働への切りかえなど「❻＿＿＿＿＿＿＿＿」につとめ、コンピュータや産業用ロボットなどME（⑦＿＿＿＿＿＿＿＝＿＿＿＿＿＿＿＿＿＿＿）技術を駆使し、工場やオフィスの自動化（オフィス＝オートメーション）を進めた。産業部門別にみると、⑧＿＿＿＿＿・石油化学・造船などの資源多消費型産業は停滞し、①＿＿＿＿型の⑨＿＿＿＿＿・電気機械や、半導体・IC（集積回路）・コンピュータなどのハイテク産業が輸出を中心に生産をのばした。このような産業構造の転換は、「重厚長大型産業」から「軽薄短小型産業」、あるいは「知識集約型産業」への転換などといわれた。日本の貿易黒字は大幅に拡大し、欧米諸国とのあいだに❿＿＿＿＿＿＿＿がおこり、為替相場では⑪＿＿＿＿＿基調が定着した。

解答　**経済大国の実現▶**①省エネ　②イラン＝イスラーム革命　③第2次石油危機　④アメリカ　⑤ホメイニ　❻減量経営　⑦マイクロ＝エレクトロニクス　⑧鉄鋼　⑨自動車　❿貿易摩擦　⑪円高

■OECD■　Organisation for Economic Co-operation and Developmentの略。

とくに⑨_____をめぐる日米⑩_____は深刻となった。

　また、中国自動車道・東北自動車道・関越自動車道など高速道路網が整備され、山陽新幹線（1975年）に続いて東北新幹線・上越新幹線（1982年）が開業した。1988（昭和63）年には青函トンネルと⑫_____が開通し、北海道・本州・四国・九州が陸路で結ばれた。成田の⑬_____（現、成田国際空港）が開港したのは1978（昭和53）年であった。⑬_____は千葉県成田市の三里塚地域に位置し、建設が閣議決定されたのは1966（昭和41）年であったが、反対運動が激しく、開港は大幅に遅れた。国際化が進展する中で海外渡航者数は1972（昭和47）年に100万人、1990（平成２）年に1000万人をこえ、1994（平成６）年には大阪湾東南部の泉州沖に⑭_____が開港した。これは、日本で最初の24時間利用可能な国際空港で、国・地方自治体・財界の出資によって設立された特殊法人⑭_____株式会社が経営主体となった。

　世界のGNP（国民総生産）に占める日本の比重は、1955（昭和30）年の２％強から1970（昭和45）年には約６％、1980（昭和55）年には約10％に達し、日本は「⑮_____」となった。1980年代以降は、⑪_____の影響もあって、日本の１人当たり国民所得（ドル表示）は④_____を追い抜いた。⑯_____が累積して、日本は世界最大の⑰_____となった。日本の国際的地位は飛躍的に高まり、1980年代には開発途上国に対する⑱_____（ODA）の供与額も世界最大規模となった。

　一方で、第二次世界大戦後に独立したアジア・アフリカの新興諸国（および条件の類似するラテンアメリカ諸国）では、容易に経済が発展せず、北半球の先進工業諸国との経済格差や累積債務が問題になっていた（⑲_____という）。

バブル経済と市民生活　1980年代には日本の対米貿易黒字が激増したため、アメリカは自動車などの輸出自主規制を日本に求め、農産物の①_____をせまった。政府は、1988（昭和63）年に牛

解答　⑫瀬戸大橋　⑬新東京国際空港　⑭関西国際空港　⑮経済大国　⑯貿易黒字　⑰債権国　⑱政府開発援助　⑲南北問題

バブル経済と市民生活▶①輸入自由化

■GNP・GDP■　GNPはGross National Product、GDPはGross Domestic Productの略。ほかにGNI（Gross National Income）も導入された。

肉・オレンジの①＿＿＿＿＿＿＿＿＿＿を決定し、1991（平成３）年に実施した。また、1993（平成５）年には②＿＿＿＿＿＿＿＿＿の部分開放を決定したが、アメリカはその後も対日批判を強め、③＿＿＿＿＿＿＿＿＿＿をさまたげる日本の「不公正」な制度や慣行（かんこう）を問題とした。

　1970年代以降、多くの新興諸国で貧困や飢餓（きが）が深刻化していく中で、石油戦略を行使して豊かになった産油国（さんゆこく）や急激な経済成長をとげた国・地域（新興工業経済地域、Newly Industrializing Economies；④＿＿＿＿＿＿＿＿＿という）が現れた。急速な経済発展をとげた新興工業経済地域（④＿＿＿＿＿＿＿＿＿）の中で、とくにアジアの韓国・シンガポール・台湾・⑤＿＿＿＿＿＿は、外国の資本や技術を導入し、⑥＿＿＿＿＿＿指向（しこう）型の工業化を進めて経済成長を続け、アジア④＿＿＿＿＿＿＿＿＿と呼ばれた。こうした動きは、改革開放政策を進める中国の経済特区（とっく）やASEAN（アセアン）諸国にも広がり、「経済大国」日本とその周辺に位置するアジア④＿＿＿＿＿＿＿＿＿からなる経済圏は、世界経済の活力の中心となった。

　ASEANは、1967年に⑦＿＿＿＿＿＿＿＿＿・シンガポール・タイ・フィリピン・マレーシアの５カ国で結成された⑧＿＿＿＿＿＿＿＿＿（Association of South East Asian Nations）という地域協力機構の略称。その後、ブルネイ・ベトナム・ラオス・ミャンマー・カンボジアが加盟した。

　1985（昭和60）年の５カ国大蔵大臣（財務大臣）（ざいむ）・⑨＿＿＿＿＿＿＿＿＿総裁会議（G５）で、⑩＿＿＿＿＿＿の是正（ぜせい）が合意されると（⑪＿＿＿＿＿＿＿＿＿という）、円高は一気に加速し、輸出産業を中心に不況が深刻化した（⑫＿＿＿＿＿＿＿という）。G５は、アメリカ・イギリス・⑬＿＿＿＿＿＿＿＿＿・フランス・日本の５大国で構成された。翌1986年からは、イタリア・カナダを加えて、７カ国大蔵大臣（財務大臣）・⑨＿＿＿＿＿＿＿＿＿総裁会議（G７）が開かれるようになった。

　しかし、1987（昭和62）年半ばから⑭＿＿＿＿＿に主導（しゅどう）されて景気が回復した。コンピュータと通信機器を利用した生産・流通・販売のネットワーク化が進み、

[解答] ②米市場（こめしじょう）　③市場開放　④NIES（ニーズ）　⑤香港（ホンコン）　⑥輸出　⑦インドネシア　⑧東南アジア諸国連合　⑨中央銀行　⑩ドル高　⑪プラザ合意　⑫円高不況　⑬西ドイツ　⑭内需（ないじゅ）

■大蔵省・財務省■　2001年の中央省庁再編により、大蔵省の業務は財務省と金融庁に引き継がれている。

コンビニエンスストア(コンビニ)や量販店などが急成長し、重化学工業でもME(マイクロ=エレクトロニクス)技術の導入など積極的な⑮＿＿＿＿＿がはかられた(経済のソフト化)。また、レジャーや旅行関連産業、外食産業など第3次産業の比重が増加し、経済のサービス化がいっそう進んだ。産業構造の高度化はさらに進展し、1970〜90(昭和45〜平成2)年の20年間に、就業人口に占める第1次産業の比重は半減して1割を割り込み、第2次産業の割合が横ばいとなる一方、商業・運輸業をはじめ各種サービス業からなる第3次産業の比重は5割から6割へと高まった。1990年代後半からはインターネットや⑯＿＿＿＿＿が普及し、市民生活に大きな影響をおよぼしている。

　1980年代後半の⑭＿＿＿＿＿景気は、地価や株価の暴騰をともなって進行し、のちに「❼＿＿＿＿＿＿＿＿＿」と呼ばれる。背景には超低金利政策のもとで、金融機関や企業にだぶついた資金が不動産市場や⑱＿＿＿＿＿に流入したことがあげられる。一方、極端な長時間労働が慢性化し、会社員などの「⑲＿＿＿＿＿」が社会問題となった。また、⑳＿＿＿＿＿が進行したため、欧米やアジアに生産拠点を移す日本企業が増加し、産業の空洞化が進んだ。

　1982(昭和57)年に発足した㉑＿＿＿＿＿＿＿＿＿＿内閣は、日米韓関係の緊密化と防衛費の大幅な増額をはかる一方、世界的な新自由(新保守)主義の風潮の中で、「戦後政治の総決算」をとなえて㉒＿＿＿＿＿＿＿＿を推進し、老人医療や年金などの㉓＿＿＿＿＿を後退させ、㉔＿＿＿＿＿(現、NTT)・専売公社(現、JT)・国鉄(現、JR)の民営化を断行し、大型間接税の導入をはかった。また、労働組合の再編も進み、1987(昭和62)年に労使協調的な全日本民間労働組合連合会が発足すると、㉕＿＿＿＿＿も1989(平成元)年に解散して合流し、㉖＿＿＿＿＿＿＿＿＿＿＿(連合)となった。大型間接税は、竹下登内閣のもとで㉗＿＿＿＿＿として実現し、1989(平成元)年度から実施された。

解答　⑮設備投資　⑯携帯電話　❼バブル経済　⑱株式市場　⑲過労死　⑳円高　㉑中曽根康弘　㉒行財政改革　㉓社会保障　㉔電電公社　㉕総評　㉖日本労働組合総連合会　㉗消費税

■消費税■　日本では平成以降に導入。税率は3％(竹下登内閣)、5％(橋本龍太郎内閣)、8％、10％(いずれも安倍晋三内閣)と引き上げられ、軽減税率も導入された。

2 冷戦の終結と日本社会の変容

冷戦から地域紛争へ　1970年代半ばには、米ソ関係は緊張緩和（①＿＿＿＿＿＿＿という）へと向かったが、1979年のソ連の②＿＿＿＿＿＿＿＿＿＿＿＿侵攻を機にアメリカはソ連との対決姿勢を鮮明にした（「新冷戦」）。アメリカの③＿＿＿＿＿＿＿＿＿＿大統領は大軍拡をおこなう一方、経済政策では企業活力を高める大幅減税・規制緩和を実施した。同時期に④＿＿＿＿＿＿＿＿＿の抑制、国有企業の⑤＿＿＿＿＿＿＿化、労働運動への抑圧などを進めたイギリスの⑥＿＿＿＿＿＿＿＿＿政権や日本の⑦＿＿＿＿＿＿＿政権にもみられるように、先進諸国の経済政策の基調は大きく変化した。従来の有効需要創出政策（ケインズ政策）や福祉国家政策を批判する「⑧＿＿＿＿＿＿＿（新保守）主義」の理論にもとづいて、古典的な自由放任経済への回帰と「小さな政府」の実現が目指された。

　しかし、アメリカは、国内産業の空洞化や国家財政と⑨＿＿＿＿＿＿＿＿の「双子の赤字」に苦しみ、世界最大の⑩＿＿＿＿＿国に転落した。一方、ソ連も深刻な経済危機に見舞われ、1985年に登場した⑪＿＿＿＿＿＿＿＿＿＿は国内体制の立直し（⑫＿＿＿＿＿＿＿＿＿＿＿＿という）を試み、⑬＿＿＿＿＿＿＿＿＿＿の導入、情報公開などを通じて政治・社会の自由化を進めた。さらに、積極的な外交で対米関係の改善をはかり、1987年には中距離核戦力（INF）全廃条約を締結し、翌年には②＿＿＿＿＿＿＿からの撤兵を始めた。そして、1989年12月、マルタ島での両国首脳会談の結果、「❶＿＿＿＿＿＿＿＿＿＿」が米ソ共同で宣言された。

　ソ連での自由化の動きに刺激され、東ヨーロッパ諸国はつぎつぎに社会主義体制を放棄して東側陣営から離脱した（❶＿＿＿＿＿＿＿＿＿＿という）。冷戦の象徴であった「ベルリンの壁」は打ちこわされ、⑯＿＿＿＿年に東西ドイツが統一を実現し、1991年末には❶＿＿＿＿＿が解体した。旧ソ連邦諸国の多くは、ロシア共和国（ロシア連邦）を中心とするゆるやかな連合である「独立国家共同体」

解答　冷戦から地域紛争へ▶①デタント
②アフガニスタン　③レーガン　④公共
支出　⑤民営　⑥サッチャー　⑦中曽根
康弘　⑧新自由　⑨国際収支　⑩債務
⑪ゴルバチョフ　⑫ペレストロイカ　⑬
市場原理　❶冷戦の終結　❶東欧革命
⑯1990　❶ソ連

（CIS）を結成した。また、東アジアでも、ソ連と⑱＿＿＿＿＿＿（1990年）、中国と
⑱＿＿＿＿＿＿（1992年）が国交を樹立し、東西対決の構造が崩れた。

　一方、西側諸国で構成されていたヨーロッパ共同体（EC）は、1993年に⑲＿＿＿＿
＿＿＿＿＿＿条約にもとづいて⑳＿＿＿＿＿
＿＿＿＿（EU）に発展し、その後、東ヨーロッパも含めて加盟国を増やしていった。

　冷戦終結後の1991年初め、クウェートに侵攻した㉑＿＿＿＿＿＿＿に対して、
アメリカ軍を主力とする「多国籍軍」が、国連決議を背景に武力制裁を加えた（㉒
＿＿＿＿＿＿＿＿という）。この戦争に際し、日本はアメリカに「国際貢献」
をせまられ、「多国籍軍」に多額の資金援助をおこなった。

　㉒＿＿＿＿＿＿＿＿＿＿＿後の1991（平成3）年、ペルシア湾に海上自衛隊の掃海部
隊が派遣され、自衛隊の海外派遣の違憲性などをめぐって意見が対立した。しか
し、続発する地域紛争に㉓＿＿＿＿＿＿＿＿＿＿＿（PKO）で対
応する動きが国際的に強まる中、翌1992（平成4）年に㉔＿＿＿＿＿＿＿内閣
のもとで㉓＿＿＿＿＿＿＿＿＿＿（PKO）協力法が成立し、自
衛隊の海外派遣が可能になり、㉕＿＿＿＿＿＿＿＿＿での停戦監視要員な
どとして自衛隊の海外派遣を開始した。その後、自衛隊は1993年にモザンビーク、
94年にザイール（コンゴ民主共和国）、96年にゴラン高原、2002年に東ティモール
などに派遣されている。

　また、2001年の②＿＿＿＿＿＿＿＿＿＿紛争に対しては㉖＿＿＿＿＿
＿＿＿＿＿＿を制定し、海上自衛隊の艦船をインド
洋に派遣して給油をおこなった。2003年の㉗＿＿＿＿＿＿＿＿＿＿＿に対して
は㉘＿＿＿＿＿＿＿＿＿＿を制定し、人
道支援に当たった。

| 55年体制の崩壊 | 1989（平成元）年、昭和天皇が亡くなり、元号が❶＿＿＿ |

と改められた頃から、保守長期政権下での金権政治の実態
が明らかになった。同年、②＿＿＿＿＿＿内閣はリクルート事件の疑惑の中で
退陣し、後継の宇野宗佑内閣も短命に終わった。湾岸戦争への対応に苦しんだ

【解答】⑱韓国　⑲マーストリヒト　⑳ヨ
ーロッパ連合　㉑イラク　㉒湾岸戦争
㉓国連平和維持活動　㉔宮沢喜一　㉕カ
ンボジア　㉖テロ対策特別措置法　㉗イ
ラク戦争　㉘イラク復興支援特別措置法

55年体制の崩壊▶❶平成　②竹下登

③＿＿＿＿＿＿＿＿内閣にかわる宮沢喜一内閣のもとでは、1992（平成４）年に
④＿＿＿＿＿＿＿事件、翌年にはゼネコン汚職事件が明るみに出て、政官
界と大企業の癒着が国民の激しい非難を浴びた。

　1993（平成５）年６月に自民党は分裂し、「政治改革」の推進を主張する自民党
離党者たちは、新生党（⑤＿＿＿＿＿＿＿＿・羽田孜ら）および新党さきがけ
を結成した。７月の衆議院議員総選挙で自民党は過半数割れの大敗北を喫し、宮
沢内閣は退陣して、⑥＿＿＿＿＿＿＿＿＿＿を除く非自民８党派の連立政権が、
日本新党の⑦＿＿＿＿＿＿＿＿を首相として発足した。この連立政権には、
⑧＿＿＿＿＿＿＿・新生党・公明党・日本新党・民社党・新党さきがけ・社会民
主連合の７党派に、参議院の会派である民主改革連合が加わった。こうして、
1955（昭和30）年以来38年ぶりに政権が交代し、⑨＿＿＿＿＿＿は崩壊した。
従来の保守と革新の対立は曖昧となり、不安定な連合政治の時代に突入した。

　「政治改革」をとなえる⑦＿＿＿＿＿＿＿内閣は、1994（平成６）年、衆議
院に⑩＿＿＿＿＿＿＿＿＿＿＿＿＿＿を導入する選挙
制度改革を実施した。同年、これを継いだ羽田孜内閣が短命に終わると、自民党
と日本⑧＿＿＿＿＿＿が提携し、これに新党さきがけが加わり、⑧
＿＿の⑪＿＿＿＿＿＿＿委員長を首相とする政権が成立した。⑧
＿＿は、安保・⑫＿＿＿＿＿＿や消費税を容認するなど、党の基本路線を大幅
に変更した。一方、新生党・公明党・民社党・日本新党などの野党側は、1994（平
成６）年に合同して新進党を結成した。新進党は離党者が続出し、1997（平成９）
年末に６会派に分裂したが、このうち自由党（党首⑤＿＿＿＿＿＿）・公明
党などを除く中道各派は⑬＿＿＿＿＿（代表菅直人）を結成した。その後、
⑬＿＿＿＿は2003（平成15）年に自由党を吸収・合併した。

　1996（平成８）年に⑪＿＿＿＿＿＿＿内閣が退陣すると、自民党総裁の
⑭＿＿＿＿＿＿＿＿が連立政権を引き継いだ。⑭＿＿＿
＿＿＿首相は、冷戦終結後の日米安保体制について共同宣言を発表し、在日アメリ
カ軍の行動範囲を「アジア太平洋地域」とし、「日本周辺有事」の際に自衛隊が

解答　③海部俊樹　④佐川急便　⑤小
沢一郎　⑥日本共産党　⑦細川護熙　⑧
社会党　⑨55年体制　⑩小選挙区比例代
表並立制　⑪村山富市　⑫自衛隊　⑬民
主党　⑭橋本龍太郎

アメリカ軍の後方支援に当たれるよう、⑮＿＿＿＿＿＿

＿＿＿＿＿＿（ガイドライン）を見直すことを宣言した。新ガイドラインは、1997（平成９）

年に日米両政府間で決定された。1996（平成８）年に実施された新選挙制度による

最初の衆議院議員総選挙では、自民党が大幅に躍進して単独で政権を組織し、

⑯＿＿＿＿＿＿＿＿＿＿＿（日本社会党より改称）・新党さきがけの両党は、閣

外協力のかたちで連立政権への参加を続けた。

　　⑭＿＿＿＿＿＿＿＿＿＿＿＿首相は、1997（平成９）年に財政構造改革法を成立

させて行財政改革の基本方針を定め、消費税（の税率）を３％から⑰＿＿＿％に引き

上げた。この消費税の引上げにアジア諸国の通貨・金融危機が重なり、景気は

再び後退した。1997（平成９）年度の実質経済成長率は－0.4％で、第１次⑱＿＿＿

＿＿＿＿＿直後の1974（昭和49）年以来のマイナス成長となり、1998（平成10）

年度は－2.0％とさらに落ち込んだ。なお、消費税の税率は、その後2014（平成

26）年に８％、2019（令和元）年に10％に引き上げられた。

　　⑭＿＿＿＿＿＿＿＿＿＿＿＿首相は1998（平成10）年の参議院議員選挙敗北の責

任をとって辞任し、⑲＿＿＿＿＿＿＿が内閣を組織した。⑲＿＿＿＿

＿＿＿内閣は大型予算を組んで景気回復につとめる一方、1999（平成11）年初めに自

由党、同年７月には⑳＿＿＿＿＿＿の政権参加を取りつけ、衆参両院で安定多

数を確保し、㉑＿＿＿＿＿＿＿＿＿＿＿＿＿＿（周辺事態安

全確保法など）や㉒＿＿＿＿・＿＿＿＿＿を制定した。

平成不況下の日本経済

1990年代に入ると、1980年代後半の「①＿＿＿

＿＿＿＿＿」は一挙に崩壊した。1990（平成２）年

の初めから②＿＿＿＿が急激に下がり、1991（平成３）年には景気の後退が始ま

った。1992（平成４）年を境に③＿＿＿＿も下落に転じ、実質経済成長率は1.3％

に落ち込み、1993（平成５）年には１％を割り込んだ（❹＿＿＿＿＿＿＿＿＿＿とい

う）。1992（平成４）年４～６月期の経済成長率（GNP、国民総生産）は－3.3％であ

ったが、続く７～９月期は－0.1％、10～12月期は－0.1％であった。第１次⑤＿＿＿

＿＿＿＿＿後の不況の時に２四半期連続でマイナスになったことはあるが、

---

⑮日米防衛協力指針　⑯社会民主　　②株価　③地価　❹平成不況　⑤石油危
党　⑰５　⑱石油危機　⑲小渕恵三　⑳　　機
公明党　㉑新ガイドライン関連法　㉒国
旗・国歌法
平成不況下の日本経済▶①バブル経済

　　第18章　激動する世界と日本

経済成長率が３四半期連続でマイナスになったのは、戦後の日本経済でははじめてのことであった。

④＿＿＿＿＿＿＿＿の特徴は、②＿＿＿＿＿や③＿＿＿＿＿の暴落(資産デフレ)にあった。バブル期に値上がりをみこして購入した株式や土地は不良資産となり、それを大量に抱え込んだ金融機関の経営が悪化して金融逼迫が生じ、これが実体経済の不況に波及した(⑥＿＿＿＿＿＿＿＿＿＿という)。企業は事業の整理や人員削減、海外展開などの大胆な経営の効率化(⑦＿＿＿＿＿＿＿という)をはかったが、大量の失業者が発生し、雇用不安が増大した。日本の失業率は1998(平成10)年に４％をこえ、2000(平成12)年には５％に達した。そのため⑧＿＿＿＿＿が冷え込み、かえって不況を長引かせることになった。

当初、政府と⑨＿＿＿＿＿＿は、これを通常の循環的な不況とみなし、財政支出の拡大と⑩＿＿＿＿＿政策によって乗りこえようとしたが、効果は上がらなかった。金融機関におよぼした影響は深刻で、1995(平成７)年頃から住宅金融専門会社の破綻が続き、1997(平成９)年には(都市銀行の)⑪＿＿＿＿＿銀行と山一証券が、1998(平成10)年には日本債券信用銀行と日本長期信用銀行が破綻した。経営破綻した大手金融機関には⑫＿＿＿＿＿が投入されたが、企業の倒産や⑦＿＿＿＿＿＿＿があいつぎ、大量の失業者を出した。

企業の生産・投資活動はふるわず、個人⑧＿＿＿＿＿の低迷がこれに追討ちをかけた。消費者のあいだに⑬＿＿＿＿＿志向が強まり、ブランド品や高級品の売行きが激減した。さらに⑭＿＿＿＿＿が加わり、これまで日本経済を牽引してきた自動車や電子・家電、事務機器などの輸出主導・量産指向型の産業が、⑮＿＿＿＿＿の不振、輸出競争力の低下という深刻な状況に追い込まれた。

また、1980年代には、エレクトロニクス新素材・バイオテクノロジーなど、新技術でアメリカに肉薄したが、1990年代に入ると日本の⑯＿＿＿＿＿＿は低迷し、技術格差はむしろ拡大した。

一方、情報通信技術が飛躍的に発達し、情報のネットワークが国境をこえて広

【解答】❻複合不況　⑦リストラ　⑧消費
⑨日本銀行　⑩低金利　⑪北海道拓殖
⑫公的資金　⑬低価格　⑭円高　⑮内需
⑯技術革新

■**情報通信技術**■　Windows95発売により1995年にインターネットの商業化が完了した。アップル社のスマートフォンは2007年に発売。

がり、企業活動の⑰＿＿＿＿＿＿＿＿＿＿＿化が進んだ。また、アメリカの圧力のもとで規制緩和と⑱＿＿＿＿＿＿＿＿が進められ、日本企業もグローバルな競争に巻き込まれ、国際的な提携や合併など大規模な業界再編がおこなわれた。

現代の諸課題　「戦後50年」の節目の年であった1995（平成７）年には、❶＿＿＿＿＿＿＿＿・＿＿＿＿＿＿＿＿やオウム真理教団による②＿＿＿＿＿＿＿＿事件がおこった。また、沖縄ではアメリカ軍兵士の女子小学生暴行事件をきっかけに、アメリカ軍基地の縮小を求める県民の運動が高揚した。

　2001（平成13）年４月、小泉純一郎が構造改革を掲げて内閣を組織した。小泉首相は、「小さな政府」を目指す③＿＿＿＿＿＿＿＿的な政策をとり、不良債権処理の抜本的な解決を掲げるとともに、④＿＿＿＿＿＿＿＿の解消と景気の浮揚を目指して大胆な民営化と⑤＿＿＿＿＿＿＿＿を進めた。その結果、「失われた10年」と呼ばれた不況期を脱したかにみえたが、福祉政策は後退し、所得格差・地域格差が広がった。

　小泉首相は、2002（平成14）年９月に国交正常化を求めて朝鮮民主主義人民共和国（北朝鮮）を訪問したが、当時の⑥＿＿＿＿＿＿＿＿総書記との会談の中で日本人⑦＿＿＿＿＿＿＿＿をはじめ、解決すべき多くの課題が明らかになった。

　小泉首相が2006（平成18）年に任期満了で辞任すると、内閣総理大臣は⑧＿＿＿＿＿＿＿＿・福田康夫・麻生太郎とめまぐるしくかわり、世界経済に大打撃を与えた⑨＿＿＿＿＿＝＿＿＿＿＿＿からほぼ１年後の2009（平成21）年８月におこなわれた衆議院議員総選挙では⑩＿＿＿＿＿＿＿＿が自民党に圧勝し、⑪＿＿＿＿＿＿＿＿が組閣して⑩＿＿＿＿＿＿＿＿政権が誕生した。⑨＿＿＿＿＿＝＿＿＿＿＿＿とは、2008（平成20）年におこったアメリカの投資銀行リーマン＝ブラザーズの経営破綻を契機に発生した世界的な金融危機のことをいう。日本経済もかつてない景気後退に見舞われた。

　政権は安定せず、首相を⑫＿＿＿＿＿＿＿＿にかえてのぞんだ2010（平成22）年７

月の参議院議員選挙で⑩＿＿＿＿＿＿＿は大敗した。

　2011(平成23)年3月11日に⓭＿＿＿＿＿＿＿＿＿＿＿＿がおこると、震災処理の不手際もあって⑫＿＿＿＿＿＿＿内閣は同年8月に総辞職に追い込まれ、かわって⑭＿＿＿＿＿＿＿が組閣した。しかし、2012(平成24)年12月の衆議院議員総選挙で⑩＿＿＿＿＿＿＿が大敗すると、政権は自民党に戻り、第2次⑧＿＿＿＿＿＿＿内閣が⑮＿＿＿＿＿＿＿との連立のもとに誕生した。

　⑧＿＿＿＿＿＿＿政権は、「戦後レジーム(戦後体制)からの脱却」をスローガンに掲げ、これまでの憲法9条の解釈を大きく変更し、集団的自衛権を行使できるよう、2015(平成27)年に安全保障関連法案を強行に成立させた。また、金融緩和・財政出動・成長戦略からなる経済政策を進めた。

　21世紀を迎え、日本社会は様々な課題に直面している。日本の人口は2015(平成27)年には1億2709万人であったが、2053年に1億人を割り、2065年には8808万人となり、65歳以上の老年人口の割合(⑯＿＿＿＿＿＿＿率)も、この間に26.6%から38.4%に上昇すると推計されている。少子・高齢社会は、家族や地域社会の機能を縮小させるばかりでなく、⑰＿＿＿＿＿＿＿の減少によって経済成長を阻害し、税収や保険料が減少して、国民生活のセーフティネットともいえる⑱＿＿＿＿＿＿＿制度にも深刻な影響をおよぼすことになる。⑯＿＿＿＿＿＿＿対策としては、1997(平成9)年に⑲＿＿＿＿＿＿＿制度が制定され、75歳以上の高齢者を対象とする⑳＿＿＿＿＿＿＿制度も整備された。また、長期的に信頼できる公平な㉑＿＿＿＿制度への改革も模索されている。

　地球の温暖化や生態系の破壊など、環境破壊も深刻な問題である。1997(平成9)年に京都で開催された気候変動枠組条約締約国会議で㉒＿＿＿＿＿が採択され、㉓＿＿＿＿＿＿＿の温室効果ガス排出削減目標が定められた。2015(平成27)年の同会議における㉔＿＿＿＿＿では、開発途上国も含むすべての国が温室効果ガス排出削減に向けて努力することになった。また、同年には国連サミットで持続可能な開発目標(㉕＿＿＿＿＿＿＿という)も採択さ

解答　⓭東日本大震災　⑭野田佳彦　⑮公明党　⑯高齢化　⑰労働人口　⑱社会保障　⑲公的介護保険　⑳後期高齢者医療　㉑年金　㉒京都議定書　㉓先進国　㉔パリ協定　㉕SDGs

■安倍晋三元首相■　吉田茂の5次につぐ4次まで組閣を重ね、通算・連続ともに首相在任最長。1936年の二・二六事件(元首相斎藤実・高橋是清)以来のテロ行為で2022(令和4)年7月に死去した。

れている。2030年までに持続可能でよりよい社会の実現を目指す17の目標が設定された。「誰も置き去りにしない」を理念に掲げ、貧困をなくすこと、人や国の不平等をなくすこと、平和と公正をすべての人にいきわたらせることなどが目指され、日本も積極的に取り組んでいる。

　この間、2000（平成12）年には循環型社会形成推進基本法が施行され、容器包装や家電などの㉖＿＿＿＿＿＿＿＿＿＿＿が法制化された。なお、原子力は温室効果の影響が少なく、大量のエネルギーを供給することができるが、一方で1995（平成7）年の高速増殖炉「㉗＿＿＿＿＿＿＿＿＿＿」の事故や1999（平成11）年の東海村（茨城県）の㉘＿＿＿＿事故、2011（平成23）年の⑬＿＿＿＿＿＿＿における東京電力福島第一原子力発電所の事故などによって、原子力発電の安全性に対する信頼がゆらいだ。現在、太陽光・風力・地熱・バイオマスなど㉙＿＿＿＿＿＿＿＿＿エネルギーへの関心が高まっている。

　さらに、アメリカやEUなどの先進諸国との関係は成熟期に達し、アジアNIESやASEAN諸国に加えて、㉚＿＿＿＿＿＿やインドの経済発展も進み、日本を取り巻く国際関係は大きくかわりつつある。このような中で、日本は世界の平和と人類の福祉の向上に貢献していくよう努力をしていかなければならない。

解答　㉖リサイクル　㉗もんじゅ　㉘臨界　㉙再生可能　㉚中国

■新型コロナウイルス■ 2020年の東京五輪は翌年に延期され、政府の要請で学校が一斉休校するなど、2019年から医療・感染対策と社会・経済活動の継続との両立への模索が世界規模で続いている。

写真所蔵・提供先一覧

p.25上左　梅原章一提供

p.25上右　法隆寺蔵、奈良国立博物館提供

p.25中右　法隆寺蔵、田中真知郎撮影

p.25中中　法隆寺蔵、奈良国立博物館提供

p.25中右　中宮寺蔵、奈良国立博物館提供

p.25下左　広隆寺蔵、便利堂提供

p.25下中　法隆寺蔵、奈良国立博物館提供

p.25下右　中宮寺蔵、奈良国立博物館提供

p.39上左　興福寺蔵、飛鳥園提供

p.39上中　薬師寺提供

p.39上右　薬師寺蔵、田中真知郎撮影

p.39下左　法隆寺・奈良国立博物館提供

p.39下右　国（文部科学省所管）、明日香村教育
　　委員会提供

p.43上左　正倉院正倉（宮内庁正倉院事務所）

p.43上中　田中真知郎撮影

p.43上右　興福寺蔵、飛鳥園提供

p.43中左　東大寺蔵

p.43中中　東大寺蔵、田中真知郎撮影

p.43中右　薬師寺蔵、田中真知郎撮影

p.43下左　東京藝術大学蔵、画像提供：東京藝
　　術大学/DNPartcom

p.43下右　正倉院宝物（宮内庁正倉院事務所）

p.51上左　桑原英文提供

p.51上右　室生寺蔵、奈良国立博物館提供

p.51下左　観心寺蔵、便利堂提供

p.51下中　東寺蔵、京都国立博物館提供

p.51下右　薬師寺蔵、田中真知郎撮影

p.59左　平等院提供

p.59中　平等院蔵

p.59右　高野山有志八幡講蔵、高野山霊宝館提
　　供

p.73上　国立国会図書館蔵（模写）

p.73中左　東京国立博物館蔵（模本）、
　　ColBase（https://colbase.nich.go.jp/）

p.73中右　四天王寺蔵、京都国立博物館提供

p.73下左　中尊寺提供

p.73下右　厳島神社蔵、田中真知郎撮影

p.92上左　田中真知郎撮影

p.92上中　東大寺蔵、田中真知郎撮影

p.92上右　円覚寺提供

p.92下左　宮内庁三の丸尚蔵館蔵

p.92下右　国立国会図書館蔵（模写）

p.106上左　鹿苑寺提供

p.106上中　慈照寺提供

p.106上右　フォトライブラリー提供

p.106下左　大徳寺大仙院提供

p.106下右　毛利博物館蔵

p.125上左　便利堂提供

p.125上右　姫路市提供

p.125下左　宮内庁三の丸尚蔵館蔵

p.125下右　神戸市立博物館蔵、Photo:kobe
　　City Museum/DNPatcom

p.137左　宮内庁京都事務所　菊葉文化協会提
　　供

p.137中　日光東照宮提供

p.137右　建仁寺蔵、京都国立博物館提供

p.159左　MOA美術館蔵

p.159右　東京国立博物館蔵、
　　ColBase（https://colbase.nich.go.jp/）

p.265上左　東京藝術大学蔵、画像提供：東京
　　藝術大学/DNPartcom提供

p.265上中　東京国立近代美術館蔵、photo：
　　MOMAT/DNPartcom

p.265上右　東京藝術大学蔵、画像提供：東京
　　藝術大学/DNPartcom

p.265中左　東京藝術大学蔵、画像提供：東京
　　藝術大学/DNPartcom

p.265中中　東京国立博物館蔵、
　　ColBase（https://colbase.nich.go.jp/）

p.265中右　石橋財団アーティゾン美術館蔵

p.265下左　東京国立博物館蔵、
　　ColBase（https://colbase.nich.go.jp/）

p.265下中　東京国立近代美術館蔵、photo：
　　MOMAT/DNPartcom

p.265下右　日本銀行提供

日本史探究

書きこみ教科書 詳説日本史

2023年3月10日　第1版第1刷印刷
2023年3月20日　第1版第1刷発行

編　者　塩田 一元　猪尾 和広　高橋 哲
発行者　野 澤 武 史
印刷所　株式会社プロスト
製本所　株式会社ブロケード

発行所　株式会社 山 川 出 版 社
　　　　〒101-0047　東京都千代田区内神田1-13-13
　　　　電話　03-3293-8131（営業）　03-3293-8135（編集）
　　　　https://www.yamakawa.co.jp/
　　　　振替　00120-9-43993
装幀　水戸部 功